Biolingüística

Biolingüística

LYLE JENKINS

★

Traducción de
Cristina Piña Aldao

CAMBRIDGE
UNIVERSITY PRESS

PUBLICADO POR *THE PRESS SYNDICATE OF THE UNIVERSITY OF CAMBRIDGE*
The Pitt Building, Trumpington Street, Cambridge, United Kingdom

CAMBRIDGE UNIVERSITY PRESS
The Edinburgh Building, Cambridge CB2 2RU, UK
40 West 20th Street, New York, NY 10011-4211, USA
447 Williamstown Road, Port Melbourne VIC 3207, Australia
Ruiz de Alarcón, 13, 28014 Madrid, España
Dock House, The Waterfront, Cape Town 8001, South Africa

http://www.cambridge.org

Título original: *Biolinguistics. Exploring the Biology of Language*
publicado por Cambridge University Press
© Cambridge University Press 2000

Edición española como *Biolingüística*
Primera edición 2002
© Cambridge University Press 2000
© de la traducción, Cristina Piña Aldao
© Cambridge University Press, Sucursal en España, 2002
c/ Ruiz de Alarcón, 13
28014 Madrid

http://cambridge.org/iberia
ISBN 84 8323 247 2 rústica

Producción: Gregorio García
en tipo Bembo de 11 puntos
Impreso en España por Lavel, S. A.
Depósito legal: M. 2.448-2002

Índice

Prefacio

Los últimos cuarenta años han sido testigos de la denominada «segunda revolución cognitiva» (véase Introducción). Uno de los objetivos centrales del estudio de la mente (las «ciencias cognitivas») es el estudio del lenguaje y de sus bases biológicas. El trabajo en la biología del lenguaje, o *biolingüística*, está dirigido a responder algunas cuestiones tradicionales; a saber: (1) ¿qué constituye el conocimiento del lenguaje?, (2) ¿cómo se desarrolla el conocimiento del lenguaje en el individuo?, y (3) ¿cómo ha evolucionado el conocimiento del lenguaje en la especie?

Ha habido una explosión de conocimiento sobre las dos primeras preguntas, a partir de estudios de lenguas y dialectos, que ahora se cuentan por miles. Una pequeña muestra incluye: alemán, búlgaro, chino, coreano, español, finés, flamenco, francés, galés, griego, hindi, holandés, húngaro, inglés, irlandés, islandés, italiano, japonés, noruego, polaco, portugués, rumano, ruso, sueco, turco, vasco y warlpiri. Disponemos de pruebas con respuestas a estas cuestiones en numerosas áreas, como, por ejemplo, la sintaxis, la semántica, la morfología, la fonología, la fonética articulatoria y acústica, la adquisición del lenguaje, el cambio de lengua, las deficiencias específicas del lenguaje, la percepción, el lenguaje de signos, la neurología del lenguaje, los niños aislados del lenguaje, las lenguas criollas, los estudios sobre cerebros divididos, sabios lingüísticos, y actividad eléctrica del cerebro, entre otros. En 1999 se celebró el treinta aniversario de *Biological Foundations of Language [Fundamentos biológicos del lenguaje],* de Eric Lenneberg, que presenta una revisión del trabajo realizado en muchas de estas obras y, por lo tanto, ofrece un útil punto de referencia sobre el significativo progreso conseguido en años recientes.

Aunque las tres áreas principales de problemas de la biolingüística enumeradas se han investigado en paralelo, la mayor parte del avance ha correspondido a las dos primeras: el lenguaje y el desarrollo del lenguaje. Ahora que se ha presentado el necesario trabajo de base, el estudio de la tercera área, la evolución, se está intensificando, y las cuestiones sobre el lenguaje se pueden formular y estudiar de forma más precisa. Entre dichas cuestiones hay algunas más generales, como por qué el lenguaje presenta el especial diseño modular que lo caracteriza, por qué tenemos la particular división del trabajo entre mecanismos genéticos y factores ambientales que encontramos, y qué tipo de factores desempeñaron un papel en la evolución del lenguaje. También incluye cuestiones más específicas, como por qué el lenguaje contiene esas especiales operaciones computacionales y en qué medida se pueden considerar óptimas dichas operaciones desde el punto de vista del diseño.

Agradecimientos

Me gustaría expresar la enorme deuda que tengo con Noam Chomsky, en primer lugar como alumno suyo y posteriormente como su colaborador y amigo. Durante mi trabajo doctoral en el MIT, en la década de 1960, fue cuando escuché por primera vez su exposición de lo que posteriormente se llamaría el «argumento de la pobreza del estímulo», que forma la piedra angular del argumento de que hay «un solo lenguaje (el humano)», o que hay una fase inicial (del componente cognitivo) de la facultad lingüística, tal y como se describe en la teoría de la gramática universal, que representa el componente genético del lenguaje. Al mismo tiempo que aprendíamos a aplicar este modo de argumentación en el desarrollo de las teorías lingüísticas, tuvimos también la suerte de oír a Eric Lenneberg hablar sobre su obra fundamental, *Fundamentos biológicos del lenguaje*, que pronto sería publicada. De esta confluencia de ideas procedentes de la lingüística y la biología surgieron las cuestiones básicas en el campo de la biolingüística.

Me gustaría también mencionar la considerable influencia de Allan Maxam sobre muchas de las ideas expresadas en este libro. Él reconoció muy pronto la importancia del debate lingüístico para la biología y desde entonces ha sido un incansable defensor desde el campo de la biología, como Chomsky lo ha sido desde el campo de la lingüística, del intento de dar pasos modestos hacia la resolución del rompecabezas que supone el «problema de la unificación» para la biolingüística. También recuerdo con gran estima las múltiples y estimulantes conversaciones sobre lingüística y sobre otros temas con mis amigos íntimos y colegas Richard Kayne, Cynthia Pyle, Ray Dougherty, Claudia Leacock, Steve Hammalian, Henk van Riemsdijk, y otros colegas de GLOW.

Mientras fui profesor en el Departamento de Lingüística de la Universidad de Viena, con Wolfgang Dressler y sus colegas, también tuve la gran fortuna de reunirme en diversas ocasiones con Konrad Lorenz y sus colegas, en especial Otto Koenig. Ellos participaron en algunos seminarios que tuve el placer de ayudar a organizar a Gaberell Drachman, a lo largo de varios veranos en Salsburgo, Austria, y que culminaron en el

Instituto de Verano de la LSA con el tema de la *Biología del lenguaje*. Estos seminarios nos hicieron comprender la similitud de método entre los lingüistas y los etólogos respecto a su materia de estudio. Como Teuber ha señalado con gran acierto: «[...] ha quedado claro [...] que los lingüistas son etólogos, que trabajan con el ser humano como especie de estudio, y los etólogos son lingüistas, que trabajan con especies no verbales» (Teuber, 1967, pág. 205). También he disfrutado y aprendido mucho de las numerosas reuniones y conversaciones en las cafeterías vienesas con mis buenos amigos y colegas lingüistas Hubert Haider, Alfred Nozsicska, y los demás de nuestro Círculo Sintáctico de Viena, con Tasso Borbé en nuestra breve Sociedad Austriaca para la Lingüística y la Biología, y con Tom Perry, John Colarusso, Robert Wall, y Larry Hutchison.

Agradezco al Consejo Americano de Sociedades Científicas la oportunidad de tomarme tiempo libre para trabajar en el lenguaje y la genética, y a Allan Maxam por la invitación a pasar un tiempo como Profesor Invitado en el Departamento de Química Biológica de la Universidad de Harvard y como Becario Investigador en el Departamento de Oncología Viral del Sidney Farber Cancer Institute (en la actualidad Dana–Farber Cancer Institute). En el laboratorio de David Linvingston y sus colaboradores se me permitió realizar parte del trabajo experimental con SV40, un virus de mono, y el caballo de tiro de la biología molecular, que posteriormente desempeñaría un papel tan crucial en la revelación de los secretos del oncogén. También agradezco a Ian Stewart sus comentarios sobre las ideas de ruptura de la simetría y orden de palabras (en 1994) desarrolladas en el capítulo 5, y a Murray Eden sus comentarios sobre una versión anterior de dicho capítulo (1995). He disfrutado de muchas discusiones estimulantes en el Taller Internacional sobre *La lingüística de la biología y la biología del lenguaje,* presidido por Julio Collado–Vides y sus colaboradores en 1998, en la CIFN–UNAM, México. Finalmente, tengo una enorme deuda con Allan Maxam y Noam Chomsky por el valioso análisis que han hecho de las cuestiones incluidas en este libro.

En el otoño de 1980, se formó el Grupo de Biolingüística de la Facultad de Medicina de Harvard bajo el patrocinio del Laboratorio de Biología Molecular de Allan Maxam, para proporcionar un foro interdisciplinario a aquellos investigadores interesados por las bases biológicas del lenguaje. Allí tuvieron lugar múltiples conferencias y diálogos estimulantes, entre ellos muchos memorables debates con Ethan Bier, de los cuales muchos se celebraron en el Windsor Bar, situado frente al Dana–Faber. Muchos, aunque no todos, de los interesantes temas analizados por el Grupo de Biolingüística se reflejan en el presente libro.

Gracias también a mis amigos de Berlín, porque nuestra amistad se retrotrae a mis turbulentos días universitarios, cuando hice una gira no planeada de varios años al interior de prisiones y campos de trabajo de Alemania Oriental: Elisabeth, Brigitte, Ingo, Antje y, con especial recuerdo, Jack Strickland, quien no solo consiguió su sueño de atravesar el Atlántico con Brigitte a bordo del *Tumbleweed*, sino que también vivió más vida que la mayor parte de los seres humanos. Y por último, aunque no en menor medida, mis más sinceras gracias por el amor y el apoyo de mi enorme clan, representado por mi madre en la costa Este y mi hermana Lynne en la costa Oeste de Estados Unidos.

Tenemos una deuda especial de aprecio con el personal de la editorial Cambridge University Press –Judith Ayling, Alison Gilderdale, Katharina Brett, Natalie Davies, Nicole Webster, Brenda Burke, Camilla Erskine, Citi Potts y Andrew Winnard– por llevar a puerto este manuscrito a través de su largo viaje. Cualquier error que se pueda conservar todavía en él se debe a nuestros gatitos, Ginger y Samantha, cuyas felinas patas pasearon incansables por el teclado durante su edición.

Introducción

Chomsky ha planteado las que consideramos preguntas básicas para el estudio del lenguaje y la biología (*biolingüística*[1])[2].

(1) ¿Qué constituye el conocimiento del lenguaje?
(2) ¿Cómo se adquiere este conocimiento?
(3) ¿Cómo se utiliza?
(4) ¿Cuáles son los mecanismos cerebrales pertinentes?
(5) ¿Cómo evoluciona este conocimiento (en la especie)?

Chomsky plantea: «¿Cómo podemos integrar las respuestas a estas preguntas en las ciencias sociales existentes? ¿Quizá modificándolas?» (Chomsky, 1991a, pág. 6). Esta cuestión más general forma parte de lo que él ha denominado el *problema de la unificación*, un tema al que volveremos más adelante (Chomsky, 1994a, págs. 37, 80).

El análisis de las preguntas (1)–(5) empezó, dentro de la tradición de la gramática generativa, a comienzos de la década de 1950: «Al menos de una forma rudimentaria, estas cuestiones estaban empezando a convertirse en tema de un animado debate a comienzos de la década de 1950, especialmente entre algunos estudiantes de doctorado. En Cambridge, yo mencionaría especialmente a Eric Lenneberg y Morris Halle, y también a Yehoshua Bar–Hillel» (Chomsky, 1991a, pág. 6).

El comprendido entre mediados de los cincuenta y la actualidad se denomina a veces periodo de la «revolución cognitiva». Sin embargo,

---

[1] El uso que hacemos del término «biolingüística» deriva de un informe sobre un interesante congreso interdisciplinario de lenguaje y biología, al que asistieron Salvador Luria y Noam Chomsky, entre otros, celebrado en 1974 bajo el patrocinio del Centro Royaumont para una Ciencia del Hombre (Piattelli–Palmarini, 1974). El primer uso del término «biolingüística» que yo conozco lo hicieron Clarence L. Meader y John H. Muyskens, *Handbook of Biolinguistics*, Toledo, H. C. Weller, 1950. También lo utiliza John Locke en una obra más reciente (Locke, 1993).
[2] Véase, por ejemplo, Chomsky y Lasnik, 1993.

Chomsky ha observado que sería más adecuado considerar el trabajo contemporáneo como una «renovación» de los «intereses clásicos» de los siglos XVII y XVIII (Chomsky, 1997a). Este primer periodo del estudio de la mente, que incluye como elemento central la teoría cartesiana del cuerpo y la mente, bien se podría denominar «primera revolución cognitiva» (Chomsky, 1994a, pág. 35). Hay, además, muchos antecedentes para los actuales estudios del lenguaje y de la mente, tanto antes como después de este periodo. Reflejando este hecho, Chomsky hace a menudo referencia a la primera pregunta –¿qué constituye el conocimiento del lenguaje?– como el *problema de Humboldt*, a la segunda –¿cómo se adquiere el conocimiento del lenguaje?– como un ejemplo especial de *problema platónico*, y a la tercera cuestión –¿cómo se utiliza el conocimiento del lenguaje?– como un *problema cartesiano*, para resaltar el hecho de que el estudio moderno de estos problemas tiene una larga y rica tradición histórica[3]. En estas páginas nos centraremos principalmente en la «segunda revolución cognitiva», el estudio moderno de la biolingüística, es decir, el trabajo realizado desde comienzos de la década de 1950.

En la primavera de 1955 se completó, copió e hizo circular la primera versión de *The Logical Structure of Linguistic Theory*, aunque hasta veinte años más tarde no se publicaría una versión del manuscrito (Chomsky, 1975a). En la introducción a dicha versión, Chomsky señala:

> La LSLT [*Logical Structure of Linguistic Theory*] es un intento de establecer una teoría de la gramática generativa transformacional. En todo el texto se da por supuesta la «interpretación realista» de la teoría lingüística, y se sostiene que la competencia conseguida por el hablante–oyente normal está representada por una gramática generativa transformacional, que determina la representación de cada proposición en las fases de estructura de la proposición y de la estructura transformacional (*inter alia*). Estas representaciones se emplean entonces en el uso y en la comprensión del len-

---

[3] Chomsky ha documentado extensamente los antecedentes históricos de las actuales discusiones sobre el lenguaje y la mente (ej., en las obras de Platón, Descartes, Hume, Humboldt y muchos otros de las tradiciones racionalista, empirista y romántica). Parte de este tema se puede encontrar en *Lingüística cartesiana* (Chomsky, 1966). Buena parte de esta obra fue olvidada o dejada de lado en los campos de la lingüística estructural y el conductismo psicológico, para detrimento de los estudios sobre el lenguaje.

guaje, y proporcionan la base para una teoría más general del lenguaje, que se ocupará del significado y la referencia, las condiciones de uso adecuado del lenguaje, cómo se comprenden las oraciones, la actuación en situaciones sociales concretas, y, en general, el ejercicio de la competencia lingüística en el pensamiento y la comunicación. Los principios de esta teoría especifican el esquematismo que debe soportar el niño en la adquisición del lenguaje. Definen los universales lingüísticos que constituyen «la esencia del lenguaje» (como algo diferente de las propiedades accidentales o de las propiedades determinadas por las exigencias del uso del lenguaje), y así se pueden considerar un elemento fundamental en la caracterización de la «facultad lingüística» innata (Chomsky, 1975a, pág. 45).

De esa forma, la base para el estudio de la biolingüística, específicamente para las cuestiones (1) conocimiento del lenguaje (=competencia), (2) adquisición del lenguaje, y (3) uso del lenguaje, se establece en la LSLT. Y una vez planteadas las cuestiones (1)–(3), las preguntas (4) mecanismos cerebrales, y (5) evolución están automáticamente implicadas; véase, a este respecto, el análisis aquí incluido sobre la obra de Lenneberg. Se observa que la teoría general establecida en LSLT debe «comprenderse como una teoría psicológica que intenta caracterizar la innata "facultad del lenguaje" humana». Aquí y más adelante, las expresiones «teoría psicológica» y «teoría biológica» se pueden utilizar indistintamente. Como Chomsky señaló en una entrevista concedida en 1968, la lingüística «es realmente una biología teórica, o si se prefiere, una psicología teórica» (Sklar, 1968, pág. 217). Sin embargo, la publicación de esta obra fundamental, que estableció las bases para el futuro trabajo en biolingüística, fue inmediatamente rechazada y solo se publicaron partes de la misma; por ejemplo, parte del material se integró en otra obra mucho más conocida, *Syntactic Structures [Estructuras sintácticas].*

Después de completadas las revisiones descritas, envié partes del manuscrito a la Technology Press del MIT para que lo tuviesen en cuenta como posible publicación. Lo rechazaron, con la observación razonable de que un autor desconocido y que asumía un enfoque bastante poco convencional debería enviar artículos basados en este material a revistas profesionales, antes de publicar en forma de libro un manuscrito tan amplio y detallado. Esta, sin embargo, no era una cuestión sencilla. El único artículo que había enviado sobre este material a una revista lingüística había sido rechazado, prácticamente a vuelta de correo. Había dado conferencias sobre este material en algunas universidades, pero en la medida en que yo lo pudiese determinar, existía poco interés por estos temas entre los lingüistas profesionales (Chomsky, 1975a, pág. 3).

En la entrevista *El nacimiento de una gramática generativa,* Chomsky habla de su «íntimo amigo Eric Lenneberg, que en aquel momento estaba comenzando sus extremadamente interesantes estudios sobre la biología del lenguaje, trabajando en líneas bastante similares» (Chomsky, 1979, pág. 133). Esta obra culminaría con el libro de Lenneberg, *Fundamentos biológicos del lenguaje* (Lenneberg, 1967), al que Chomsky contribuyó con un capítulo titulado «La naturaleza formal del lenguaje». Lenneberg anticipó muchos temas que se estudiarían en las décadas siguientes: la adquisición de la genética del lenguaje, la genética de los trastornos del lenguaje (dislexia, discapacidades específicas del lenguaje), el lenguaje de los niños sordos, los «niños lobo», el periodo crítico, estudios en gemelos, historiales familiares, afasia[4] y lenguaje, evolución del lenguaje, etc.

Lo que Chomsky comprendió enseguida es que la lingüística podía ahora sugerir propiedades internas básicas de la facultad del lenguaje, que a su vez planteaban importantes cuestiones a la biología. Estas propiedades se analizaron en diversos ámbitos, como, por ejemplo, el mecanismo de adquisición del lenguaje (MAL) y la gramática universal (GU). Ha hecho falta bastante tiempo para que se caiga en la cuenta de que las operaciones sintácticas de la facultad lingüística son pruebas biológicas[5]. Mendel fue tergiversado por razones similares; como señalan el biólogo George Beadle y la autora Muriel Beadle, «para la hipótesis de Mendel no había más pruebas (*evidence*) que sus cálculos; y su aplicación impresionantemente original del álgebra a la botánica hacía difícil que sus oyen-

---

[4] La afasia es la pérdida del lenguaje debido a una enfermedad o a una lesión cerebral.
[5] Un residuo de la antigua actitud hacia la lingüística lo ha expresado recientemente el psicólogo Steven Pinker, que tacha los argumentos de Chomsky de «abstrusos formalismos» (Pinker, 1994a, pág. 24, versión castellana). Como los científicos de la época de Mendel, Pinker no comprende que las operaciones abstractas son una prueba a la altura de cualquier otro tipo de pruebas biológicas.

tes comprendiesen que estos cálculos *eran* la demostración» (Beadle y Beadle, 1979, pág. 68).

Aunque las ideas básicas de la biolingüística encontraron gran resistencia en los campos académicos de la lingüística y de la filosofía, así como en algunas áreas de las ciencias cognitivas, a comienzos de la década de 1970 los resultados referentes a la naturaleza biológica de la gramática generativa habían sido asimilados con facilidad y recibido una buena acogida por parte de muchos genetistas y biólogos moleculares, quienes presentaron diversas hipótesis sobre la biología y el lenguaje, con referencia específica a la gramática generativa. Por ejemplo, Monod afirmó que, dadas razonables suposiciones biológicas, no es en absoluto sorprendente que «la capacidad lingüística que se revela en el curso del desarrollo epigenético del cerebro forme parte actualmente de la "naturaleza humana" definida ella misma en el seno del genoma en el lenguaje radicalmente diferente del código genético» (Monod, 1974, pág. 140, versión castellana).

El colega de Monod, Jacob, también encontró verosímil esta idea: «Para la lingüística moderna existe una gramática básica, común a todas las lenguas; esta uniformidad reflejaría un marco impuesto por la herencia a la organización cerebral [...] Muchos rasgos de la naturaleza humana deben de insertarse en el marco fijado por los veintitrés pares de cromosomas que constituyen el patrimonio hereditario del hombre» (Jacob, 1976, pág. 299, versión castellana).

Y en su estudio sobre el «análisis lingüístico moderno», Luria escribió: «para el biólogo tiene un evidente sentido pensar que, tanto para la estructura del lenguaje como para las estructuras lógicas, existen en el cerebro patrones de conexión genéticamente determinados que han sido seleccionados por la evolución como instrumentos eficaces para enfrentarse a los acontecimientos de la vida» (Luria, 1973, pág. 141).

El inmunólogo Niels Jerne comentó lo siguiente en el discurso pronunciado cuando recogió su premio Nobel[6]:

Parece un milagro que los niños pequeños aprendan fácilmente la lengua de cualquier entorno en el que nacen. El enfoque generativo de la gra-

---

[6] Acerca de las ideas de Jerne sobre la selección y la instrucción, véase el capítulo 3.

mática, propuesto por Chomsky, sostiene que esto solo es explicable si ciertos rasgos de dicha competencia constituyen características internas del cerebro humano. Biológicamente hablando, esta hipótesis de que existe una capacidad heredada para aprender cualquier idioma significa que, de alguna manera, dicha capacidad debe de estar codificada en el ADN de nuestros cromosomas. Si algún día llegase a verificarse esta hipótesis, la lingüística se convertiría en una rama de la biología (Jerne, 1985, pág. 1059).

La unificación, ya sea en física, en lingüística o en cualquier otra ciencia, tiene muchas conexiones interdisciplinarias. Una de esas conexiones que Chomsky introdujo en la discusión científica procedía del campo de la conducta animal o, como se ha denominado más comúnmente en Europa, de la etología. En una crítica escrita en 1959 sobre el libro de B. F. Skinner, *Verbal Behaviour* [*Comportamiento verbal*], Chomsky introduce ideas y líneas argumentales de la genética, la etología (comparativa), y la biología en general, junto con una serie de argumentos de otro tipo, para criticar el «análisis funcional» que Skinner hace del comportamiento verbal, basado en nociones behavioristas como el estímulo, el refuerzo y la privación (Chomsky, 1959)[7]. Chomsky se basa en el trabajo de Lorenz, Tinbergen, Thorpe, Jaynes y otros. Por ejemplo, sostiene que el aprendizaje, ya sea la canción de un pájaro o el lenguaje humano, puede carecer de recompensa; es decir, no hace falta que utilice medios de «refuerzo diferencial»:

> La impronta es la prueba más llamativa de la disposición innata del animal a aprender en una cierta dirección, y a reaccionar adecuadamente a pautas y objetos de ciertos tipos restringidos, a menudo solo mucho tiempo después de que el aprendizaje original ha tenido lugar. Es, en consecuencia, un aprendizaje sin recompensa, aunque las pautas de conducta resultantes se puedan refinar mediante el refuerzo. La adquisición de los trinos típicos de los pájaros cantores es, en algunos casos, un tipo de impronta. Thorpe informa de estudios que demuestran «que algunas características del canto normal se han aprendido en la primera juventud, antes de que el propio pájaro sea capaz de producir una canción completa» (Chomsky, 1964, págs. 561–562).

---

[7] Las citas proceden de la versión reimpresa en 1964 (Chomsky, 1964).

Chomsky concluye que cualquier teoría del aprendizaje debe tener en cuenta el hecho de que los niños adquieren la gramática con «notable rapidez» y «en gran medida de manera independiente de la inteligencia», lo que sugiere que «los seres humanos están de alguna manera especialmente diseñados para hacer esto, con capacidad para manejar datos o "formular hipótesis"» (pág. 577), señalando que estas capacidades están enraizadas en la naturaleza biológica humana:

> No hay en esto nada esencialmente misterioso. Las complejas pautas de conducta innatas y las «tendencias innatas a aprender de una manera específica» han sido cuidadosamente estudiadas en organismos inferiores. Muchos psicólogos se han inclinado a creer que la estructura biológica no va a tener un efecto importante en la adquisición de la conducta compleja en los organismos superiores, pero yo no he conseguido encontrar ninguna justificación de esta actitud (Chomsky, 1964, pág. 577, n. 48).

En la reimpresión de la crítica a Skinner, Chomsky incluye una nota a pie de página de Tinbergen y Schiller para resaltar más la importancia del análisis biológico: «Lenneberg [...] presenta un análisis muy interesante sobre esa parte de la estructura biológica que quizá participe en la adquisición del lenguaje, y sobre los peligros de descuidar esta posibilidad» (Chomsky, 1964, pág. 564).

Como ejemplo añadido, podemos tomar el análisis que Chomsky hace sobre el papel de los «datos lingüísticos primarios» en el proceso de la adquisición del lenguaje, donde puede asumir múltiples papeles; por ejemplo, puede «determinar a cuál de los idiomas posibles [...] está siendo expuesto el que aprende una lengua», o puede simplemente poner en funcionamiento «un ingenio de adquisición del lenguaje» (Chomsky, 1965, pág. 33 versión castellana). Señala que «esta distinción es bastante familiar fuera del dominio de la adquisición del lenguaje», en otras áreas de la biología contemporánea:

> Así, ej., Richard Held ha mostrado en numerosos experimentos que en ciertas circunstancias la estimulación «reaferente» (o sea, la estimulación que resulta de actividad voluntaria) es un prerrequisito para el desarrollo de un concepto de espacio visual, aunque quizá no determine el carác-

ter de este concepto [...] O, para dar uno de los innumerables ejemplos procedentes de estudios sobre aprendizaje animal, se ha observado [...] que el contacto entre madre y neonato facilita considerablemente la percepción de profundidad de los corderos, aunque tampoco hay ninguna razón para suponer que la naturaleza de la «teoría del espacio visual» del cordero dependa de este contacto (Chomsky, 1965, pág. 33, versión castellana).

A lo largo de los años, Chomsky ha introducido en el análisis lingüístico una serie de propuestas e ideas intrigantes tomadas de la base evolutiva del lenguaje humano, a menudo en conexión con modelos lingüísticos particulares. Por ejemplo, en una presentación de las hipótesis que subyacen a lo que más adelante se denominó «Teoría Estándar», Chomsky hace comentarios sobre los «principios de la organización nerviosa» y la «ley física», que ha retomado en buena parte de su trabajo posterior (véase el capítulo 5):

> Sin embargo, no cabe duda de que hoy no hay ninguna razón para tomar en serio una posición que atribuye por completo un logro humano complejo a meses (o a lo sumo años) de experiencia, en vez de atribuirlo a millones de años de evolución o a principios de organización neural que pueden estar todavía más enraizados en leyes físicas (Chomsky, 1965, pág. 56, versión castellana).

Aproximadamente por la misma época (1966), Chomsky señaló la asombrosa semejanza intelectual entre la idea de que los principios gramaticales universales determinan «el tipo de lenguas posibles» y la teoría goethiana de la *Urform*, ejemplificada, por ejemplo, por el *Urpflanze*:

> Así la forma original (*Urform*) es una especie de principio generativo que determina la clase de organismos físicamente posibles; y, al elaborar esta noción, Goethe trató de formular los principios de coherencia y unidad que caracterizan a esta clase y que se pueden identificar como factor constante e invariable bajo todas las modificaciones superficiales determinadas por la variación en las condiciones de su circunstancia (Chomsky, 1966, pág. 60, versión castellana).

La idea del *Urpflanze* ha resurgido de manera interesante en trabajos sobre biología del desarrollo. A este respecto exploraremos la idea de que tipos similares de principios generativos pueden estar involucrados en el ámbito mental; es decir, en el desarrollo y la evolución del lenguaje humano. Así, la idea de la *Urform* enlaza de manera interesante con otros cabos de las ideas de Chomsky sobre la evolución del lenguaje.

La cuestión del «diseño del lenguaje» ha sido también una de las áreas centrales de la moderna gramática generativa. Por ejemplo, en 1977, Chomsky y Lasnik propusieron la existencia de un filtro (perceptivo) que explica el contraste entre la frase gramatical *That he left is surprising* [Que él se fuese es sorprendente] y la agramatical *★He left is surprising* [*★Él fuese es sorprendente] y concluían:

> La primera cuestión que se debe plantear es si el filtro (20) es un verdadero universal (es decir, un principio de la GU), o si es específico de la lengua que se está analizando. Supongamos que [el filtro] (20) perteneciese a la GU. Entonces no será necesario aprenderlo, al igual que no es necesario aprender la fonética universal; forma parte de la facultad lingüística genéticamente determinada. La explicación funcional se encuentra, en todo caso, en la evolución de la especie (Chomsky y Lasnik, 1977, págs. 436–437).

Retomaremos esta cuestión en el capítulo 5.

Chomsky señaló que aunque debemos alejarnos de la variación genética en la gramática universal durante las fases iniciales del estudio, también se debe resaltar la potencial importancia de los estudios sobre variación genética de la facultad lingüística; en el capítulo 4 se encontrará un análisis más en profundidad.

> Al mismo tiempo, no sería sorprendente descubrir que hay cierta variación genética [de la facultad lingüística], y si esto se pudiese descubrir, tal vez condujese a formas nuevas y reveladoras de estudiar la naturaleza intrínseca de la facultad lingüística. Ocasionalmente se ha observado, por ejemplo, que la adquisición inusualmente tardía del lenguaje parece darse en familias, y se podrían encontrar otros aspectos del uso o la estructura del lenguaje sujetos a cierta variabilidad; un descubrimiento que podría

ser significativo para la terapia así como para la investigación del lenguaje (Chomsky, 1978, pág. 318)[8].

Alrededor de 1978, Chomsky comprendió que la lógica que subyace a lo que posteriormente se conocería como teoría de «los principios y los parámetros» de la adquisición del lenguaje era «bastante similar» al problema de la especiación biológica, tal y como lo analizaba el biólogo molecular François Jacob. Jacob había escrito que

> no ha sido una innovación bioquímica la que ha causado la diversificación de los organismos [...] El responsable de la diferencia entre una mariposa y un león, un pollo y una mosca, o un gusano y una ballena no son sus componentes químicos, sino las diversas distribuciones de estos componentes [...] la especialización y la diversificación solo responden a una diferente utilización de la misma información estructural [...] El programa genético se pone en práctica gracias a complejos circuitos reguladores, que o bien liberan o bien restringen las diversas actividades bioquímicas del organismo. [En organismos emparentados, los mamíferos, por ejemplo], la diversificación y la especialización [...] son el resultado de mutaciones que alteran los circuitos reguladores del organismo, más que de sus estructuras químicas. La mínima modificación que supone el redistribuir las estructuras en el tiempo y en el espacio es suficiente para cambiar profundamente la forma, el rendimiento y la conducta del producto final (Jacob, 1978; citado de Chomsky, 1980c, pág. 67).

Chomsky señaló que el modelo de los principios y los parámetros de adquisición del lenguaje tenía algunas de esas propiedades: «en un sistema de estructura suficientemente intrincada, pequeños cambios en puntos determinados pueden conducir a sustanciales diferencias en el resultado. En el caso del crecimiento de órganos, los mentales en nuestro caso, pequeños cambios en los parámetros que quedan abiertos en el esquematismo general pueden conducir a lo que parecen ser sistemas muy diferentes» (Chomsky, 1980c, pág. 67).

---

[8] Versión ligeramente modificada, impresa en Otero, 1988, págs. 233–250.

Las observaciones de Jacob representan un cuadro concreto de la idea de la *Urform* de Goethe, según la entendió Chomsky (véase arriba), el «principio generativo que determina la clase de organismos físicamente posibles». Es posible, por lo tanto, prever que el modelo ontogenético de los principios y los parámetros podría algún día encontrar su lugar en una teoría filogenética de los principios y los parámetros de la evolución del lenguaje. Esta teoría de la evolución proporcionaría una «explicación» de la teoría «descriptiva» de la adquisición del lenguaje, de la misma forma que el análisis de la adquisición del lenguaje proporciona una explicación sobre las propiedades del lenguaje[9]. En el capítulo 5 veremos ideas relacionadas en la biología del desarrollo y en la evolutiva.

El programa abarcado por estas cuestiones acabó conociéndose en algunos círculos como biolingüística. Bajo los auspicios del Centro Royaumont para una Ciencia del Hombre (con financiación de la Fundación Volkswagen), y organizado por Piatelli–Palmarini, se celebró un encuentro interdisciplinario sobre lenguaje y biología en Endictt House, Dedham, Massachusetts, en mayo de 1974[10]. Este encuentro formaba parte de un proyecto piloto del Centro Royaumont titulado *Comunicación animal y comunicación humana* y se organizó para explorar, entre otros temas, «las relaciones entre la estructura cerebral y el lenguaje, un tema de estudio recomendado por primera vez por Salvador E. Luria y Noam Chomsky». Luria, Chomsky y diversos participantes de los campos de la biología, la neurofisiología, la etología, la biofísica y las matemáticas se reunieron para discutir las posibilidades de colaborar en los diversos temas propuestos:

> Si ciertas zonas del cerebro, de las que se ha descubierto que están en buena medida relacionadas con las funciones específicas del lenguaje, se destruyen, ¿se ve obstaculizada la capacidad para llevar a cabo las otras funciones del lenguaje? ¿Puede circunvalarse la región lesionada? Si es así, ¿cuáles son las consecuencias para el funcionamiento cortical o cerebral:

---

[9] Para una discusión de las nociones técnicas de la adecuación descriptiva y la adecuación explicativa, véase Chomsky, 1965.
[10] Véase Piatelli–Palmarini, 1974.

es decir, si se produce una lesión hemisférica izquierda en el giro temporal (discriminación fonética), el giro temporal superior (producción fonética y configuraciones semánticas), en el giro supramarginal y en el giro angular (configuraciones sintácticas y semánticas), etc.? ¿Cuáles son los efectos de retroalimentación que se observan en las áreas corticales adyacentes?

¿Parecen ciertas funciones lingüísticas ser dominantes respecto a otras? ¿Con respecto a las funciones no lingüísticas y viceversa? Si se ven impedidas por una lesión, ¿se trasladan a otra área del córtex que entonces suprimirá su función normal correlativa? ¿Supresión? ¿Facilitación mutua? ¿En la producción y la recepción fonológica? ¿Orientación semántica? ¿Composición y descomposición semántica?

¿Por qué parece obedecer la sintaxis a reglas de organización (cálculo) dependientes de la estructura y no a órdenes más sencillas e independientes de la estructura?

En las actas del encuentro se alude a los temas anteriores y a otros referentes a las bases biológicas del lenguaje que se proponen para una posterior investigación con el término de «biolingüística»[11].

Tras el encuentro de Dedham, el Centro Royaumont desarrolló un proyecto titulado *Comunicación y cognición,* con el respaldo de Luria y Chomsky, y la asistencia de Jean–Pierre Changeux, Jacques Mehler, Klaus Scherer, Antoine Danchin y Jean Petitot[12]. La última fase de este proyecto fue un congreso sobre *Modelos ontogenéticos y filogenéticos del desarrollo cognitivo,* en la abadía Royaumont, cerca de París, en octubre de 1975[13]. A este congreso asistieron muchos biólogos, incluidos Jean–Pierre Changeux, François Jacob, Jacques Monod y otros. Además, posteriormente al encuentro de Dedham, se formó un Grupo de Tra-

---

[11] Este informe hace referencia al «grupo de estudio sobre biolingüística ya activo en el MIT» (p. com. 2).

[12] *Informe de actividades desde el 18 de febrero de 1975 (fecha de la última junta del Consejo de Administración) hasta noviembre, 1976,* Parte II, Centre Royaumont Pur une Science de l'Homme, París.

[13] Piattelli–Palmarini ha documentado ampliamente el congreso y presentó asimismo una retrospectiva sobre el mismo casi veinte años después (Piattelli–Palmarini, 1980; Piattelli–Palmarini, 1994).

bajo sobre Biología del Lenguaje en el MIT (Instituto de Tecnología de Massachusetts) en el periodo comprendido entre julio de 1975 y agosto de 1976, con el apoyo de becas concedidas por la Fundación P. Sloan y el MIT sobre la base de una propuesta presentada por Noam Chomsky, Susan Carey–Block y Salvador E. Luria (Walker, 1978).

En 1976, Konrad Lorenz y sus colaboradores viajaron a Salzburgo para participar con lingüistas en un simposio sobre lenguaje y biología incluido en la Escuela de Verano de Lingüística de Salzburgo. Además, un colega de Lorenz, Otto Koenig, celebró una serie de encuentros sobre el signo (semiótica) y el lenguaje con el Departamento de Lingüística de la Universidad de Viena en la estación de investigación de Wilhelminenberg. Y, finalmente, la Sociedad Lingüística del Instituto de Verano Americano celebrada en 1979 en Salzburgo estuvo dedicada al tema de *La lingüística y la biología*.

Las influencias de la etología sobre el estudio del lenguaje en la década de 1950, analizadas antes, daba un giro completo. Lorenz introdujo argumentos de la lingüística en el campo de la etología humana (Eibl–Eibesfeldt, 1970):

> La etología humana ha recibido un firme respaldo de un área inesperada de los estudios lingüísticos; Noam Chomsky y su escuela han demostrado que la estructura del pensamiento lógico –que es idéntica a la del lenguaje sintáctico– está anclada en un programa genético. El niño no aprende a hablar, solo aprende el vocabulario de la lengua particular correspondiente a la tradición cultural en la que ha nacido (Lorenz, 1981, pág. 11)[14].

En 1980, se formó el Grupo de Biolingüística de la Facultad de Medicina de Harvard (HMS), bajo el patrocinio del Laboratorio de Biología Molecular de Allan Maxam, para proporcionar un foro interdisciplinario a los investigadores interesados por las bases biológicas del lenguaje. Con los años, se han abordado temas tan variados como la lingüística teórica, la biología molecular, los trastornos del aprendizaje, la neurobiología de la

---

[14] Esta es una forma más elegante de decir que el locus de la variación interlingüística está en el léxico, en términos de una variante del modelo de los principios y los parámetros (analizado en el capítulo 3).

comunicación animal, la neurolingüística, la lateralización cerebral, la plasticidad nerviosa y los periodos críticos, la afasia, la dislexia, la visión, los sueños, la lingüística computacional, la percepción prelingüística del discurso en niños, discapacidad lingüística de origen cromosómico, y evolución del lenguaje[15].

Aproximadamente por esta época, se diseñaron diversos experimentos para explorar, a escala molecular, las áreas del lenguaje en el cerebro. Norman Geschwind y Albert Galaburda fueron los encargados de la parte neurológica de la colaboración. Los experimentos debían realizarse en el Laboratorio de Biología Molecular de la Universidad de Harvard, dirigido por Allan Maxam. Noam Chomsky aceptó escribir la introducción a la propuesta, pero me señaló que el tiempo no le permitiría estar en el laboratorio haciendo los experimentos (algo que tampoco se había esperado). Fue, por escrito al menos, la primera colaboración interdisciplinaria entre neurólogos interesados por las áreas del lenguaje, biólogos moleculares y lingüistas. Se intentó obtener financiación del campo de la lingüística, pero la propuesta no se escribió ni se envió, dado que nadie aceptó siquiera echarle un vistazo[16]. El trágico y prematuro fallecimiento de Norman fue otro duro golpe para el proyecto.

En la primera mitad de la década de 1980, el material «adecuado» había hecho el recorrido completo. Había ahora nuevos términos de moda en los medios académicos e industriales —«IA» (inteligencia artificial) y «ciencia cognitiva»— no el tipo de ciencias cognitivas que Chomsky había propuesto en Dedham y Royaumont, sino, por ejemplo, teorías del lenguaje basadas en programas informáticos *ad hoc* y «redes nerviosas» desestructuradas[17]. La idea que Chomsky tenía de la biolingüística se convirtió de nuevo en una posición minoritaria. Cuando le pregunté a

---

[15] Se puede encontrar un estudio sobre la aplicación de la lingüística y las técnicas de cálculo a la biología molecular en Collado–Vides, Magasanik y Smith, 1996.

[16] A finales de la década de 1980, el panel de colegas revisores de un importante organismo científico federal rechazó una modesta solicitud de fondos para biolingüistas, basándose en parte en que no se había demostrado que la relación entre la lingüística y la biología fuese algo más que una «analogía».

[17] Buena parte del trabajo en psicolingüística afirmaba haber demostrado que la lingüística no cumplía los criterios de la «realidad psicológica» (véanse capítulos 1 y 2).Y el trabajo en filosofía del lenguaje y de la mente parecía congelado en el tiempo y dominado

Samuel–Jay Keyser, en aquel momento director del Departamento de Lingüística y Filosofía del MIT, si el hecho de cambiar la denominación general a «ciencia cognitiva» había llevado realmente a una colaboración concreta entre los lingüistas y los neurocientíficos, él me contestó que «nosotros hacemos ciencia de cerebro seco y ellos hacen ciencia de cerebro húmedo». De nuevo, la euforia de comienzos de la década de 1980 era reminiscente de los primeros días de la gramática generativa, que Chomsky había descrito como sigue[18]:

> Al mismo tiempo, los ordenadores electrónicos estaban comenzando a tener su impacto. La teoría matemática de la comunicación, la cibernética, la espectrografía del sonido, la psicofísica y la psicología experimental estaban en un periodo de rápido desarrollo y gran exuberancia. Sus contribuciones prestaban un aura de ciencia y matemáticas al estudio del lenguaje y despertaron mucho entusiasmo, en especial entre aquellos que se sentían atraídos por las ideas, entonces actuales, referentes a la unidad de la ciencia. Se preveía como perspectiva práctica el desarrollo de una tecnología de traducción informática, de abstracción automática, y de búsqueda de información. Muchos confiaban en que el reconocimiento automático del habla también sería pronto factible. Se creía en general que las conferencias William James pronunciadas por B. F. Skinner en 1947 ofrecían un informe sobre los más complejos productos de la inteligencia humana en lo que respecta a la ciencia del comportamiento, basando este

---

por Quine y sus seguidores, de la misma forma que quince años antes, cuando yo era un estudiante de doctorado. Como Yogi Berra afirmó, «era siempre un *dèjá vu*». Lógicamente, había notables excepciones.

[18] Parte del entusiasmo por las redes nerviosas desestructuradas parece haber disminuido desde entonces. En *A Conversation, Why Connectionism?*, Elman *et al.* mantienen el siguiente intercambio (Elman *et al.*, 1996, pág. 47):

B: ¡No doy crédito a mis oídos! Las redes conexionistas son simplemente reactivas, responden exclusivamente a regularidades estadísticas del entorno.
A: No, eso puede haber sido cierto respecto a los primeros modelos, pero los modelos más complejos desarrollan representaciones internas que van mucho más allá de las regularidades superficiales para captar relaciones estructurales abstractas.

Además, IA se convirtió en una expresión malsonante en la industria de programas informáticos, porque muchos programas a los que se había dado gran publicidad no

estudio en un sistema de conceptos y principios inteligibles y verificados en la psicología animal (Chomsky, 1975a, págs. 39–40).

Otro esfuerzo por hacer avanzar la biolingüística a principios de la década de 1980 fue la idea de crear de una revista sobre biología y lenguaje[19]. Aunque Chomsky y algún otro lingüista la apoyaron inmediatamente, lo que nos sorprendió fue el número de biólogos que la saludaron con entusiasmo y se ofrecieron a participar en el consejo editorial de la revista, entre otros Sydney Brenner, Jean–Pierre Changeux, Norman Geschwind, David Hubel, François Jacob, Niels Jerne, Konrad Lorenz, Victor McKusick, Peter Marler, Linus Pauling, Massimo Piattelli–Palmarini, Gunther Stent y Lionel Tiger. Sin embargo, los 40.000 dólares necesarios para el primer año del proyecto suponían una cantidad astronómica para nosotros, y demostraron ser un obstáculo insalvable para nuestra revista. El Grupo de Biolingüística de la HMS solo podía sobrevivir porque el Laboratorio de Biología Molecular nos había permitido el uso de los ordenadores para nuestro boletín (*Bioling*) y nos había proporcionado una sala de reuniones en la Biblioteca Countway de la HMS. Ninguno de nuestros ponentes invitados recibía compensación, de forma que nuestro presupuesto total se agotaba invitándolos a cerveza en el Windsor Bar situado enfrente, después de las charlas.

En esta fase de la investigación, tenemos solo respuestas fragmentarias y parciales a las cuestiones (1)–(5)[20]. En el capítulo 1, «El problema de la unificación», consideramos las cuestiones básicas, tales como cuál

---

consiguieron materializarse o fueron cancelados. Esto me recuerda a la cancelación de la mayoría de los proyectos de traducción informática, tanto estadounidenses como rusos, en la década de 1960, después de haberlos publicado a bombo y platillo en la de 1950. En 1964, yo era miembro del Laboratorio de Traducción Informática de Victor Yngve, en el MIT, como estudiante de primer año de doctorado. Recuerdo perfectamente que estaba ocupado en el proyecto de programación de una traducción parcial del alemán al inglés con el lenguaje COMIT de Yngve en tarjetas perforadas para el sistema de tiempo compartido de IBM, cuando se anunció bruscamente que el MIT iba a disolver todo el laboratorio.

[19] Steve Hammalian, Allan Maxam y yo participamos en varias encarnaciones de este proyecto.

[20] Este libro solo se podrá introducir en algunas de las sendas de investigación que exploran estas cuestiones, y quizá dedique más espacio a cuestiones en las que estamos

es el campo de investigación adecuado para el estudio de la biología del lenguaje, las cuestiones de metodología, la lingüística como ciencia natural y la formalización en la lingüística.

En el capítulo 2, «Conocimiento y uso del lenguaje», veremos que una parte básica de la respuesta a la pregunta (1) se considera un lenguaje (I), por lo que la noción de lenguaje I se analiza en mayor profundidad en el capítulo 2 (véase también Chomsky y Lasnik, 1993, pág. 507). Consideramos las cuestiones de idealización que surgen en este estudio, incluida la modularidad y la noción de «realidad psicológica».

La respuesta a la pregunta (3) incluye una serie de elementos, entre ellos, el análisis sintáctico (Berwick, Abney y Tenny, 1992), actos del habla, pragmática, etc. Consideramos también los límites de la capacidad cognitiva. En los capítulos 1 y 2 se consideran algunas de las cuestiones referentes al uso del lenguaje.

Y una parte importante de la respuesta a la pregunta (2) es una gramática universal, o más precisamente, la especificación de los principios de una GU dada epigenéticamente[21] mediante el establecimiento de parámetros (Chomsky y Lasnik, 1993; Roeper y Williams, 1987; Wexler y Mazini, 1987). Esto se analiza en el capítulo 3 «Adquisición (aumento) del lenguaje». También analizamos el argumento de la pobreza del estímulo, el mecanismo utilizado por el gramático generativo para estudiar los principios de la GU.

---

especialmente interesados, pero esto no se debe a que otros temas que se podrían haber cubierto sean menos importantes. Proporcionaremos extensas referencias sobre estas y otras áreas, para que el lector pueda estudiar en mayor detalle los temas que le interesen.

[21] Más exactamente, la GU es la «teoría del estado inicial» (Chomsky y Lasnik, 1993, pág. 507). Como Chomsky y Lasnik han señalado, «podemos proceder a preguntar también cómo interactúan los factores ambientales y los procesos de maduración con el estado inicial descrito por la GU» (pág. 509). Desde el punto de vista de la biolingüística, también incluye el enfoque lingüístico denominado «innatista, nativista», etc. Sin embargo, no utilizamos estos términos, ya que todos los enfoques lingüísticos incluyen un componente innato. Asimismo, dado que cualquier teoría del lenguaje tiene un aspecto genético (así como epigenético), no empleamos el término «hipótesis genética» (Jackendoff, 1994, pág. 30). Sin embargo, Jackendoff utiliza la expresión «hipótesis genética» en el sentido de que «la capacidad para aprender una lengua radica en nuestra biología», algo que está bastante en consonancia con la actual discusión. La GU se origina en la «lingüística cartesiana» de la teoría gramatical de Port–Royal (Chomsky, 1966).

En el capítulo 4, «Mecanismos del lenguaje», y en el 5, «Evolución del lenguaje», nos centramos en las preguntas finales que el problema de la unificación plantea a la biolingüística. Chomsky y Lasnik señalan que los problemas (4)–(5)[22] «parecen estar, por el momento, junto con muchas preguntas similares sobre la cognición en general, fuera del alcance de una investigación seria» (Chomsky y Lasnik, 1993, pág. 509). Sin embargo, a pesar de las dificultades para estudiar estas cuestiones, a Chomsky y a sus colegas lingüistas y de muchos campos relacionados, incluidas la neurología, la patología del habla, la genética clínica y la endocrinología, les han intrigado estos temas, y se han abierto numerosas áreas de investigación para responder a estas preguntas.

El propio Chomsky se ha interesado por estas cuestiones desde los primeros días de la gramática generativa, ha fomentado el estudio más profundo de estos temas, y también ha abierto muchas líneas de pensamiento sobre el lenguaje, el desarrollo y la evolución. En ellas se incluyen temas como el lenguaje como sistema genético/epigenético, la explicación funcional en la evolución, el aprendizaje del lenguaje como selección (frente a instrucción), la variación paramétrica, el lenguaje como subproducto, el lenguaje como sistema emergente, la evolución del lenguaje en un espacio de posibilidades físicas, la implicación de las propiedades abstractas de la facultad del lenguaje −como sistema basado en el cálculo digital con enumeración recursiva, no redundancia, modularidad, principios de mínimo esfuerzo, simetría− y los límites a la capacidad cognitiva. Todos estos temas tienen implicaciones para la biología del lenguaje en el plano de los mecanismos físicos, la ontogenia (desarrollo individual), y la filogenia (historia evolutiva). Volveremos sobre muchos de estos temas en los capítulos 4 y 5, y en otras partes del libro[23].

---

[22] La formulación exacta de la pregunta (4) (su [2e]) es «¿cómo se realizan estas propiedades en los mecanismos del cerebro?» y para la (5) (su [2d]) es «¿cómo evolucionaron estas propiedades de la mente/cerebro de la especie?»

[23] No intentaremos dar un informe histórico sistemático más allá de las opiniones de Chomsky sobre el lenguaje y la biología, la evolución, etc. Por el contrario, proporcionaremos un esquema de algunas de las ideas y posibles líneas de investigación sobre estas cuestiones que él ha propuesto a lo largo de los años, a menudo en conjunción con marcos de teoría lingüística específicos, tales como el modelo de los principios y los parámetros, el programa minimalista, etc.

En el capítulo 4, sugeriremos que una ligera variación genética puede quizá sembrar una variación lingüística. En el capítulo 5, ofreceremos hipótesis de que la base física para algunas de las variaciones del orden de palabras en los idiomas mundiales puede ser el proceso de ruptura de la simetría.

1

El problema de la unificación

Chomsky ha comentado lo siguiente acerca de la futilidad de abordar «el estudio de todo»[1]:

> En relación con esto, quizá valga la pena recordar algunos otros tópicos; en la investigación racional, en las ciencias naturales o en cualquier otra parte, no hay una materia que sea «el estudio de todo». Así, no forma parte de la física el determinar exactamente cómo se mueve un cuerpo en particular bajo la influencia de toda partícula o fuerza del universo, con posible intervención humana, etc. Este no es un tema. Por el contrario, en la investigación racional idealizamos los dominios seleccionados de tal manera (esperamos) que nos permitan descubrir los rasgos cruciales del mundo (Chomsky, 1992, pág. 102).

El físico David Ruelle, uno de los fundadores del campo de la dinámica no lineal y la teoría del caos, escribe en un tono parecido: «En general, el físico no intenta comprenderlo todo al mismo tiempo. Por el contrario, busca diferentes *fragmentos de realidad*, uno a uno. *Idealiza* un fragmento de realidad determinado, e intenta describirlo mediante una teoría matemática» (Ruelle, 1991, pág. 11).

En biolingüística, uno de los «fragmentos de realidad» que podríamos intentar describir son las relaciones y las interpretaciones que se mantienen entre sintagmas completos como *Jones* y «sujetos omitidos», como en este ejemplo descrito por Chomsky:

> Para ilustrar un caso ligeramente más sutil, considérese la oración *Jones was too angry to run the meeting* [Jones estaba demasiado enfadado para celebrar

---

[1] Señala que «el estudio de todo» que él rechaza aquí no tiene nada que ver con «la teoría del todo» (TT) que los físicos buscan (Chomsky, 1992, pág. 128).

la reunión]. ¿Quién se supone que va a celebrar la reunión? Hay dos interpretaciones: se puede considerar que el «sujeto omitido» de «celebrar» es Jones, de forma que el significado es que Jones no estaba dispuesto a continuar la reunión debido a su enfado; en este caso, decimos que el sujeto omitido está «controlado» por *Jones*. O se puede considerar que no tienen una referencia específica, con lo que el significado es (por ejemplo) que nosotros no podemos continuar la reunión debido al enfado de Jones (compárese con *The crowd was too angry to celebrate the meeting* [la multitud estaba demasiado enfadada para celebrar la reunión]). Supongamos que sustituimos «la reunión» por un sintagma interrogativo, de forma que ahora tenemos: *Which meeting was Jones too angry to run?* [¿qué reunión estaba Jones demasiado enfadado para celebrarla?] Ahora la ambigüedad se resuelve; Jones se ha negado a celebrar la reunión (compárese con *Which meeting was the crowd too angry to run?* [¿qué reunión estaba la multitud demasiado airada para celebrarla?], que, en contra de lo que se intuye, se interpreta que significa que la multitud era la que debía celebrar la reunión, al contrario que *Which meeting was the crowd too angry for us to run?* [¿qué reunión era la que la multitud estaba demasiado enfadada para que nosotros la celebrásemos?], que no tiene un «sujeto omitido que requiera interpretación) (Chomsky, 1994a, pág. 24).

Para el físico, el «fragmento de realidad» podría ser que el agua hierva o se congele, como en el siguiente ejemplo de Ruelle:

Un intrigante fenómeno natural es que el agua hierva, y el que se congele no es menos misterioso. Si tomamos un litro de agua y bajamos la temperatura, no es irrazonable que se volviese cada vez más viscosa. Podemos suponer que a una temperatura suficientemente baja estará tan viscosa, tan rígida, como para parecer bastante sólida. Esta suposición sobre la solidificación del agua es bastante equivocada. Cuando enfriamos el agua vemos que a cierta temperatura se convierte en hielo de manera completamente abrupta. Asimismo, si calentamos el agua, hierve a cierta temperatura, es decir, experimenta un cambio discontinuo de líquido a vapor de agua. La congelación y la ebullición del agua son ejemplos familiares de *transiciones de fase* (Ruelle, 1991, págs. 121–122).

¡Lo primero que debe comprenderse sobre el ejemplo que incluye los datos de la lengua y el ejemplo que incluye la congelación y la ebullición del agua es que hay problemas aquí que necesitan explicación! Como Chomsky señala sobre el ejemplo citado (y otros que analiza junto con estos):

> En casos como este, las razones se comprenden bien. El elemento crucial es que todo esto se sabe sin experiencia, e incluye procesos y principios de cálculo bastante inaccesibles para la conciencia, aplicando una amplia gama de fenómenos a lenguas tipológicamente diferentes. La investigación seria comienza cuando estamos dispuestos a sorprendernos por fenómenos sencillos de la naturaleza, como el hecho de que una manzana se caiga de un árbol, o una proposición signifique lo que significa. Si nos quedamos satisfechos con la «explicación» de que las cosas caen a su lugar natural o que nuestro conocimiento de la forma y el significado es resultado de la experiencia o quizá de la selección natural, entonces podemos estar seguros de que los fenómenos en sí seguirán ocultos a la vista, por no decir nada de cualquier comprensión sobre qué es lo que subyace a los mismos (pág. 25).

Las mismas consideraciones son aplicables a la congelación y a la ebullición del agua, como resalta Ruelle, «estos fenómenos son de hecho tan familiares que quizá no nos demos cuenta de que son realmente muy extraños, y requieren una explicación. Quizá se podría decir que un físico es una persona que *no* considera obvio que el agua deba congelarse o entrar en ebullición cuando se baja o aumenta la temperatura» (pág. 23). En muchos casos, el «fragmento de realidad» que hemos elegido investigar resultará demasiado complejo para analizarlo tal como está:

> He aquí, por lo tanto, un problema para los físicos teóricos: probar que al subir o bajar la temperatura del agua se producen transiciones de fase a vapor de agua o hielo. Pues bien, ¡esas son palabras mayores! Estamos lejos de disponer de dicha prueba. De hecho, no hay un solo tipo de átomo o molécula del que podamos demostrar matemáticamente que debería cristalizar a baja temperatura. Son problemas demasiado complicados para nosotros (pág. 123–124).

En tales casos, será necesario intentar idealizarlo de diversas formas:

> A un físico no le parecerá extraño verse enfrentado a un problema demasiado difícil de resolver [...] Hay salidas, por supuesto, pero requieren alterar de una forma u otra la relación con la realidad. O bien considerar un problema matemático análogo que no se puede solucionar, pero más fácil, y olvidar el contacto íntimo con la realidad física. O ceñirse a la realidad física pero idealizarla de manera diferente (a menudo a costa de olvidar el rigor matemático y la coherencia lógica). Ambos métodos se han utilizado para intentar comprender las transiciones de fase, y ambos han sido muy fructíferos. Por una parte, es posible estudiar sistemas «en retícula», en los que los átomos, en lugar de moverse libremente, se pueden presentar solo en determinados emplazamientos discretos. Tenemos buenas pruebas matemáticas en dichos sistemas de que se producen ciertas transiciones. O podemos inyectar nuevas ideas en la idealización de la realidad, como la idea de *razón de semejanza* de Wilson, y obtener una rica cosecha de resultados nuevos. Aun así, la situación no es completamente satisfactoria. Preferiríamos un conocimiento conceptual general de por qué se producen transiciones de fase, y esto, por el momento, se nos escapa (pág. 124).

Estos ejemplos sugieren que, al aproximarnos al estudio de la mente/cerebro, no deberíamos permitir que la familiaridad intuitiva con los datos lingüísticos nos haga confiar en que los problemas van a ser menos difíciles: «Los científicos saben lo difícil que es comprender fenómenos sencillos como la ebullición o la congelación del agua, y no les asombra demasiado descubrir que muchas preguntas relacionadas con la mente humana (o el funcionamiento del cerebro) están por el momento fuera de nuestro entendimiento» (Ruelle, 1991, pág. 11).

En la reseña de un trabajo sobre el sistema visual, David Hubel comenta el tiempo sorprendentemente largo que ha hecho falta para verificar una hipótesis sobre las células cerebrales que, a pesar de tener gran interés e importancia, sigue suponiendo solo un diminuto apartado de lo que Ruelle denomina las «múltiples cuestiones relacionadas con [...] el funcionamiento cerebral [...] [que quedan] fuera de nuestro conocimiento»:

Hace treinta y cinco años, Wiesel y yo habríamos sido incrédulos si alguien nos hubiese sugerido que nuestro esquema para explicar las células simples no sería aceptado o rechazado hasta ahora. A este ritmo, esperamos tener un veredicto para una propuesta similar que hicimos sobre las células complejas hacia el año 2031 (Hubel, 1996, pág. 197).

Aparte de la imposibilidad de «estudiarlo todo», Chomsky ha distinguido también entre problemas que «parecen situarse dentro del conjunto de enfoques y métodos bien comprendidos», y misterios que «continúan tan oscuros en la actualidad como cuando se plantearon» (Chomsky, 1975b, pág. 147, versión castellana). Short recuerda la experiencia del biólogo molecular Lubert Stryer:

> Lubert Stryer (Facultad de Medicina de Stanford) relató una conversación que mantuvo en 1969 con Henri Peyre, entonces profesor de francés en Yale. Poco impresionado por la explicación de Stryer sobre cómo intentaba determinar la base molecular de la visión vertebrada, Peyre señaló que la cuestión verdaderamente interesante era la base molecular del remordimiento (Short, 1994, pág. 583).

Sin embargo, «verdaderamente interesante» no necesariamente significa «fácilmente accesible a la investigación científica». No es obvio si el estudio de un tema como el remordimiento pertenece a la categoría de «problema» o a la de «misterio». Se pueden imaginar al menos aproximaciones al problema, como comparar a los asesinos en serie con controles para intentar definir un fenotipo conductual, y a continuación buscar polimorfismos (variaciones) o mutantes[2]. Pero dado el estado de la biología molecular y de la psicología en 1969 (y probablemente en la actualidad), Stryer probablemente fue más sensato dedicándose al problema de la unificación de la visión en los vertebrados que al del remordimiento.

Algunos pueden sentirse decepcionados por ver grandes cuestiones como «¿cuál es la relación entre lenguaje y pensamiento?» reformuladas

---

[2] Un polimorfismo es la presencia en una población de dos o más alelos relativamente comunes de un gen.

en una serie de cuestiones menos románticas como «¿cuáles son las restricciones en la distribución de pronombres, sintagmas nominales ahormantes, etc., en inglés?». En biología ha habido recelos similares acerca de cuestiones generales como ¿qué es la vida?, como han señalado P. B. y J. S. Medawar (Medawar y Medawar, 1978, pág. 7). Y, señalan, Keats denunció a Newton «por destruir toda la belleza del arco iris, al reducirlo a sus colores prismáticos [...]» (pág. 166). Aunque la cuestión referente a la forma lógica del pronombre recíproco *each other* y «sujetos implícitos» puede parecer a primera vista menos romántica que cuestiones más amplias referentes al lenguaje y al pensamiento, a largo plazo, esperamos poder reunir una respuesta más satisfactoria a esta misma cuestión mediante la descomposición del problema en otros más pequeños y manejables. Jacob lo ha explicado con elegancia:

> La ciencia procede de manera diferente. Opera mediante la detallada experimentación con la naturaleza y, de esa forma, parece menos ambiciosa, al menos a primera vista. Su objetivo no es alcanzar inmediatamente una explicación completa y definitiva de todo el universo, de su comienzo y de su forma actual. Por el contrario, busca respuestas parciales y provisionales a aquellos fenómenos que se pueden aislar y definir bien. De hecho, el comienzo de la ciencia moderna se puede fechar a partir del momento en que cuestiones generales como «¿de qué se compone la materia?, ¿cómo se creó el universo?, ¿cuál es la esencia de la vida?» se sustituyeron por otras limitadas como «¿cómo cae una piedra?, ¿cómo fluye el agua por un tubo?, ¿cómo circula la sangre por los vasos sanguíneos?» Esta sustitución produjo un resultado impresionante. Mientras que el planteamiento de preguntas generales había conducido a respuestas limitadas, el planteamiento de preguntas limitadas resultó proporcionar respuestas cada vez más generales (Jacob, 1977, págs. 1161–1162).

EL PAPEL DE LOS TÉRMINOS TÉCNICOS EN LA UNIFICACIÓN

Chomsky ha dedicado muchos ensayos a esclarecer y separar los usos de términos y expresiones tan generales como «lenguaje», «la lengua inglesa», «saber inglés», «la palabra X hace referencia a Y», etc., que aparecen en la bibliografía lingüística, la filosofía de la mente y las ciencias cognitivas. Cuando introducimos un término como «lenguaje» en una teoría, este se convierte en un término técnico y toma el significado que dicha teoría le asigna. No necesita tener más conexión con el uso general de la palabra que la partícula subatómica «quark» tiene con el «*quark*» [un tipo de queso fresco] de James Joyce. Podríamos cambiar «lenguaje» por otro término, pero por comodidad conservamos la palabra original en la teoría, de la misma forma que la física conserva palabras como «masa» y «energía». Lo que los lingüistas hacen es definir el término «lenguaje I» para denotar el objeto biológico en estudio, pero seguir utilizando el término «lenguaje» (en lugar de «lenguaje I») allí donde el contexto no permite confusión alguna. Asimismo, exactamente de la misma forma, utilizamos el término «biolingüística» aproximadamente para el estudio de las cinco cuestiones planteadas en la Introducción, pero donde queda claro por el contexto, utilizamos a menudo la forma más breve de «lingüística».

Este tipo de análisis ha sido un paso crucial en el proceso de unificación de todas las ciencias naturales, y siempre se lleva a cabo, ya sea implícita o explícitamente. Por ejemplo, Max Planck dedica un largo ensayo, «La unidad del universo físico», al tema de la unificación y los términos técnicos en su área de trabajo, la termodinámica. Le interesa eliminar el elemento antropomórfico en el uso del término fundamental de *entropía*. Planck señala que muchos conceptos físicos y ramas enteras de la física han surgido de las necesidades humanas y de las percepciones de los sentidos. Por ejemplo, el concepto de *fuerza* «hacía sin duda referencia a la fuerza humana, correspondiendo al uso de hombres o bestias para trabajar en las primeras y más antiguas máquinas: la palanca, la polea y la noria». El calor se caracterizaba por la sensación de calidez, etc. La energía incluía la idea de «trabajo útil» y los intentos de construir una «máquina de movimiento perpetuo». El progreso en física se logró finalmente «emancipando» a la física de su naturaleza antropomórfica: «podemos decir brevemente que la característica de todo el desarrollo de la física teórica, hasta el presente, es la unificación de sus sistemas, lo cual se ha obtenido mediante una cierta eliminación de los elementos antropomórficos, especialmente las percepciones específicas de los sentidos» (Planck, 1993, pág. 4).

Buena parte de lo que resta de ensayo supone se dedica a «emancipar» a la Segunda Ley de la Termodinámica de nociones tales como «habilidad humana», «participación humana», «capacidad para llevar a cabo ciertos experimentos», «los límites del conocimiento humano», etc. Considera una serie de definiciones alternativas de esta ley en términos de procesos irreversibles y, finalmente, de entropía. Sostiene que la formulación estadística de Boltzmann es la mejor, porque «se elimina el antropomorfismo». Pero pagamos un precio por este «paso hacia la unificación»; a saber, al usar los métodos estadísticos, se nos «niega la respuesta completa a todas las cuestiones relacionadas con los detalles de las operaciones en física»; por ejemplo, sobre elementos individuales. Hay que repetir que la física no es el «estudio de todo», en términos de Chomsky. Y al igual que Newton destruyó el arco iris de Keats, Planck admite «que el cuadro del futuro parece descolorido y apagado cuando lo comparamos con el glorioso colorido del cuadro original, teñido de las múltiples necesidades de la vida humana, y al que todos los sentidos aportaban su parte». Pero a cambio conseguimos la «*unidad* del cuadro».

A continuación, Planck hace unas observaciones proféticas:

> Como elemento fundamental en mecánica, necesitamos principalmente las concepciones de espacio, tiempo y movimiento, y ello puede estar denotado por la materia o la condición. Los mismos elementos fundamentales son igualmente necesarios en electrodinámica. Un punto de vista ligeramente más generalizado de la mecánica podría permitirle, por lo tanto, incluir la electrodinámica y, de hecho, hay muchas indicaciones de que estas dos divisiones, que se están ya invadiendo mutuamente, se reunirán en un único esquema general de la dinámica.

Poco tiempo después, Einstein se embarcaría en este proyecto, al examinar las nociones clásicas (técnicas y lógicas) de espacio y tiempo de forma muy similar a la que los fundadores de la termodinámica habían examinado las nociones técnicas y lógicas de energía y trabajo[3].

---

[3] No se proporciona la fecha del ensayo de Planck, pero parece anterior al trabajo de Einstein sobre la relatividad especial.

LA «REALIDAD» EN LINGÜÍSTICA Y EN LAS CIENCIAS NATURALES

Weinberg proporciona una útil caracterización de lo que «real» significa para las ciencias naturales[4]: «Las funciones de onda son reales por la misma razón por que lo son los quarks y las simetrías; porque es útil incluirlos en nuestra teorías» (Weinberg, 1992, pág. 70, versión castellana). Esta debería ser una regla lógica adecuada para cualquier estudio del mundo natural, incluida la biolingüística, el estudio del lenguaje I en cuanto objeto biológico, y así lo suponemos aquí. Pero a menudo los filósofos, los científicos cognitivos, e incluso muchos otros lingüistas, aplican a los lingüistas un criterio superior. Después de haber presentado las pruebas y los argumentos de algún concepto o principio lingüístico para demostrar que es «útil incluirlos en nuestras teorías», a los lingüistas se les pide que atraviesen unos cuantos aros filosóficos más, para demostrar que el concepto o principio tiene la supuesta propiedad de ser una «realidad psicológica», una «realidad neurológica» o incluso «realidad mental». Analizamos un ejemplo de este tipo en una crítica de Colin McGinn al libro de Chomsky, *Rules and Representations [Reglas y representación]* (McGinn, 1981).

McGinn enumera varias «tesis chomskianas» (pág. 288), dos de las cuales se analizan aquí:

(i) una gramática caracteriza una estructura interna de representaciones y principios de cálculo

(ii) esta estructura pertenece a la *mente* del hablante

McGinn acepta la primera tesis, pero, después de presentar un cierto análisis, concluye lo siguiente sobre la segunda: «no creo, por lo tanto, que Chomsky haya demostrado todavía su derecho a afirmar que las gramáticas generativas sean una "realidad *mental*" propiamente dicha» (pág. 290).

---

[4] Weinberg está en realidad hablando a través de la figura de «Scrooge» en una discusión con «Pequeño Tim» sobre el significado de la mecánica cuántica, incluida la interpretación de la paradoja de EPR (véase más adelante). Weinberg señala: «Tengo simpatías por ambas partes de este debate, aunque algo más por el realista Scrooge que por el positivista Pequeño Tim.»

Sin embargo, Chomsky no ha afirmado en absoluto que las gramáticas generativas tengan una «realidad mental», por encima y más allá de la realidad que pueda tener cualquier modelo científico del universo:

> La gramática de una lengua [...] puede atribuirse ese «grado de realidad más elevado» que el físico adscribe a sus modelos matemáticos del universo. En un nivel de abstracción apropiado, esperamos encontrar los principios explicativos profundos que subyacen a la generación de oraciones por parte de las gramáticas. El descubrimiento de dichos principios justificará por sí solo las idealizaciones adoptadas, e indicará que hemos captado un importante elemento de la estructura real del organismo (Chomsky, 1980c, pág. 223).

Chomsky establece explícitamente que utiliza el término «mental» de una forma muy parecida a como se utilizan los términos de «químico», «óptico» o «eléctrico»:

> Tomemos el término «mente» o, como preliminar, «mental». Considérese de qué modo utilizamos términos como «químico», «óptico» o «eléctrico». Ciertos fenómenos, acontecimientos, procesos y estados se denominan «químicos» (etc.), pero ese uso no sugiere ninguna división metafísica. Son simplemente diversos aspectos del mundo que seleccionamos como centro de atención a efectos de análisis y exposición. Yo comprendo el término «mental» de la misma forma, con algo de su cobertura tradicional, pero sin importancia metafísica y sin la sugerencia de que pudiese tener sentido intentar determinar el verdadero criterio o marca de lo mental (Chomsky, 1994b, pág. 181).

El término «mente» debe interpretarse de manera similar: «Por "mente" hago referencia a los aspectos mentales del mundo, sin preocuparme por definir más precisamente la noción y sin esperar encontrar, más que en cualquier otra parte, un interesante tipo de unidad o límites; nadie se preocupa por conocer los límites de "lo químico".»

Pero si «mental» y «mente» se comprenden de esta forma, la tesis que McGinn atribuye a Chomsky se reduce a algo como: el lenguaje I o, más en general, la facultad del lenguaje, es un componente de la mente/cerebro. Expuesto esto en general, no hay razón para elevarlo a «tesis chomskiana». Se podría denominar de la misma manera «tesis cartesiana», por ejemplo. De hecho, la noción de que la facultad lingüística es un componente de la mente/cerebro no es una tesis especialmente controvertida y está tácitamente asumida en buena parte de los trabajos sobre el lenguaje. Cuando Damasio *et al.* realizaron pruebas de PET (siglas en inglés de tomografía por emisión de positrones) a sujetos, para intentar determinar dónde se almacenaban las categorías léxicas o los conceptos semánticos relacionados con las personas, los animales, las herramientas, etc., no malgastaron pruebas en el riñón o en el dedo gordo del pie, para descartar la posibilidad de que la facultad del lenguaje se encontrase en los mismos, ni se justificaron por no realizar estos controles, ya que, equivocada o correctamente, su público lo da por supuesto a partir de otras muchas pruebas (Damasio *et al.*, 1996); se puede encontrar un comentario al respecto en Caramazza, 1996.

Por lo tanto, es presumible que McGinn esté pensando en un tipo de tesis muy distinta; e incluso utiliza la cursiva para el término *mental*. Pero ahora estamos haciendo referencia al término técnico, *mental*, y estamos atascados hasta que McGinn nos diga qué significa. De la misma forma que nos quedaríamos atascados en física si no nos dijesen qué significan los términos técnicos de «trabajo», «energía» o «entropía». Nótese que no nos ayuda el hecho de que el *mental* de McGinn se escriba de la misma forma que Chomsky escribe «mental». También se podría escribir MENTAL o mEntAl, o con símbolos totalmente diferentes, para resaltar que es un término técnico. Para evaluar la tesis, es necesario: (1) cierta caracterización de «*mental*» y de «*realidad mental*» y (2) que nos indiquen por qué debería interesarnos; es decir, en qué medida es útil, o, por el contrario, por qué causa problemas, a la teoría biolingüística.

Más adelante mostraremos que Einstein, al discutir a favor de la idea de «realidad objetiva», dio exactamente los dos pasos ahora descritos. Él, y sus colaboradores, Podolsky y Rosen, proporcionaron lo siguiente:
(1) una caracterización de la «realidad objetiva»
(2) un problema que ellos pensaban que dicha realidad causaba a la mecánica cuántica.

La caracterización dada asignó valores exactos a las propiedades, como posición e impulso, de las partículas (como los electrones). El problema propuesto lo fue en forma de experimento intelectual que dio como resultado un supuesto dilema para la mecánica cuántica, la denominada paradoja de EPR (Einstein–Podolsky–Rosen). Einstein creía que este experimento intelectual demostraba que la teoría de la mecánica cuántica era «incompleta». Más tarde, después de la muerte de Einstein, cuando se pudo llevar a cabo, el experimento, cuyos resultados habían sido exactamente predichos por la mecánica cuántica, descartaba la definición razonable de la «realidad objetiva» dada por la EPR.

Einstein y sus colaboradores trabajaron con perseverancia para caracterizar la noción técnica de «realidad objetiva», y demostrar por qué pensaban que conducía a un punto muerto de la teoría física del momento. No estamos en absoluto cerca de esta situación respecto a la noción análoga de «realidad mental». En primer lugar, ni siquiera conocemos el significado del término técnico *mental*, tal y como McGinn lo entiende. Mientras no sepamos el significado de este término, no podemos evaluar la tesis de que el lenguaje tiene una «realidad mental» y tampoco sabremos si es útil para la teoría biolingüística, o va en contra de la misma. Chomsky señala que los términos técnicos tienen las siguientes propiedades: no se puede intuir su significado y no se pueden hacer con ellos experimentos intelectuales, es necesario que le digan a uno lo que significan[5]. Es McGinn quien debe decirnos qué es la «realidad mental» y es McGinn, o quien lo desee, quien tiene que defender la tesis de que el lenguaje posee esta misteriosa propiedad. Pero alguien tiene que hacer el trabajo, al igual que Einstein y sus colaboradores lo hicieron en física para sostener la existencia de una «realidad objetiva»[6]. En cualquier caso, no corresponde a Chomsky defender esta (no) tesis.

---

[5] Es decir, uno no puede realizar un experimento intelectual para determinar lo que significa el término. Tienen que decírnoslo. En el caso de la paradoja de EPR, por supuesto, se *puede* realizar un experimento intelectual, porque EPR nos han dicho cuál es la «realidad objetiva».

[6] Como el físico Wolfgang Pauli podría haber dicho de la tesis de «realidad mental», «ni siquiera es incorrecta» (Zee, 1986, pág. 35). A este respecto, es interesante señalar las opiniones de Pauli respecto a la propuesta de Einstein sobre la «realidad objetiva» (véase el análisis más adelante):

Como recientemente ha afirmado O. Stern, no deberíamos rompernos más la cabeza por el problema de si algo de lo que uno no puede saber nada existe de cualquier modo, lo

McGinn nos da una serie de pistas sobre lo que tiene en mente. Sostiene que la tesis (ii), a saber, que la «estructura [lingüística] pertenece a la mente del hablante», suscita «algunas cuestiones difíciles a las que Chomsky no parece suficientemente sensible». Uno de los problemas, afirma, es que la tesis (ii) no está implícita en la tesis (i), la tesis de que la gramática es una estructura interna, o de otra manera «demasiadas cosas serían mentales: los ordenadores, las retinas y los sistemas digestivos». McGinn concluye que «lo que hace falta es un criterio para establecer cuándo un sistema de representación y cálculo forma verdaderamente parte de la mente» (1981, pág. 290).

Pero recordemos que, para empezar, la tesis (ii) no es una tesis de Chomsky. Por lo tanto, si alguien intenta derivarla de la tesis (i) y acaba por no poder distinguir entre la lingüística y el sistema digestivo, es esa persona quien tiene el problema de encontrar un criterio que sí sea capaz de hacerlo. En cuanto a Chomsky, como se ha señalado antes, «no sugiere en absoluto que tuviese sentido intentar determinar el verdadero criterio o marca de lo mental». Además, McGinn llega a afirmar que un «análisis filosófico (o incluso de sentido común) de los límites de la mente necesita respetar distinciones insignificantes para el psicólogo cognitivo» (pág. 290). Como ya hemos señalado, no disponemos de un análisis filosófico sobre los límites de la mente, ya que no se nos ha dicho el significado del término técnico *mente*, y por lo tanto no tenemos forma de saber cuáles son sus límites. E incluso si nos lo dicen, no hay más razón

---

mismo que por la antigua cuestión de cuántos ángeles se podían sentar en la punta de una aguja. Pero yo creo que las cuestiones de Einstein son en último extremo siempre de este tipo (De *Born–Einstein Letters*, citado en Mermin, 1990, pág. 81).

Parece que Pauli está diciendo aquí también que «ni siquiera es incorrecta». Sin embargo, esto fue antes de que John Bell presentase su análisis de la paradoja de EPR, en la que demostraba que era posible decidir experimentalmente la cuestión de la «realidad objetiva» de Einstein de una forma u otra:

De esta forma, Bell demostró que, independientemente de lo que Pauli alegase en contra, había circunstancias en las que se *podía* resolver la cuestión de si «algo de lo que uno no sabe nada existe de cualquier modo», y que si la mecánica cuántica era cuantitativamente correcta en sus predicciones, la respuesta era, en contra de la convicción de Einstein, que no (Mermin, 1990, pág. 124).

para que el término técnico *mente* refleje intuiciones de sentido común que para que la teoría de la termodinámica haga al término técnico *entropía* reflejar intuiciones de sentido común sobre el trabajo y la energía, como señaló Planck.

Además, inmediatamente se plantea la cuestión de por qué íbamos a necesitar un «análisis filosófico de los límites de la mente» o un «criterio para saber cuándo X forma genuinamente parte de la mente» en mayor medida de lo que se necesita una explicación filosófica de los límites de lo «mecánico» o de lo «óptico». Sir William Rowan Hamilton planteó en una ocasión la curiosa asimetría entre lo mecánico y lo óptico:

> Si se compara la dinámica newtoniana con la óptica clásica, parece que la dinámica describe solo la mitad del cuadro, en comparación con la óptica; mientras que esta última aparecía en dos formas diferentes, la forma corpuscular newtoniana y la forma en ondas de Huygens, esta última [*sic*] no tenía en absoluto aspecto de onda. Para alguien como Hamilton, que creía apasionadamente en la unidad de la naturaleza, este era un fallo de la física newtoniana que se debía eliminar, y dio el primer paso en esta dirección, ampliando el concepto de acción para incluir la propagación de la luz (Motz y Weaver, 1989, pág. 112).

Es decir, Hamilton descubrió un curioso vacío:

	partículas	ondas
óptica	óptica geométrica	óptica física
mecánica	teoría newtoniana	¿?
dinámica		

Para unir la mecánica con la óptica, Hamilton tomó de la óptica el principio de tiempo mínimo de Fermat y lo generalizó al principio de acción mínima. Las razones de Hamilton eran que «creía apasionadamente en la unidad de la naturaleza». Pero podría haber dejado de lado todo el asunto y afirmar que el extraño vacío se debía a un «criterio» desconocido que establecía el «límite» entre la «realidad mecánica» y la «realidad óptica». Por el contrario, decidió desdeñar cualquier posible límite entre lo mecánico y lo óptico, y consiguió una importante unificación de dos ámbitos que se consideraban separados entre sí. Si nos fijamos en la tabla anterior, captamos la implicación de que uno podría esperar que las entidades físicas del dominio mecánico presentasen un comportamiento de partículas y de ondas. Esto lo predijo más tarde teóricamente Louis de Broglie en 1923, y lo demostraron Davisson y Germer, descubridores de la difracción de los electrones. Una de las grandes ideas de Erwin Schrödinger fue, sencillamente, tomar los formalismos ya establecidos por Hamilton para formular su famosa ecuación de «ondas» en mecánica cuántica, uno de cuyos casos se da aquí (en forma «hamiltoniana») (Lines, 1994, pág. 268):

$$H\emptyset = E\emptyset$$

Y dichos problemas de unificación tampoco tienen un interés exclusivamente histórico. En un estudio reciente sobre la teoría de cuerdas, el físico Edward Witten escribe la «mala noticia» para dicha teoría:

> Quizá lo más claramente insatisfactorio sea esto: hablando sin rodeos, hay una dualidad ondas–partículas en la física, pero en realidad todo surge de la descripción por ondas, que posteriormente se cuantifican para dar partículas. Así, una clásica partícula sin masa sigue una línea geodésica (una especie de camino más corto en el espacio–tiempo curvo) similar a la luz, mientras que la descripción de ondas de dichas partículas entra en las ecuaciones de Einstein, Maxwell o Yang–Mills, las cuales están ciertamente mucho más cerca de los conceptos fundamentales de la física. Por desgracia, en la teoría de cuerdas, hasta el momento, solo se ha generalizado el punto de vista menos fundamental (Witten, 1996, pág. 26).

Witten representa la situación en el siguiente diagrama (modificado):

El «cuadrado mágico» de la teoría de cuerdas (Witten, 1996, pág. 28)

	partículas	ondas
física ordinaria	partícula clásica (mundo–línea)	$\int \sqrt{g}Rd^4x$ (acción de Einstein–Hilbert)
teoría de cuerdas	cuerda (mundo–tubo)	¿?

En otras palabras, al igual que Hamilton se propuso generalizar el aspecto corpuscular de las partículas newtonianas en una descripción de ondas, una de las tareas que Witten ve para la teoría de cuerdas es generalizarla en el «punto de vista más fundamental» de las ondas (pág. 28). Tenemos otro típico problema de unificación, que no habla de la existencia de un «criterio» para los «límites filosóficos» o físicos del mundo de las cuerdas.

En conclusión, tampoco vemos razón para que la biolingüística postule una realidad «psicológica», «neurológica» o «mental», ni para que trace los límites de estas «realidades» o encuentre un criterio para ellas. Existe una voluminosa bibliografía filosófica (Quine, Putnam, Davidson, etc.), buena parte de la cual critica el método biolingüístico de estudio del lenguaje, porque no admite la existencia de estas supuestas «realidades». Chomsky ha realizado reseñas sobre buena parte de esta bibliografía, llegando a la conclusión de que representa un arraigado «dualismo metodológico»: «la opinión de que debemos abandonar la racionalidad científica cuando estudiamos a los humanos "de cuello para arriba" (metafóricamente hablando), volviéndonos místicos en este ámbito especial, imponiendo estipulaciones arbitrarias y exigencias *a priori* que nunca se contemplarían en ciencias, o apartándonos de otros modos de los cánones normales de investigación» (Chomsky, 1994b, pág. 182).

LAS PRUEBAS EN BIOLINGÜÍSTICA

Dado que la unificación supone a menudo vincular «objetos aparentemente diversos» (Davis y Hersh, 1981) (y más adelante), cualquier prueba es candidata para una teoría de la biolingüística. El que esta prueba sea atractiva o no para nuestra teoría dependerá de la profundidad de la explicación que resulte o no. Chomsky ha insistido en estos aspectos:

> Si abordamos el tema desde las ciencias, buscaremos todo tipo de pruebas. Por ejemplo, se utilizarán (y normalmente se utilizan) pruebas procedentes del japonés para el estudio del inglés; lo cual es bastante racional, en la suposición empírica bien fundada de que las lenguas son modificaciones del mismo estado inicial. De manera similar, las pruebas se pueden

conseguir en los estudios sobre la adquisición y la percepción del lenguaje, la afasia, el lenguaje de signos, la actividad eléctrica del cerebro, y quién
sabe qué más (Chomsky, 1994b, pág. 205).

Permítasenos poner otro ejemplo. Cuando los lingüistas estudian la
fonética[7] del inglés, pongamos, por ejemplo, la distinción entre los sonidos *r* y *l*, introducen pruebas de otros idiomas, como el japonés. Se ha
señalado que, aunque los hablantes japoneses adultos no reconocen la distinción entre la *l* y la *r*, se puede demostrar que los niños japoneses menores de cierta edad hacen la distinción pertinente. La idea aquí es que
esta distinción está disponible en la fonética universal de todas las lenguas
del mundo, pero que si dicha distinción no se utiliza en el sistema de sonidos de un idioma determinado, como en el japonés, se atrofia en el
transcurso del desarrollo del lenguaje. De nuevo, esta no es en absoluto
una idea absurda, si el estado inicial genéticamente determinado ofrece
un sistema de fonética universal. Si estamos interesados por el estudio de
la fase inicial, que se «convierte» en inglés, utilizaremos datos obtenidos
de otras lenguas, incluida la japonesa.

Pasando a la sintaxis[8], Bobaljik analiza las pruebas de que ciertas distinciones sintácticas observadas en los hablantes adultos ingleses las hacen
también los niños en idiomas donde la distinción no se encuentra en el
habla de los adultos (suecos) (Bobaljik, 1995, pág. 330). Así, los hablantes ingleses hacen distinciones sintácticas entre los verbos principales
(*eat*, etc.) por una parte, y los modales (*will, can*, etc.) o auxiliares (como
have y *be*) por otra; por ejemplo, *Can John come?* [¿Puede venir John?]
frente a *★Came John?* [¿Vino John?] (Chomsky, 1957; Jenkins, 1972).

Bobaljik al citar la obra de Håkansson sugiere que los niños suecos
hacen la distinción durante cierta fase del aprendizaje de la lengua, después de la cual se pierde (Håkansson, 1989). Por lo tanto, tenemos un
paralelo sintáctico del ejemplo fonético *r–l* que acabamos de analizar.
Además, Bobaljik revisa el trabajo de Hackl sobre la afasia, en hablantes

---

[7] La fonética forma parte del estudio de los aspectos sonoros del lenguaje, y está íntimamente relacionada con las propiedades articulatorias y perceptuales del habla.

[8] La sintaxis es el estudio de la estructura de la oración, la organización de palabras y sintagmas en oraciones.

de alemán, donde los sujetos muestran una distinción entre verbos principales y verbos modales/auxiliares, aun cuando la distinción no existe en el habla de los germanoparlantes adultos (Hackl, 1995). Lo que se está sugiriendo es que esta distinción sintáctica forma parte de la GU y se puede observar indirectamente en idiomas en los que la distinción no se encuentra abiertamente en el habla de los adultos (y por lo tanto no está disponible para el que aprende la lengua). De nuevo, suponiendo que nos interese la fase inicial de la facultad lingüística, es bastante legítimo obtener pruebas del sueco, de la adquisición del lenguaje, de la afasia, o, como afirma Chomsky, de «quién sabe qué más».

Sin embargo, la bibliografía sobre filosofía de la mente y sobre ciencia cognitiva está llena de pronunciamientos respecto a la categoría privilegiada de un tipo de pruebas sobre otras. Por ejemplo, paralelamente a la «realidad psicológica» que ya hemos analizado y rechazado, descubrimos que hay «pruebas psicológicas» diferentes y superiores a las meras «pruebas lingüísticas». McGinn afirma a este respecto: «Lo que me parece cierto es que la gramática se puede considerar legítimamente como una teoría psicológica de la competencia, pero requiere el apuntalamiento empírico de consideraciones externas a la simple caracterización (si bien, esclarecedora) de gramaticalidad para la lengua en cuestión» (McGinn, 1981, pág. 289).

La prueba de que aquí estamos tratando con una estipulación es la expresión «si bien, de manera esclarecedora». Para McGinn no sería suficiente que nuestra teoría gramatical proporcionara todo tipo de interesantes explicaciones gramaticales sobre el comportamiento de los niños al aprender una lengua, sobre los afásicos, los sordos, las personas con trastornos del aprendizaje, sobre el cambio y la tipología de la lengua, etc. Eso solo sería esclarecedora «prueba lingüística», pero no «prueba psicológica». No hemos obtenido nuestras pruebas mediante «métodos psicológicos», sean estos cuales sean; por ejemplo, aplicando electrodos en la cabeza de alguien. Y no se nos dice si estas otras pruebas tienen que ser esclarecedoras, buenas, malas o indiferentes.

La biolingüística, como la genética mendeliana, plantea propiedades epi(genéticas) abstractas de los mecanismos internos del organismo. La genética mendeliana afirma que hay «factores» abstractos y principios abstractos como la Segregación y la Distribución Independiente que explican hechos hereditarios observados. La biolingüística afirma que hay principios lingüísticos abstractos y codificados en el genoma que guían el crecimiento de las lenguas I, permitiendo cierta variación paramétrica durante la epigenesis. De nuevo, hechos observados sobre el conocimiento, la adquisición y el uso de la lengua se explican junto con algunos hechos pertenecientes a áreas como el cambio y la tipología de la lengua. No tiene más sentido decir que la (bio)lingüística no es «psicológicamente real» que afirmar que la genética mendeliana no es «fisiológicamente real».

McGinn señala que uno *podría* elegir no estudiar psicología (por consiguiente, biología) en absoluto: «Parece que un lingüista podría ponerse el objetivo de idear una gramática capaz de generar todas y exclusivamente las cadenas gramaticales de una lengua y no preocuparse por la cuestión de la psicología» (McGinn, 1981, pág. 289). De manera similar, un especialista en lepidópteros podría ponerse el objetivo de clasificar los diferentes patrones de manchas en las alas de las mariposas y «no interesarse por la cuestión de la biología». O el lingüista podría recoger relatos cortos que contienen solo palabras con la letra R. De hecho, la descripción que McGinn acaba de darnos podría considerarse reminiscente del estudio de «la lingüística platónica» (Chomsky, 1986).

Tomemos otro caso de las ciencias cognitivas. En una entrevista publicada en la *Journal of Cognitive Neuroscience*, Michael Gazzaniga pregunta al psicólogo cognitivo Steven Pinker:

MG: [...] Antes de entrar en detalles, ¿en qué difiere su punto de vista del de otros expertos del MIT?
SP: Obviamente, algunas de las ideas claves del libro las he tomado de Chomsky: que hay un sistema nervioso innato dedicado al lenguaje; que su sistema utiliza un código combinatorio discreto, o gramática, para establecer una proyección entre sonido y significado; que este código manipula las estructuras de datos que están dedicadas al lenguaje y no son reducibles a la percepción, la articulación o los conceptos. Pero hay también algunas diferencias de estilo y de fondo. Los argumentos de Chomsky a favor de que el lenguaje es innato se basan en análisis técnicos de la estructura de la palabra y de la oración, junto con algunas puntualizaciones superficiales sobre la universalidad y la adquisición. Creo que las pruebas convergentes son cruciales, e intento resumir los datos sobre el desarrollo

infantil, los estudios interlingüísticos, los trastornos genéticos del lenguaje, y demás.
En ese sentido, el libro está más en la tradición de George Miller y Eric Lenneberg que en la de Chomsky [...] (Pinker, 1997a; originalmente impreso en Pinker, 1994b, pág. 92).

Pinker introduce aquí la idea de «prueba convergente», aspectos como «desarrollo infantil, estudios interlingüísticos, trastornos genéticos del lenguaje, y demás». Esto se contrasta con «los análisis técnicos de la estructura de la palabra y de la oración, junto con algunas puntualizaciones superficiales sobre la universalidad y la adquisición» de Chomsky. Aunque Chomsky ha desarrollado sus ideas sobre la «universalidad y la adquisición» en una voluminosa producción a lo largo de los últimos cuarenta años, para Pinker esto equivale a «puntualizaciones superficiales», al no cumplir los criterios de «prueba convergente», una extraña noción que analizaremos más de cerca. Desde el punto de vista de Pinker, sea como sea esta prueba, no es «prueba convergente» y pone a Chomsky en una «tradición» diferente a la de Pinker, Miller y Lenneberg.

Las cuestiones que se analizan se han enmarcado aquí de manera equivocada. Es totalmente irrelevante en el cuadro más amplio de la biolingüística, que las opiniones del profesor X coincidan o no con las de los profesores W, Y y Z, todos ellos pertenecientes al MIT; lo importante en último término es cuál es la naturaleza del lenguaje en cuanto objeto biológico. Y para decidir qué pruebas utilizamos para descubrir esta naturaleza, solo hay una tradición a la que valga la pena pertenecer, la tradición de la investigación científica racional. Chomsky la denomina «naturalismo metodológico», que «investiga los aspectos mentales del mundo como investigamos cualquier otro, intentando establecer teorías explicativas inteligibles, con la esperanza de que finalmente podamos integrarnos en el "núcleo" de las ciencias naturales» (Chomsky, 1994b, pág. 182). Esto debería contrastarse con el «dualismo metodológico» analizado antes, «la opinión de que debemos abandonar la racionalidad científica cuando estudiamos a los humanos "de cuello para arriba" (metafóricamente hablando)».

Los puntos de vista de Skinner y Quine, por ejemplo, caerían en la tradición del dualismo metodológico, al igual que la opinión que insiste en que las pruebas sean «psicológicamente reales», por las razones antes dadas. La opiniones expresadas por Pinker sobre la «prueba convergente» lo sitúan también en esta tradición (véase también capítulo 5). Para Pinker, las páginas y páginas de pruebas presentadas «sobre la universalidad y la adquisición» a lo largo de los últimos cuarenta años, más recientemente como la teoría de los principios y los parámetros, no son «pruebas convergentes», sino, como mucho, «puntualizaciones superficiales». Sin embargo, lo que desde un punto de vista son «pruebas convergentes» desde otro pueden ser «pruebas divergentes», las pruebas no vienen etiquetada como «convergentes» o «divergentes». ¿A qué es debida la peculiar idea de que el estudio de los principios y los parámetros de la GU no constituya «prueba convergente» para Pinker, mientras que el «desarrollo infantil» sí?

Parte de la explicación podría estar implícita en la suposición de que el especialista en gramática generativa no hace experimentos, mientras que el psicólogo evolutivo, sí. Por ejemplo, Chomsky ha propuesto que se podría atribuir a una GU innata el conocimiento que los hablantes de inglés adultos tienen de que la oración *is the man who is hungry tall* [es el hombre que tiene hambre alto] mientras que la oración *is the man who hungry is tall* [es el hombre que hambre tiene alto] no lo es[9]. Ahora comparemos el análisis que Pinker hace de esto:

La afirmación de Chomsky ha sido comprobada en un experimento con niños de tres, cuatro y cinco años en una guardería por los psicolingüistas Stephen Crain y Mineharu Nakayama. Uno de los experimentadores controlaba una marioneta de Jabba el Hutt, famoso por la película *La guerra de las galaxias*. El otro, animaba al niño a hacerle diversas preguntas, diciéndole, por ejemplo, *Ask Jabba if the boy is unhappy is watching Mickey Mouse* [pregúntale a Jabba si el niño está descontento está viendo a Mickey Mouse]. Jabba miraba una fotografía y contestaba sí o no, pero a quien se le estaba haciendo la prueba era al niño, no a Jabba. Los niños planteaban alegremente las preguntas adecuadas y, como Chomsky habría pre-

---

[9] Estos ejemplos y la explicación que Chomsky da de los mismos (una defensa del «argumento de la pobreza del estímulo») se analizan más detalladamente en el capítulo 3.

visto, ninguno de ellos planteó una cadena agramatical como *Is the boy who unhappy is watching Mickey Mouse?* [¿Está el niño que descontento está viendo a Mickey Mouse?] (Pinker, 1994b, pág. 42).

La suposición tácita que Pinker hace aquí parece ser que Chomsky está haciendo una «afirmación» no respaldada, no verificada por un experimento, mientras que los psicolingüistas han tomado esta afirmación y la han verificado «experimentalmente».

Pero los gramáticos generativos ya habían llevado a cabo años de experimentos para proporcionar una verificación (provisional); a saber, mediante la introspección e interrogando a otros hablantes sobre este tipo de construcción y otras muchas, en inglés y en muchas lenguas diferentes. Como Chomsky señala en una entrevista con Kim–Renaud:

> KIM–RENAUD: *¿Qué tipo de pruebas se usan? ¿Hacen ustedes verdaderos experimentos?*
> CHOMSKY: En realidad, sí. Por ejemplo, si yo le pregunto a un hablante de inglés si *Who do you believe John's claim that Bill saw?* [¿A quién crees que es la afirmación de John que Bill vio?] es una oración, eso es un experimento. Ahora, lo que sucede es que la mayor parte de las pruebas pertinentes para el estudio de la realidad —es decir, la verdad— psicológica de las teorías lingüísticas proceden ahora de experimentos de este tipo. Sería muy agradable tener pruebas experimentales de otros tipos, de un laboratorio de neurofisiología, por ejemplo. No tenemos mucho de eso. Si algún día lo tuviésemos, sería genial (Chomsky, 1988b, págs. 268–269).

Por lo tanto, ¿por qué considera Pinker que Chomsky está simplemente afirmando algo mientras que los psicolingüistas están realizando un experimento (psicolingüístico)? ¿Se quedaría Pinker satisfecho si Chomsky pusiese una marioneta de Jabba el Hutt delante de los estudiantes de lingüística?

Uno de los síndromes más fascinantes que se han descubierto recientemente salió a la luz cuando los padres de una niña retardada de San Diego, que hablaba de manera incesante, leyeron un artículo sobre las teorías de Chomsky en una popular revista de ciencia y lo llamaron al MIT, sugiriendo que su hija podría interesarle. Chomsky es un teórico de lápiz y papel que no distingue a Jabba el Hutt del Monstruo de las Galletas, y sugirió que los padres llevasen a la niña al laboratorio de la psicolingüista Ursula Bellugi, en La Jolla (Pinker, 1994b, pág. 52).

El «teórico de lápiz y papel» está realizando experimentos sobre el lenguaje, de la misma forma que Pinker los hace con Jabba el Hutt[10].

Otra parte de la explicación podría ser que Pinker no puede aceptar los argumentos basados en un tipo de pruebas, los «cálculos abstractos» (en el caso del lenguaje, cálculos sintácticos): «Aunque estoy de acuerdo con los argumentos [de Chomsky], creo que una conclusión sobre la mente solo es convincente si convergen en ella muchos tipos de pruebas» (Pinker, 1994b, pág. 24).

Supongamos, hipotéticamente, que todavía no hubiese surgido ninguna prueba convergente del tipo detallado por Pinker en su libro: sobre el lenguaje de signos, la afasia, los trastornos del lenguaje, etc. ¿Estaría justificado aceptar los argumentos dados por Chomsky de que «el diseño básico del lenguaje es innato», por utilizar términos de Pinker? Según Pinker, no, dado que «una conclusión sobre la mente solo es convincente si convergen en ella muchos tipo de pruebas», no si todo lo que tenemos es el argumento de la pobreza del estímulo planteado por Chomsky. Nosotros creemos que estaría justificado; que los resultados de la exclusiva aplicación del argumento de la pobreza del estímulo son suficientemente firmes como para respaldar la conclusión de que «el diseño básico del lenguaje es innato».

O supongamos que parte de estas pruebas fuesen «pruebas divergentes», es decir, pareciesen estar en desacuerdo con la conclusión de que el diseño del lenguaje es innato. De nuevo, si los argumentos abstractos de la condición de innato son firmes, se podría optar por seguir la regla de Eddington: «también es una buena norma no poner demasiada confianza en los resultados de la observación que se adelantan, *mientras no estén confirmados por la teoría*» (Eddington, 1935, pág. 211).

---

[10] Estos tipos de experimentos son bien conocidos en otras áreas de las ciencias cognitivas, donde la investigación sobre la visión tiene una distinguida tradición (psicofísica) que incluye «teóricos de lápiz y papel» que trabajan con ilusiones visuales.

Pero si desdeñamos las «pruebas convergentes» de Pinker, e incluso quizá parte de las «pruebas divergentes», ¿no hemos abandonado los cánones de la investigación científica (el naturalismo metodológico)? No necesariamente, como ilustra el siguiente ejemplo:

> La indiferencia de Einstein a los intentos de confirmar o descartar sus teorías se ha convertido en algo legendario. El primero que puso a prueba la teoría especial de la relatividad fue el físico alemán Walter Kaufmann, que intentó detectar cambios en la masa de los electrones en rápido movimiento. Kaufmann consideró que sus resultados descartaban categóricamente la teoría, pero Einstein no se desanimó. Lo notable es que fue igualmente indiferente a la confirmación experimental de su trabajo. Ilse Rosenthal–Schneider, una de sus alumnas en Berlín, cuenta que Einstein interrumpió una vez un debate sobre la relatividad para entregarle a ella un telegrama que tenía en la repisa de la ventana. Contenía el informe de sir Arthur Eddington de que la curvatura de la luz estelar predicha por la teoría general de la relatividad se había observado de hecho durante el eclipse de 1919. Sorprendida por la indiferencia de Einstein, ella le preguntó cómo habría reaccionado si la expedición de Eddington no hubiese confirmado su teoría. «Entonces –dijo Einstein– lo habría sentido por el gran Dios, porque la teoría es correcta» (Sorensen, 1991, pág. 262).

A lo largo de la historia de la ciencia se pueden encontrar muchas ilustraciones semejantes[11].

A la inversa, tanto Miller como Lenneberg están claramente en la tradición del naturalismo metodológico; es decir, la investigación científica racional. Miller fue uno de los pioneros, quizá el primero, en introducir las consideraciones lingüísticas en la psicología; véanse, por ejemplo, sus colaboraciones con Chomsky (Chomsky y Miller, 1963; Miller y Chomsky, 1963). Además, Miller considera este primer trabajo como una «anticipación de un punto de vista que creo que Noam llama ahora naturalismo

---

[11] Adviértase que no estamos diciendo que las teorías sobre el lenguaje tengan la profundidad explicativa de la teoría general de la relatividad, ni mucho menos. Lo que estamos analizando es si el argumento de la pobreza del estímulo respalda una conclusión específica sobre la mente, a saber, que el «diseño básico del lenguaje es innato».

metodológico, y al que a mí me gustaría suscribirme, en la medida en que lo comprendo» (Chomsky, 1994a, pág. 69); véase también Miller, 1991. En cuanto a Lenneberg, ya hemos señalado que fue uno de los primeros biólogos en presentar pruebas lingüísticas junto con otros tipos de pruebas biológicas (analizado en un apéndice que Chomsky escribió para Lenneberg, 1967, titulado «La naturaleza formal del lenguaje»).

En cualquier caso, lo que la biolingüística hace (como se explica en la anterior cita de Chomsky) es disminuir todas las restricciones a las pruebas, ya sea a la «gramaticalidad» o a las pruebas «psicológicamente reales», o a las «pruebas convergentes», la «prueba del ADN» o a cualquier otro tipo de pruebas:

> Una observación empírica no viene con una nota de «Soy para X» escrita en la manga, donde X sea la química, la lingüística, etc. Nadie pregunta si el estudio de una molécula compleja pertenece a la química o a la biología, y nadie debería preguntar si el estudio de las expresiones lingüísticas y sus propiedades pertenece a la lingüística, la psicología o las ciencias del cerebro (Chomsky, 1995a, pág. 33).

LA REALIDAD DE LAS FUNCIONES DE ONDA: «LA ESPELUZNANTE ACCIÓN A DISTANCIA»

Hemos aceptado como hipótesis de trabajo la formulación de Weinberg: «Las funciones de onda son reales por la misma razón que los quarks y las simetrías: porque es útil incluirlos en nuestras teorías.» Deseamos ahora recalcar y, a ser posible, iluminar esta idea con un breve análisis de cada una de las entidades teóricas que Weinberg menciona: las funciones de onda, los quarks y las simetrías. Comenzaremos por las funciones de onda.

Chomsky describe los orígenes de la ciencia moderna y el resultado de los intentos de resolver el problema cartesiano denominado «problema mente/cuerpo».

> Justamente cuando la filosofía mecánica parecía triunfar, fue demolida por Newton, que reintrodujo una especie de causa y cualidad «ocultas», para gran consternación de importantes científicos de la época, y del propio

Newton. La teoría cartesiana de la mente (tal y como estaba) no se vio afectada por sus descubrimientos, pero se demostró que la teoría del cuerpo era insostenible. Por decirlo de otra manera, Newton eliminó el problema del «fantasma de la máquina» exorcizando a la máquina; el fantasma no se vio afectado (Chomsky, 1994b, pág. 189).

Newton había demolido el «cuerpo», dejándonos sin una noción coherente del mundo «físico»:

> El problema mente/cuerpo desapareció, y, en caso de que se pudiese resucitar, sería solo presentando una nueva noción de cuerpo (material, físico, etc.) que reemplace a la que se ha abandonado; parece que sería una empresa poco razonable. Si se carece de eso, la expresión mundo «material» («físico, etc.) ofrece simplemente una forma poco precisa de referirse a lo que más o menos entendemos y esperamos unificar de alguna forma. *Ibid.*

Lo que haremos aquí es presentar brevemente un intento contemporáneo de resucitar dicha realidad física; a saber, los argumentos fracasados de Albert Einstein a favor de una «realidad objetiva».

Lo que había preocupado a Newton y a sus contemporáneos era el problema de que una fuerza «oculta» –a saber, la gravedad– ejerciese una acción a distancia. Les resultaba difícil aceptar la idea de que, como explica Chomsky, «la luna se mueve cuando uno mueve la mano». Esta idea de acción a distancia demostró ser incompatible con la teoría de la relatividad de Einstein[12]. Einstein y algunos de sus contemporáneos se sintieron además profundamente perturbados por otro tipo de problema de acción a distancia, aparentemente también oculto en la naturaleza, al que el propio Einstein denominó *spukhafte Fernwirkungen* («espeluznante acción a distancia»; expresión extraída de la correspondencia entre Einstein y Born). Aquí el problema es que «la luna [...] no está ahí cuando nadie la mira»: «A menudo discutimos sus nociones de realidad objetiva. Recuerdo que, durante un paseo, Einstein se paró de repente, me

---

[12] Einstein proporciona una explicación accesible de cómo varias nociones de acción a distancia en física fueron gradualmente suplantadas en las modernas formulaciones de las teorías de campo (Einstein, 1996).

miró y me preguntó si yo creía realmente que la luna solo existe cuando yo la miro» (Mermin, 1990, pág. 81, citando a A. Pais).

En un conjunto de interesantes ensayos, el físico del estado sólido David Mermin analiza los infructuosos intentos de Einstein de reconstruir lo que él llamaba la «realidad objetiva» (Mermin, 1990). Mermin sostiene que a Einstein le preocupaba menos la cuestión estadística («Dios no juega a los dados») que las implicaciones de la teoría cuántica, en especial las relaciones de incertidumbre de Heisenberg, en el deterioro de la «realidad objetiva», donde a los objetos se les podían asignar propiedades, independientemente de las mediciones (aunque aceptando que había límites respecto a lo que se podía medir en una escala cuántica). Einstein, Podolsky y Rosen demostraron que una de las implicaciones de la teoría cuántica era que la medición de la posición o el impulso de un objeto situado en un punto A podía tener un efecto sobre la posición o impulso de otro objeto situado en otro punto B, aunque no hubiese conexión entre los puntos A y B. Para evitar estas desagradables y «espeluznantes acciones a distancia», EPR concluyeron que estos objetos deben de haber tenido posiciones o impulsos desde el principio, independientes de las mediciones.

Mermin ilustra el problema con una fuente de partículas que, al pulsar un interruptor, envía dos partículas hacia sendos detectores independientes (no conectados de manera alguna). Cada detector tiene una luz roja y una verde, una de las cuales se enciende, dependiendo de si el conmutador del detector está en las posiciones 1, 2 o 3:

verde
   1 2 3 ◄────── fuente de partículas ──────► 1 2 3
rojo   verde
                                                        rojo

Un recorrido típico sería 23VR. Aquí hemos colocado (aleatoriamente) el conmutador del detector izquierdo en 2 y el del detector derecho en 3, y las luces encendidas han sido la verde (en el izquierdo) y la roja (en el derecho). Tras millones de recorridos, observamos que los patrones VV, VR, RV, y RR ocurren con igual frecuencia; es decir, la mitad de las veces se encienden luces del mismo color. Pero cuando los conmutadores tienen las mismas posiciones (11, 22, 33) se enciden siempre en la izquierda y en la derecha luces del mismo color, ¡incluso si se cambia el conmutador después de haber emitido las partículas! ¿Cómo puede ser así si no hay conexión entre ambos detectores? (He comprimido enormemente la presentación mucho más lúcida de Mermin).

Mermin muestra que la única respuesta posible sería que cada partícula contuviese un conjunto de instrucciones, por ejemplo, VRV, que significa encender verde si el conmutador está en 1, encender rojo si está en 2 y encender verde si está en 3. El propósito de todo esto es el mismo que el que EPR estaban planteando: debemos poder asignar a los objetos (al menos algunas) propiedades independientes de las mediciones —y así salvamos la realidad objetiva.

Pero ahora tenemos un problema con la otra observación hecha arriba: las luces del mismo color (VV, RR) se encienden la mitad de las veces en pruebas de larga duración. ¿Qué conjunto(s) de instrucciones nos dará este resultado del 50 por 100? Hay nueve posibles conjuntos de conmutaciones para ambos detectores: 11, 12, 23, etc. La instrucción VRV hará que las mismas luces se enciendan igual en cinco de los casos: 11, 22, 33, 13 y 31. Por lo tanto, se encenderán las mismas luces las cinco novenas partes (55,5 por 100) del tiempo, en lugar del 50 por 100 predicho. Las otras instrucciones también producen un 55,5 por 100, excepto en los casos VVV y RRR, que producen un 100 por 100. Este resultado se conoce como teorema de Bell. La conclusión es que no puede haber conjuntos de instrucciones en el sentido dado por EPR, y nos quedamos con las «espeluznantes acciones a distancia» como única explicación. El experimento real (utilizando propiedades como la rotación y la polarización) lo consiguieron realizar por fin Aspect y sus colaboradores a comienzos de la década de 1980, desmintiendo la realidad objetiva y dejándonos con las *spukhafte Fernwirkungen*.

Mermin (1990) presenta un interesante espectro de las actitudes que esto provocó:

> POPPER: La atmósfera antirracionalista general, que se ha convertido en una de las grandes amenazas de nuestro tiempo, y que todo pensador preocupado por las tradiciones de nuestra civilización tiene el deber de combatir, ha conducido a un gravísimo deterioro de los niveles de discusión científica (pág. 196).

BOHR: Si uno no acaba *schwindlig* [mareado] a veces cuando piensa en estas cuestiones, es que no lo ha entendido realmente (p. 114).

FEYNMAN: Cierto, a mí todavía me pone nervioso [...] ya sabéis cómo es siempre, cada nueva idea necesita una generación o dos para convertirse en algo obvio y no suponer un verdadero problema (p. 175).

En cuanto al propio Mermin, tiene una opinión diferente respecto a estos asuntos:

Si me obligasen a resumir en una frase lo que a mí me dice la interpretación de Copenhague, sería «¡calla y calcula!». Pero no me pienso callar. Preferiría celebrar la excentricidad de la teoría cuántica a negarla, porque creo que todavía tiene cosas interesantes que enseñarnos sobre lo que pensamos; sobre que algunas convincentes pero viciadas herramientas mentales que dábamos por sentadas siguen infectando nuestro pensamiento de formas sutilmente ocultas (pág. 199).

Mermin amplía la cuestión sobre la realidad cuántica para preguntar lo que nos puede decir acerca de «cómo pensamos». Está sugiriendo, creo, que este puede ser un problema de la biología del lenguaje y de la mente. Volveremos a la interesante propuesta de Mermin en la siguiente sección.

Uno puede intentar resucitar la «realidad física» (o el «cuerpo») de alguna otra forma. Pero no se puede presentar un argumento general contra todos los intentos concebibles de hacerlo. Aunque eso no es importante para nuestros propósitos actuales. Solo nos interesa demostrar que muchos científicos se contentan con hacer ciencia *sin* ninguna noción de realidad objetiva. Como afirma Weinberg (a través del Pequeño Tim), «las funciones de onda son reales [...] porque es útil incluirlas en nuestras teorías».

LÍMITES A NUESTRA CAPACIDAD COGNITIVA[13]

Chomsky ha planteado una distinción general entre «problemas» y «misterios» (Chomsky, 1975b, pág. 147, versión castellana). Los problemas son

---

[13] Como resalta Chomsky, hay un aspecto positivo en los «límites» a la capacidad cognitiva: Adviértase, por cierto, lo engañoso que sería hablar simplemente de las «limitaciones»

cuestiones que parecen al menos susceptibles de estudio con métodos de los que disponemos en la actualidad. Ejemplos del estudio de la mente podrían ser las cinco preguntas (1)–(5) planteadas en la página 13. Por ejemplo, se ha hecho un gran progreso en el estudio de la estructura y la adquisición del lenguaje [cuestiones (1) y (2)]; son, por lo tanto, «problemas». Se sabe mucho menos de los mecanismos físicos y la evolución del lenguaje [cuestiones (4) y (5)]; pero, de nuevo, hay una serie de métodos que prometen arrojar finalmente luz también sobre estas áreas. Por lo tanto, parte de estas áreas también suponen «problemas» para nosotros.

Pasemos al uso del lenguaje [cuestión (3)]. Aquí, algunas áreas en estudio activo, por ejemplo, los problemas de análisis gramatical, parecen susceptibles de investigación (Berwick, Abney y Tenny, 1992). Sin embargo, Chomsky señala que otros aspectos del uso del lenguaje, lo que él denomina «causa del comportamiento», es decir, cómo y por qué los humanos «hacen determinadas elecciones y tienen un determinado comportamiento», y el «aspecto creativo del uso del lenguaje» (Chomsky, 1975b, pág. 148, versión castellana) son tan misteriosos para nosotros hoy en día como lo eran para los cartesianos, que también los estudiaron. Chomsky ha sugerido que algunos de estos temas podrían situarse fuera del ámbito de nuestras capacidades cognitivas: «No hay, con toda certeza, presión alguna atribuible a la evolución que lleve a los hombres a disponer de entendimientos capaces de descubrir teorías explicativas significativas en campos específicos de la investigación. Si pensamos en los hombres como organismos del mundo natural, deberemos reconocer que es tan solo una feliz casualidad el hecho de que su capacidad cognitiva resulte concordar con la verdad científica en algún área determinada (Chomsky, 1975b, pág. 32, versión castellana).

La expresión «presión evolutiva» hace referencia a una idea del filósofo Peirce (análisis de las ideas de Peirce se pueden encontrar en Chomsky, 1968, pág. 146, versión castellana; Chomsky 1975b, pág. 167, versión castellana):

---

de la capacidad humana de ideación científica. Es indudable que existen unos límites, pero estos tienen el mismo origen que nuestra aptitud para construir sistemas cognitivos valiosos sobre la base, en primer lugar, de unos datos limitados. Si no fuera por los factores que limitan el conocimiento científico, apenas alcanzaríamos tal conocimiento en ningún dominio (Chomsky, 1975b, pág. 33, versión castellana).

Algunos han sostenido que no se trata de pura suerte, sino que es más bien producto de la evolución darwiniana. El extraordinario filósofo norteamericano Charles Sanders Peirce, que ofreció una explicación de la construcción de la ciencia en términos parecidos a los que acabamos de esbozar, siguió esta línea de razonamiento (Chomsky, 1988a, pág. 128, versión castellana).

Chomsky rechaza este argumento basándose en que «la experiencia que dio forma al curso de la evolución no ofrece indicios de los problemas que hay que resolver en las ciencias», y no pudo haber constituido un factor en la evolución: «Pero este argumento [de Peirce] no es convincente. Podemos imaginar que los chimpancés tienen un miedo innato de las serpientes porque los que carecían de esta propiedad genéticamente determinada no sobrevivieron para reproducirse, pero no cabe alegar que los seres humanos tienen la capacidad de descubrir la teoría cuántica por razones similares» (pag. 128, versión castellana).

Por lo tanto, es un accidente afortunado el que haya una (parcial) «convergencia entre nuestras ideas y la verdad sobre el mundo»: «Obsérvese que es pura suerte si la capacidad humana de formación de ciencia, un componente particular de la dotación biológica humana, llega a producir un resultado más o menos conforme a la realidad sobre el mundo» (pág. 128, versión castellana).

Eugene Wigner, uno de los pioneros en el uso de la teoría de grupo y de las consideraciones de simetría en la mecánica cuántica, llegó a conclusiones semejantes acerca del papel de las matemáticas en las ciencias naturales en un influyente ensayo, «The Unreasonable Effectivenes of Mathematics in the Natural Sciences» [La irrazonable eficacia de las matemáticas en las ciencias naturales] (Wigner, 1979). Uno de sus principales argumentos es que «la enorme utilidad de las matemáticas en las ciencias naturales es algo que bordea lo misterioso y para lo que no hay explicación racional» (pág. 223). Utiliza la analogía de un hombre que intenta descubrir qué llave, de un manojo, abre una puerta:

los conceptos matemáticos se convierten en conexiones completamente inesperadas. Además, a menudo permiten una descripción inesperadamente cercana y precisa de los fenómenos relacionados con estas conexiones [...] Estamos en una posición similar a la de un hombre al que se le proporcionase un manojo de llaves y que, habiendo abierto varias puertas sucesivas, siempre acierta con la llave correcta al primer o al segundo intento (Wigner, 1979, pág. 223).

Respecto a los conceptos matemáticos, Wigner señala que es «difícil creer que nuestro poder de razonamiento llegase, por el proceso de selección natural de Darwin, a la perfección que parece poseer» (pág. 224)[14]. Ofrece una serie de ejemplos[15] para ilustrar que «la formulación matemática que el físico hace de su a menudo rudimentaria experiencia conduce en un impresionante número de casos a una descripción asombrosamente precisa de una gran clase de fenómenos» (pág. 230). Estas leyes de la naturaleza no son una «necesidad del pensamiento»; por el contrario, Wigner habla del milagro de la «capacidad de la mente humana para adivinarlas» (pág. 229).

Wigner examina las consecuencias de esto para el problema de la unificación:

La cuestión que se presenta es si las diferentes regularidades, es decir, las diferentes leyes de la naturaleza que se van a descubrir, se fundirán en una única unidad coherente, o al menos se aproximarán asintóticamente a dicha fusión. Alternativamente, es posible que haya siempre algunas leyes de la naturaleza que no tengan nada en común entre sí [...] es incluso posible que varias de las leyes de la naturaleza estén en conflicto entre sí en lo que respecta a sus implicaciones, pero cada una sea suficientemente convincente en su propio ámbito como para que no deseemos abandonar ninguna de ellas (Wigner, 1979, pág. 234).

---

[14] Wigner señala también, sin seguir el tema aquí, que «es útil, en las discusiones epistemológicas, abandonar la idealización de que el nivel de inteligencia humana tiene una posición singular en una escala absoluta. En algunos casos quizá pueda ser útil considerar qué logros se hacen posibles con el nivel de inteligencia de alguna otra especie» (pág. 235, n. 11).

[15] Los ejemplos que nos da son (1) la ley de la gravitación, (2) el cálculo mecánico cuántico de los niveles de energía del helio y átomos más pesados, (3) la teoría del desplazamiento Lamb en electrodinámica cuántica.

Da un ejemplo de teorías de la naturaleza incoherentes entre sí, la teoría cuántica y la teoría de la relatividad: «Todos los físicos creen que la unión de las dos teorías es inherentemente posible, y que llegaremos a encontrarla. Aun así, también es posible imaginar que no se pueda encontrar ninguna unión para ambas. Este ejemplo ilustra las dos posibilidades, de unión y de conflicto, mencionadas antes, ambas concebibles» (págs. 234–235). Wigner observa que un conflicto similar podría surgir de la ciencia de la mente:

> Una situación mucho más difícil y confusa se produciría si pudiésemos, algún día, establecer una teoría de los fenómenos de la conciencia, o de la biología, tan coherente y convincente como nuestras actuales teorías sobre el mundo inanimado. Las leyes de la herencia de Mendel y el posterior trabajo sobre los genes bien pueden suponer el comienzo de dicha teoría en lo que a la biología respecta. Además, es bastante posible que se pueda encontrar un argumento abstracto que muestre que hay un conflicto entre dicha teoría y los principios aceptados de la física. El argumento podría ser de una naturaleza tan abstracta que no fuese posible resolver el conflicto, a favor de una u otra teoría, mediante un experimento (pág. 236).

La razón por la que «dicha situación resulta concebible es, fundamentalmente, que no sabemos por qué funcionan tan bien nuestras teorías».

> Junto a la facultad del lenguaje y en acción recíproca con ella se halla la facultad del entendimiento que construye lo que podríamos denominar el «entendimiento del sentido común», un sistema de creencias, expectativas y conocimiento relativo a la naturaleza y el comportamiento de los objetos y el análisis de los acontecimientos (Chomsky, 1975b, pág. 43, versión castellana).

Es muy interesante que Mermin concluya que el problema parece bastante solucionado en lo que a los físicos respecta y devuelva el problema al tribunal de las ciencias de la mente, incluida la biolingüística: «Mi actual versión de la respuesta, no muy desarrollada, es que tiene algo que ver con ciertas presuposiciones deterministas incorporadas en nuestro pensamiento y en nuestro lenguaje, a un nivel profundo y no muy accesible, que de alguna manera han infectado nuestra manera de pensar sobre las distribuciones de probabilidad» (Mermin, 1990, pág. 202).

Esto recuerda puntualizaciones similares de Chomsky respecto al cuadro dualista, que ha «infectado» también el estudio del lenguaje y de la mente:

> uno desearía preguntar por qué dichas ideas parecen tan atractivas. La respuesta podría ser que la imagen de sentido común que nos hemos formado sobre el mundo es profundamente dualista, de manera inerradicable, de la misma forma que no podemos evitar ver la puesta del sol, o compartir la creencia de Newton en la «filosofía mecánica» que él socavó, o ver la onda que «huye del lugar de su creación», como explicó Leonardo, independientemente de lo que podamos saber al respecto en algún otro rincón de nuestra mente (1995a, pág. 57).

En resumen, observamos que la teoría de la mecánica cuántica realiza predicciones físicas espectacularmente precisas. La teoría de la electrodinámica cuántica es capaz de predecir correctamente el momento magnético del electrón hasta el noveno decimal (Weinberg, 1974, pág. 53)[16]. Analizando precisiones más recientes de estos resultados, Weinberg resalta que «el acuerdo numérico entre teoría y experimento en este caso es quizá el más impresionante de toda la ciencia» (Weinberg, 1992, pág. 96, versión castellana).

La mecánica cuántica también tiene la propiedad de lo que Weinberg denomina «rigidez» (lógica), en el aspecto de que «hasta ahora no ha sido posible encontrar una teoría lógicamente consistente que sea próxima a la mecánica cuántica, aunque distinta de la propia mecánica cuántica» (1992, pág. 74, versión castellana). Como resultado, la mecánica cuántica se mantiene esencialmente sin cambios desde hace más de medio siglo. Realiza predicciones experimentales (analizadas más arriba)

---

[16] El valor predicho del momento magnético del electrón (en unidades naturales) es de 1,0011596553. El valor observado es de 1,0011596577, una divergencia en ambas cifras de ± 0,0000000030 (Weinberg, 1974, pág. 53).

que hacen caso omiso de la «realidad objetiva» de Einstein; lógicamente implica una «espeluznante acción a distancia». No solo se mueve la luna cuando uno mueve una mano, sino que no está ahí cuando nadie la mira.

Esto sugiere que quizá estemos observando un límite a nuestras capacidades cognitivas («presuposiciones deterministas incorporadas en nuestro pensamiento»), que aunque la evolución pueda habernos equipado con suposiciones sobre la «realidad objetiva» no nos haya equipado para comprender el mundo cuántico. De esta forma, ha sido «pura suerte» que nuestra facultad para formar ciencia tropezase con las matemáticas de la mecánica cuántica (lo que Wigner denominó la «irrazonable eficacia de la mecánica cuántica»). Aunque el problema, por supuesto, tal vez caiga en la categoría del «misterio», sería posible intentar investigar la propuesta de Mermin a la manera del lenguaje I: explorar las intuiciones de probabilidad utilizando problemas como el experimento de las luces explicado arriba, buscar argumentos derivados de la pobreza del estímulo para obtener un esquema universal que nos conduzca a la «realidad objetiva», etc.

Wigner ha considerado también el problema de la unificación desde la perspectiva del físico en su ensayo «Physics and the Explanation of Life» [La física y la explicación de la vida], llegando de nuevo a conclusiones sorprendentemente similares a las de Chomsky. La cuestión que considera específicamente es cómo «llegará el hombre a comprender bien los procesos mentales, el carácter de nuestra conciencia» (Wigner, 1987, pág. 687). Advierte de que esto puede ser solo «una esperanza», debido a los límites innatos de la capacidad cognitiva humana; en particular «las capacidades intelectuales del hombre quizá tengan sus límites, al igual que los tienen las capacidades de otros animales».

Considera dos métodos alternativos para explicar los fenómenos de la vida, la mente y la conciencia. El primer método da por supuesto que las leyes físicas para la materia inanimada son también válidas para la materia viva. Wigner pregunta si esta suposición lógicamente posible tiene que significar que «toda la ciencia de la mente acabará convirtiéndose en física aplicada». No, responde, porque:

> Lo que nos interesa no es solo, ni principalmente, el movimiento de la moléculas del cerebro sino, por usar la terminología de Descartes, las sen-

saciones experimentadas por el alma que está unida a ese cerebro, ya sean de dolor o placer, de estimulación o ansiedad, ya piense en el amor o en los números primos. Para obtener una respuesta a estas cuestiones, habría que traducir la caracterización física del estado del cerebro a términos psicológicos y emotivos (pág. 682).

Wigner presenta una analogía derivada de la teoría del campo electromagnético (pág. 682) en la que una ecuación que incluya el campo magnético H (donde H desempeña el papel de variable física) haya de traducirse a una ecuación que incluya un campo magnético E (donde E desempeña el papel de variable psicológica), ya que la primera ecuación no es muy útil sin una traducción a la segunda. En su opinión, «las actuales leyes de la física están cuando menos incompletas sin la traducción a términos de fenómenos mentales» (pág. 687). Desde este punto de vista, no es necesario que «la mente y la conciencia sean solo conceptos derivados y carentes de importancia que no necesitan en absoluto formar parte de la teoría. Incluso es posible darles una categoría privilegiada» (pág. 684).

La suposición opuesta al primer enfoque que acabamos de analizar es que «será necesario modificar drásticamente las leyes de la física para poder explicar con ellas los fenómenos de la vida. En realidad, creo que esta segunda suposición es la correcta» (pág. 684).

Revisa algunos ejemplos de la historia de la física, demostrando que la unificación («el poder unificador de la ciencia») ha funcionado en general. Lo que ha ocurrido normalmente es que una teoría se puede considerar un «caso limitador» de otra: la teoría gravitacional es un caso limitador de la física macroscópica, la física macroscópica es un caso limitador de la física microscópica (en la que se hace caso omiso de los efectos cuánticos). De manera similar, la física microscópica «describe solo situaciones en las que la vida y la conciencia no desempeñan ningún papel activo». En resumen, «la opinión dada aquí considera que la materia inanimada es un caso limitador en el que los fenómenos de la vida y de la conciencia desempeñan un papel tan reducido como las fuerzas no gravitacionales en el movimiento de los planetas, o como las fluctuaciones en la física macroscópica» (pág. 688).

Paralelo también a los desarrollos anteriores es el hecho de que «todas las ampliaciones de la física a nuevos conjuntos de fenómenos se vieron acompañadas de drásticos cambios en la teoría» (pág. 686). Cita como ejemplos la teoría de Newton, la teoría de campos de Maxwell, y la mecánica cuántica. El análisis de Wigner recuerda la distinción que Chomsky hace entre «reducción» y «expansión»: «A veces la unificación será reductiva, como cuando se incorporó buena parte de la biología a la bioquímica conocida; a veces puede requerir una modificación radical de la disciplina más "fundamental", como cuando la física se "expandió" en la nueva teoría cuántica, lo que le permitió explicar propiedades que habían sido descubiertas y explicadas por los químicos» (Chomsky, 1994a, pág. 44).

LA REALIDAD DE LOS QUARKS

Glashow señala que cuando Gell–Mann, el coinventor de los quarks, los propuso en su artículo «A Schematic Model of Baryons and Mesons» [Un modelo esquemático de los bariones y los mesones], no se decidió a clasificarlos como partículas físicas, escribiendo que «es divertido conjeturar sobre la forma en que se comportarían los quarks si fuesen partículas físicas [...] en lugar de entidades puramente matemáticas» (Glashow, 1988, pág. 188).

Gell–Mann ha intentado recientemente aclarar el tema. Aunque admite haber usado el término quark «matemático» junto con el término quark «real», esto no se debió a que no creyese en la existencia de los quarks:

Cuando propuse la existencia de los quarks, creía desde el principio que estarían permanentemente confinados de alguna manera. Me refería a ellos como entes «matemáticos», explicando cuidadosamente qué quería decir con eso y contrastándolo con lo que yo llamaba «quarks reales», susceptibles de emerger y ser detectados como entidades singulares. La razón para esta elección de lenguaje era que no tenía ganas de entablar discusiones con críticos de inclinación filosófica que me exigiesen explicar cómo podía calificar de «reales» a los quarks si siempre estaban ocultos. La terminología se demostró, no obstante, desafortunada. Muchos autores, ignorando mi explicación de los términos «matemático» y «real», así como el hecho de que la situación que yo describía es la que actualmente se considera correcta, han afirmado que yo en realidad no creía en la presencia física de los quarks. Una vez que un malentendido como este queda establecido en la literatura popular tiende a perpetuarse, porque los escritores muchas veces se limitan a copiarse entre sí (Gell–Mann, 1994, pág. 200, versión castellana).

En resumen, la opinión de Gell–Mann era (y es) que los quarks son reales y existen, pero no se pueden observar directamente en aislamiento, como, por ejemplo, los protones (debido a la propiedad de confinamiento de los quarks). Los «críticos de inclinación filosófica» a los que hace referencia quizá no estuviesen dispuestos a considerar «reales» unas entidades que no se podían observar directamente. Así, la gran masa de argumentos teóricos y pruebas experimentales ahora disponibles sobre la existencia de los quarks proporciona un buen argumento contra una forma radical de positivismo que intentaría excluir dichas entidades; respecto a un análisis adicional sobre el positivismo en física, véase Weinberg (Weinberg, 1992).

El físico Abraham Pais, que ha registrado la historia de la física moderna, escribe:

«La reacción de la comunidad de físicos teóricos al modelo [de los quarks] no fue en general benévola [...] La idea de que los hadrones estuviesen compuestos por partículas elementales con números cuánticos fraccionarios parecía un poco exquisita»[17]. Una pregunta que no se planteaba desde los días en que se estaba discutiendo la realidad de los átomos volvía a plantearse: ¿es esta una regla mnemónica o es física? (Pais, 1986, pág. 558).

George Zweig, que propuso de manera independiente el modelo de quarks, escribe de la resistencia a estas ideas («vehemencia» en palabras de Fritzsch):

Conseguir que el informe del CERN se publicase como yo quería era tan difícil que al final dejé de intentarlo. Cuando el departamento de física de una importante universidad estaba considerando contratarme, su

---

[17] La cita es de Zweig (1980, pág. 439).

principal teórico, uno de los portavoces más respetados de toda la física teórica, bloqueó el nombramiento en una reunión del claustro, sosteniendo con pasión que el modelo era la obra de un «charlatán» (Fritzsch, 1983, pág. 75).

En el caso de los quarks, transcurrió casi una década antes de que la idea fuese generalmente aceptada.

Chomsky señala que Quine considera la física como «las teorías sobre los quarks y cosas por el estilo» y sostiene que «el mundo es como la ciencia natural dice que es, en la medida en que la ciencia natural esté acertada» (Chomsky, 1994b, págs. 196). Chomsky observa que «eso no es informativo mientras no se nos diga qué es la "ciencia natural"».

Un problema añadido para Quine es que su tesis no resulta informativa mientras no nos explique cuál es el criterio para decidir cuándo tiene razón la ciencia natural, y en qué se diferencia esto de la decisión sobre cuándo es correcta la lingüística. Tomemos el ejemplo de los quarks presentado por Quine. Podemos sustituir la caracterización que él hace de la física como «teorías sobre los quarks y cosas por el estilo» por las «teorías sobre X y cosas por el estilo, donde X son entidades puramente matemáticas con propiedades extrañas como la carga eléctrica fraccionaria y que en principio no se pueden aislar (el confinamiento de los quarks) y con la propiedad añadida de que a uno lo pueden etiquetar de charlatán por proponer una idea de ese tipo». Hemos sostenido que en física, como en lingüística, los conceptos y principios abstractos están incluidos en teorías explicativas, y se sostienen o caen dependiendo de las pruebas disponibles. Fuera de estas pruebas, no hay contenido sustantivo en la cuestión de la «realidad física» de las interpretaciones sobre la física, ni en la «realidad psicológica» de las interpretaciones sobre la lingüística.

LA REALIDAD DE LA SIMETRÍA: LA DUALIDAD

¿En qué medida nos hemos alejado de la mecánica de contacto cartesiana, de las nociones lógicas de que los objetos se mueven uno alrededor de otro y chocan entre sí, como bolas de billar? Hojeando un informe de Mukerjee, encontramos que una nueva simetría denominada «dualidad» está «redefiniendo lo que los físicos consideran una partícula, o cuerda, fundamental» (Mukerjee, 1996)[18]. Edward Witten, del Instituto de Estudios Avanzados de Princeton, Nueva Jersey, «cree que la dualidad no solo conducirá a una Teoría de Todo, sino que también puede iluminar por qué el universo es como es. "Creo que nos vamos acercando a una explicación de la mecánica cuántica", afirma». Mukerjee ofrece un ejemplo sencillo de dualidad:

> En líneas generales, se dice que dos teorías son duales cuando son aparentemente diferentes pero realizan las mismas predicciones físicas. Por ejemplo, si intercambiamos todas las cantidades eléctricas y magnéticas de las ecuaciones de Maxwell para el electromagnetismo, supuestamente obtenemos una teoría diferente. Pero si, además de las cargas eléctricas, se supone que el mundo contiene cargas magnéticas (tales como el polo norte magnético aislado de un imán), las dos teorías resultan ser exactamente la misma, o duales (Mukerjee, 1996, pág. 89).

Desde la década de 1960, se nos ha dicho que el mundo contiene elementos irreductiblemente fundamentales, denominados quarks. Además, posteriormente se propuso que a partir de los quarks es posible obtener otros elementos (compuestos), denominados monopolos. Después surgió la idea de que «en lugar de que los quarks sean elementales y los monopolos compuestos» (pág. 90), es posible que la teoría de campos que describe estos elementos sea dual. De esa forma, se podría considerar que los quarks son elementos compuestos formados por monopolos, que ahora asumen el papel de ladrillos fundamentales: «Tanto el enfoque quark como el enfoque monopolo de la teoría deberían dar los mismos resultados físicos» (pág. 90). Finalmente, se sostenía que el concepto de dualidad podía ayudar a reunir diversas teorías de cuerdas alternativas, basándose en la idea de que todas las partículas del universo se podrían considerar como vibraciones de diminutas cuerdas.

---

[18] Actas de conferencias como estas proporcionan a menudo conocimientos poco frecuentes sobre la opinión de los científicos respecto a cuestiones básicas, en este caso los problemas de la unificación. Dichos conocimientos se eliminan normalmente por completo de los artículos presentados en las revistas, y no digamos de los libros de texto.

Volvamos a la cuestión de en qué medida esto se aleja de la mecánica de contacto cartesiana y de las nociones de sentido común de la «física popular». «La matemática de cuerdas —se nos dice— es tan compleja que ha dejado atrás a la enorme mayoría de físicos y matemáticos» (Mukerjee, 1996, pág. 89). Como Leonard Susskind (de cincuenta y cinco años) explica: «Es una buena señal que haya una generación en proceso de renuncia. [Esto] significa que el campo avanza en direcciones que los viejos no pueden seguir» (Mukerjee, 1996, pág. 93). Según Mukerjee, Sheldon Glashow que, con Steven Weinberg, desarrolló la teoría electrodébil, una piedra angular de la denominada Teoría Estándar, ahora incluida en todos los libros de texto sobre física, «era completamente inconsciente de que algo había cambiado» (Mukerjee, 1996, pág. 93).

Si la teoría de la dualidad no deriva claramente del sentido común, es de suponer que lo que hizo a la comunidad física convertirse a ella fueron las grandes cantidades de datos empíricos. También falso.

La mayoría de los teóricos eran escépticos [respecto a la dualidad]. Aun cuando la dualidad existiese, se consideraba imposible establecerla: las matemáticas de la cromodinámica cuántica son extremadamente difíciles, y sería necesario calcular dos conjuntos de predicciones para establecer la comparación. «En la física es muy raro que se pueda calcular algo con exactitud», señala Nathan Seiberg, de la Universidad Rutgers. En febrero de 1994, sin embargo, Ashoke Sen, del Instituto Tata de Bombay, India, demostró que de vez en cuando las predicciones de la dualidad se podían comprobar con precisión, y eran correctas.

El cálculo convirtió a la comunidad de cuerdas. «Witten pasó de afirmar que todo esto era una pérdida de tiempo a decirles que era el tipo de trabajo más importante», ríe Harvey. Witten, a menudo denominado «el Papa» por los detractores de la teoría de cuerdas, ha iniciado muchas tendencias en la física de partículas durante las dos últimas décadas (Mukerjee, 1996, pág. 90).

Además, descubrimos que «por supuesto, la validez de todo este trabajo gira en torno a la suposición de que existe la supersimetría». Pero la confirmación de esto quizá tenga que esperar: «Los teóricos ruegan que, al menos, cuando el Gran Acelerador de Hadrones del CERN comience a funcionar en 2005, se descubra la supersimetría» (pág. 93).

Probablemente ya haya quedado claro que estamos tan lejos como es posible de las ideas de sentido común propias de la «física popular». La comunidad de la cuerda no se convirtió gracias a abrumadores datos experimentales, sino a un único cálculo, en gran medida debido a la profundidad de la explicación:

> Hay un beneficio inmediato y sorprendente. Es difícil hacer cálculos con la cromodinámica cuántica, porque los quarks interactúan o se «emparejan» fuertemente. Pero los monopolos interactúan débilmente, y es sencillo realizar cálculos con ellos. La dualidad permitiría a los teóricos utilizar los monopolos, y conocer automáticamente todas las respuestas a la cromodinámica cuántica. «Es una especie de truco mágico –afirma Harvey–. No sabemos todavía cómo puede funcionar» (Mukerjee, 1996, pág. 90).

Ahora planteamos la cuestión de «¿qué es la realidad física?», junto con otra a menudo planteada en las ciencias cognitivas, «¿qué es la realidad psicológica?». La respuesta breve es que por ahora depende de la validez de los cálculos de Sen, el «truco mágico» ideado por Seiberg y Witten, y de si en el año 2005 se descubre o no la existencia de la supersimetría. Además, suponiendo que todos hayan hecho los deberes de matemáticas de cuerdas, su opinión sobre la realidad física puede verse sometida a rápidos y profundos cambios, dependiendo de la frecuencia con la que se conecten con Los Álamos:

> Siguió una explosión de actividad [a un congreso sobre dualidad celebrado en marzo de 1995] que se ha mantenido incólume. Cada día, los científicos entran en la biblioteca electrónica preimpresa del Laboratorio Nacional de Los Álamos para encontrar unos diez nuevos artículos sobre el campo. «Es lo primero que uno hace por las mañanas», señala Anna Ceresole, del Politécnico de Turín. «Como leer el periódico» (Mukerjee, 1996, pág. 91).

Si Descartes tuviese que volver hoy a estudiar el problema «mente/cuerpo», en especial la parte del «cuerpo», necesitaría conectarse a Internet.

Consideremos una vez más los tipos de «realidad» que hemos analizado:

(1) realidad (en el sentido de Weinberg): la realidad de las funciones de onda, de los quarks y de las simetrías

(2) realidad física   (a) «cuerpo» (Descartes)

                      (b) «realidad objetiva» (Einstein)

(3) realidad psicológica

(4) realidad neurológica

(5) realidad mental

Al menos el primer tipo de realidad (1) —«X son reales [...] porque es útil incluirlos en nuestras teorías»— está suscrito por todos aquellos que trabajen en las ciencias naturales. Lo hemos ilustrado con citas de Weinberg, Ruelle y Chomsky, aunque se podrían citar muchos otros puntos de vista. Ha habido a lo largo de la historia intentos serios de presentar argumentos a favor de una realidad adicional, la «realidad física» (2). Se han mencionado dos ejemplos: la interpretación cartesiana del «cuerpo» desde el punto de vista de la mecánica de contacto (2a) y el intento de Einstein de resucitar una realidad física denominada «realidad objetiva», dentro del marco moderno de la física cuántica (2b). Ambos intentos fueron refutados sobre bases experimentales y teóricas. En cuando a los tres últimos tipos de realidad, la «realidad psicológica» (3), la «realidad neurológica» (4) y la «realidad mental» (5), aunque a menudo se ha hecho referencia a ellas en la bibliografía sobre la ciencia cognitiva y sobre la filosofía del lenguaje y de la mente, hemos sostenido que todavía no se han presentado una formulación o una justificación coherentes para estos ámbitos, en cuanto ámbitos diferentes de (1); es decir, la práctica científica ordinaria de intentar establecer teorías explicativas.

EL PAPEL DE LAS MATEMÁTICAS EN LA UNIFICACIÓN

Davis y Hersh, escribiendo sobre las matemáticas, caracterizan la unificación como sigue: «La unificación, que consiste en el establecimiento de una relación entre objetos aparentemente diversos, es al mismo tiempo una de las grandes fuerzas motrices de las matemáticas y una de las más caudalosas fuentes de satisfacción estética» (Davis y Hersh, 1981, pág. 151, versión castellana). Por lo tanto, a menudo no hay forma de saber por adelantado qué dominios se pueden o no unificar, dado que la relación buscada se da a menudo entre «objetos aparentemente diversos». Davis y Hersh señalan que esta «idea de unificación queda ilustrada de manera muy bella por la fórmula de Euler, que relaciona y unifica funciones trigonométricas con las "potenciales" o "exponenciales"»:

$$e^{ix} = \cos x + i \operatorname{sen} x, \text{ donde } i = \sqrt{-1}$$

De esa forma, lo «exponencial se nos presenta como trigonometría disfrazada» (pág. 152, versión castellana), y viceversa[19].

Ocasionalmente, el progreso en la unificación avanza de manera interesante cuando los conocimientos matemáticos y físicos se desincronizan. A menudo, la intuición física se produce con antelación al conocimiento matemático, como muestra claramente el desarrollo del análisis de Fourier. Pero a veces el conocimiento matemático parece avanzar con mayor rapidez que la comprensión de los conceptos físicos subyacentes; Witten ha señalado que esta parece ser la situación actual de la teoría de cuerdas.

Davis y Hersh dan el siguiente ejemplo de una aplicación del «teorema de Fourier»: «Para representar una ópera, como la *Aida* de Verdi, podríamos prescindir de los metales y maderas, de cuerdas y percusión, de barítonos y sopranos; todo cuanto hace falta es una colección completa de diapasones y el método preciso para controlar la sonoridad de cada uno» (Davis y Hersh, 1981, pág. 189, versión castellana). Este teorema afirma que las funciones periódicas complejas, como las correspondientes a los sonidos musicales, se pueden descomponer en funciones periódicas más sencillas, como en

$$y = 7 \operatorname{seno} 200\pi t + 0,3 \operatorname{seno} 400\pi t + 0,4 \operatorname{seno} 600 \, \pi t + \ldots$$

Dicha ampliación se conoce como «serie de Fourier» y los coeficientes 7; 0,3; 0,4; etc., que se ajustan para adaptarse a los sonidos individuales, se denominan «coeficientes de Fourier».

---

[19] David y Hersh señalan que insertando π en lugar de x en la fórmula de Euler, se obtiene una ecuación «que enlaza y encadena las cinco constantes más importantes de todo el análisis: 0, 1, *e*, π, i».

Fourier desarrolló su teoría para la conducción del calor, que emplea ecuaciones similares a las utilizadas para la vibración del sonido. De hecho, el «análisis de Fourier» se convirtió enseguida en ingrediente principal de la ingeniería y la física, aplicado a una serie de temas que abarcan desde las cuerdas vibratorias a la física de los estados sólidos.

Por lo tanto, nos podría resultar sorprendente el descubrir que «estaba en lo cierto, pero no enunció ni demostró teoremas correctos sobre la serie de Fourier» (pág. 195, versión castellana)[20]. Cuando Fourier comenzó a calcular lo que ahora conocemos como «coeficientes de Fourier», no sabía que Euler ya había proporcionado un interesante argumento de una línea para deducir la fórmula correcta. Por el contrario, Fourier «realizó una serie increíble de cálculos, que podría servir de ejemplo clásico de cómo la intuición física logra conducir a una solución correcta a pesar de que los razonamientos sean flagrantemente incorrectos»:

Fourier comenzó desarrollando cada función trigonométrica en serie de potencias (series de Taylor) y reagrupando términos; de este modo, la función arbitraria *f* está representada ahora por una serie de potencias. Este primer paso ya es, evidentemente, objetable, pues las funciones en que estaba pensando Fourier ciertamente no admiten tales desarrollos en serie potencial. Sin arredrarse, Fourier procedió a calcular los coeficientes de este inexistente desarrollo en serie de potencias. Al hacerlo utilizó hipótesis manifiestamente inconsistentes, y llegó a una solución que comportaba la división entre un producto infinito divergente (es decir, solución que comportaba la división entre un número arbitrariamente grande). La única interpretación razonable que se le podía dar a esa fórmula para la expansión en serie de potencias era que todos los coeficientes se anulasen, o sea, que la función «arbitraria» fuese idénticamente nula (Davis y Hersh, 1981, pág. 194 versión castellana).

Como señaló Langer, «Fourier no tenía intención alguna de llegar a dicha conclusión y, por lo tanto, procedió sin descanso con el análisis de su fórmula». A continuación dio el salto conceptual de que «toda dis-

---

[20] Davis y Hersh basan sus observaciones en un análisis en profundidad de los escritos de Fourier publicados por Langer, 1947.

tribución de temperaturas —o, si se desea, todo gráfico, independientemente de cuántas piezas separadas lo compongan— es representable mediante una serie de senos y cosenos». Lines señala la reacción a este «sorprendente pronunciamiento» en la Academia Francesa en 1807:

> La falta de rigor en su análisis del límite infinito ha sido el punto de discusión, y los tres eminentes genios franceses de las matemáticas en ese momento, Laplace, Lagrange y Legendre, señalaron esta debilidad y expresaron claramente sus reservas en un informe en el que se establece que «la forma en que el autor llega a estas ecuaciones deja algo que desear en cuanto a generalidad y rigor» (Lines, 1994, pág. 64).

Langer concluye que: «Indudablemente se debió parcialmente a su falta de rigor el que pudiese dar pasos conceptuales que les resultarían inherentemente imposibles a hombres de inteligencia más crítica.»

Hicieron falta muchos años y los esfuerzos de muchos eminentes matemáticos para proporcionar una base matemática al análisis de Fourier. Antes de concluir, habían participado matemáticos como Dirichlet, Cauchy, Hilbert y Schwartz. La serie de Fourier fue la que proporcionó el punto de partida para la teoría abstracta de conjuntos de Cantor. Sin embargo, el físico Lines señala que los problemas teóricos de las bases del análisis de Fourier influyeron poco en su aplicación continuada: «Es interesante señalar que la falta de rigor del teorema de Fourier durante el siglo XIX, y los incontables ataques que recibió desde el punto de vista de la matemática pura, no evitaron en absoluto que los especialistas en matemáticas aplicadas y los físicos lo utilizasen profusamente en este periodo» (Lines, 1994, pág. 65). Lines señala que esto fue el resultado de la disparidad de objetivos entre los matemáticos puros y los científicos aplicados:

> De nuevo, este es un contraste interesante de los métodos utilizados por las diferentes disciplinas. Los matemáticos puros, armados de una demostración aguda y rígida, tienden a utilizar poco cualquier supuesto teorema, hasta que pueda soportar con éxito la crítica más severa del momento. A los científicos, por su parte, les interesa principalmente la interpretación del experimento, y son plenamente conscientes de que la precisión abso-

luta nunca se puede alcanzar en su campo. Ellos, por lo tanto, emplean con satisfacción cualquier «herramienta» matemática que parezca ayudar a la interpretación experimental, y solo la descartan si se descubre que falla desde el punto de vista de la precisión experimental disponible (Lines, 1994, pág. 65).

Ni Davis y Hersh, ni Langer ni Lines recomiendan las matemáticas de baja calidad como mejor forma de hacer ciencia. Lo que afirman es que, a veces, la intuición física puede, y debe, ir por delante del rigor matemático. La formalización exacta va, por lo tanto, detrás de la intuición física. Heisenberg las ha denominado «matemáticas groseras [*dirty*]»: «Heisenberg confesó posteriormente que a lo largo de su carrera había utilizado "matemáticas bastante groseras", pero afirmó que esto le había obligado "siempre a pensar en la situación experimental [...] [y] de alguna manera uno se acerca más a la realidad que buscando métodos rigurosos"» (Crease y Mann, 1987, pág. 428; citando a Heisenberg).

Heisenberg (junto con Born y Jordan) había desarrollado la formulación de la «mecánica de matrices» de la mecánica cuántica. Al igual que Fourier había redescubierto el método de Euler para calcular los coeficientes de Fourier, también Heisenberg redescubrió la teoría de matrices matemática, que Cayley había formulado muchos años antes. Además, utilizó también las «matemáticas groseras»: «Heisenberg, Born y Jordan habían desarrollado sus métodos para un modelo simple y bidimensional, y después los sustituyeron por términos tridimensionales en las ecuaciones, un procedimiento erróneo que Schrödinger, al menos, había localizado» (Crease y Mann, 1987, pág. 428). Sin embargo, Heisenberg y Schrödinger disentían profundamente respecto a qué método proporcionaba la mejor intuición física de la «realidad»: «Cuando apareció la ecuación de ondas de Schrödinger, Heisenberg reaccionó con furia; debió de pensar que todo su trabajo quedaría condenado al olvido. Amonestó a Born por abandonar las matrices y dijo a Pauli que el asunto de las ondas era una "mierda"» (Crease y Mann, 1987, pág. 57). A Schrödinger, por su parte, la imposibilidad de representar matrices le resultaba «desagradable, incluso repugnante». Sin embargo, se descubrió que el método de las matrices era formalmente idéntico al método de la «mecánica de ondas» de Schrödinger.

LA FORMALIZACIÓN EN LINGÜÍSTICA

Pullum ha censurado lo que considera el abandono de la «lingüística formal» aproximadamente desde 1979 (Pullum, 1989; reimpreso en Pullum, 1991). Sin embargo, hace referencia a la «lingüística formal» en un sentido técnico determinado, no en el sentido de la biolingüística, como la analizamos aquí; a saber, como el intento de estudiar cinco preguntas fundamentales sobre el lenguaje en cuanto a objeto biológico. Como señala Chomsky, el proyecto de Pullum es «dudoso si se considera que la afirmación de Pullum sugiere que debería existir un estudio "puro" del lenguaje, aislado de los descubrimientos y la adquisición, el uso y los mecanismos físicos» (1990, pág. 145). En cuanto a la formalización de la biolingüística (lingüística I), Chomsky observa lo siguiente:

> Incluso en matemáticas, el concepto de formalización en el sentido que empleamos hoy en día no se desarrolló hasta hace un siglo, cuando se hizo importante para avanzar en la investigación y en los conocimientos. No conozco ninguna razón para suponer que la lingüística esté tan avanzada respecto a las matemáticas del siglo XIX o a la biología molecular contemporánea como para que cumplir con la orden de Pullum resultase útil, pero si eso se puede demostrar, perfecto. Por el momento, hay un animado intercambio y un excitante progreso que no presentan, a mi entender, ningún signo de que haya problemas relacionados con el nivel de formalidad del trabajo actual (Chomsky, 1990, pág. 146).

El matemático Keith Devlin ha propuesto el término «matemáticas flexibles [*soft*]» para describir el tipo de formalización empleado en algunas de las ciencias de la mente y del comportamiento, incluida la lingüística. De hecho, da el ejemplo de los formalismos lingüísticos utilizados para describir sintagmas como los nominales, verbales, adjetivos, preposicionales, etc. (Devlin, 1996a)[21]. Señala que las matemáticas no solo se

---

[21] El ejemplo que utiliza es la «teoría de la X con barra», que ha sido eliminada, en la forma en que él la analiza, de algunas teorías lingüísticas actuales. Sin embargo, su argumento se mantiene para otros mecanismos formales utilizados en la lingüística teórica.

pueden utilizar para demostrar teoremas, sino también para comprender un nuevo dominio (véase también Devlin, 1997): «En resumen, utilizamos el proceso de formalización como técnica analítica. El objetivo no es ofrecer una teoría formal [...] *El propósito de la formalización es el conocimiento, no la obtención de una teoría formal*» (Devlin, 1996b).

Devlin considera que las «matemáticas flexibles» son una alternativa legítima a las «matemáticas estrictas [*hard*]» para hacer ciencia, pero también parece estar afirmando que es algo permanente en el estudio de la mente:

> Como Platón y Aristóteles antes que él, Descartes creía que su método, el método de las ciencias y las matemáticas, se podía aplicar al mundo interno de la mente así como al mundo externo del universo físico. Cuatrocientos años después, tras décadas de fracasos en la inteligencia artificial y en la lingüística matemática, se comprendería finalmente de manera plena que, en esta creencia, Descartes estaba equivocado (Devlin, 1996b).

Sin embargo, debería señalarse que no ha habido una demostración de que el «método de la ciencia y las matemáticas» de Descartes no sea aplicable al «mundo interno de la mente», ciertamente no en la inteligencia artificial ni en la lingüística matemática. «Décadas de fracasos» no constituyen una demostración. Un punto de vista alternativo podría ser el siguiente.

En las primeras fases de estudio de cualquier disciplina científica, ya sea la física o el estudio de la mente, probamos todo lo que funcione, bien las «matemáticas flexibles» en el sentido de Devlin, para obtener nuevos conocimientos, las matemáticas sin rigor, *à la* Fourier, las «matemáticas groseras» en el sentido de Heisenberg, o bien las «matemáticas estrictas». Sabemos que la física atravesó todas estas fases, en un área u otra, a lo largo de su historia. Sabemos también que la unificación solo se produjo con lentitud en algunas áreas, más rápidamente en otras y a veces de manera poco sistemática.

No hay razón para esperar que la situación sea diferente para el estudio de la mente, incluida la biolingüística. En el área de la acústica, una disciplina de la biolingüística, la maquinaria matemática «estricta» del análisis de Fourier está disponible y se utiliza habitualmente. En otras áreas, es posible que las «matemáticas flexibles» acaben reemplazadas por las «matemáticas estrictas». Incluso en áreas en las que esto sucede, la notación abstracta «flexible» puede seguir siendo útil. Por ejemplo, las «leyes» de Mendel, la notación cristalográfica, etc, siguen siendo útiles, aun cuando hayamos alcanzado una mayor comprensión de su significado físico. Lo mismo puede acabar sucediendo con las notaciones lingüísticas, u otras notaciones, desarrolladas en el estudio de la mente.

También puede ocurrir que, según avance la unificación, la maquinaria matemática se traslade de un área a otra; véase el análisis de la filotaxis[22] y los números de Fibonacci en el capítulo 5. En él se señala que las «matemáticas estrictas» utilizadas para estudiar las «redes flexibles sometidas a fuerte deformación» podrían resultar aplicables al estudio de la botánica[23]. Y en otras áreas del estudio de la mente, incluido el lenguaje, quizá sea necesario el desarrollo de nuevos tipos de matemáticas, por ejemplo, las «morfomáticas» de Stewart.

> Pero así es como crecieron las matemáticas en primer lugar. Cuando Newton deseaba comprender el movimiento planetario, no había cálculo, así que lo creó. La teoría del caos no existía hasta que los matemáticos y los científicos se interesaron por ese tipo de cuestión. Las morfomáticas no existen hoy en día; pero creo que parte de sus componentes sí: los sistemas dinámicos, el caos, la ruptura de la simetría, los fractales, los autómatas regulares, por nombrar solo algunos (Stewart, 1995c, pág. 150).

Por otra parte, en algunas áreas quizá no se produzca entendimiento ni unificación en absoluto. Ciertas áreas pueden perfectamente quedar envueltas en misterio, bien porque no somos suficientemente inteligentes como para comprenderlas, o bien porque representan problemas situados fuera de nuestra capacidad cognitiva (es decir, «misterios», no «problemas», en el sentido de Chomsky).

---

[22] La filotaxis incluye el estudio de temas tales como los principios que gobiernan la disposición de las hojas en un tallo.

[23] Este caso ilustra por qué «décadas» de fracaso en la inteligencia artificial y en la lingüística matemática no pueden decirnos nada acerca de la idea de Descartes de que el «método de la ciencia y de las matemáticas» se puede aplicar al estudio de la mente. La unificación puede surgir de fuentes bastante inesperadas e impredecibles.

LA UNIFICACIÓN Y EL DUALISMO METODOLÓGICO

Anteriormente hemos señalado que el estudio del lenguaje y de otras facultades cognitivas ha estado obstaculizado por lo que Chomsky ha denominado «"dualismo metodológico", la opinión de que debemos abandonar la racionalidad científica cuando estudiamos a los humanos "de cuello para arriba" (metafóricamente hablando)»; es decir, la insistencia en que, en principio, la mente no puede estudiarse con los mismos métodos y de la misma manera que el crecimiento de sistemas físicos como el inmune. A cualquiera ajeno al campo de la biolingüística no podrá sino chocarle el que la idea de que existe una dotación genética para el lenguaje haya encontrado una resistencia extrema a lo largo de los últimos cuarenta años. Probablemente haya varias, pero una razón importante (y comprensible) es que estas ideas van a menudo contra ideas de sentido común que la gente tiene sobre la naturaleza de la mente, al igual que las ideas de Galileo, y posteriormente Einstein, iban contra las ideas de sentido común que la gente tiene sobre la naturaleza del mundo físico, sobre el espacio y el tiempo.

Esto ha tenido consecuencias muy perniciosas no solo en la lingüística, sino también en otros campos que investigan el lenguaje, como la psicología y la filosofía. Más adelante, consideramos algunos ejemplos tomados del libro *La tercera cultura*, no para singularizarlo (se podrían señalar otros muchos), sino porque es ilustrativo de la reacción irracional que el estudio de la base biológica de la mente parece evocar, extendiéndose en ocasiones al argumento *ad hominem*. Al leer esto es útil tener en cuenta los siguientes comentarios de Chomsky:

> Los debates son una institución completamente irracional, que no debería existir en un mundo razonable. En un debate, se supone que cada participante tiene una postura, y debe mantenerla pase lo que pase en el intercambio. En un debate, es una imposibilidad institucional (es decir, si ocurriese, ya no sería un debate) que una persona diga a la otra: ese es un buen argumento, tendré que cambiar mis opiniones en consecuencia. Pero la última opción es la esencia de cualquier intercambio entre seres racionales. Por lo tanto, para empezar es equivocado llamarlo debate, y contribuye a establecer modos de pensamiento y com-

portamiento que deberían abandonarse (Piattelli–Palmarini, 1994, pág. 323).

LA TERCERA CULTURA: CASO PRÁCTICO

Steven Pinker ha escrito que Chomsky «se encuentra en la actualidad entre los diez escritores más citados en humanidades (superando a Hegel y a Cicerón, y solo por detrás de Marx, Lenin, Shakespeare, la Biblia, Aristóteles, Platón y Freud), siendo el único vivo entre ellos» (Pinker, 1994a, pág. 23, versión castellana). Lo que también viene en el lote es que normalmente es uno de los escritores más tergiversado. Al menos así ha sido en lo que respecta a su punto de vista sobre las bases biológicas del lenguaje.

Veamos un libro reciente, *La tercera cultura*, que presenta la opinión de científicos procedentes principalmente de la biología, la física, la inteligencia artificial y las ciencias cognitivas; ej., Gould, Dawkins, Gell–Mann, Penrose, Minsky, Schank, Dennett, Pinker y muchos otros (Brockman, 1995). Y no unos científicos comunes, según John Brockman, editor de este libro, sino científicos de la «tercera cultura», que «comunican directamente con el público en general»[24]. Brockman ha descubierto que el público siente una «gran avidez intelectual», y está dispuesto a «hacer un esfuerzo autodidacta». Así que ha reunido un equipo de «pensadores de la tercera cultura» cuya virtud es que «tienden a prescindir de intermediarios y procuran expresar sus reflexiones más profundas de una manera accesible para el público lector inteligente» (pag. 14, versión castellana).

Hojeando el índice, encontramos que cinco de nuestros intelectuales de tercera cultura hacen referencia a Chomsky, quien, recordamos, es

---

[24] Una referencia al libro *Las dos culturas*, de C. P. Snow, en el que los intelectuales y los científicos ilustrados debían fundirse en una nueva «tercera cultura». La tercera cultura de Brockman, por otra parte, consiste en científicos que se comunican directamente con el público: «A través de la historia, la vida intelectual ha estado marcada por el hecho de que solo un número reducido de personas se ha dedicado a reflexionar por todos los demás. Lo que estamos presenciando es el paso de la antorcha de un grupo de intelectuales, los intelectuales de letras tradicionales, a un nuevo grupo, los intelectuales de la tercera cultura que emerge» (Brockman, 1995, pág. 14, versión castellana).

«uno de los autores más citados en humanidades». Son Minsky, Schank, Dennett, Hillis y Pinker. Recordando que estamos aquí para saciar nuestra hambre intelectual y conocer los «pensamientos más profundos» de la tercera cultura, nos centramos en Marvin Minsky, titular de la cátedra Toshiba de Artes y Ciencias de los Medios de Comunicación en el MIT, cofundador del Laboratorio de Inteligencia Artificial del MIT, y galardonado con el premio Japón, la distinción más importante de ese país en ciencia y tecnología. Minsky nos informa de que Schank, director del Instituto para las Ciencias del Aprendizaje de la Universidad del Noroeste, «se ha encontrado con la oposición, y casi la persecución, del lingüista Noam Chomsky» (pág. 166, versión castellana). Deseando «educarnos» más, seguimos leyendo y descubrimos que no resultaba «nada fácil persuadir a nuestros colegas [incluido a Chomsky, presumiblemente] para que tomasen en consideración estas teorías [la teoría de la dependencia conceptual de Schank]». En esta teoría, la representación técnica que Schank hace del ejemplo «Jack amenazó con estrangular a Mary a menos que le diese su libro» es que «Jack transfiere a la mente de Mary la conceptualización de que si ella no le transfiere a él la posesión del libro, él le cerrará la tráquea, de manera que ella quedará sin el aire necesario para vivir» (pág. 167, versión castellana). Minsky señala que «a veces, parece que la única forma de atraer su atención [de sus colegas] es amedrentándolos [...] Una vez le pregunté por qué tantos de sus ejemplos eran sangrientos, a lo cual replicó:"¡Ah, pero fíjate lo bien que los recuerdas!"».

Schank narra una hipotética discusión con Chomsky: «He aquí un ejemplo de una discusión que podría haber mantenido con él a finales de los sesenta. La oración "A Juan le gustan los libros" significa que a Juan le gusta leer. "No", diría Chomsky, "Juan tiene un vínculo con los libros, pero podría no gustarle la lectura"» (Brockman, 1995, pág. 164, versión castellana). Se supone que esta discusión debe revelarnos la «actitud intolerante» y los «sucios trucos intelectuales» de Chomsky y mostrarnos que «Chomsky apartó a la gente del estudio del sentido». En realidad, nos dice Schank, no era Chomsky quien representaba un problema, ya que «siempre fue un blanco fácil». Eran «la caterva de fundamentalistas académicos [que tenía detrás], que no escuchaban a nadie más».

Sin embargo, veamos de nuevo la frase que Schank utiliza como ejemplo: «A John le gustan los libros.» Está claro que a John, el vendedor de libros raros, bien podrían gustarle los libros, pero no gustarle leer-los. Este es un hecho sobre el significado de esta frase que era cierto «a finales de los sesenta» y sigue siendo cierto «a finales de los noventa», y por lo tanto, debe ser explicada por cualquier teoría del significado. Dado que a Schank le resultaba difícil persuadir a sus colegas con «representa-ciones técnicas», o incluso con ejemplos sangrientos, aparentemente ha decidido intentarlo vilipendiando a sus colegas en público. Después de todo, como señala el editor Brockman: «Aquí, comunican sus ideas al público y entre sí» (pág. 16, versión castellana).

Como hemos visto, Minsky no se queda atrás en este apartado, pero aparentemente considera que podemos aprender unos cuantos trucos de su colega de la tercera cultura, Murray Gell–Mann:

> ¿Qué puedo decir? Es maravilloso. Se le puede colocar al lado de Feyn-man entre los grandes pensadores. Sabe mucho de muchas cosas, inclu-yendo la inteligencia artificial. Pero pienso que su principal contribución es la invención de insultos, que dedica, por ejemplo, a quienes no hablan de manera absolutamente perfecta. Murray ha confeccionado uno de los mejores inventarios de injurias que existen. He oído que se está hablan-dando. Eso sería una terrible pérdida para la civilización. Una colección de anécdotas sobre sus comentarios acerca de otras personas no tendría precio (pág. 313, versión castellana).

Pasemos a continuación a otro de los científicos informáticos de la tercera cultura, para ilustrarnos mejor, W. Daniel Hillis, cofundador y científico jefe de Thinking Machines Corporation y propietario de trein-ta y cuatro patentes en Estados Unidos. Pero, «como discípulo de Minsky, quien sentía aversión a la escuela de Chomsky, siempre me enseñaron a desconfiar de los lingüistas. Yo diría que el rasgo más característico de esa escuela es que estudia el lenguaje sin estudiar el hecho de que la gen-te habla sobre algo» (pág. 223, versión castellana).

¡Pero, un momento, todavía hay esperanza! Perdiendo rápidamen-te nuestro apetito intelectual a los pies de los intelectuales de la terce-ra cultura, hojeamos las páginas de *La tercera cultura* para llegar a Daniel C. Dennett, director del Centro de Estudios Cognitivos y catedrático honorario de artes y ciencias en la Universidad de Tufts. Finalmente, encontramos una explicación para la «resistencia a la tesis de Chomsky» (a estas alturas ya nos habíamos dado cuenta de que tenía que haber alguna).

> Una de las motivaciones de la resistencia a la tesis de Chomsky sobre la adquisición del lenguaje era que parecía invocar algo mágico en un punto crucial. Por lo menos los conductistas –que veían el lenguaje como algo aprendido por un mecanismo de aprendizaje universal– tenían claro que querían una teoría con sentido, no milagrosa. El lenguaje no es un don divino, es algo que tiene que desarrollarse, diseñarse, emerger de un elaborado proceso de I+D, por decirlo así. Chomsky parecía estar diciendo: «No, no es aprendido, es innato en el individuo, un órgano del lenguaje que Dios nos ha dado». Eso, si uno lo mira bien, es anatema para cualquier temperamento científico. No es admisible. Pinker ha hecho que la gente se dé perfecta cuenta de ello (págs. 222–223, versión castellana).

Y «[Pinker] vio la luz [...] La luz que vio es la de la evolución» (pág. 222, versión castellana). Durante cuarenta años, a Dennett le había parecido que Chomsky estaba «invocando la magia» y diciendo que el lenguaje es un don de Dios. Entonces llegó Pinker[25] en 1990 para exorcizar el órgano del lenguaje otorgado por Dios. Dennett ha llegado a popularizar este tema como el debate de «Chomsky contra Darwin» en un libro titulado *La peligrosa idea de Darwin*, candidato al National Book Award de Estados Unidos.

Ahora, esto nos lleva al último de los cinco pensadores de la tercera cultura que estamos revisando, Steven Pinker, director del Centro McDonnell–Pew de Neurología Cognitiva del MIT, y autor de un libro muy vendido, *El instinto del lenguaje*. En un comentario sobre Roger Penrose, Pinker afirma: «No es raro entre cierta clase de científicos el que se muestren escépticos hacia Darwin y la selección natural» (págs. 232–233, versión castellana).

¿Quiénes son estos científicos que ven con escepticismo a Darwin y a la selección natural? Algunos físicos y matemáticos, y Noam Chomsky, suponemos. ¿Por qué ven con escepticismo a Darwin y a la selección

---

[25] Con Paul Bloom (Pinker y Bloom, 1990).

natural? Porque la selección natural parece «una explicación repugnante [...] demasiado chapucera [...] demasiado fea para llegar a algo bello». En el ensayo «El lenguaje es un instinto humano», Pinker presenta más sugerencias sobre qué piensa supuestamente Chomsky sobre la evolución (véase también el análisis incluido más adelante).

Esto respecto al hecho de ser uno de los «diez escritores más citados». Por supuesto, recuérdese que de lo que estamos siendo testigos, en palabras de Brockman, es del «paso de la antorcha de un grupo de intelectuales, los intelectuales de letras tradicionales, a un nuevo grupo, los intelectuales de la tercera cultura que emerge», que son los encargados de «reflexionar por todos los demás» (pág. 15, versión castellana).

En este volumen, intentamos explicar con claridad lo que Chomsky y otros lingüistas han propuesto realmente sobre el tema del lenguaje y la biología. Exploramos y ampliamos muchos de estos temas a lo largo de lo que resta de libro, con el objetivo de presentar una visión coherente del campo de la biolingüística, que ha emergido en los últimos cuarenta años y está todavía en evolución. Creemos que ese trabajo se sostiene por sí mismo y proporciona la respuesta más adecuada a las extremas tergiversaciones de la «tercera cultura».

Cuando madure la ciencia de la biolingüística, esperamos que lemas como la «tercera cultura», la «peligrosa idea de Darwin» y el debate de «Chomsky contra Darwin» se queden a un lado. Aunque Chomsky no hablaba del debate de «Chomsky contra Darwin» en ese momento, los comentarios sobre la irracionalidad de los debates que hemos citado también son apropiados en este caso.

Contrastemos esto con la siguiente postura argumentativa ultradarwiniana que Pinker representa dentro de la academia (atribuida en parte a las referencias que proporciona):

> El objetivo de la argumentación es presentar una alegación tan convincente (nótese la metáfora) que los escépticos se vean *compelidos* a creerla: que se sientan incapaces de negarla y sigan afirmando que es racional. En principio, son las ideas en sí las que, como decimos, resultan atrayentes, pero quienes las manifiestan no siempre están dispuestos a ayudar a las ideas con tácticas de dominio verbal, entre ellas la intimidación («Claramente...»), la amenaza («Sería acientífico...»), la autoridad («Como Pop-

per ha demostrado…»), el insulto («Esta obra carece del rigor necesario para…»), y el menosprecio («Pocos hoy día creerían en serio que…») (Pinker, 1997b, 498).

Pinker desea indicar que «la pregunta mordaz, la respuesta devastadora, el ultraje moralista, la invectiva hiriente, la refutación indignada, y los medios de imposición en reseñas de manuscritos y en tribunales para conceder financiación» son el sustituto académico de «la navaja automática» propia del local de apuestas, y que la selección natural nos ha llevado a ser así. Sin embargo, yo sostendría que este modelo ultradarwinista no describe la argumentación que ha conducido a ideas o avances científicos reales. Como mucho, describe la argumentación en una ciencia discutible. Imaginemos que un científico tuviese que enviar un artículo sobre partículas elementales en los siguientes términos: «claramente el protón está constituido de cuentas de gelatina» (intimidación), «sería acientífico suponer que los quarks tienen cargas fraccionadas» (amenaza), y «la obra de Gell–Mann carece del necesario rigor para…» (insulto). Estas tácticas se eliminan rápidamente una vez que la ciencia supera las fases primitivas. Por ejemplo, no está claro cómo clasificaría Pinker a Einstein en su esquema untradarwiniano: «Los académicos son conocidos por sus colegas como pertenecientes a "la clase de tipos a los que se puede mangonear" y "el tipo de los que no aceptan cualquier basura", como personas cuya palabra significa acción o personas llenas de aire caliente, como tipos cuyo trabajo se puede criticar con impunidad o como tipos con los que uno prefiere no meterse» (Pinker, 1997b, pág. 498).

Además, expresiones como la «biología de Darwin», por no mencionar la «peligrosa idea de Darwin», deberían descartarse tan rápidamente como sea posible a favor del tipo de «empresa cooperativa», que Chomsky describe como sigue:

> Aunque el argumento es suficientemente obvio, quizá valga la pena, sin embargo, decir que en la medida en que una materia es significativa y digna de estudio, no está personalizada; y creo que las cuestiones que estamos planteando son significativas y vale la pena estudiarlas. El tema «biología de X» −o economía, o psicología o lo que sea− escójase la X que uno prefiera, solo podría tener un sentido útil en una fase primitiva de

una investigación, una fase que uno esperaría superar rápidamente una vez que la materia se convierte en una empresa cooperativa, en la que la «lingüística de X», en nuestro caso, cambia cada vez que aparece una revista, o entra un estudiante de doctorado en el despacho con ideas que discutir, o la discusión de clase conduce a un nuevo entendimiento y a nuevos problemas (Chomsky, 1991a, pág. 3).

Como quizá sea inevitable en una ciencia todavía en fase de desarrollo, muchas de las opiniones de los biolingüistas han sido excesivamente simplificadas a través de la popularización, o malinterpretadas o tergiversadas de otra manera. Volviendo a las fuentes originales, expondremos estos puntos de vista como punto de partida para el análisis, consideraremos la validez de las objeciones presentadas a estas ideas y señalaremos líneas de investigación alternativas. Dado que normalmente los psicólogos evolutivos, los ultradarwinistas y otros singularizan a Chomsky como villano representativo, en las obras que dedican a la biología del lenguaje, consideramos necesario presentar citas de sus opiniones sobre diversas cuestiones en el área de la biología y el lenguaje, en un intento de aclarar las cosas. Esto no se hace con el objetivo de establecer una figura de autoridad para el campo, ya que este no sería el espíritu del propio enfoque que Chomsky hace de la materia, como acabamos de señalar. Las contribuciones al creciente campo de la biolingüística parten de muchos investigadores pertenecientes a una amplia variedad de campos que van mucho más allá de la lingüística. Hemos proporcionado numerosas referencias sobre biología y lenguaje procedentes de diversas fuentes, algunas de apoyo, otras críticas, algunas ortogonales a las líneas de investigación exploradas en este libro. Esperamos que sirvan de punto de partida para que el lector continúe avanzando en las múltiples e interesantes sendas que no hemos tenido tiempo de abarcar.

2

Conocimiento y uso del lenguaje

Como ya se ha señalado, desde los primeros días de la gramática generativa cinco preguntas han constituido el centro de una intensa investigación (véase pág. 13). Chomsky se ha referido a menudo a la pregunta (1) como el «problema de Platón», a la (2) como el «problema de Humboldt» y al problema (3) como el «problema de Descartes», para indicar la rica tradición, a veces olvidada, de estas cuestiones clásicas (Chomsky, 1991a). Además, el problema de Descartes puede ser un caso especial del problema de explicar cómo es que la capacidad humana para hacer ciencia produce a veces una «congruencia parcial» entre «nuestras ideas y la verdad del mundo» (Chomsky, 1988a, pág. 128, versión castellana).

Como Chomsky ha señalado, la respuesta a la pregunta (1) ¿Qué constituye el conocimiento del lenguaje? es de central importancia para el estudio de la biología del lenguaje. Esto se debe a que, para responder a las preguntas (2)–(5), tenemos que tener una idea de cuál es el sistema de «conocimiento». Por ejemplo, para responder de manera inteligente a la pregunta (2) ¿Cómo se adquiere este conocimiento?, necesitamos saber algo sobre el conocimiento que ha adquirido el adulto que aprende una lengua. Si los cálculos de la lingüística teórica son propiedades de la facultad del lenguaje, como se sostendrá, estas propiedades deben explicarse de alguna manera en una teoría sobre la adquisición del lenguaje.

Lo mismo se puede afirmar de los mecanismos físicos; es decir, la cuestión (4) ¿Cuáles son los mecanismos cerebrales pertinentes? Para estudiar mecanismos, es necesario saber algo de las propiedades computacionales del sistema realizado. Como indica Chomsky:

Ahora bien, la física no podría haber desarrollado la estructura del átomo y de la molécula si la química del siglo diecinueve no le hubiera proporcionado las teorías abstractas. Fueron estas las que les dijeron a los físicos lo que tenían que buscar. Tenían que buscar cosas que tuvieran complicadísimas propiedades descritas en las teorías abstractas. Y las ciencias del cerebro están en la misma situación hoy en día. Tienen que preguntar al lingüista o al psicólogo cuáles son las estructuras abstractas que poseen los seres humanos y cuya base física tenemos que buscar (Chomsky, 1988a, pág. 151, versión castellana).

En el caso de la sintaxis estamos, por supuesto, tratando con las propiedades abstractas de la facultad lingüística, no directamente, por ejemplo, con los circuitos cerebrales; pero esto no afecta a la lógica del argumento de Chomsky. Cuando Mendel descubrió las leyes de cálculo abstractas sobre la segregación y la distribución independiente, contribuyó a la comprensión de la herencia y de los mecanismos evolutivos, a pesar de que el substrato físico para los factores de Mendel, el cromosoma, todavía no se había descubierto. Incluso después de descubrir el cromosoma, quedaba por comprender la base física de los «factores» de Mendel, el gen. Por esa razón, buena parte del trabajo sobre genética y sobre la evolución siguió dependiendo fuertemente de las leyes de cálculo (redescubiertas) de Mendel (Jenkins, 1979). Este argumento también es válido en lo que se refiere a la evolución; es decir, la pregunta (5) ¿Cómo evoluciona este conocimiento (en la especie)? Para estudiar la evolución de un sistema biológico, es necesario saber algo acerca de las propiedades del sistema que ha evolucionado. Todo lo que uno pueda descubrir sobre las propiedades abstractas de este sistema es un primer paso en el camino hacia la comprensión de los mecanismos evolutivos (véase el capítulo 5). Similares observaciones se pueden aplicar a la cuestión (3) uso. Por lo tanto, la pregunta (1) es, por lógica, anterior a las preguntas (4)–(5).

MODULARIDAD

Hemos aludido ya a los «cálculos» de la «facultad del lenguaje». Entonces, volvamos atrás y expliquemos en detalle algunas suposiciones sobre la respuesta a la pregunta (1). Para estudiarla se han adoptado varias hipótesis de trabajo. Una es la suposición de la *modularidad* de la mente: «Estoy provisionalmente suponiendo que la mente es una estructura modular, un sistema de subsistemas que interactúan y tienen propiedades especiales» (Chomsky, 1980c, pág. 89).

La primera suposición, por lo tanto, es que hay una *facultad del lenguaje*, un componente de la mente/cerebro: «El interés básico es determinar y caracterizar las capacidades lingüísticas de individuos determinados. Nos interesan, por lo tanto, los estados de la facultad lingüística que a nuestro entender son un despliegue de rasgos y capacidades cognitivos, un componente particular de la mente/cerebro humana» (Chomsky y Lasnik, 1993, pág. 506).

Chomsky ha propuesto considerar la facultad del lenguaje como un «órgano mental», análogo a un órgano físico como el corazón o el sistema visual. Otra forma de expresar esto es decir que el cerebro no es un órgano homogéneo, sino que consta de subcomponentes, o módulos, cada uno especializado en diferentes propósitos: la visión, la facultad numérica, la facultad lingüística, etc. Esto se debe a que, al estudiar las propiedades intrínsecas de la facultad del lenguaje, se encuentran principios operando que parecen exclusivos de dicho sistema. Además, al examinar los diferentes subsistemas de la facultad del lenguaje (sintaxis, morfología[1], fonología[2], semántica[3], el léxico[4]), se encuentran otras propiedades distintivas. Este cuadro sugiere que cuando el cerebro se daña o sufre alguna enfermedad o un trastorno genético, se podrían encontrar casos en los que uno u otros de estos submódulos resulten selectivamente dañados. Por ejemplo, se podrían encontrar casos en los que se vea afectada la sintaxis pero otro tipo de cognición se mantenga ilesa (o viceversa) (Curtiss, 1981; Yamada, 1990). O, en los que se vea afectada la producción lingüística, pero no la comprensión, etc. Y esto es exactamente lo que

---

[1] La morfología es el estudio de la estructura interna de las palabras.
[2] La fonología comprende el estudio del aspecto sonoro del lenguaje.
[3] La semántica es el estudio del significado del lenguaje.
[4] El léxico es el diccionario (mental). Se puede considerar como el conjunto de características fonéticas, semánticas y formales de los elementos léxicos (a grandes rasgos, las palabras) de una lengua.

sucede, aunque los efectos no son siempre nítidos, dado que la lesión puede tener consecuencias múltiples. Introducimos la idea de la modularidad presentando una serie de ejemplos, algunos en palabras de las personas afectadas, para dar una idea de las múltiples formas en las que el «órgano del lenguaje» se puede ver afectado. Volveremos a las cuestiones teóricas relacionadas más adelante.

El órgano del lenguaje

Hermano John (afasia provocada por ataque epiléptico). El primer caso muestra que las funciones del lenguaje pueden verse afectadas por ataque epiléptico (más a menudo apoplejía o lesión) y dejar otras funciones más o menos intactas; es un trastorno conocido como *afasia*, la pérdida del lenguaje debido a una enfermedad o una lesión cerebrales.

> El hermano John era un hombre de cincuenta años que trabajaba como editor de cartas para su orden religiosa. Padecía ataques epilépticos desde los veinticinco años [...] El aspecto importante de los ataques sufridos por el hermano John era que paralizaban de manera selectiva el procesamiento del lenguaje, a pesar de que se mantenía consciente y era capaz de recordar todo lo que experimentaba [...] Durante un ataque de larga duración, el hermano John pasaba en general por una serie de fases que semejaban sucesivamente la mayoría de los síntomas de los diversos subtipos clínicos de la afasia. Inicialmente manifestaba los síntomas de una afasia global, y después de aproximadamente media hora sus síntomas cambiaban gradualmente, pasando por un periodo de jergafasia, hasta que comenzaba a parecerse más a un caso de afasia de Wernicke, caracterizada por anomias y parafasias. Según progresaba su recuperación, sus síntomas cambiaban de nuevo, y parecía más un afásico de conducción, mientras que en las horas finales sufría principalmente síntomas amnésicos [...] La extensión en la que conservaba la capacidad de superar los problemas prácticos era bastante notable. Un episodio, mientras viajaba por Suiza, fue especialmente llamativo. Se encontraba en el momento culminante de uno de sus ataques cuando llegó a su destino, una ciudad que nunca había visto antes. Cogió su equipaje y consiguió desembarcar. Aunque

no podía leer ni hablar, consiguió encontrar un hotel y enseñarle su brazalete de alerta médica al conserje, pero lo único que este hizo fue echarlo. Entonces encontró otro hotel, obtuvo una recepción más comprensiva, se comunicó por señas, y le dieron una habitación. Fue capaz de realizar varios procedimientos incluidos en un marco de operaciones lingüísticas; por ejemplo, consiguió señalar al recepcionista en qué parte de su pasaporte se encontraba la información requerida para rellenar su ficha de inscripción, a pesar de que no podía leer. Sintiéndose demasiado hambriento y desgraciado para dormir, acudió al restaurante del hotel. No podía leer el menú, pero señaló una línea que pensó que podían ser entremeses y eligió un artículo al azar, esperando que le gustase. De hecho, era un plato que detestaba, pero lo comió, volvió a la habitación y durmió durante el resto de su ataque paroxismal. Al derpertar, se acercó a la recepción del hotel y explicó el episodio en detalle (Donald, 1991, pág. 83).

Como señala Donald, se conservaban múltiples funciones: el pensamiento coherente; el reconocimiento de la música, las voces y los rostros; el uso de objetos y lugares; la orientación espacial; la inteligencia mecánica (podía sintonizar una radio y utilizar un ascensor); la memoria episódica, la capacidad gestual, el comportamiento social adecuado, etc. Además, en gran medida conservaba su producción escrita. Este caso ilustra, por lo tanto, una disociación entre el lenguaje y otras facultades cognitivas.

Lyova Saletsky (pérdida del conocimiento por herida de bala). El siguiente ejemplo se refiere a Lyova Saletsky, un soldado que sufrió fractura craneal y lesión cerebral debido a herida de bala durante la batalla de Smoliensk. El daño se produjo principalmente «en el hemisferio posterior izquierdo, en las intersecciones del córtex occipital, temporal y parietal» (Kolb y Whishaw, 1980). Luria realizó un seguimiento de Saltetsky durante más de veintiséis años, mientras aprendía a leer y a escribir de nuevo (Luria, 1972). Durante este tiempo, Saletsky escribió un diario, del que se ha tomado el siguiente fragmento:

¡No recuerdo nada, absolutamente nada! Solo fragmentos de información separados que tengo la sensación de que están relacionados con un campo u otro. ¡Pero eso es todo! No tengo un conocimiento verdadero de ninguna materia. ¡Mi pasado se ha borrado por completo!

Antes de mi herida, entendía todo lo que la gente decía y no tenía problemas para aprender ninguna de las ciencias. Después olvidé todo lo que había aprendido sobre ciencia. Toda mi educación se había ido.

Sé que fui a la escuela elemental, que saqué el bachillerato con matrícula de honor, que hice tres cursos en el Instituto Politécnico de Tula, que hacía un trabajo avanzado en química y que, antes de la guerra, acabé todos estos requisitos antes de tiempo. Recuerdo que estuve en el frente occidental, me hirieron en la cabeza en 1943, cuando intentábamos romper la defensa de los alemanes en Smoliensk, y que nunca he podido volver a juntar mi vida de nuevo. Pero no recuerdo lo que hacía o estudiaba, las ciencias que aprendí, las materias que estudié. No recuerdo una palabra de todo eso, ni siquiera consigo reconocer una sola letra. También recuerdo que estudié inglés tres años seguidos en el instituto. Pero ahora tampoco sé una palabra de ese idioma. Me vienen a la mente palabras como *trigonometría*, *geometría sólida*, *química*, *álgebra*, etc., pero no tengo ni idea de qué significan.

Todo lo que recuerdo de mis años en el instituto son algunas palabras (como señales, nombres de asignaturas): *física*, *química*, *astronomía*, *trigonometría*, *alemán*, *inglés*, *agricultura*, *música*, etc., que ahora no significan nada para mí, simplemente tengo la sensación de que de alguna manera me resultan familiares.

Cuando escucho palabras como *verbo*, *pronombre*, *adverbio*, también me resultan familiares, aunque no las entiendo. Naturalmente, estas palabras las conocía antes de que me hiriesen, a pesar de que ahora no las entiendo. Por ejemplo, oigo una palabra como *¡Pare!* y sé que esta palabra tiene algo que ver con la gramática, que es un verbo. Pero eso es todo lo que sé. Un minuto después, es probable que incluso olvide la palabra *verbo*; desaparece sin más. Sigo sin poder recordar o comprender la gramática o la geometría, porque parte de mi memoria ha desaparecido, he perdido parte del cerebro (Luria, 1972, págs. 140–142).

En este caso, Saletsky ha recuperado muchas de sus habilidades verbales, pero grandes porciones de su «conocimiento enciclopédico» parecen inaccesibles, si no destruidas.

Disociación entre el nombre de los colores y los colores en sí (anomia del color). Damasio y Damasio han estudiado casos en los que se ve afectada una habilidad muy específica; a saber, la habilidad de asociar los nombres de colores, como *rojo*, *verde*, *azul*, con los colores en sí (Damasio y Damasio, 1992). Lo que resulta especialmente interesante es que se puede demostrar que los nombres de los colores en sí, al igual que el reconocimiento de los colores, siguen perfectamente intactos en el paciente[5]:

> Otros pacientes, que soportan una lesión en el segmento temporal del giro lingual izquierdo, sufren un peculiar defecto denominado anomia del color, que no afecta ni a los conceptos del color ni a la emisión de palabras que denominan colores. Estos pacientes continúan *experimentando* el color con normalidad: pueden combinar diferentes tonos, clasificar correctamente tonos de diferente saturación y colocar fácilmente fragmentos de pintura de color en fotografías en blanco y negro. Pero su capacidad para poner nombres a un color está terriblemente afectada. Dado el limitado conjunto de nombres de color disponibles para aquellos de nosotros que no somos decoradores de interiores, es sorprendente ver a pacientes utilizar la palabra «azul» o «rojo» cuando se les muestra un verde o un amarillo, y sin embargo, ser capaces de situar correctamente un fragmento verde junto a una imagen de hierba o uno amarillo junto a la imagen de un plátano. El defecto se produce en ambos sentidos: dado el nombre de un color, el paciente señala uno incorrecto.
>
> Al mismo tiempo, sin embargo, todos los nombres de colores que el paciente utiliza están perfectamente formados, desde el punto de vista fonológico, y el paciente no presenta ninguna otra deficiencia en el lenguaje. El sistema del concepto de color está intacto, y también el sistema de aplicación de la forma de las palabras. El problema parece residir en el sistema nervioso que media entre ambos.

M. D. (nombres de frutas y verduras). Un caso de anomia, o dificultad para nombrar objetos, que puede arrojar cierta luz sobre la organización del léxico, es el de M. D. (Hart, Berndt y Caramazza, 1985). El paciente sufrió un derrame cerebral con lesión en el lóbulo frontal izquierdo

---

[5] Véase Davidoff, 1991, respecto a la modularidad en el reconocimiento del color.

y en los ganglios basales. Aunque era perfectamente capaz de recordar palabras como *ábaco, transportador, esfinge, enrejado* y *chiste*, experimentaba una pérdida total cuando intentaba recordar nombres de frutas o verduras (*manzanas, naranjas,* etc.). Boxer subtituló adecuadamente su columna sobre este caso como: «¿Tiene el cerebro una sección de productos?» M. D. también era incapaz de identificar las frutas y las verduras mediante el sentido del tacto (Boxer, 1985). Sin embargo, cuando le daban nombres de frutas y verduras, sí las clasificaba correctamente. Es como si los nombres desempeñasen el papel de «indicadores» (o «índices clave»), en el sentido informático del término, sin los cuales no se puede acceder a la información semántica (Marshall, 1985). Lo que vale también la pena señalar es el elevado grado de especificidad de la categorización semántica en el caso de M. D. (para otros tipos de deficiencias de categoría específica, véase McCarthy y Warrington, 1990).

Disociación de la prosodia lingüística y emocional (aprosodia). Se pueden encontrar nuevos indicios de la modularidad en los mecanismos nerviosos que subyacen al habla en el estudio de las «aprosodias», o trastornos del habla afectiva. Ross sostiene que las afasias clásicas del hemisferio izquierdo, tales como las afasias de Broca y de Wernicke, están reflejadas en el hemisferio derecho por las aprosodias, que afectan a los elementos emocionales del habla (Ross, 1981). Así, en correspondencia con la afasia motora (de Broca), que (en términos generales) constituye un déficit en la producción del habla, encontramos la «aprosodia motora», asociada con un daño en la región homóloga del hemisferio derecho. En estos casos, el paciente es incapaz de comunicar adecuadamente sus emociones (felicidad, tristeza, irritación) mediante expresiones lingüísticas o gestos espontáneos; la voz de un paciente descrito era plana, monótona e impasible, aun cuando hablaba de la reciente muerte, asesinato, de su hijo (pág. 562). Al mismo tiempo, estos pacientes pueden captar perfectamente el contenido emocional de las frases y gestos del médico. Es un caso paralelo al de un paciente con afasia de Broca, que puede comprender el contenido proposicional de las expresiones lingüísticas, pero es incapaz de producir con fluidez dichas expresiones.

En correspondencia con la afasia sensorial (de Wernicke), un déficit en la comprensión del habla, se encuentra la «aprosodia sensorial», asociada de nuevo con el daño sufrido en la región homóloga del hemisferio derecho. En estos pacientes, la prosodia y la gestualización espontánea son normales (aunque quizá semánticamente dispares); pero muestran una mala comprensión de estos elementos afectivos (pág. 565). Esto se corresponde con el caso del afásico de Wernicke que es incapaz de comprender correctamente las expresiones, aunque sí pueda producir estructuras sintácticamente fluidas (pero a menudo, de nuevo, con un contenido semántico inapropiado).

Ross proporciona nuevas pruebas clínicas de que una serie de tipos adicionales de afasias del hemisferio izquierdo tienen su reflejo en aprosodias de las áreas homólogas del hemisferio derecho[6]. Una cuestión interesante para la teoría biolingüística se da en el caso de los pacientes aprosódicos que hablan lenguas tonales como la china. El estudio del tono lingüístico, parte del campo lingüístico conocido como fonología, ha revelado principios de organización que parecen tener un significativo componente genético (Goldsmith, 1995). ¿Se ve el tono lingüístico afectado de manera diferente a las curvas de tono emocional en los pacientes aprosódicos? Hughes, Chan y Su estudiaron a once pacientes de aprosodia chinos (con déficit en la expresión y comprensión de estados emocionales como la tristeza, la alegría, el enojo, la sorpresa y el conte-

---

[6] La aprosodia del «tipo de Broca» se describió por primera vez en Ross y Mesulam, 1979, y la aprosodia del «tipo de Wernicke» en Heilman, Scholes y Watson, 1975; y en Tucker, Watson y Heilman, 1977. Además, Ross ha detectado clínicamente aprosodias correspondientes a la afasia global, a la afasia motora transcortical, a la afasia sensorial transcortical, a la afasia mixta transcortical y a la afasia global sin alexia. En este último síndrome, que Ross denomina «aprosodia motora sin incapacidad [*deafness*] prosódica pura», solo se conservan los gestos emocionales, de forma que si el paciente ve al examinador tiene dificultades mínimas con la comprensión prosódica, pero su comprensión es baja cuando el examinador se sitúa a sus espaldas y habla. Los homólogos aprosódicos de la afasia de conducción y de la afasia anómica no se habían observado en la época en que se realizó el informe.

Un interesante respaldo adicional a estas ideas se obtiene de los estudios sobre el flujo sanguíneo de Larsen, Skinhøj y Lassen (1978), que señalaron que durante el habla automática, dicho flujo aumentaba no solo en las áreas del habla del hemisferio izquierdo, sino también en las regiones homólogas del derecho, una observación coherente con los datos arriba indicados, pero que resultaba desconcertante, ya que el lenguaje se consideraba principalmente una función del lado izquierdo del cerebro. Se pueden encontrar análisis adicionales de estas cuestiones en Heilman y Satz, 1983.

nido emocional neutral) y examinaron el tono lingüístico en estos pacientes y en siete controles (Hughes, Chan y Su, 1983). Solo cinco de los pacientes mostraban un ligero déficit para detectar la variación semántica tonal del chino; los autores concluyen que «todos nuestros sujetos, incluidos aquellos que padecían una considerable dificultad para captar la prosodia afectiva, identificaban bastante bien los tonos que en mandarín indican distintos significados para el mismo fonema [...] La aprosodia provocada por lesiones en el hemisferio derecho es, aparentemente, independiente de la estructura lingüística proposicional» (Hughes, Chan y Su, 1983, pág. 736).

De nuevo emerge un cuadro modular, en el que el lenguaje proposicional se encuentra lateralizado en un hemisferio (normalmente el derecho) y el lenguaje afectivo en el hemisferio opuesto (normalmente el derecho), con una sorprendente correlación entre los submódulos que median la comprensión, la producción, los gestos, etc., en cada hemisferio[7].

Anomalías cromosómicas. Ocasionalmente aparecen informes sobre trastornos cromosómicos en los que algún aspecto del lenguaje resulta diferencialmente afectado. Bitoun *et al.* informan del caso de una niña de cinco años con incontinencia pigmentaria de tipo I, un trastorno dominante vinculado al cromosoma X, mortal en los varones. Aunque este síndrome incluye pigmentación de la piel, anomalías dentales, oculares, del sistema nervioso central y del esqueleto, también está habitualmente asociado a problemas lingüísticos: «La investigación lingüística ha demostrado que existe una disfasia del lenguaje que muestra un desarrollo adecuado para la edad en todas las funciones mentales excepto en el lenguaje verbal, en el que se da una grave disfunción lingüística expresiva (solo decía dos palabras), aunque la comprensión lingüística era casi normal y las funciones cognitivas, normales» (Bitoun *et al.*, 1992). Uno de los aspectos interesantes de este caso, y otros similares, es que está asociado con una translocación aparentemente equilibrada entre algún autosoma (en este caso, el comosoma 5) y el cromosoma X; es decir, los dos

---

[7] Se puede encontrar una revisión reciente de estas cuestiones en Ross, 1993.

cromosomas están presumiblemente recombinados de tal forma que interrumpen una función o funciones importantes en el punto de corte. Conocer la situación del punto de corte proporciona una puerta trasera para que el genetista se centre en esta zona y estudie su conexión con los problemas del lenguaje así como con los problemas de pigmentación de la piel. Volveremos a este y otros casos en el capítulo 4.

La modularidad del lenguaje y de la mente

En lingüística, la consideración del cerebro como una *tabula rasa* para el lenguaje ha sido reemplazada por la opinión de que el cerebro consta de áreas y/o circuitos de lenguaje altamente especializados. Esta opinión está implícita en la obra de los fundadores de la moderna era de la neurología del lenguaje –Broca y Wernicke– y ha sido expuesta de manera bastante convincente en épocas recientes por Geschwind y otros (Geschwind, 1974). La idea es también básica en la obra de Chomsky y los modernos gramáticos generativos; a saber, la opinión de que el lenguaje es un «órgano» como el corazón, o más precisamente, que el difuso concepto del lenguaje se puede sustituir por el concepto más preciso de «lenguaje I», con sus diversos subcomponentes de sintaxis, fonología y forma lógica, con una cierta realización nerviosa. Marshall ha denominado a este punto de vista sobre la lingüística «la nueva organología» (Marshall, 1980, pág. 23).

Geschwind señala la posible trampa que el neurólogo puede encontrar cuando intenta localizar funciones superiores como el lenguaje mediante el estudio de síndromes provocados por lesiones cerebrales, ya que pueden producirse diferentes trastornos como resultado de la que parece ser la misma lesión (o diferentes lesiones provocan trastornos similares) (Geschwind, 1974). Observa que los genetistas se enfrentaban esencialmente al mismo problema al intentar «localizar» las características físicas (como la altura, el color de ojos, etc.) en los cromosomas, después de descubiertos estos.

El método «localizacionista» en genética tiene en buena medida los mismos problemas que el método localizacionista de las funciones superiores. ¿Dónde está el gen de la filoprogenitividad?, ¿controla este gen el tamaño de la región cortical que se encuentra al servicio de esta característica? Está claro que no es razonable esperar que todas las características que se puedan nombrar tengan una localización cromosómica o cortical. Pero esto no significa que no se pueda demostrar que otros aspectos del comportamiento dependen de un gen específico o de un lugar específico en el sistema nervioso (Geschwind, 1974, pág. 431).

Nótese que la modularidad se puede encontrar en cada plano biológico de descripción; por ejemplo, en los módulos de la función cognitiva (lenguaje, reconocimiento de rostros, etc.) tales como los que Chomsky analiza o en las estructuras anatómicas del cerebro, o incluso en la organización de la estructura celular de las neuronas individuales (compárense el análisis de los orgánulos incluido más adelante). Sin embargo, en general, no es necesario que cada uno de los módulos de un nivel se proyecte en los módulos de otro. Por lo tanto, como señala Geschwind, no podemos esperar que cada característica nombrable, como, por ejemplo, cada interpretación lingüística teórica, se corresponda de forma obvia con una localización cortical o un gen determinados. El mismo tipo de consideraciones es aplicable a la aseveración de que existe un «centro sintáctico». Por lo tanto, aunque es teóricamente posible que exista una región cortical (u otra) del cerebro correspondiente al «componente sintáctico» de los lingüistas teóricos, es igualmente posible, en teoría, que dicho componente corresponda a la intersección de varias de esas regiones, o incluso que no corresponda a una región anatómicamente bien definida, sino que sea el resultado de la compleja interacción de diversos circuitos nerviosos[8]. La segunda posibilidad se señala explícitamente en el estudio de Rothi, McFarling y Heilman, que concluyen que

---

[8] Exactamente la misma reserva se puede tener en cuenta en el caso del uso del término «órgano del lenguaje», que no necesariamente habrá de localizarse en un área determinada (ej., el área de Broca, el área de Wernicke, etc.), sino que debe considerarse que incluye un circuito nervioso del lenguaje con una distribución topológica posiblemente bastante compleja. Lo mismo se puede decir de órganos bien definidos, como el corazón humano, que es solo una parte de una complicada red circulatoria de arterias y vasos, los cuales a su vez interactúan con otros sistemas.

«sigue siendo posible que muchas áreas perisilvianas (es decir, el área de Broca, la base del córtex sensomotor, la ínsula, el giro supramarginal, y quizá el área de Wernicke) sean críticas para la comprensión de la sintaxis» (Rothi, McFarling y Heilman, 1982, pág. 275)[9].

No tenemos neurología de la GU en la que basarnos, pero podemos quizá ilustrar la base de la modularidad de las estructuras nerviosas con algunos ejemplos obtenidos de la investigación sobre la neurología del procesamiento de las órdenes lingüísticas. Consideremos el acto de sonreír (o reír) en la orden lingüística: *¡sonríe (ríe)!* ¿Es el proceso neurológico para llevar a cabo esta acción idéntico al que produce una sonrisa espontánea ante un chiste o incluso ante una situación no verbal? En otras palabras, ¿es homogéneo el algoritmo para sonreír? ¿O hay procesos cerebrales separados para la sonrisa, uno para sonreír tras una orden lingüística y otro para contextos de situación o pragmáticos? En este caso, resulta haber cierta prueba de la solución no homogénea (o modular).

Geschwind cita investigaciones neurológicas que sugieren convincentemente que el proceso de sonreír por una orden lingüística es diferente del algoritmo para sonreír ante un chiste o como respuesta a una situación no verbal (Geschwind, 1983b, págs. 125–127). Señala que la mayoría de las personas tienen gran dificultad para sonreír con naturalidad (y mucho más para reír) al recibir una orden lingüística. Esto se debe a que el área del lenguaje no contiene ningún programa para sonreír, el cual permitiría a el córtex motor controlar los músculos faciales de la forma adecuada y con la sincronización adecuada para sonreír. De ahí que la sonrisa que esbozamos sea normalmente artificial, como lo sería cualquier intento de ejecutar cualquier habilidad motora mal aprendida. Por otra parte, un chiste o una situación humorística estimulan una parte de la zona límbica del cerebro que a su vez activa un algoritmo innato para sonreír en otra área subcortical del cerebro, de forma que se esboza una sonrisa adecuada. Parece, sin embargo, que este algoritmo no tiene acceso directo desde las áreas del lenguaje.

---

[9] Sin embargo, los propios autores son partidarios de una hipótesis que conceda un papel más importante al giro supramarginal en la comprensión de la sintaxis.

La demostración experimental de este fenómeno procede de pacientes neurológicos. Pacientes con derrame cerebral, que paraliza la mitad de su rostro, a menudo no pueden emitir una sonrisa con el lado paralizado cuando se les da una orden lingüística, pero sí pueden hacerlo en respuesta a un chiste, ya que, en este caso, la sonrisa está controlada por el algoritmo subcortical. E incluso hay otros pacientes que presentan la situación opuesta; pueden sonreír plenamente cuando se les da una orden lingüística, pero solo con la mitad de la cara cuando se divierten. En este caso, el córtex motor no está dañado, pero el área subcortical con el programa de sonrisa innata experimenta un daño unilateral.

El anterior análisis de los mecanismos neurológicos de la sonrisa es solo un ejemplo de los muchos tipos de modularidad lingüística que uno encuentra en el cerebro. Desde finales del siglo XIX, se sabe que los mecanismos para la comprensión del habla (*área de Wernicke*) son corticalmente diferentes de aquellos especializados en la producción del habla (*área de Broca*). Estudios realizados por Imura y otros sugieren que la localización cortical de la ortografía silábica japonesa (*kana*) puede ser diferente de la localización cortical de la ortografía ideográfica japonesa (*kanji*) (Geschwind, 1972). Ojemann ha informado de estudios de estimulación eléctrica realizados a un hablante bilingüe de inglés y griego, en los que la estimulación afectaba de manera diferente al lugar para nombrar imágenes de objetos en inglés y al lugar para nombrarlos en griego (Ojemann, 1983). Dennis y Whitaker descubrieron que los niños con enfermedad de Sturge–Weber, a los que se había extirpado el hemisferio izquierdo debido a una malformación congénita, tenían dificultad para utilizar ciertas construcciones gramaticales complejas a los diez años, lo que indica que el hemisferio derecho es menos adecuado que el izquierdo para ciertas tareas gramaticales (Dennis y Whitaker, 1976); véase análisis en Calvin y Ojemann, 1994, pág. 189.

Poizner, Klima y Bellugi (1987) proporcionan importantes conocimientos sobre las cuestiones de la modularidad del lenguaje en sus investigaciones sobre el lenguaje de signos. Ha surgido la cuestión de si el lenguaje de signos (ej., el lenguaje de signos estadounidense, utilizado por los sordos de ese país) tiene su substrato fundamental en el hemisferio izquierdo (el hemisferio dominante para el lenguaje hablado) o en el derecho (el hemisferio dominante para las relaciones visuoespaciales, como la representación gráfica), o en ambos. Investigaron a seis personas que se comunican por signos, con lesión cerebral, tres con la lesión localizada en el hemisferio izquierdo, y seis con daño en el hemisferio derecho. Encontraron dificultades para comunicarse con signos en los pacientes con lesión en el hemisferio izquierdo, pero no en los casos con daño en el hemisferio derecho (aunque estos últimos experimentaban un déficit en las relaciones visuoespaciales). Por lo tanto, aun cuando el lenguaje de signos depende en gran medida de los gestos visuales y de la organización tridimensional de los signos, el hecho de que la función subyacente al sistema de signos sea el lenguaje determina su substrato físico: «Tomados en conjunto, estos datos sugieren que el hemisferio cerebral izquierdo en humanos puede tener una predisposición innata para los componentes básicos del lenguaje, independientemente de la modalidad de este» (Poizner, Klima y Bellugi, 1987, pág. 212).

Observamos que el estudio de la lingüística no nos dice necesariamente nada respecto a estos sorprendentes tipos de modularidad neuroanatómica. Nada en la GU ni en la pragmática nos dice que el área de Broca está situada normalmente por encima y frente al oído izquierdo y el área de Wernicke se sitúa por encima y detrás del oído izquierdo. Y tampoco puede predecir en qué parte del córtex acabarán situados el *kanji* japonés o el alemán como segunda lengua. Ni que en el hemisferio izquierdo es donde se albergan fundamentalmente el lenguaje hablado y de signos. Los estudios de la afasia, la proyección mediante estimulación eléctrica, la obtención de imágenes, etc., son formas apropiadas de investigar la modularidad anatómica, mientras que la pobreza del estímulo (véase capítulo 3) proporciona una prueba para estudiar las cuestiones de la modularidad de la gramática (una modularidad que puede en última instancia ser más evidente en la organización de los circuitos nerviosos que en la anatomía en general). Por lo tanto, la GU y la neuropsicología proporcionan herramientas complementarias para arrojar luz sobre la organización del cerebro.

Otros, sin embargo, parecen contemplar la GU y la neuropsicología como enfoques alternativos, quizá mutuamente excluyentes, para el estudio del lenguaje. Zaidel refunde la que él denomina cuestión «fundamental», a este respecto, a partir de «la que es la descripción de un mecanismo teórico que genera todas y solamente las oraciones de una lengua» hasta «¿qué proceso nervioso subyace al procesamiento del lenguaje en el cerebro?» o a la cuestión todavía más restringida de qué acontecimientos nerviosos conducen de la percepción verbal al señalamiento (Zaidel, 1980, pág. 292). Como se acaba de explicar, sin embargo, estos son temas complementarios, no alternativos. El interés personal, la cantidad de tiempo disponible para investigar, las corazonadas sobre las posibles líneas fructíferas de investigación, etc., dictan si uno hace experimentos sobre la pobreza del estímulo en la sintaxis japonesa o experimentos de división cerebral, o cualquier otro experimento. Pero la tarea de la biolingüística a largo plazo es estudiar, interpretar y reconciliar los resultados de la GU y de la neuropsicología. Zaidel establece que «al adaptar el argumento cartesiano de la pobreza del estímulo, Chomsky ha intentado demostrar la cualidad innata del conocimiento lingüístico por analogía con el crecimiento físico» (pág. 293), pero que la analogía es correcta solo en parte.

En primer lugar, una analogía nunca demuestra nada; proporciona, como mucho, un argumento de verosimilitud. Es el argumento de la pobreza del estímulo el que demuestra que el conocimiento lingüístico es innato, como se señaló antes. En cuanto a la exactitud de la analogía del crecimiento físico, Zaidel señala que «no parece haber analogía entre el crecimiento del cuerpo humano y las diferencias interlingüísticas». Sin embargo, como estudiamos en el capítulo 3, la variación interlingüística encuentra una analogía razonable en la variación de los órganos; es decir, la variación está claramente presente en todos los órganos corporales como, por ejemplo, el cerebro, el sistema inmune, el hígado, etc. Por lo tanto, existe al menos una posibilidad razonable de que la fijación de los parámetros que dan lugar a las diferencias interlingüísticas corresponda a la especificación ambiental de mecanismos de desarrollo nervioso genéticamente proporcionados y todavía desconocidos.

Zaidel sostiene también que el hecho de que las segundas lenguas puedan tener diferentes substratos neurológicos que las primeras (y quizá incluso las primeras lenguas entre sí) «perturba el firme concepto de que existe una gramática universal biológicamente determinada, en el sentido de que las diferentes lenguas pueden estar representadas por mecanismos biológicamente (corticalmente) distintos» (pág. 293). Sin embargo, no conocemos ningún estudio de GU que insista en este «concepto firme». Por el contrario, como hemos señalado, la GU es coherente con todos los ejemplos de modularidad neuroanatómica aquí presentados. Los estudios sobre la pobreza del estímulo no bastan para especificar la organización nerviosa del lenguaje; es una tarea de la neuropsicología, la afasiología y muchas otras disciplinas.

Y la GU tampoco se basa en lo que Zaidel denomina «una firme versión de un criterio neuropsicológico para la universalidad lingüística» que «plantea que dos estructuras lingüísticas son iguales solo si son neuroanatómicamente idénticas» (pág. 291). Por ejemplo, pruebas revisadas por Geschwind indican que estructuras imperativas como *look up* [mire hacia arriba] *close your eyes* [cierre los ojos], y *bow* [inclínese] parecen tener a su servicio estructuras neuroanatómicas diferentes de las que subyacen a estructuras similares como *make a fist* [cierre el puño], *salute* [salude] y *kick* [dé una patada]. Esto se puede comprobar en pacientes apráxicos capaces de realizar movimientos axiales que incluyen el tronco del cuerpo (inclinarse, etc.) pero no movimientos que incluyen extremidades individuales (dar una patada, cerrar el puño, etc.) (Geschwind, 1975). Resulta que la ejecución de cada clase de órdenes está en gran medida controlada por sistemas neuroanatómicos separados; los movimientos de cada una de las extremidades están controlados por el sistema piramidal, mientras que los movimientos axiales están controlados por el sistema no piramidal. Como señala Geschwind, no parece haber fundamento lingüístico alguno sobre el que basar dicha distinción. Es decir, en la competencia lingüística, las reglas para las estructuras imperativas (de órdenes) no reflejan la distinción de ejecución axial/no axial de la forma que las normas fonéticas para las vocales abiertas o cerradas reflejan a veces la organización física del tracto articulador. Las estructuras imperativas «cierre los ojos» y «cierre el puño» son (lingüísticamente) iguales en los aspectos relevantes (estructuras imperativas), aun cuando las instrucciones correspondientes para ejecutar las órdenes sean organizadas de manera diferente por los sistemas de ejecución (que las transmiten por diferentes vías neuroanatómicas). Ejemplos como este demuestran que la «versión firme [...] para la universalidad lingüística» de Zaidel debe matizarse. Por lo tanto, encontramos un caso en el que la GU es consecuente con la elección de una determinada imagen modular de la organización neuroanatómica, aunque neutral respecto a ella.

LENGUAJE

Para responder a la pregunta (1) ¿Qué constituye el conocimiento del lenguaje?, es necesario explicar primero lo que se entiende por «lenguaje». Tiene sentido considerar la mente/cerebro como un conjunto de módulos relacionados, entre los que se incluyen la facultad lingüística, la facultad numérica, el sistema visual, etc., como han sugerido los estudios de casos en el anterior análisis de la modularidad. Parte de las pruebas para distinguir una facultad lingüística se obtienen de estudios de la disociación entre las capacidades del lenguaje y otras habilidades, pero quizá principalmente de la demostración de las propiedades intrínsecas a la facultad del lenguaje (el modelo de los principios y los parámetros, analizado en el capítulo 3). También dejamos a un lado el estudio de cuestiones tales como el libre albedrío y la causa del comportamiento (problema de Descartes).

A continuación, determinamos un sistema cognitivo en la facultad del lenguaje, abstraído de los sistemas de actuación; a saber, C–I, el componente conceptual e intencional, y A–P, el componente articulatorio y perceptivo. El sistema cognitivo atraviesa una serie de estados intermedios $(E_0 \ldots E_i \ldots E_n)$. Podemos distinguir un estado inicial, E_0, de un estado final, E_n, mediante el estudio de una amplia gama de juicios, incluido el argumento de la pobreza del estímulo (véase capítulo 3). Podemos identificar los estados intermedios, E_i, mediante los estudios de adquisición en niños, utilizando tipos similares de pruebas. Abstrayendo de la patología general así como de la variación individual, la teoría del estado inicial está representada por el modelo de los principios y los parámetros de la GU. Durante la adquisición, se establecen los parámetros de la GU, dando como resultado un sistema denominado «lenguaje I», o simplemente «lenguaje», en el estado final del adulto. El lenguaje I no es idéntico al estado final, E_n, pero hace abstracción de factores como la heterogeneidad (múltiples dialectos, registros de habla, etc.) así como de los factores históricos:

> Dos problemas fundamentales, por lo tanto, van a determinar, para cada sujeto (pongamos, Jones), las propiedades del estado estable que alcanza su facultad lingüística individual, y las propiedades del estado inicial que es

un atributo común a todos los humanos. Distinguimos entre la *competencia* (el conocimiento y la comprensión) de Jones y su *actuación* (lo que Jones hace con ese conocimiento y comprensión). El estado estable constituye la competencia lingüística madura de Jones (Chomsky y Lasnik, 1993, pág. 507).

«REALIDAD PSICOLÓGICA»

Un tema en constante discusión es el de la «realidad psicológica» de las construcciones lingüísticas; es decir, ¿son reales los segmentos fonológicos, las huellas [*traces*], las representaciones sintácticas, etc.? Discusiones similares se han producido en todas las ciencias. Los biólogos se preguntaban si las leyes de Mendel eran «reales» o si eran solo arcanos cálculos algebraicos (Jenkins, 1979). Hasta épocas presentes, a los físicos siempre les ha preocupado si los átomos, los neutrinos, los quarks, etc., eran «reales» o no[10]. Lavenda nos recuerda que hace solo ochenta años ni siquiera la realidad física del átomo había alcanzado una aceptación universal: «El físico alemán Wilhelm Ostwald todavía consideraba los átomos meramente como una "concepción hipotética que proporciona una imagen muy conveniente" de la materia. Ernst Mach mantenía que todas las entidades teóricas, incluidos los átomos y las moléculas, deben tratarse como ficciones de conveniencia» (Lavenda, 1985, pág. 77).

Einstein, por su parte, adoptó una perspectiva «realista» del átomo, y estableció una teoría atómica del movimiento browniano y una ecuación que hizo posible por primera vez medir la masa del átomo, algo que calculó Perrin; «el golpe definitivo para aquellos que seguían siendo escépticos respecto a la teoría atómica». Muchos también pensaron que el neutrino era una «ficción de conveniencia», solo un mecanismo contable imaginario para hacer que la conservación de la energía cuadrase. Pero los físicos acabaron aceptándolos porque gradualmente consiguieron explicar una mayor cantidad de datos (sobre los piones, etc.), incluso antes de que hubiese una confirmación experimental directa de la partícula.

---

[10] Véase el análisis sobre la «realidad de los quarks» en el capítulo 1.

Una cuestión íntimamente relacionada es la de la «realidad psicológica» de las teorías de la gramática (universal) (Chomsky, 1976). Aquí, la realidad psicológica se entiende como algo que tiene las propiedades de los mecanismos de procesamiento en tiempo real. Dado que las teorías de la gramática (universal) son sistemas formales que describen estructuras abstraídas de los procesos en tiempo real[11], se ha afirmado que de alguna manera no son «psicológicamente reales». Sin embargo, la suposición habitual en lingüística siempre ha sido que la teoría sobre la facultad lingüística debe estar inserta en una teoría en tiempo real sobre la síntesis, la percepción, el análisis sintáctico del habla, etc., de acuerdo con el punto de vista de la modularidad; sobre las diversas propuestas, véase Berwick, Abney y Tenny, 1992; Berwick y Weinberg, 1983; Berwick y Weinberg, 1984.

La situación es bastante similar en la biología molecular, como se ha visto al considerar el estudio de las proteínas. Se puede estudiar bien su estructura; es decir, determinar la secuencia de aminoácidos que componen su secuencia lineal. O se puede estudiar su cinética, es decir, los procesos químicos en tiempo real (velocidad de reacción, etc.) que producen en una célula biológicamente activa. Obsérvese que la determinación experimental de la estructura y de la cinética de las proteínas son en buena medida independientes; es decir, podemos determinar la secuencia proteínica sin hacer referencia a su cinética, y viceversa. Además, el observar simplemente la secuencia de una proteína no nos revelará su cinética. Esta depende de su configuración tridimensional en un medio determinado (su entorno habitual en la célula, o el artificial, en el tubo de

---

[11] El hecho de que la teoría lingüística dé por supuesta una significativa abstracción a partir de los datos no debería ser una objeción en sí mismo. Incluso en las teorías físicas extremadamente acertadas, se produce habitualmente, si no siempre, un alto grado de abstracción. Por ejemplo, Dyson ha señalado que la teoría del grupo matemático, que ha conducido a algunas de las historias de éxito mejor conocidas en la física de alta energía, tales como la famosa «vía óctuple», la teoría que predijo correctamente la existencia del barión omega menos (independientemente formulado por Gell–Mann y por Ne'mann), explica los hechos relativos «solo a la simetría abstracta» pero no los «hechos más complicados de la vida, los valores numéricos de la duración de las partículas y las fuerzas de interacción; el gran conjunto de datos experimentales cuantitativos que está ahora esperando una explicación» (Dyson, 1964, pág. 146).

ensayo). A su vez, conocer el comportamiento cinético de una proteína no nos permitirá deducir su secuencia; esta debe determinarse con otros métodos químicos de secuenciación. Y, sin embargo, el comportamiento cinético de una proteína está íntimamente conectado con su secuencia. Por ejemplo, la actividad biológica de la insulina depende crucialmente de la situación de sus dos enlaces disulfuros, que, a su vez, dependen de la situación del aminoácido cisteína en un lugar determinado de la secuencia proteínica.

Por lo tanto, conocer la secuencia de una proteína es análogo a conocer la estructura gramatical de una oración, mientras que comprender la cinética proteínica es análogo a comprender los mecanismos de tiempo real. Ahora, permítasenos preguntar: si podemos determinar la estructura de las proteínas, pero todavía no hemos aprendido cómo estudiar su cinética, ¿es nuestra teoría sobre las proteínas «fisiológicamente real»? La respuesta parece ser que nuestra teoría es perfectamente real de por sí, pero que el comportamiento de las proteínas entra también en otras teorías; es decir, como sabemos en retrospectiva, en las teorías sobre el plegamiento de las proteínas y sobre las configuraciones tridimensionales de los medios iónicos.

Otro tipo de crítica similar se ha presentado contra idealizaciones lingüísticas como la del «hablante–oyente ideal» en una «comunidad de habla homogénea» (Chomsky, 1980c, págs. 24–26)[12]. Por ejemplo, Lieberman observa:

> La tendencia de la moderna biología molecular en los últimos años es la de acentuar las variaciones genéticas que componen las poblaciones naturales. La capacidad lingüística humana, en la medida en que se basa en la información innata, debe estar sometida a la misma variación que otros rasgos biológicos genéticamente transmitidos. Por lo tanto, no puede haber

---

[12] La cita original completa, extraída de Chomsky, 1965, introduce los términos en cuestión como sigue:
Lo que concierne primariamente a la teoría lingüística es un hablante–oyente ideal, en una comunidad lingüística del todo homogénea, que sabe su lengua perfectamente y al que no afectan condiciones sin valor gramatical, como son limitaciones de memoria, distracciones, cambios del centro de atención e interés, y errores (característicos o fortuitos) al aplicar su conocimiento de la lengua al uso real (pág. 5, versión castellana).

ningún hablante u oyente en una población que tenga la gramática del hablante–oyente ideal de Chomsky (Lieberman, 1984, pág. 14).

Lieberman concluye que no puede haber un oyente–hablante ideal en ninguna población real porque la gramática, como cualquier otra característica biológica, está sometida a variación genética y, por lo tanto, variará en una población dada. Obsérvese que aquí no se habla de la verdadera *existencia* del hablante–oyente ideal en el mundo real, de la misma forma que en ningún momento se habló de la existencia verdadera del «gas ideal» en física. La cuestión importante es si dichas abstracciones son útiles para comprender la gramática, por un lado, o los gases, por otro. Como bien explicaron Eigen y Winkler, dicha idealización «se aplica al lenguaje de la misma forma que la termodinámica se aplica al tiempo atmosférico» (Eigen y Winkley, 1983, pág. 289).

Un ejemplo instructivo a este respecto es el paso de la genética mendeliana clásica a la genética de poblaciones, donde se hace uso de idealizaciones como «población mendeliana». Nótese que «población mendeliana» es en sí una abstracción, al igual que «comunidad de habla homogénea». Se supone que dicha población se reproduce de forma aleatoria y es estática; es decir, no está sometida a evolución (Goodenough, 1978, pág. 748, versión castellana). Aunque las poblaciones reales pueden desviarse, y en general se desvían, de este ideal, es posible, sin embargo, derivar generalizaciones útiles sobre las frecuencias genéticas en poblaciones, como el Teorema de Hardy–Weinberg[13]. Los especialistas en genética de poblaciones lograron demostrar que era posible explicar aspectos de las poblaciones sin perder los conocimientos proporcionados por la teoría mendeliana clásica. Aunque esta teoría se ocupaba más de los individuos que de las poblaciones, no era necesario actuar con exceso de celo para hablar de las poblaciones. Las leyes de un nivel eran

---

[13] El Teorema Hardy–Weinberg, a veces denominado también la Ley de Hardy–Weinberg o el Equilibro de Hardy–Weinberg, establece que en una población que se mezcla libremente, con igual división respecto a sexo, en la que tenemos (en el caso más sencillo) solo un gen A (con frecuencia p) y un alelo a (con frecuencia q = 1–p), las frecuencias de las combinaciones de genes AA, Aa y aa vienen dadas por

$$p^2 : 2pq : q^2$$

(Medawar y Medawar, 1978, pág. 46).

compatibles con las del siguiente. Además, los modelos matemáticos de la genética de poblaciones pueden ser, y han sido, modificados para tener en cuenta los efectos de la evolución. De manera análoga, en correspondencia con los niveles de las genéticas clásica y de poblaciones, podemos distinguir entre dos niveles (entre otros) en el estudio del lenguaje: (1) la lingüística «clásica» y (2) la lingüística del discurso social. En el primer nivel tenemos los principios de la GU y, en el nivel superior, el nivel de la sociolingüística, podríamos esperar encontrar otras leyes, quizá bastante diferentes (de interacción social, discurso, etc.).

Lieberman llega a decir que «*no puede* haber ningún hablante u oyente de una población que tenga la gramática del «hablante–oyente ideal de Chomsky» [cursiva de Jenkins]. Al analizar los genes, los genetistas utilizan a menudo el término «tipo silvestre» para hacer referencia al alelo genético no mutado que frecuentemente se encuentra en la naturaleza. Sin embargo, bien puede ser que no exista ningún organismo vivo que tenga todos y únicamente los genes que los especialistas denominarían de «tipo silvestre». Hay una considerable heterogeneidad entre los individuos dentro la población natural. Sin embargo, ningún genetista mantendría que «*no puede* haber ningún individuo de una población que tenga todos los genes de tipo silvestre»; es decir, no es biológicamente imposible que un organismo tenga todas las variantes genéticas normales, sin mutaciones; simplemente es raro desde el punto de vista estadístico o no existente en la práctica. De manera similar, un gas real podría, en condiciones especiales (quizá raras), mostrar un comportamiento que se aproxime de cerca al gas ideal.

Lieberman está, de hecho, suscitando dos cuestiones independientes en la cita reproducida arriba. La primera cuestión, que hemos analizado, hace referencia al hablante–oyente ideal, y trata de la variación dentro de una comunidad de habla determinada (ej., una comunidad de habla inglesa); es decir, trata del «estado final» de los hablantes. La segunda cuestión plantea si hay una variación genética dentro de la especie en cuanto a capacidad lingüística (ej., GU). Esta cuestión pertenece al «estado inicial» del hablante. Las dos cuestiones son en parte independientes, ya que incluso si suponemos que todos los miembros de la comunidad de hablantes tienen el mismo conjunto de genes (ej., son todos ellos clones idénticos), y por lo tanto tienen la misma GU, podríamos observar considerables variaciones en su estado final debido a las variaciones en la aportación ambiental (orden de presentación de datos, efectos de frecuencia, fluctuaciones aleatorias, etc.). Respecto a la cuestión de la variación en la GU dentro de la especie, señalamos que podríamos encontrar cierta variación, sometida a la limitación empírica de que los humanos pueden aparentemente aprender bastante bien otros idiomas (al menos en una primera aproximación), si hacen el cambio a otra comunidad de hablantes a una edad suficientemente temprana. En el capítulo 4 se analizarán dichas variaciones lingüísticas en mayor profundidad. Esto también sería completamente congruente con la observación de Lieberman de que «la capacidad lingüística [...] debe de estar sometida a la misma variación que otros rasgos biológicos genéticamente transmitidos» (1984, pág. 14).

Lieberman reconoce, al mismo tiempo, que dicha variación no es ilimitada:

> Es posible que algunas propiedades biológicas del lenguaje estén, de hecho, presentes en casi todos los seres humanos «normales», pero podemos determinar que estas propiedades centrales se dan solo si estudiamos la gama total de variaciones en el comportamiento lingüístico. Los estudios de Greenberg [1963] sobre los universales lingüísticos son, por lo tanto, convincentes, ya que derivan del estudio de las variaciones reales entre diferentes lenguas. El análisis de Jakobson [1940] sobre la jerarquía de los universales fonológicos era también convincente, porque intentaba explicar las variaciones en el comportamiento lingüístico. Es probable que los detalles de la teoría de Jakobson no sean correctos, pero las premisas básicas están de acuerdo con los principios de la biología moderna (Lieberman, 1984, pág. 14).

La insistencia de Lieberman en que se debe estudiar «la gama total de variaciones» de un rasgo para determinar sus «propiedades básicas» excluye del estudio prácticamente a toda la biología. Los genetistas pueden estudiar «la relación entre el genotipo y el fenotipo en una gama ambiental» o la «norma de reacción» (Griffiths *et al.*, 1993, pág. 17, versión castellana). Por ejemplo, pueden preguntar cómo cambia el tamaño de los ojos con la temperatura en las moscas de tipo silvestre y en las mutantes. Sin embargo, no es práctico recoger datos cercanos a la «gama total de variación», es decir, los efectos de todas las variables ambientales pertinentes para todas las variaciones del genotipo, incluso dejando a un lado la cuestión del «ruido ambiental aleatorio». Griffiths *et al.* señalan que la genética humana se enfrenta a adicionales obstáculos éticos:

> La realización de estos experimentos requiere la producción de muchos huevos con el mismo genotipo. Por ejemplo, para estudiar un genotipo humano en diez ambientes distintos, tendríamos que conseguir individuos genéticamente idénticos y hacer que cada individuo se desarrollase en uno de esos ambientes. Por supuesto, esto es imposible, tanto biológica como socialmente. Por ahora, no conocemos la norma de reacción de ningún genotipo humano en ninguna serie de condiciones ambientales. Ni parece claro en qué forma podremos adquirir esta información algún día, sin realizar manipulaciones indeseables de individuos humanos (pág. 9, versión castellana).

Por supuesto, en la práctica, los biólogos pueden aun así comprender las «propiedades básicas» de los rasgos de los organismos, estudiando el rasgo del tipo silvestre junto con cualquier información disponible sobre la variación en el rasgo que se investiga.

Presumiblemente, las «premisas básicas» de la teoría que Lieberman (1984) critica, «la escuela transformacional y generativa de la lingüística» (pág. VIII), no están «de acuerdo con los principios de la biología moderna» porque dichos «estudios de los universales lingüísticos» no se basan en el «estudio de las variaciones reales entre las diferentes lenguas» (pág. 14). A pesar de lo que la bibliografía de Lieberman (que se extiende hasta 1982) podría inducirnos a creer, se han realizado muchos trabajos sobre la variación entre lenguas en el marco generativo de los principios y los parámetros que hemos estado presuponiendo. Asimismo, se han presentado diversos argumentos de principios a favor de un enfoque del tipo de los principios y los parámetros para la GU a partir de los estudios taxonómicos de Greenberg sobre el orden superficial de las palabras (Coopmans, 1984; Lightfoot, 1991). Además, ha habido también interesantes intentos de incorporar «la jerarquía de la marcación [*markedness*] fonológica», en el sentido jakobsoniano en el que Lieberman habla, a los estudios generativos de la fonología y la adquisición del lenguaje; véase Berwick, 1982, y Kean, 1974, sobre la «jerarquía de Kean».

Siguiendo con la suposición de las idealizaciones generales de las gramáticas como objetos mentales, observamos que hay sugerentes pruebas neurológicas que influyen sobre el tema de la disociación entre la gramática y las situaciones comunicativas y sociales. Huber observa que los afásicos hablantes de alemán utilizan a menudo formas de pronombres personales como *du* («tú») reservadas para situaciones íntimas, en lugar de formas como *Sie* («usted»), apropiadas para las situaciones formales (por ejemplo, como en la relación médico–paciente) (Huber, 1978). Sin embargo, estos pacientes no cambian del comportamiento no verbal formal al comportamiento íntimo. También señala que los afásicos globales son capaces de conversar llamativamente bien, incluso sin producir léxico, mediante el uso de los gestos simbólicos, la mímica, y los contornos de entonación emocionales y performativos incluidos en expresiones neológicas como /dadada.../, /titu...titu.../ y /piteli...piteli.../ (Stachowiak *et al.*, 1977). Además, los pacientes con afasia global grave y afasia de Wernicke, incapaces de distinguir el contenido léxico, sí pueden reconocer la función performativa de los contornos de entonación; es decir, distinguen órdenes, preguntas, y declarativas (Boller y Green, 1972; Green y Boller, 1974). Dichas pruebas pueden sugerir que subyacen diferentes mecanismos neurológicos a las estrategias no verbales utilizadas para conversar en situaciones comunicativas y sociales y, por lo tanto, proporcionan cierto respaldo a la tesis de la modularidad también en este terreno.

3

Adquisición (crecimiento) del lenguaje

ADQUISICIÓN

MODELO DE LOS PRINCIPIOS Y LOS PARÁMETROS

Chomsky ha propuesto un modelo de «principios y parámetros» de adquisición del lenguaje, que representa los primeros pasos hacia una explicación de la base genética de la gramática (Chomsky, 1981, 1986, 1988a, 1992)[1]. Los principios hacen referencia a las condiciones especificadas por la teoría de la gramática universal de los lingüistas, y se consideran parte del legado biológico del hombre, un *Bauplan* para el lenguaje humano[2]. Los parámetros son variables abiertas en la instrucción de los principios, responsables de la diversidad encontrada en las lenguas humanas. El objetivo del biolingüista interesado por la pregunta (2) ¿Cómo se adquiere el conocimiento del lenguaje? (pág.13) es presentar la formulación de los principios genéticos de la GU de manera bastante minuciosa, limitándose a la explicación de la capacidad del niño para aprender sutiles propiedades estructurales de la gramática a partir de datos lingüísticos empobrecidos, y al mismo tiempo, encontrar parámetros que puedan explicar la manifiesta variación entre, por ejemplo,

---

[1] Utilizamos, aquí y más adelante, el modelo de los principios y los parámetros para concretar y debido a que hay diversos estudios en profundidad, disponibles actualmente, que se basan en este enfoque de la adquisición del lenguaje. Pero nuestros comentarios sobre cuestiones que incluyen la base biológica de la adquisición del lenguaje no se ciñen en modo alguno a este sistema. Cualquier modelo de adquisición del lenguaje tiene que hacer referencia a la universalidad así como a la diversidad de este, por lo que nuestros comentarios se extienden a cualquier modelo que trate de la adquisición del lenguaje.
[2] *Bauplan* es un término alemán para el plan corporal de un organismo. Aquí se utiliza para el diseño fundamental de las lenguas humanas, tal y como lo especifica la teoría de la GU.

las lenguas germánicas y las lenguas romances, o entre estas y las lenguas no indoeuropeas. Como señala Chomsky:

> Estos subsistemas no están genéticamente programados hasta el último detalle. Si fuese así, habría solo una lengua humana. Pero la herencia sí establece unos límites bastante estrechos sobre las posibles formas de variación de las normas que rigen la función de cada subsistema. Lenguas como el inglés y el italiano, por ejemplo, difieren en su elección de las variaciones genéticamente permitidas que suponen como opciones de la gramática universal. Se puede pensar que estas opciones son un tipo de menú lingüístico que contiene posibilidades gramáticas mutuamente excluyentes. Por ejemplo, lenguas como el italiano han elegido la opción de «sin sujeto» en el menú de las gramática universal: en italiano uno puede decir «se fue» cuando quiere decir «él se fue» o «ella se fue». El inglés y el francés han dejado de lado esta opción, y elegido, por el contrario, la regla que requiere mención explícita del sujeto (Chomsky, 1983, pág. 411)[3].

Parte del estudio de la adquisición del lenguaje es determinar qué conjunto de parámetros son los que se encuentran en el «menú de la gramática universal». Otro candidato es el orden de las palabras:

> En inglés, el elemento más importante de cada categoría gramatical principal aparece el primero en su sintagma. En las oraciones simples, por ejemplo, decimos *John hit Bill* [John pegó a Bill], no *John Bill hit* [John a Bill pegó]. Con los adjetivos decimos *proud of John* [orgulloso de John] no *John of proud* [John de orgulloso]; con sustantivos decimos *habit of drinking wine* [hábito de beber vino] no *drinking wine of habit* [beber vino de hábito]; y con preposiciones decimos *to John* [a John] no *John to* [John a]. Debido a que los núcleos de las categorías gramaticales siempre van delante, el inglés es lo que se denomina una lengua de núcleo inicial.
> El japonés es una lengua de núcleo final. En japonés uno dice «John a Bill pegó». Y en lugar de preposiciones hay posposiciones que siguen a los nombres: John a, en lugar de a John. He aquí, por lo tanto, otro paráme-

---

[3] Esta cita procede de una versión reimpresa de la original entrevista *Omni*, realizada por John Gliedman (Gliedman, 1983).

tro que el niño tiene que aprender de la experiencia: ¿es una lengua de núcleo inicial o de núcleo final? (Chomsky, 1983, pág. 411).

Por lo tanto, una lengua (I)[4] particular, como el inglés, está determinada por un conjunto de elecciones paramétricas:

> La gramática del inglés es el conjunto de elecciones –núcleo inicial en lugar de final, prohibición de omitir el sujeto, por ejemplo– que definen una entre un número limitado de selecciones genéticamente permitidas en el menú de opciones de la gramática universal. Y, por supuesto, están todos los hechos léxicos. Uno tiene que aprender el vocabulario de su lengua. La gramática universal no nos dice que *tree* significa «árbol» en inglés. Pero una vez aprendidos los elementos del vocabulario y fijados los parámetros gramaticales del inglés, todo el sistema se sitúa en su lugar. Y los principios genéticos generales programados en el órganos del lenguaje simplemente se organizan para producir todos los hechos particulares de la gramática inglesa (Chomsky, 1983, pág. 412).

Finalmente, es importante señalar que la elección de un parámetro puede tener consecuencias sobre el funcionamiento de los parámetros que se fijan con posterioridad; es decir, «un ligero cambio en uno solo de los parámetros de la gramática universal puede tener enormes repercusiones en la lengua. Puede producir una lengua completamente diferente».

El estudio de los principios y los parámetros del lenguaje es muy similar al adoptado por los biólogos del desarrollo, que intenta encontrar los mecanismos de control de los genes u otros mecanismos celulares en un esfuerzo por explicar la diferenciación del cigoto (óvulo fecundado) hasta alcanzar su estado definitivo. Como ha señalado Chomsky, «el problema del control de los genes es conceptualmente similar al problema de explicar el crecimiento del lenguaje. De hecho, el desarrollo del lenguaje debería en realidad denominarse *crecimiento del lenguaje*, porque el órgano del lenguaje crece como cualquier otro órgano corporal» (Chomsky, 1983, pág. 407). Por «problema del control de los genes», Chomsky

---

[4] Recordemos que la «gramática» hace referencia a la teoría lingüística del lenguaje I, mientras que la «gramática universal» hace referencia a la teoría lingüística del estado inicial.

entiende «las formas en que los genes regulan el desarrollo embrionario». Aunque el estudio del problema del crecimiento del lenguaje se encuentra en sus primeras fases, y se basa en parte en el estudio de propiedades formales abstractas, como en un principio la genética mendeliana, el objetivo supremo es explicar los mecanismos que subyacen al lenguaje.

Como ya hemos señalado, el lenguaje humano no está enteramente preprogramado por la genética. Como explica Hubel: «Esto no quiere decir que otras regiones del córtex estén necesariamente conectadas sin necesidad de la experiencia. La mayoría de los neurólogos supondrían que los circuitos responsables del lenguaje son principalmente corticales, y nadie sostendría que nacemos conociendo los detalles de nuestra lengua nativa» (Hubel, 1988, págs. 216–217). Como hemos visto, en inglés, el verbo precede al objeto (*John saw Mary*) [John vio a Mary], mientras que, en japonés, el verbo sigue al objeto. Esta propiedad es candidata a «parámetro» específico de la lengua.

Lenguas como el inglés, con reglas de movimiento, como la formación de interrogaciones, mueven normalmente sintagmas completos, no solo palabras. Dicha propiedad es candidata a «principio» universal.

> *[this entire phrase] is permuted with the verb − is [this entire phrase] permuted with the verb?*
> [este sintagma completo] se permuta con el verbo − ¿se permuta [este sintagma completo] con el verbo?

Chomsky acuñó el nombre «dependencia de la estructura» para este principio en particular. Nótese que las lenguas no parecen formar preguntas mediante operaciones «independientes de la estructura» que permuten palabras pares o impares, que devuelvan la imagen reflejada de la cadena, etc.

Además, se puede sostener que el principio de «dependencia de la estructura» no se puede aprender mediante nociones tales como «analogía» y «generalización». Porque se podría esperar que el niño generalizase a partir de pares como *the man in hungry − is the man hungry* [el hombre tiene hambre − tiene hambre el hombre] a *the man who is hungry is tall − *is the man who hungry is tall*[5] [el hombre que tiene hambre es

---

[5] * aquí significa agramatical.

alto – es el hombre que hambre tiene alto]. Pero esas falsas generalizaciones no se encuentran entre los errores cometidos por quienes están aprendiendo la lengua (y tampoco las correcciones correspondientes de la comunidad de hablantes). Dado que los datos necesarios para generalizar a las formas interrogativas correctas están ausentes de la información transferida, este tipo de argumento se ha denominado el «argumento de la pobreza del estímulo» (véase siguiente sección).

La idea básica es, por lo tanto, que hay un *Bauplan* universal para el lenguaje, descrito por la teoría de la GU, que especifica el conjunto de principios que en gran medida determinan el crecimiento del lenguaje. Estos principios pueden variar de acuerdo con los parámetros antes analizados, dependiendo de la lengua que se esté aprendiendo. Otra forma de pensar en ello es que hay en realidad solo un lenguaje en el sentido biológico, a veces denominado «humano», y que el inglés, el hindi, el japonés, etc., son ejemplificaciones de lo humano, que dependen de qué parámetros hayan sido fijados por la información transmitida por el entorno. Como ha expuesto Chomsky:

> la principal tarea es determinar cuáles son los principios y los parámetros que constituyen el estado inicial de la facultad lingüística y que, por consiguiente, determinan el conjunto de lenguas humanas posibles. Aparte del léxico, este es, sorprendentemente, un conjunto finito; de hecho, un conjunto de un miembro si los parámetros son de hecho reducibles a propiedades léxicas. Obsérvese que esta conclusión, de ser cierta, ayudaría a explicar el hecho sorprendente de que haya más de una lengua humana posible; concretamente, se deduciría que en un sentido interesante, hay solo una lengua (Chomsky, 1991b, pág. 26).

La opinión de que hay un solo lenguaje, el humano, aparte de variaciones menores, se opone diametralmente a la opinión presentada por la lingüística estructural, según la cual las «lenguas podrían diferir entre sí de manera ilimitada e impredecible», como señaló Martin Joos (Chomsky, 1986; Joos, 1957).

El hecho de que el órgano del lenguaje permita una gama limitada de variaciones no es, por lo tanto, más sorprendente que el de que el corazón, el sistema circulatorio, el visual, o cualquier otro sistema del cuerpo (o de la mente/cerebro), presente una variación similar, correspondiente a los diferentes cursos de experiencia, dentro de los límites impuestos por el legado genético. Es una tarea del biolingüista el determinar los mecanismos que fijan las opciones paramétricas en los microcircuitos en desarrollo del sistema nervioso.

Para una detallada justificación del marco de los principios y los parámetros en lingüística, referimos al lector a Chomsky y Lasnik (Chomsky y Lasnik, 1993; también incluido en Chomsky, 1995b); buena parte de los primeros estudios en profundidad, desde este punto de vista, se hicieron sobre las lenguas romances (Kayne, 1984; Rizzi, 1982) y las germánicas (Riemsdijk, 1978; Haider, 1985a, 1985b, 1985c).

EL ARGUMENTO DE LA POBREZA DEL ESTÍMULO

Antes hemos aludido al «argumento de la pobreza del estímulo». En un contexto lingüístico, el argumento de la pobreza del estímulo[6] se utiliza cuando uno asigna cierta propiedad de la gramática P a la GU, como parte del genotipo, solo por si no hay pruebas de la propiedad P disponibles para quien está aprendiendo la lengua a partir de los datos a los que está expuesto (Chomsky, 1980c, pág. 66).

Un ejemplo de este tipo de argumentación se da en Chomsky, 1975b, donde P = reglas de dependencia de la estructura (véase también más arriba). Para otros ejemplos de la lingüística, véase Chomsky, 1980c (160–163). De hecho, prácticamente todo el trabajo sobre GU incluido en el marco de la gramática generativa analizado (Chomsky, 1995b), hace un uso implícito del argumento de la pobreza del estímulo, aun cuando esto no siempre se señala en la bibliografía especializada.

Lightfoot plantea el problema presentado por el argumento de la pobreza del estímulo como sigue: «La cuestión principal es cómo adquieren los niños mucho más de lo que experimentan» (Lightfoot, 1982, pág. 21). Sin embargo, la respuesta que Lightfoot ofrece, a saber, que quienes están

---

[6] Se puede encontrar un análisis más profundo del significado de la expresión «el argumento de la pobreza del estímulo» en Chomsky, 1980c (págs. 34–38, 40, 41, 44, 68–69); Caplan y Chomsky, 1980 (págs. 99–100).

aprendiendo una lengua tienen la ayuda de sus genes, constituye anatema para algunos. Butterworth considera esta idea al mismo nivel que la de Erich von Däniken (Däniken, 1970, capítulo 7) para quien las grandes pirámides fueron construidas por un «misterioso colaborador» (Butterworth, 1983)[7]. Butterworth cree que los niños aprenden la lengua de la misma forma que los egipcios construyeron las pirámides: utilizando una «considerable inteligencia», tras «múltiples intentos infructuosos», y también con una «ayuda sistemática de sus padres». Considera que la raíz de la falacia de la tesis biológica resulta de «subestimar enormemente la inteligencia y la inventiva de los implicados» (pág. 187). Sin embargo, lo importante del argumento de la pobreza del estímulo es que, en caso de que durante su vida ni el niño ni sus padres hayan emitido nunca ni hayan sido expuestos a las oraciones cruciales (prueba negativa) necesarias para deducir una propiedad gramatical (ej., propiedades de dependencia de la estructura, Subyacencia[8], distribución de categorías vacías, y similares [Chomsky, 1981], ni la inteligencia o la inventiva de los niños, ni las correcciones y la guía de los padres darán lugar a estas propiedades. En dichos casos, por lo tanto, es razonable plantear la hipótesis de que el niño debe de adquirir estas propiedades basándose en principios internos; por ejemplo, su programa genético para el lenguaje. Nótese que sería de esperar que los niños tuvieran más dificultades para aprender sistemas lingüísticos basados en principios que no se encuentran en el lenguaje natural, aun cuando utilizasen su «considerable inteligencia» para resolver el sistema como un problema intelectual. Las pruebas parecen apuntar en este sentido; véase el caso de Christopher descrito más adelante. En cuanto a la «ayuda sistemática» de los padres, como señala Bishop más adelante en este capítulo, hay culturas en las que es costumbre que los padres no hablen con los hijos «hasta que estos tienen algo que decir», dejando a los niños que capten el lenguaje asistemático que puedan. Qui-

---

[7] Si Butterforth se hubiese criado con un gato que recibiese la misma «ayuda sistemática» de sus padres que él y que ingiriese también los mismos alimentos, puede presumirse que Butterworth adquiriría el inglés, pero no el gato. Esto significa que no solo las aportaciones lingüísticas y nutricias están involucradas, y que Butterworth ha recibido cierta ayuda de un «misterioso colaborador», es decir, su genoma, de la que el gato carecía.
[8] La Subyacencia es una restricción que prohíbe el movimiento de los sintagmas en ciertas configuraciones sintácticas.

zá sea cierto, como afirma Butterworth, que «la investigación seria sobre el desarrollo del lenguaje en el niño ha olvidado casi por completo esta «tesis biológica»», pero eso quizá vaya también en detrimento de dichos estudios. Se pueden encontrar trabajos que toman en serio la tesis biológica sobre la adquisición del lenguaje, y la desarrollan de manera interesante; ej., Berwick y Weinberg, 1984; Bloom, 1994; O'Grady, 1997; Radford, 1990; Wexler y Manzini, 1987, y muchos otros.

Bickerton se muestra también partidario de un enfoque biológico en el estudio de la adquisición de la lengua, en el caso de las lenguas criollas, pero basándose en otro modelo, su hipótesis del «bioprograma» (Bickerton, 1984, págs. 15–16, 25–28; 1990). Mantiene que la hipótesis del bioprograma es preferible a la teoría de los «generativistas ortodoxos» (pág. 26). Sin embargo, es sencillamente falso afirmar, como hace Bickerton en este contexto, que los generativistas se hayan «negado con terquedad a considerar situaciones en las que simplemente no había suficientes (o el tipo correcto de) datos para dar resultados satisfactorios» (págs. 25–26). De hecho, esta situación es paradigmática de la discusión generativa, e incluso tiene su propia terminología, como hemos visto; a saber, el argumento de la pobreza del estímulo o «problema de Platón».

Además, Bickerton afirma, equivocadamente, que «la posibilidad de que haya características en la capacidad innata del lenguaje que no necesariamente salgan a la superficie en todas las lenguas humanas [...] nunca ha sido tenida en cuenta por los generativistas» (pág. 26, n. 3). En realidad, ningún «generativista» (o ninguna persona que haya contemplado de cerca otra lengua aparte de su lengua nativa) ha sacado jamás la absurda conclusión de que todas las características del lenguaje afloran en todas las lenguas humanas. Que los idiomas muestran diversidad de características era un hecho para la escuela cartesiana de Port–Royal, en la década de 1700 (ej., Du Marsais, etc.), para los gramáticos descriptivos (ej., Jespersen, etc.), los lingüistas estructurales (ej., Jakobson, etc.), y para todos los gramáticos generativos actuales, en cuyas teorías se adoptó y elaboró de diversas e interesantes maneras la suposición secular de que hay una variación paramétrica entre lenguas; para una presentación directa, véase Roberts (Roberts, 1996).

Chomsky ha señalado que el argumento de la pobreza del estímulo podría considerarse una variante de los argumentos clásicos de la teoría del conocimiento, como el que Sócrates obtuviese conocimientos del muchacho esclavo, o los argumentos de Descartes a favor de la idea innata de un triángulo (Caplan y Chomsky, 1980, págs. 99–100, 1980c, págs. 34–38). De ahí que el problema para cuya iluminación se ideó el argumento de la pobreza del estímulo se conozca también como el «problema de Platón» (Chomsky, 1986). La noción de la «pobreza del estímulo» debe distinguirse de la noción de «degeneración del estímulo», en la que el estímulo está degenerado si «la base de datos para la adquisición del lenguaje contiene expresiones mal formadas» (Chomsky, 1980b, pág. 42).

Chomsky ha propuesto que se podrían comprobar las hipótesis sobre propiedades del lenguaje tales como la dependencia de la estructura comparando cómo aprenden los individuos las lenguas reales, y cómo aprenden sistemas simbólicos artificiales que carecen de ciertas propiedades de la GU:

> Caben otras maneras de probar hipótesis concretas acerca de un ingenio de adquisición del lenguaje. Una teoría que atribuye la posesión de ciertos universales lingüísticos a un sistema de adquisición del lenguaje, como propiedad realizable bajo ciertas condiciones externas apropiadas, implica que este ingenio solo puede adquirir y usar como lenguas ciertos tipos de sistemas simbólicos. Otros deben de quedar fuera de su capacidad de adquisición del lenguaje. [...] En principio, se podría tratar de determinar si los sistemas inventados que no cumplen estas condiciones presentan, efectivamente, problemas excesivamente difíciles para el aprendizaje lingüístico, y caen, efectivamente, fuera del dominio para el que se designa el sistema de adquisición del lenguaje (Chomsky, 1965, pág. 53, versión castellana).

Por ejemplo, aplicando esta idea a la propiedad de la dependencia de la estructura, sería el caso que «el que propusiera esta teoría [de la dependencia de la estructura] tendría que predecir que aunque, ej., una lengua podría formar interrogantes intercambiando el orden de ciertas categorías (como en inglés), no formaría interrogantes por medio de la reflexión, o por el intercambio de palabras impartes y pares, o por la inserción de una marca en el medio de la oración» (pág. 54, versión castellana).

Chomsky señala que uno no debería esperar que un sistema que transgrede el principio de la dependencia de la estructura sea imposible de aprender, sino que el sistema se adquiera de una forma cualitativamente distinta, utilizando otras facultades de la mente:

> Nótese que cuando mantenemos que un sistema no es aprendible por un ingenio de adquisición del lenguaje que refleja las capacidades humanas, no queremos decir que este sistema no pueda ser dominado por un humano de alguna otra manera, si se tratase como un rompecabezas o un cierto tipo de ejercicio intelectual. El ingenio de adquisición del lenguaje es solo uno de los componentes del sistema total de estructuras intelectuales que se puede aplicar a la resolución de problemas y a la formación de conceptos; en otras palabras: la *faculté de langage* es solo una de las facultades de la mente. Lo que se esperaría, sin embargo, es que hubiese una diferencia cualitativa en la manera en que un organismo con un sistema de adquisición del lenguaje funcional se enfrentara y tratara los sistemas que son como el lenguaje y otros que no lo son (pág. 54, versión castellana).

Respaldo para estas ideas se puede encontrar en el fascinante estudio de Smith y Tsimpli sobre Christopher, un erudito lingüístico, que sabe «leer, escribir y comunicarse en unos quince o veinte idiomas» pero está en una institución porque «es incapaz de cuidarse a sí mismo; tiene dificultades para orientarse; tiene una mala coordinación entre manos y ojos, convirtiendo muchas actividades diarias, como afeitarse o abotonarse, en una tarea gravosa» (Smith y Tsimpli, 1995, pág. 1).

Smith y Tsimpli presentan datos de diversas pruebas que, hablando en general, muestran el perfil psicológico de «un coeficiente intelectual de actuación relativamente bajo con un coeficiente intelectual verbal situado en la media o por encima de la media».

Los autores documentan la notable velocidad y facilidad de Christopher para adquirir nuevos idiomas: «En marzo de 1992, poco antes de tener que aparecer en la televisión holandesa, se sugirió que podría pasar dos días mejorando su rudimentario neerlandés con ayuda de una gramática y un diccionario. Lo hizo con tan buenos resultados que fue capaz de conversar en ese idioma —con facilidad, aunque no con total fluidez— tanto antes del programa como durante el mismo» (pág. 18).

Smith y Tsimpli presentaron a Christopher y a un grupo control de estudiantes de lingüística una lengua inventada, el epun, para probar la hipótesis de que un sistema que transgrediese universales lingüísticos como la dependencia de la estructura se aprendería, en todo caso, de una forma cualitativamente diferente. La idea era que el epun podría ser dominado por el grupo de estudiantes universitarios, capaces de tratar el sistema como un problema intelectual que se debía resolver con la ayuda de otras facultades cognitivas. Por otra parte, Christopher debería tener mayor dificultad con esta tarea, dado que dependía principalmente de su facultad lingüística. Los autores informan de que «aunque los datos son bastante complejos, pensamos que estas predicciones han quedado en gran medida confirmadas» (Smith y Tsimpli, 1995, pág. 154).

Tanto Christopher como el grupo de control eran capaces de manejar operaciones dependientes de la estructura, como se esperaba. Sin embargo, ni Christopher ni el grupo control pudieron manejar las operaciones independientes de la estructura. Por lo tanto, los autores contemplaron las operaciones dependientes de la estructura «empíricamente no probadas» y «teóricamente poco probables». Estas demostraron encontrarse dentro de las capacidades del grupo de control, pero no de las de Christopher, al menos en las primeras fases: «las operaciones dependientes de una estructura imposible, sin embargo, sí separaron a Christopher de los controles, tal y como se esperaba, y consecuentemente sirvieron de respaldo a la hipótesis que se estaba comprobando» (pág. 154).

CRECIMIENTO FRENTE A APRENDIZAJE

Chomsky señaló hace varias décadas que es más adecuado describir la adquisición de las estructuras y funciones cognitivas como «crecimiento» que como «aprendizaje»: «sospecho que una parte central de lo que denominamos "aprendizaje" se comprende mejor como el crecimiento de las estructuras cognitivas que siguen un curso internamente dirigido, bajo el efecto activador y parcialmente modelador del entorno» (Chomsky, 1980c, pág. 33).

Para el caso particular de la adquisición del lenguaje [pregunta (2) (pág. 13)], se habían acumulado ya gran cantidad de pruebas que apuntaban hacia esta conclusión: «En cuanto al desarrollo, el lenguaje crece en el niño mediante la mera exposición a un entorno lingüístico no organizado, sin formación o incluso sin un cuidado específico de la lengua» (Chomsky, 1980c, pág. 240).

Por lo tanto, la lengua «crece en la mente» (pág. 134). El niño no «aprende la lengua» en mayor medida que «aprende a tener brazos en lugar de alas» (pág. 236). El crecimiento del órgano mental del lenguaje se considera similar al desarrollo biológico de cualquier otro órgano, como la vista o los órganos sexuales. El estudio del lenguaje se convierte, por lo tanto, en una parte del estudio de la biología del desarrollo.

EL APRENDIZAJE COMO SELECCIÓN (FRENTE A INSTRUCCIÓN)

En un conocido ensayo, el inmunólogo Niels Jerne estableció una distinción entre teorías biológicas instructivas y selectivas aplicable a las discusiones sobre el conocimiento del lenguaje (Jerne, 1967). Como señala Chomsky:

> [Jerne] Distingue entre teorías biológicas instructivas y selectivas, donde una teoría instructiva sostiene que una señal del exterior imparte su carácter al sistema que la recibe, y una teoría selectiva sostiene que el cambio del sistema se produce cuando el estímulo intruso detecta y amplía un carácter ya presente. Sostiene que «contemplando la historia de la biología, parece que allí donde un fenómeno se asemeja al aprendizaje, se propuso primero una teoría instructiva para explicar los mecanismos subyacentes. En todos los casos, esta fue posteriormente sustituida por una teoría selectiva» (Chomsky, 1980c, págs. 136–137).

Jerne presenta ejemplos procedentes de diversas áreas, incluida la sustitución de la teoría instructiva del sistema inmune por la teoría selectiva. Sugiere también que uno debería estar dispuesto a aceptar la posibilidad de que el aprendizaje pueda también producirse en el sistema nervioso central por mecanismos selectivos, aun cuando superficialmente pudiera parecer de naturaleza instructiva. Los múltiples argumentos basados en la pobreza del estímulo sostienen que existe una dotación biológica innata para el lenguaje. El «carácter ya presente» al que se ha aludido aquí se corresponde con los principios (universales) del lenguaje. El dato que fija o «selecciona» la variante apropiada del principio corresponde al «estímulo». Chomsky ha señalado que estas consideraciones son aplicables al significado de las palabras así como a la sintaxis, sobre la base de la pobreza del estímulo: «Por muy sorprendente que pueda resultar la conclusión de que la naturaleza nos ha dotado de un surtido innato de conceptos, y que la tarea del niño es descubrir sus etiquetas, los datos empíricos parecen dejar poco lugar para otras posibilidades» (Chomsky, 1992, pág. 116).

Piatelli–Palmarini proporciona un análisis extenso del modelo de los principios y los parámetros como modelo selectivo de la adquisición del lenguaje, frente a un modelo instructivo, contra el que proporciona argumentos (Piatelli–Palmarini, 1989).

Es importante tener en cuenta que descubrir que el modelo de los principios y los parámetros para el aprendizaje del lenguaje es de naturaleza selectiva, en absoluto nos obliga a transferir toda la maquinaria molecular del sistema inmune (o de cualquier otra parte de la biología) a la lingüística. Cziko atribuye a Piattelli–Palmarini y a Fodor la absurda opinión de que los genes del lenguaje se encuentran en los ratones y en formas de vida primitivas (Cziko, 1995). La absurdidad es de la propia invención de Cziko ya que (1) supone que la maquinaria molecular del sistema inmune se traslada directamente al lenguaje y, a continuación, (2) se equivoca en los aspectos básicos del sistema inmune. Volveremos sobre estas cuestiones en el capítulo 5.

Bates y Elman atribuyen un tipo de diferente de absurdidad a Chomsky y sus colaboradores, basándose en otro error sobre la selección frente a la instrucción. Al final del análisis de Jerne aquí incluido, Chomsky resalta que «es posible que la noción de "aprendizaje" siga el camino de la salida y la puesta del sol». Con ello está claramente afirmando que el aprendizaje del lenguaje puede perfectamente tener carácter selectivo en lugar de instructivo. Bates y Elman expresan en las páginas de *Science* que «Noam Chomsky, el fundador de la lingüística generativa, sostiene desde hace cuarenta años que el lenguaje no se puede aprender» y anuncian que ahora los psicolingüistas «han demostrado que los bebés pueden aprender», un hecho obvio que, ante todo, nunca se ha puesto en duda (Bates y Elman, 1996). Sin embargo, volveremos a esta «demostración» en este capítulo, en referencia a algunas otras confusiones, es decir, a la condición innata.

Quizá valga la pena señalar que las confusiones respecto a conceptos como «selectivo», «innato» y «crecimiento» del lenguaje han surgido solo en parte de las ciencias cognitivas, no en la biología propiamente dicha. Por ejemplo, como se ha señalado en la introducción, Jerne, pionero del trabajo sobre la selección en el sistema inmune, comprendió estas cuestiones y las expresó claramente en su discurso de aceptación del Premio Nobel, donde utilizó «innato» en el sentido no polémico, familiar en las ciencias biológicas.

El «instinto» del lenguaje

En las primeras páginas de *El pasado de la mente*, Gazzaniga observa: «No obstante, la nueva tesis, planteada por Chomsky, de que el lenguaje es un rasgo biológico y universal de nuestro cerebro se ha asentado. Steven Pinker, colega de Chomsky en el MIT, la ha ampliado, sosteniendo con éxito que el lenguaje es un instinto, como cualquier otra adaptación» (Gazzanniga, 1998, pág. 7). En la siguiente frase, Gazzaniga nos dice que esto significa que: «La sintaxis no se aprende mediante sistemas asociativos skinnerianos; por el contrario, podemos comunicarnos mediante el lenguaje porque todos los miembros de nuestra especie tienen una capacidad innata para manipular símbolos en un código temporal que proyecta sonidos en significado.»

La formulación de Gazzaniga será obligatoriamente confusa para quienes empiezan a estudiar el lenguaje, así como para los legos en la materia. El uso que Pinker hace del término «instinto» para describir la adquisición del lenguaje humano no «amplía» la «tesis del lenguaje como rasgo biológico y universal de nuestro cerebro»; ambas opiniones son una. De hecho, Pinker así lo afirma. Señalando que el término «instinto» para describir el lenguaje se retrotrae al menos hasta Darwin, Pinker escribe: «En este siglo, la argumentación más conocida de que el lenguaje es como un instinto se debe a Noam Chomsky, el primer lingüista que desveló la complejidad del sistema y tal vez la persona a la que cabe una mayor responsabilidad en la moderna revolución del lenguaje y de la ciencia cognitiva» (Pinker, 1994a, pág. 22, versión castellana).

De manera similar, como ha señalado Gallistel, el término «instinto de aprender» (o «aprendizaje innatamente guiado», [Gould y Marler, 1987]) engloba la misma opinión: «Sin embargo, como han sostenido Gould y Marler, estos mecanismos de aprendizaje especializado computacionalmente complejos [en animales] pueden considerarse instintos de aprender. Cuando plantean este argumento, se unen al argumento de Chomsky sobre las bases del aprendizaje del lenguaje» (Gallistel, 1997, pág. 88). El uso de terminología como el «instinto» del lenguaje o el «instinto de aprender» la lengua, o la «dotación genética o biológica» para el lenguaje son maneras informales de describir el tema de estudio de la biolingüística, no teorías opuestas. El objetivo de todos, dejando a un lado la terminología, es determinar las propiedades del lenguaje, su desarrollo y evolución. Hay, por supuesto, diferencias metodológicas y empíricas en los enfoques sobre aspectos particulares del estudio de la biología del lenguaje, es decir, el estudio del instinto del lenguaje. Por ejemplo, Pinker distingue entre las pruebas lingüísticas y las «pruebas convergentes», una distinción que, como explicamos antes, es incorrecta. Mantiene también (junto con Bloom) que las propiedades del lenguaje deben ser adaptaciones y solo se pueden explicar por el diseño de la selección natural. En el capítulo 5 presentaremos argumentos para sostener que su formulación particular es poco sólida.

LA BIOLINGÜÍSTICA FRENTE A LA TESIS CONEXIONISTA

Como ha quedado claro en este libro, el método biolingüístico (lingüística I) supone el estudio de cuestiones referentes (1) al lenguaje, (2) al desarrollo del lenguaje, y (3) a la evolución del lenguaje. Está explícitamente considerado como el estudio de la *biología* del lenguaje. El método conexionista es radicalmente diferente, como se explica en el libro *Rethinking Innateness*. Los autores preguntan «¿en qué medida debería tomarse uno en serio las limitaciones biológicas?» Consideran que esta pregunta radica en el «corazón de este libro». La respuesta dada es:

En primer lugar, deseamos dejar claro que pensamos que el paradigma conexionista es interesante por derecho propio, y que hay razones válidas para estudiar los modelos conexionistas, independientemente de la verosimilitud biológica que pudiesen o no tener. Hay muchas rutas hacia el comportamiento inteligente. No vemos razón para centrarnos exclusivamente en la inteligencia de base orgánica y descuidar (por ejemplo) una inteligencia con base de silicio. La inteligencia artificial nos puede ayudar a comprender mejor la inteligencia natural. Pero incluso aunque no fuese así, los sistemas artificiales son fascinantes en sí mismos (Elman *et al.*, 1996, pág. 104).

Podemos ver que el objetivo del conexionismo es muy diferente del de la biolingüística. Se ocupa del comportamiento inteligente en general; es decir, de la Inteligencia con mayúscula. En ella se incluye la inteligencia orgánica (el lenguaje humano, el tejido de cestas, la construcción de nidos, etc.) así como la inteligencia de silicio (los ordenadores que juegan al ajedrez, los ordenadores que reconocen la voz, etc.). En consecuencia, a los conexionistas les interesan los algoritmos de aprendizaje de propósito general que se dan en diversos campos y organismos, ya tengan una base de ADN o de silicio. Pero incluso si los modelos resultan no tener «verosimilitud biológica» alguna, podrían seguir constituyendo un éxito resonante para los conexionistas, porque «los sistemas artificiales son fascinantes en sí mismos». En cuanto a la biología, para los conexionistas es suficiente con que los modelos estén «informados por la biología y sean al menos relativamente coherentes con ella».

Al biolingüista, por su parte, no le interesa la Inteligencia con mayúscula, porque esta no una cuestión ni de biología ni de ciencias empíricas. Es una cuestión de definición. Considérese una anticuada máquina de refrescos que devuelve monedas. ¿Tiene inteligencia? ¿Podríamos decir que la máquina es más inteligente que los humanos a la hora de dar cambio? Supongo que si se hicieran pruebas de rendimiento a una máquina, a lo largo de un periodo de tiempo, se podría demostrar que actúa con mayor rapidez, precisión y eficacia que la mayoría de los vendedores. Así que podríamos decir que la máquina es más Inteligente que un humano en el área de devolución de cambio, o incluso que, por definición, «piensa» mejor. ¿Podríamos hacer la máquina todavía más inteligente? En años recientes hemos contemplado la aparición de máquinas que pueden comprobar billetes de dólar y mostrar la información en un diodo fotoemisor. Una empresa podría ahora ampliar la metáfora y afirmar en sus folletos publicitarios que las nuevas máquinas son más Inteligentes que las antiguas.

Supongamos ahora que volvemos a mejorar la máquina con la más moderna tecnología de redes nerviosas, de forma que no solo devuelve cambio sino que también puede hacer mil millones de movimientos de ajedrez por segundo y ganar al campeón del mundo. Por definición, nuestra máquina muestra un comportamiento más Inteligente. Ahora, ampliemos una vez más la red nerviosa de la máquina para que pueda analizar sintácticamente sílabas del habla humana. Podríamos establecer incluso una competición entre Baby Blue, la máquina dotada de red nerviosa, y bebés en el Departamento de Ciencias Cerebrales y Cognitivas de la Universidad de Rochester, y quizá demostrásemos que la red nerviosa es cincuenta veces más rápida que los bebés, y encima, puede al mismo tiempo distinguir perfectamente todos los dialectos del canto del gorrión de las marismas y del grillo.

¿Es la máquina más Inteligente? No hay razón para que nuestra definición flexible de Inteligencia «orgánica» y «de silicio» no pueda cubrir cómodamente estos casos, también. Por supuesto, en este ejemplo hemos abandonado hace tiempo toda «verosimilitud biológica». Pero ¿son estas máquinas de redes nerviosas, «fascinantes por sí mismas», un requisito básico de los conexionistas? A juzgar por la histeria generada durante la partida entre Deep Blue y Kasparov, en la que desesperados aficionados al ajedrez suplicaban a Kasparov que «humillase a Big Blue», la más moderna máquina de ajedrez de IBM, podríamos imaginar que una máquina de bebidas conexionista, capaz de superar en el cálculo a bebés, causaría sensación instantánea en los medios de comunicación. Para el conexionista solo hace falta que «los modelos conexionistas se asemejen a los sistemas biológicos», como hace nuestra máquina de red nerviosa, donde el significado de «asemejarse» queda a nuestra imaginación.

A los biólogos no les interesa la Inteligencia con mayúscula. Les interesan cuestiones como las que estamos considerando en este libro: (1) ¿qué constituye el conocimiento del lenguaje humano?, (2) ¿cómo se desarrolla el lenguaje humano (en el individuo)?, (3) ¿cómo evoluciona el lenguaje humano (en la especie)? Si se propone para los humanos un algoritmo que analiza sintácticamente el habla, pero opera cincuenta veces más rápido que el de los niños pequeños, y simultáneamente es capaz de analizar las canciones de los gorriones de las marismas y de los grillos, es inadecuado como modelo biológico del lenguaje humano, independientemente de lo «fascinante» que pudiese ser para la construcción de robots de silicio. De manera similar, a los biólogos les interesa saber cómo se desarrolló un ala determinada en un pájaro en particular, no si es posible fabricar un avión a reacción capaz de volar más rápido que un gorrión, por muy «fascinante» que dicha propuesta pudiese resultar a los conexionistas para el estudio del Vuelo con mayúscula.

Se han presentado diversas líneas de pruebas convergentes que distinguen entre la propuesta de que hay un mecanismo de red nerviosa de propósito general que subyace al lenguaje y la propuesta de que hay mecanismos específicos del lenguaje. Por ejemplo, Gopnik ha presentado pruebas derivadas de familias con trastornos genéticos que parecen afectar de manera diferente a la formación de las formas verbales regulares en inglés (*walk-walked* [caminar–caminó]) y a la de formas verbales irregulares (*sing-sang* [cantar–cantó]), en las que las formas regulares presentan fallos. Estudiamos los casos de Gopnik y el síndrome de Williams en el capítulo 4. Finalmente, Marslen–Wilson y Tyler muestran en experimentos *priming* que hay una doble disociación en los afásicos agramáticos con respecto a la capacidad de procesar las formas regulares e irregulares (Marslen–Wilson y Tyler, 1997). Los autores concluyen que:

> La dificultad específica que esto supone para las explicaciones conexionistas de mecanismo único es demostrar cómo puede una red nerviosa, expuesta a la misma formación que un niño que está aprendiendo inglés, aprender a dividir sus representaciones de morfología regular e irregular de forma que (1) su estado final sea funcionalmente separable en operaciones aparentemente combinatorias y no combinatorias, y (2) estos dos aspectos de su función sean doblemente disociables por diferentes tipos de daños que afecten a la red (Marslen–Wilson y Tyler, 1997, pág. 593).

En un comentario a este artículo, Pinker sigue manteniendo la infundada propuesta de que los resultados de Marslen–Wilson y Tyler no solo excluyen las explicaciones conexionistas, sino también los enfoques simbólicos o basados en reglas, del tipo explorado por Chomsky y Halle (1964) y muchos otros lingüistas. Sin embargo, estos últimos enfoques siempre hacen una cierta distinción formal entre las formas verbales regulares e irregulares en alguna parte de la sintaxis, la morfología, la fonología y/o el léxico. Siempre ha sido una cuestión abierta, y que cualquier biolingüista está obligado a contemplar, si esta distinción está al servicio de múltiples mecanismos nerviosos. Pinker parece creer que dado que las «reglas» se utilizan para describir las formas verbales regulares e irregulares, uno está automáticamente comprometido con la creencia de que las dos clases de verbos deben producirse en un único mecanismo nervioso. Pero el proponer que la gramática posee normas semánticas, normas sintácticas y normas fonológicas, no compromete a sostener que existe un único mecanismo nervioso para las «reglas». *A priori,* podría haber uno, seis o veinte mecanismos. Esto hay que descubrirlo, no deducirlo de la terminología utilizada ni estipularlo de cualquier otra manera. Los resultados obtenidos del estudio de los trastornos genéticos, la formación de imágenes y los estudios *priming* respaldan el enfoque simbólico o basado en reglas, así como cualquier otro que distinga formalmente las formas verbales regulares de las irregulares.

Más adelante examinaremos algunos de los errores referentes a la biología del lenguaje que han aparecido en años recientes. Es infrecuente encontrar casi todos los errores de interpretación más graves en un solo lugar, como en el caso de un libro recientemente publicado, *Rethinking Innatenes* (Elman *et al.*, 1996), y un análisis relacionado, «Learning Rediscovered» (Bates y Elman, 1996). Ambos proporcionan muchos y convenientes ejemplos, aunque los errores de comprensión e interpretación encontrados no son en absoluto originales. Hablamos de afirmaciones tales como «Noam Chomsky, el fundador de la lingüística generativa, sostiene desde hace cuarenta años que el lenguaje es imposible de aprender» y que John Maynard Smith y sus colaboradores creen en el «rumor del gen gramatical», la creencia en el «gen de la gramática, (y lo han divulgado)». Las dos afirmaciones precedentes están relacionadas con «los doce argumentos sobre las representaciones innatas», supuestamente sostenidos por Chomsky y sus colegas. Antes de pasar al asunto del innatismo, retomemos la afirmación de que «el lenguaje es imposible de aprender», aparentemente algo que de manera general se considera perteneciente a la biolingüística (lingüística I).

UNA «REDEFINICIÓN» DEL APRENDIZAJE[9]

Saffran, Aslin y Newport presentan una propuesta sobre la forma en que los niños dividen las palabras (Saffran, Aslin y Newport, 1996), en la que se sostiene que los niños de ocho meses son capaces de utilizar información estadística. En un comentario sobre dicha propuesta, titulado «Learning Rediscovered», y escrito por de Bates y Elman, se asegura que Saffran, Aslin y Newport «han demostrado que los bebés pueden aprender» y que «Noam Chomsky, el fundador de la gramática generativa, sostiene desde hace cuarenta años que es imposible aprender el lenguaje» (Bates y Elman, 1996).

El que los «bebés pueden aprender» no es una prueba, sino una observación empírica conocida desde hace tiempo y aceptada de modo general. Saffran, Aslin y Newport concluyen de sus experimentos que los «resultados suscitan la intrigante posibilidad de que los niños pequeños posean mecanismos dependientes de la experiencia que quizá sean suficientemente potentes como para respaldar no solo la separación de las palabras sino también la adquisición de otros aspectos del lenguaje». Esta no es solo una intrigante posibilidad; es un hecho empírico, demostrado de diversas maneras. Por ejemplo, si un niño nacido en Estados Unidos, de padres hablantes de inglés, es enviado después de nacer a Japón, para que lo críe una familia japonesa, ese niño aprenderá a hablar japonés, no inglés. En segundo lugar, si se cría sin ser expuesto a ninguna lengua humana, no llegará a hablar ninguna. Estas dos observaciones (a menudo señaladas) demuestran claramente que los niños pequeños poseen «mecanismos dependientes de la experiencia» para aprender la

---

[9] La primera parte de este apartado contiene argumentos presentados por Jenkins y Maxam en la sección de Letters titulada «Acquiring Language» en *Science*, como respuesta a la perspectiva que Bates y Elman presentaron sobre Saffran, Aslin y Newport (Jenkins y Maxam, 1997; Bates y Elman, 1996; Saffran, Aslin y Newport, 1996). Véanse también otros análisis en la misma sección de Letters presentados por D. Pesetsky, K. Wexler, V. Fromkin, S. Pinker, R. Clark, L. Gleitman, A. Kroch, así como Elman y Bates.

lengua y muestran por qué cualquier teoría razonable sobre la adquisición del lenguaje, o sobre el aprendizaje de una lengua, si se prefiere ese término, incluida la de Chomsky y sus colegas, procede de la suposición de que el lenguaje humano no es como una canción de grillo (el ejemplo dado por Saffran, Aslin y Newport), sino que depende de la experiencia, al igual que la visión, y muchas otras facultades mentales. Estas teorías pasan a continuación a preguntar qué tipos de estructuras internas son suficientes para darnos la variedad de lenguas posibles, dados los datos lingüísticos disponibles a partir de la experiencia.

Lo que ha sido tema de intensa investigación durante los cuarenta últimos años de trabajo sobre gramática universal y comparativa, adquisición y percepción del lenguaje, lenguaje de signos, lenguaje de los niños aislados, lenguas criollas, en los estudios familiares y gemelares sobre agramatismo[10], sobre las afasias expresivas y receptivas, los cerebros divididos, los sabios lingüísticos, y la actividad eléctrica del cerebro, no ha sido si los niños pequeños aprenden, sino cómo aprenden. Todo este trabajo converge en la conclusión de que el lenguaje humano, como cualquier otro sistema biológico, es el resultado de una interacción entre factores genéticos y ambientales. Decir que Chomsky afirma que «el lenguaje es imposible de aprender» es una descarada tergiversación de su obra, clara para la comunidad lingüística, pero quizá no tanto para el lector en general.

Chomsky ha propuesto que la tarea básica de la biología del lenguaje es desarrollar «la teoría del aprendizaje de los humanos en el terreno del lenguaje» y ha presentado diversas propuestas sobre esta teoría del aprendizaje a lo largo de los pasados cuarenta años. Propuso además que se intentase descubrir las teorías del aprendizaje para otros ámbitos cognitivos de los humanos (o en otros organismos, con sus propias capacidades cognitivas específicas), sugiriendo como posibilidades el reconocimiento facial, la determinación de la personalidad de otras personas, la capacidad para «reconocer una melodía traspuesta», la intuición espacial, etc. (Chomsky, 1975b, pág. 29, versión castellana).

Comparemos ahora a Bates y Elman: «él [Chomsky] y sus seguidores han generalizado esta creencia [que es imposible aprender el lengua-

---

[10] El agramatismo es un trastorno del habla, a menudo heredado, que afecta a la gramática. Véase el capítulo 4.

je] a otros campos cognitivos, negando la existencia del aprendizaje como hipótesis científica significativa» (1996, pág. 1849). La cita que Bates y Elman proporcionan sobre el «aprendizaje» que sigue la «salida y puesta del sol» está sacada de contexto (véase análisis previo). Se proponía que la noción de «crecimiento» podía describir mejor el proceso biológico de adquisición del lenguaje que la de «aprendizaje». Por lo tanto, se podría hablar de que los bebés acrecientan el lenguaje (en la mente), y abandonar la noción de «aprendizaje», con sus connotaciones conductistas. Pero si lo hacemos, la «demostración» que Bates y Elman establecen se reduce ahora a la idea de que «los bebés pueden acrecentar las lenguas» (algo que se sabe desde hace mucho tiempo) y a la aseveración de que Chomsky afirma que «es imposible acrecentar el lenguaje» (una interpretación equivocada).

La mayoría de los investigadores de la biología del lenguaje consideran que las cuestiones básicas no son los juegos de palabras que algunos académicos intentan plantear con las definiciones del aprendizaje (cualidad innata), sino más bien las múltiples cuestiones interesantes sobre cómo separar los factores genéticos y ambientales que interactúan para darnos el conocimiento, la adquisición, el uso, la base neurológica y la evolución del lenguaje humano. Aunque Saffran, Aslin y Newport intentan suscitar algunas cuestiones sustanciales sobre estos temas, sus argumentos quedan oscurecidos por las afirmaciones exageradas de Bates y Elman.

El trabajo realizado por Saffran, Aslin y Newport nos proporciona todavía otra confirmación del argumento de la pobreza del estímulo utilizado tan a menudo en biolingüística, y que ya hemos estudiado en este capítulo. Como señalan los propios autores, no disponemos de claves acústicas para los límites de las palabras: «La actuación de los niños en estos estudios es particularmente impresionante, dada la empobrecida naturaleza de la corriente de familiarización con el habla, que no contenía las pausas, las pautas de entonación ni clave alguna que, en el habla normal, suplirán muy probablemente a la estadística secuencial inherente en la estructura de las palabras» (Saffran, Aslin y Newport, 1996, pág. 1928). El término «empobrecido» se utiliza como en la «pobreza del estímulo»[11].

---

[11] Nótese que los autores están aplicando el argumento de la pobreza del estímulo, aun cuando desean distinguir sus mecanismos dependientes de la experiencia de los

Y, dado que los niños todavía no hablan, tampoco está involucrada la contestación o corrección del cuidador. Sin embargo, poca duda cabe respecto a la exactitud esencial del argumento de la pobreza del estímulo en el área de la percepción del lenguaje, como ha demostrado el impresionante conjunto de pruebas obtenidas a lo largo de cuarenta años; se puede encontrar una revisión y múltiples referencias en Jusczyk y en Mehler y Dupoux (Jusczyk, 1997; Mehler y Dupoux, 1994).

Obsérvese que Saffran, Aslin y Newport abordan las mismas cuestiones que las teorías de la adquisición del lenguaje que parecen criticar. Por ejemplo, los autores sostienen que «los niños de ocho meses son capaces de extraer información de orden serial después de una experiencia de escucha de solo dos minutos». ¿Por qué de orden serial en lugar de procesar la secuencia hacia atrás, o las sílabas impares o primas? ¿Por qué un algoritmo estadístico de dos minutos en lugar de un algoritmo menos eficaz que podría durar tres horas? Estas son preguntas típicas de la pobreza del estímulo cuyas respuestas involucrarán a la genética en cierto nivel. De manera similar, podemos preguntar qué partes del cerebro participan en este algoritmo (localización). Cuál es el programa de desarrollo que conduce a que este algoritmo se exprese allí donde está (y, por ejemplo, no en el área visual) a los ocho meses; es decir, las cuestiones típicas a las que se enfrentan todas las teorías de la adquisición del lenguaje.

Además, la distinción que los autores hacen entre mecanismos «independientes de la experiencia» y mecanismos «dependientes de la experiencia» no se puede tomar demasiado en serio. Las teorías biológicas del lenguaje no dividen al mundo entre mecanismos lingüísticos dependientes de la experiencia y mecanismos independientes de la experiencia, como hacen Saffran, Aslin y Newport. Todas las teorías lingüísticas (ej., el método de los principios y los parámetros, la percepción de categorías, etc.) son dependientes de la experiencia, al contrario de lo que los autores parecen creer. Dicho con sencillez, no hay lengua humana que se desarrolle de manera independiente a la aportación de la experiencia, como al parecer se desarrolla la ecolocación de los murciélagos. Viceversa, no tiene lugar ningún aprendizaje lingüístico con indepen-

---

mecanismos independientes de la experiencia que, como señalan, se basan sistemáticamente en este argumento.

dencia del programa genético; como explicó Lorenz, en general «no hay ningún proceso teleonómico de aprendizaje que no se funde en un mecanismo filogenéticamente programado que contenga una gran cantidad de información innata» (Lorenz, 1981, pág. 238 versión castellana). La disección de los sistemas complejos de desarrollo ha revelado normalmente una intrincada interacción entre factores genéticos y externos, y, a partir de lo poco que se conoce al respecto, no hay razón para creer que la situación resulte diferente en la biología del lenguaje humano.

Lo que este nuevo trabajo nos da, sin embargo, es cierta idea de cuándo empieza a funcionar la maquinaria genética para la segmentación de palabras. Así, los resultados presentados por los autores harían suponer que la maquinaria genética que sostiene la segmentación de palabras debe de estar ya instalada a los ocho meses. «Los resultados demuestran que los niños pequeños *poseen* potentes mecanismos adecuados para aprender los tipos de estructuras ejemplificados en los sistemas lingüísticos» (Saffran, Aslin y Newport, 1996, pág. 1927; cursiva añadida). Esto puede, por supuesto, tener asimismo similares implicaciones para otra estructura genética; los niños quizá «posean» también ya la maquinaria necesaria para sostener el almacenamiento de recuerdos.

Además, no está claro que la afirmación hecha por los autores de que el algoritmo de segmentación de palabras es «innatamente sesgado» en lugar de basarse en un «conocimiento innato» signifique nada: «en especial, quizá sea mejor caracterizar algunos aspectos del desarrollo temprano como un resultado de los mecanismos estadísticos de aprendizaje innatamente sesgados, más que del conocimiento innato» (pág. 1928). La expresión «innatamente sesgados» tiene un especial significado en la bibliografía sobre la percepción del habla. Como establece Jusczyk: «recuérdese que la definición de aprendizaje innatamente guiado que Gould y Marler proporcionan es que los organismos están programados para aprender unas cosas determinadas, y para aprenderlas de cierta manera» (1997, pág. 198). Jusczyk elabora a continuación cuáles son estas «formas determinadas»: «lo que puede ser básico en el proceso es un sesgo, o interés, por atender selectivamente a señales de una cierta forma» (pág. 76). Según Jusczyk, un ejemplo «clásico» de este proceso es la canción de un pájaro.

Este sesgo es lo que Konrad Lorenz denominó «situación biológicamente pertinente». Él y Tinbergen anticiparon también errores de interpretación respecto a «innatamente sesgado» frente a «conocimiento innato» del tipo ilustrado en el artículo de Saffran, Aslin y Newport. Decidió abandonar la expresión «esquema innato», que podría sugerir que «una imagen de la situación completa o del objeto era innata» a favor de la de «mecanismos desencadenantes innatos»:

> Al principio llamé *angeborene Schema* —esquema innato— a este mecanismo selectivo aferente, porque el organismo parecía disponer de información simplificada, esquemática, sobre cómo era la situación biológica pertinente. Más tarde, Tinbergen y yo abandonamos esta expresión, porque sus connotaciones sugerían que un bosquejo o una imagen de la situación o del objeto eran algo innato. Al analizar los métodos de la cuantificación dual, me vi obligado a anticipar el hecho importante de que en absoluto hay una imagen del objeto o de la situación completos «conocidos» de manera innata por el animal, sino una serie de configuraciones de estímulos independientemente eficaces y muy sencillos cuyas funciones de liberación, que obedecen a la ley de la adición heterogénea, se suman para dar un efecto cualitativamente unitario. Por esta razón, Tinbergen y yo [1938] abandonamos el término *Schema* y decidimos llamar a la organización nerviosa que aquí analizamos el *mecanismo desencadenante innato* (MLI), en alemán, *angeborener Auslösemechanismus* (AAM) (Lorenz, 1981, págs. 153–154).

En los primeros años de la gramática generativa y de los estudios de Chomsky y Skinner, existía ya un rico acervo sobre estas cuestiones y distinciones en la bibliografía etológica. Como hemos visto en la introducción, Chomsky se basó en esta bibliografía y en estos análisis, por ejemplo, en las teorías de la «impresión», para oponerse a las teorías conductistas del aprendizaje en los años cincuenta. Antes, como ahora, se consideraba que la cuestión clave es cuál es la «situación biológicamente pertinente» en el entorno del aprendizaje lingüístico, según se va desplegando el programa genético, y no si uno habla de «conocimiento innato» o «aprendizaje innatamente guiado».

Finalmente, también resaltamos que el hecho de que el algoritmo propuesto se base en propiedades probabilísticas no sirve para distinguirlo de ideas sobre la naturaleza del aprendizaje pertenecientes a la tradición de la biolingüística (lingüística I). Como señaló Chomsky hace muchos años:

> Obsérvese que aquí no se plantea ninguna cuestión referente a la legitimidad del estudio probabilístico del lenguaje, de la misma forma que no se puso en cuestión la legitimidad del estudio del significado cuando señalamos [...] que la proyección no se puede definir en términos semánticos. Tanto si el estudio estadístico del lenguaje puede realizar contribuciones a la gramática como si no, seguramente se puede justificar sobre bases bastante independientes. Estos tres métodos de estudio del lenguaje (gramatical, semántico, estadístico) tienen importancia independiente. En especial, ninguno de ellos precisa, para su justificación, aportar soluciones a problemas que surgen cuando se utiliza uno de los otros métodos (Chomsky, 1975a, pág. 148).

De hecho, Chomsky propuso en aquel momento que el trabajo de Zellig Harris descrito en el artículo «From Phoneme to Morpheme» (Harris, 1955), podría aplicarse de manera más eficaz para determinar los límites de las palabras en lugar de los límites de los morfemas. Chomsky había sido alumno de Zellig Harris y conocía en profundidad este tipo de «procedimientos de descubrimiento» estructuralistas, que él mismo investigó durante varios años, intentando hacerlos funcionar, antes de pasarse a la «interpretación realista de la teoría lingüística» (lingüística I, biolingüística):

> En 1953, yo había abandonado cualquier esperanza de formular «procedimientos de descubrimiento» taxonómicos y centré por completo mi atención en los problemas de la gramática generativa, en teoría y en la práctica. Fue en ese momento cuando empecé a escribir LSLT, reuniendo y ampliando el trabajo que había comenzado sobre varios aspectos de la gramática generativa, pero ahora con convicción y entusiasmo[12] (Chomsky, 1975a, pág. 33).

---

[12] LSLT = *The Logical Structure of Linguistic Theory* (Chomsky, 1975a).

El objetivo cambió entonces de cómo puede el lingüista elaborar una gramática utilizando «procedimientos de descubrimiento» taxonómicos, hacia cómo es adquirido el lenguaje por el niño, a quien «se le presentan datos no analizados». «Se sugiere, por lo tanto, que quien está aprendiendo una lengua (de manera análoga, el lingüista) se aproxima al problema de la adquisición del lenguaje (la construcción gramatical) con un esquematismo que determina por adelantado las propiedades generales del lenguaje humano y las propiedades generales de las gramáticas que se pueden elaborar para responder a los fenómenos lingüísticos» (Chomsky, 1975a, pág. 12). Parte de este esquematismo supondría necesariamente un método para extraer palabras a partir de los «datos no analizados». «Nuestra teoría general parece requerir que haya un método para determinar palabras desde el corpus casi hasta la singularidad [...], y el problema más importante a este nivel es elaborar dicho método» (Chomsky, 1975a, pág. 165). Esta afirmación supone para la biolingüística un problema que a veces se ha denominado «problema de la segmentación» (con diversas formulaciones para los segmentos fonémicos, los segmentos silábicos, etc.). Chomsky propuso que un procedimiento distributivo como el de Harris sería un candidato razonable, si no el único, especialmente en vista de que no parecía haber disponible ninguna caracterización de la «palabra» como algo independiente del lenguaje, en lo referente a acentuación, articulación, etc. Sin embargo, se sugirió que el método se aplicase para determinar los límites de las palabras en lugar de los límites de los morfemas.

> La sugerencia más razonable que conozco es la que hace Harris en «From Phoneme to Morpheme». La investigación de sus datos parece indicar que con este método los límites de las palabras se pueden situar con mucha mayor eficacia que los límites de los morfemas (Chomsky, 1975a, pág. 165).

> Así, la investigación de los resultados de Harris («From Phoneme to Morpheme») sobre el aislamiento de segmentos provisionales en términos de independencia parece demostrar que los límites de las palabras están indicados con mucha más claridad que los de los morfemas, y que quizá fuese posible determinar directamente las palabras a partir del registro fonémico. Las perspectivas de los morfemas parecen mucho más dudosas (Chomsky, 1975a, pág. 153).

Hayes y Clark realizaron experimentos con hablantes adultos para buscar pruebas de la existencia de un «mecanismo de agrupación» que les permitiesen «detectar las patrones recurrentes que constituyen las palabras, aun sin la ayuda de pausas o significados» (Hayes y Clark, 1970). Tenían en mente un procedimiento del tipo propuesto por Harris.

> Harris [1955] ha propuesto un procedimiento para ayudar a los lingüistas a descubrir las palabras de una lengua desconocida. El procedimiento se describe mejor a través de uno de sus ejemplos. Consideró la expresión *He's clever* [él es listo] y su representación fonémica /hiysklever/ [*sic*]. Les pedía entonces a los informantes de la lengua (como fuente de su información correlativa) que determinasen cuántos fonemas diferentes pueden seguir a la /h/. Descubrió que había cuatro fonemas diferentes que podían actuar como sucesores de la /h/. De la misma forma, Harris descubrió que había 14 fonemas que podían seguir a /hi/, 29 que podían seguir a /hiy/, 29 a /hiyz/, 11 a /hiyzk/, 7 que podían seguir a /hiyzkl/, y así sucesivamente. Las cifras elevadas de sucesores se corresponden con pocas restricciones del contexto y, por lo tanto, a bajas correlaciones entre los fonemas. Harris interpretó que las cifras elevadas de sucesores indicaban que se había cruzado el límite de un segmento. Por lo tanto, situaba estos límites inmediatamente antes de los picos en el cómputo de sucesores, como en la expresión del ejemplo /hiy.z.klever/, donde los puntos indican límites (Hayes y Clark, 1970, pág. 223).

También a ellos, como a Chomsky, les interesan dichos procedimientos no como procedimientos de descubrimiento, sino como hipótesis sobre la adquisición del lenguaje. Les interesa el mecanismo de agrupación como parte de la naturaleza biológicamente dotada de quien aprende una lengua[13]. Aunque realizaron los experimentos en adultos, debido a la dificultad técnica que plantean los experimentos con niños, señalan explícitamente que su objetivo es establecer la «credibilidad del mecanismo en la adquisición del lenguaje por parte de los niños», y recomiendan que se repitan los experimentos con niños «de aproximadamente

---

[13] Proponen que el mecanismo de agrupación puede formar parte de un mecanismo cognitivo más general, que incluye la visión, pero no presentan más pruebas.

un año». Para asegurarse de que no hay claves acústicas (como pausas y acentuación) presentes, utilizan habla artificial en los experimentos. Según su conclusión:

> Estos dos experimentos demuestran que, de hecho, los humanos disponen de un mecanismo de agrupación capaz de segmentar el habla artificial. Es un mecanismo que (a) puede segmentar sonidos completamente indescriptibles, (b) funciona sobre «habla» que no tiene ni estructura semántica ni una estructura sintáctica significativa, y (c) requiere relativamente poco tiempo −aproximadamente tres cuartos de hora en nuestros experimentos− para llegar al menos a un cierto análisis sintáctico del habla. Creemos que estas son propiedades importantes de un mecanismo que sería útil para los primeros intentos del niño de ordenar los sonidos que oye a su alrededor (Hayes y Clark, 1970, pág. 230).

UNA «REDEFINICIÓN» DEL INNATISMO

Para mostrar que Noam Chomsky (y sus «seguidores») sostienen desde hace cuarenta años que «el lenguaje es imposible de aprender» (y que trabajan bajo esa ilusión), Elman *et al.* presentan argumentos sobre las representaciones innatas, atribuidas a Chomsky y sus seguidores, con «especial referencia al lenguaje», en un volumen titulado *Rethinking Innateness*, [Volver a pensar el innatismo] que debería mejor llamarse «Redefinir el innatismo». Chomsky asume su tradicional papel de archivillano, esta vez como el «firme nativista» (pág. 117) o incluso «nativista radical», motivado por «el creciente interés público por el papel que desempeñan los genes en resultados complejos que van desde el cáncer al divorcio». Entre estos se encuentran el «rumor del gen de la gramática» (pág. 41): que la localización y el innatismo son «lo mismo».

Para llegar a esta conclusión, es necesario que los autores practiquen un cierto juego de manos con los términos «innato» y «aprendido». Es decir, creo que los autores utilizan los términos «innato» y «aprendido» en interpretaciones poco ortodoxas, precisamente para caricaturizar la postura razonable de que el aprendizaje implica una compleja interacción entre la genética y la experiencia.

El propio Chomsky ha intentado evitar el término «innato», precisamente por la confusión que parece generar inevitablemente en los círculos filosóficos y de las ciencias cognitivas: «Nadie defiende la hipótesis [del innatismo], ni siquiera aquellos a quienes se les atribuye (yo en particular). La razón es que dicha hipótesis no existe». Sin embargo, el término «innato» se utiliza de una forma muy similar a como se entiende y se ha entendido en la biología y la neurología contemporáneas; ej., por Salvador Luria (1973): «Para el biólogo tiene un sentido eminente pensar que, como para las estructuras del lenguaje, también las estructuras lógicas disponen en la red cerebral ciertos patrones de conexión genéticamente determinados» (pág. 141). Al utilizar la expresión «genéticamentee determinadas» para analizar las estructuras del lenguaje, Luria no está negando el componente del aprendizaje: «Por lo tanto, el lenguaje que cada individuo desarrolla es en parte aprendido, y en parte una expresión de la estructura de su propio cerebro» (pág. 140). Ciertamente, Luria no está utilizando «genéticamente determinado» en el sentido dado a «innato» en Elman *et al.*: «El término innato hace referencia aquí a los cambios surgidos como resultado de interacciones que se producen en el interior del propio organismo durante la ontogenia. Es decir, las interacciones entre los genes y sus entornos moleculares y celulares *sin recurso a la información procedente del exterior del organismo.* Adoptamos esta definición del término en este libro» (1996, pág. 22; la cursiva es nuestra).

Ningún biólogo (o lingüista) afirmaría que el lenguaje humano es «innato» en los términos de Elman *et al.*; es decir, «sin recurso a la información procedente del exterior del organismo». Comparemos con lo expresado por Hubel a este respecto: «Esto no quiere decir que otras regiones del córtex estén necesariamente conectadas sin necesitad de la experiencia. La mayoría de los neurólogos supondrían que los circuitos responsables del lenguaje son principalmente corticales, y nadie sostendría que nacemos conociendo los detalles de nuestra lengua nativa» (Hubel, 1988, pág. 216–217). Similares opiniones sobre el lenguaje humano se pueden encontrar expresadas en toda la bibliografía biológica. De hecho, la caracterización que Elman presenta del término «innato» es una regresión respecto a la noción clásica de Descartes, donde se entendía que las ideas innatas son disposicionales; es decir, están típicamente influidas por «la información procedente del exterior del organismo».

Cuando Chomsky estableció que el «aprendizaje» sigue la senda de la salida y la puesta del sol, estaba simplemente afirmando que es posible demostrar que la noción práctica de «aprendizaje» (ej., el lenguaje utilizado específicamente para los bebés) o el «aprendizaje» del conductismo radical son insuficientes para explicar las propiedades centrales del lenguaje. Estos enfoques del «aprendizaje» olvidaban incorrectamente las propiedades internas de la persona que está aprendiendo, en parte proporcionadas por la (epi)genética. Sugirió que el término «crecimiento» (en el sentido biológico) describiría con más precisión la adquisición del lenguaje que el término «aprendizaje» utilizado en el sentido anterior. Por supuesto, ajustando las definiciones de «aprendido» e «innato», podemos derivar casi todas las conclusiones que deseemos.

«EL RUMOR DEL GEN DE LA GRAMÁTICA»

Elman *et al.* claman contra el «rumor del gen de la gramática» (pág. 41), la creencia de que existen «genes únicos para resultados complejos». Pero una lectura cuidadosa de Elman *et al.* revela que el único rumor de ese tipo es el que ellos mismos originan en sus escritos: «Para evaluar los datos reales con cierto detalle, es necesario rastrear *el* "gen de la gramática" hasta sus fuentes originales, y seguir la bibliografía pertinente hasta el día de hoy» (pág. 373, la cursiva es nuestra). Aquí, Elman *et al.* utilizan la expresión «el "gen de la gramática"», pero en las fuentes que citan se habla de «un gen defectuoso» (Sutherland, 1993) y «un único gen dominante» (Szathmáry y Maynard Smith, 1995). En efecto, han puesto esas palabras en boca de Szathmáry y de Sutherland y Maynard Smith, y han incluido una lección sobre genética elemental para purgarlos de la errónea creencia en «genes únicos para resultados complejos»: «¡Todo sería mucho más sencillo de esa manera! Pero las pruebas de las que disponemos hasta este momento proporcionan poco respaldo a esta tesis [del «rumor del gen de la gramática»]. Lamentablemente, es necesaria una compleja cascada de interacciones genéticas para determinar resultados tan sencillos como el color de ojos de las moscas de la fruta o los tipos corporales de las lombrices de tierra» (Elman *et al.*, 1996, pág. 41).

Volviendo a las fuentes originales (Gopnik, 1990; Gopnik y Crago, 1991), Elman *et al.* citan otro supuesto caso de «rumor del gen de la gramática»: «No es irrazonable contemplar la hipótesis provisional de que un único gen dominante controla aquellos mecanismos que dan lugar a la habilidad del niño para elaborar los paradigmas que constituyen la morfología» (pág. 47). De nuevo, hablamos de «un» gen, no de «el» gen de algo. Nótese que esta forma de hablar sobre los genes no es diferente de la que se encuentra al leer acerca de la genética del desarrollo del comportamiento en la mosca de la fruta. De hecho, en el mismo número de *Science* en el que se incluye la crítica de Bates y Elman encontramos: «Los seres humanos distan mucho de ser los únicos animales con una complicada vida sexual. Tomemos la mosca de la fruta, *Drosophila melanogaster*, en la que los machos acechan y atraen a las hembras con canciones antes de aparearse con ellas. Pero en la mosca al menos, la mayor parte de su complejo repertorio resulta estar controlado por un único gen» (Roush, 1996, pág. 1836). El autor presenta los resultados que parecen indicar que el gen *fruitless* (*fru*) de la mosca de la fruta puede ser un «gen regulador de alto nivel que de alguna manera equipa los centros específicos del cerebro que coordinan el comportamiento de cortejo del macho». Además, «los machos con graves mutaciones en el gen *fru* pierden la voluntad de seguir a otras moscas, de entonar canciones de cortejo con sus propias alas, o de intentar la cópula, lo que indica que, de alguna manera, el gen organiza estos comportamientos. Respaldando más esta idea, Taylor ha demostrado que el *fru* se expresa principalmente en nueve pequeños grupos de células nerviosas, incluidos varios previamente calificados por Hall como "centros de cortejo"» (pág. 1836). Aquí tenemos el caso de «genes únicos para resultados complejos», que no es lo mismo que decir que es «el» gen para todo. Se mantiene la hipótesis de que es un gen regulador, y por lo tanto que podría regular la expresión de otros muchos genes[14].

---

[14] Un lector ha señalado que debería tenerse en cuenta que un gen presenta a menudo formas alternativas, o alelos. Un alelo diferente puede dar como resultado un fenotipo diferente del producido por el alelo que normalmente se encuentra en la población

UNA ALTERNATIVA «CONEXIONISTA» A LA BIOLINGÜÍSTICA

Seidenberg critica la que él denomina «Teoría Estándar» de la lingüística y sugiere un «marco teórico alternativo», basado en restricciones probabilísticas. Con «Teoría Estándar», Seidenberg quiere decir biolingüística (=lingüística I) (Seidenberg, 1997). De hecho, enumera específicamente las cinco cuestiones básicas sobre el lenguaje que se analizan en este libro: (1) conocimiento, (2) adquisición, (3) uso, (4) representación cerebral, y (5) evolución. ¿Pero está Seidenberg realmente presentándonos una alternativa? Podemos dejar a un lado las cuestiones (4) y (5), ya que no hace referencia a las mismas.

En cuanto a (1), conocimiento, pone objeciones a lo que él llama la «Hipótesis de la Competencia» (su terminología) y la «gramática de la competencia», basándose en que son «idealizaciones», en que son «abstractas» y solo están «remotamente relacionadas con la experiencia del niño»[15]. Pero cuando analiza su red nerviosa «alternativa», él mismo adopta implícitamente la «hipótesis de la competencia». Al analizar oraciones como *I loaded the bricks onto the truck* [cargué los ladrillos en el camión] frente a *I loaded the truck with bricks* [cargué el camión de ladrillos], afirma que «los hablantes de una lengua llegan finalmente a conocer tanto los significados de los verbos como un complejo conjunto de condiciones que rigen su aparición en las oraciones» (Seidenberg, 1997, pág. 1601–1602) y pasa entonces a analizar el programa de redes nerviosas (basándose en un trabajo de J. Allen) que aprende estos «significados de los verbos» y «un complejo conjunto de condiciones». Pero esto es exactamente lo que se quiere decir con «conocimiento del lenguaje» o «competencia», a saber, que un hablante o, para Seidenberg, la red nerviosa que modela a la persona, llega a conocer el significado de verbos como «cargar» y «los verbos y el complejo conjunto de condiciones que rigen su aparición en las oraciones».

---

estudiada. En el capítulo 4 analizaremos con más detalle la cuestión de la variación genética en el lenguaje.

[15] Seidenberg repite también la afirmación infundada hecha por Bates y Elman de que se da, por lo tanto, «la apariencia de que el lenguaje es imposible de aprender» (pág. 1601). Ya hemos tratado esta interpretación equivocada de la «Teoría Estándar».

En cuanto a la acusación de que la «Teoría Estándar», es decir, la biolingüística establece idealizaciones, obsérvese que las redes nerviosas (de manera bastante adecuada) también lo hacen. De hecho, Francis Crick ha reprendido a los teóricos de las redes nerviosas por establecer idealizaciones a partir de las propiedades del cerebro, advirtiendo de que sus teorías podrían seguir el camino del «flogisto», como señala Roberts:

> El problema obvio de las redes de retropropagación, afirma Crick, es que los mensajes de retorno tendrían que avanzar por el axón en el sentido equivocado. Y eso implica la existencia de un «profesor», que en el cerebro sería presumiblemente otro conjunto de neuronas. «Dicho conjunto de neuronas, si es que existe, debería tener propiedades novedosas y valdría la pena buscarlo, pero no hay ningún signo de que existan defensores de las redes de retropropagación clamando a las puertas de los neurocientíficos, suplicándoles que busquen esas neuronas», afirma Crick, llegando al punto crucial de su crítica (Roberts, 1989, pág. 481).

D. Rumelhart replica que «este enfoque me permite estudiar aspectos de la mente que no se pueden tocar siguiendo el método neurocientífico», dejando poca duda de que las redes nerviosas permiten una idealización radical de la «neurona» de los neurocientíficos[16].

Y las redes nerviosas tampoco están libres de la idealización del comportamiento del lenguaje. Por ejemplo, las obras sobre el lenguaje basadas en las redes nerviosas plantean también la suposición de algo parecido al «hablante–oyente ideal en una comunidad de habla homogénea». Solo como ejemplo, está ahora bien establecido que cualquier población real de hablantes de un idioma exhibe una variación genética; partes de la población muestran trastornos específicos del lenguaje de diversos tipos, véase capítulo 4. Que yo sepa, el trabajo sobre las redes nerviosas hace abstracciones a partir de este tipo de variación genética, y en la misma medida que la «Teoría Estándar».

---

[16] De hecho, Crick afirma que «prácticamente mi única contribución a sus esfuerzos [es decir, los de los coautores de la obra *Introducción al procesamiento distribuido en paralelo* (Rumelhart *et al.*)] ha sido el insistir en que dejen de usar la palabra *neuronas* para las unidades de sus redes» (Crick, 1995, pág. 186).

Volviendo ahora a las cuestiones (2) adquisición, y (3) uso, Seidenberg parece sostener que la incorporación de «restricciones probabilísticas» representa probablemente una alternativa a la «Teoría Estándar». Pero en una nota a pie de página cita a Chomsky (1957): «Dada la gramática de una lengua, se puede estudiar estadísticamente el uso del lenguaje de varias maneras; y el desarrollo de modelos probabilísticos para el uso del lenguaje (distinto de la estructura sintáctica del lenguaje) puede ser muy fructífero» (Chomsky, 1957, pág. 32, versión castellana). Es decir, la provisión explícita de modelos probabilísticos en la «Teoría Estándar» (biolingüística), fue bastante temprana. Como hemos visto, Chomsky había propuesto incluso que debía de producirse algo muy cercano a lo que Saffran, Aslin y Newport establecieron experimentalmente (Saffran, Aslin y Newport, 1996).

No está claro si Seidenberg pretende afirmar que las restricciones probabilísticas resultarán significarlo todo en el uso y la adquisición del lenguaje. Ciertamente, no se ha establecido nada por el estilo. Como señala Seidenberg, «poco del trabajo realizado hasta el momento se ha ocupado de los fenómenos que han sido el centro de la teorización lingüística durante las últimas décadas» y «todavía hay enormes parcelas del lenguaje a las que no se ha dedicado ningún estudio» (1997, pág. 1.601–1.602). La postura de Chomsky, y probablemente de la mayoría de los biolingüistas sería que el papel desempeñado por las limitaciones probabilísticas en la adquisición y uso del lenguaje es una cuestión que todavía está por descubrir, no algo estipulado por adelantado.

Seidenberg concluye lo siguiente:

> Además, la afirmación de que los humanos nacen con un conocimiento innato de la gramática no se basa solo en cuestiones referentes a la adquisición; se piensa que otros fenómenos como los aspectos universales de la estructura del lenguaje, la criollización, y las disociaciones entre el lenguaje y otros aspectos de la cognición convergen en la misma conclusión. Al igual que con el argumento de la pobreza del estímulo, será necesario volver a examinar dichas afirmaciones a la luz del marco teórico alternativo antes de sacar conclusiones definitivas (1997, págs. 1602–1603).

Necesitamos aclarar lo que quiere decir la tesis de que «los humanos nacen con un conocimiento innato de la gramática». A buen seguro, aquí no se hace referencia a la teoría de la «gramática» propia de los lingüistas. Sin embargo, tampoco se da el caso de que «los humanos nazcan con un conocimiento innato de una lengua», es decir, que nazcan sabiendo inglés o japonés. Por lo tanto, quizá sea mejor formular la suposición de manera más precisa como que «los humanos nacen con propiedades innatas que desempeñan un papel en la adquisición del lenguaje». A buen seguro, esta es una suposición compartida por la «Teoría Estándar» y la teoría de las redes nerviosas (o cualquier teoría del lenguaje, en realidad); es decir, el mecanismo de aprendizaje del lenguaje debe hacer ciertas suposiciones (tener una estructura interna), ya sea sobre propiedades del estado inicial descrito por la GU, restricciones probabilísticas, o ambas.

Lo que Seindenberg intenta presumiblemente cuestionar aquí es, por lo tanto, la «tesis de la modularidad» de que hay un componente innato específico para la facultad lingüística. Pero la tesis de la modularidad es independiente del argumento de la pobreza del estímulo. Este último solo establece que hay cierta estructura interna intrínseca (innata), y que dependiendo de los datos analizados, permite plantear hipótesis específicas sobre las restricciones. Si estas restricciones son específicas del lenguaje, o se extienden a otros dominios, como la visión, es una cuestión diferente: la cuestión de la «modularidad».

Sin embargo, la única forma en que podemos decidir si una propuesta determinada sobre la GU es específica de un dominio o independiente del mismo, ej., se reduce a restricciones probabilísticas sobre el juego de ajedrez o cualquier otra cosa, es comparar las dos propuestas. Pero, aparentemente, esto no es posible para Seidenberg. Porque, como él ha señalado, «todavía hay enormes parcelas del lenguaje a las que no se ha dedicado estudio alguno» en el marco de Seidenberg.

En conclusión, Seidenberg no ha establecido un «marco teórico alternativo» para la «Teoría Estándar» (biolingüística). Lo que nos queda es lo siguiente: se explora el uso de las limitaciones probabilísticas, una opción presente ya en la «Teoría Estándar» utilizando redes nerviosas en diversas áreas del lenguaje (la formación del plural, las estructuras verbo–argumento del tipo «cargar el camión de ladrillos»). El estado de las cuestiones de competencia (frente a actuación), idealización, argumento de la pobreza del estímulo y modularidad siguen exactamente igual que antes.

EL LENGUAJE COMO FENÓMENO «EMERGENTE»

Hemos explorado la «unificación» de la biolingüística con el resto de las ciencias naturales. En este apartado analizaremos los temas de la «emergencia» y el «reduccionismo» que a menudo se suscitan en este contexto. En un conocido ensayo, *More Is Different*, el físico Philip Anderson se ha expresado contra la que él ha denominado hipótesis «construccionista» en ciencias. Horgan califica este ensayo de «llamamiento a favor de los enfoques antirreduccionistas de la ciencia» (Horgan, 1994, pág. 34). Pero es importante señalar que Anderson no está presentando argumentos contra la que él mismo denomina «hipótesis reduccionista», a saber, que «se supone que el funcionamiento de nuestra mente y nuestro cuerpo, y de toda la materia animada o inanimada de la que tenemos un conocimiento detallado, está controlado por el mismo conjunto de leyes fundamentales». De hecho, dice con bastante claridad que «todos debemos comenzar con el reduccionismo, que yo acepto plenamente». Anderson se manifiesta, en realidad, contra un «corolario del reduccionismo» según el cual uno puede partir de esas leyes fundamentales y «reconstruir el universo» (Anderson, 1972, págs. 393–394). Nos pide que consideremos las ciencias dispuestas aproximadamente en la jerarquía (adaptada de Anderson, 1972) que se muestra en el diagrama:

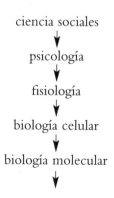

ciencia sociales
↓
psicología
↓
fisiología
↓
biología celular
↓
biología molecular
↓

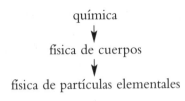

química

↓

física de cuerpos

↓

física de partículas elementales

Según Anderson, una ciencia situada en un punto más elevado de la jerarquía obedece a las leyes de una ciencia situada en un punto inferior. La física de cuerpos (física del estado sólido) obedece a las leyes de la física de partículas elementales. Pero lo que no sucede es que la física de cuerpos sea una física de partículas elementales «simplemente aplicada». Por el contrario «en cada nivel de complejidad aparecen propiedades completamente nuevas» que requieren nueva investigación como naturaleza fundamental, igual que cualquier nivel inferior: «En cada fase, son necesarios leyes, conceptos y generalizaciones completamente nuevos, que requieren inspiración y creatividad en un grado tan elevado como el anterior. La psicología no es biología aplicada, ni la biología es química aplicada» (Anderson, 1972, pág. 393).

¿Cuáles son estas nuevas complejidades? Anderson señala que su propio campo de física de cuerpos múltiples, que está «más cerca de nuestros apuntalamientos fundamentales e intensivos que cualquier otra ciencia en la que se den complejidades no triviales», muestra claramente que «tiene lugar un cambio de la diferenciación cuantitativa a la cuantitativa», a saber, por medio de la «simetría rota» (pág. 393). Como ejemplos de fenómenos de simetría rota de esta área de estudio, Anderson cita la superconductividad, los cuerpos antiferromagnéticos, los ferroeléctricos y los cristales líquidos. La formación de una red cristalina es el «ejemplo más estudiado y quizá más sencillo de lo que denominamos «propiedad emergente»: una propiedad que se manifiesta solo en un sistema suficientemente grande y complejo, en virtud de ese tamaño y esa complejidad» Anderson señala que la «simetría rota es en realidad el concepto subyacente básico de la física del estado sólido» y que «muchas, si no la mayoría, de las propiedades interesantes de los sistemas de materia condensada son efectos emergentes de la simetría rota» (Anderson, 1994, pág. 587-588). La idea aquí es que, bajo ciertas condiciones, un sistema macroscópico puede presentar propiedades como superconductividad y antiferromagnetismo, que «no solo son más que la suma de sus partes, sino muy diferentes a ella». Estas propiedades son ejemplos de propiedades «emergentes» y la simetría interrumpida es su fuente.

Chomsky ha sugerido que el lenguaje humano representa un importante ejemplo de «emergencia» en el ámbito mental:

> No parece tener fundamento la opinión según la cual el lenguaje humano sería simplemente un ejemplo más complejo de algo que puede encontrarse en otras partes dentro del mundo animal. Esto plantea un problema biológico, ya que, de ser verdad, es un ejemplo de verdadera «emergencia», o sea, de la aparición de un fenómeno cualitativamente diferente en un estado específico de complejidad de organización. [...] Y me parece que hoy en día no hay ningún camino mejor o más prometedor para llegar a conocer las propiedades esenciales y distintivas de la inteligencia humana que el que pasa por la investigación detallada de la estructura de esa posesión humana única (Chomsky, 1968, pág. 118, versión castellana).

Hay ejemplos que sugieren que el mecanismo de ruptura de la simetría puede ser también muy importante en algunas áreas del desarrollo biológico[17]. En el capítulo 5 sugerimos que este mecanismo quizá desempeñe un papel en el desarrollo de las asimetrías encontradas en el lenguaje humano, por ejemplo, en el orden de palabras. Estamos, por lo tanto, conjeturando que propiedades del lenguaje como las asimetrías sintácticas son «propiedades emergentes», las propiedades no deducibles de los niveles inferiores de la jerarquía de Anderson. Lo que tendríamos, entonces, es una especie de tesis de la «gran explosión» sobre el desarrollo del lenguaje, en la que se dan una serie de rupturas de la simetría según va creciendo (desarrollándose) la propiedad del lengua-

---

[17] Véase, por ejemplo, el análisis, en el capítulo 5, del mecanismo de Turing y el de los números de Fibonacci en el girasol. Véase también Goodwin, 1994; Anderson, 1972, deja abierta la cuestión del papel de la ruptura de la simetría en la vida: «No está en absoluto claro si el desarrollo de la vida requiere una nueva ruptura de la simetría» (pág. 395). Sí añade algunas conjeturas sobre el papel de factores como la «regularidad temporal» e incluso presenta el «lenguaje humano hablado» como ejemplo. En Anderson se podrán encontrar también algunos comentarios (escépticos) sobre el papel de la simetría interrumpida y el concepto de las «estructuras disipativas» en la autoorganización de los sistemas vivos (Anderson, 1981).

je, bajo las condiciones iniciales específicas de aportación lingüística del entorno. El estado (genético) inicial de la facultad del lenguaje representaría el estado simétrico respecto a las posibilidades del orden de las palabras. Esto se refleja empíricamente en el hecho de que todos los recién nacidos parecen capaces de aprender cualquier posible orden de palabras adoptado por las diferentes lenguas humanas, incluidas las denominadas lenguas de orden libre de palabras. El orden de palabras aplicado sería el resultado de una interacción entre el sistema genético subyacente y la dinámica del crecimiento, junto con las condiciones iniciales proporcionadas por el entorno lingüístico.

Weinberg considera que el concepto de «emergencia» está bien captado por Anderson en el artículo de «Más es diferente» (Weinberg, 1992, pág. 39 versión castellana). Al mismo tiempo, se declara reduccionista («me considero reduccionista») en un esclarecedor ensayo incluido en el mismo libro, «Dos hurras por el reduccionismo». Pero, como ya hemos visto, esta no es una postura contradictoria, a pesar de algunas opiniones populares[18]. Tanto Anderson como Weinberg consideran que las ciencias situadas en niveles superiores de la jerarquía arriba presentada obedecen a las leyes de las ciencias de niveles inferiores y, en este sentido, se consideran reduccionistas. Sin embargo, ambos creen en los fenómenos «emergentes»; Weinberg utiliza la temperatura y la entropía como ejemplos de conceptos emergentes que «pierden todo significado en el nivel de las partículas elementales». Por estas razones, ni la afirmación (por Waldrop) de que Anderson libra una guerra de guerrillas contra el reduccionismo, ni la afirmación (por Ernst Mayr) de que Weinberg es un «reduccionista intransigente» parece justa. Weinberg prefiere reservar la palabra «fundamental» para el nivel inferior, en el sentido de que lo que él denomina las «flechas de explicación» fluyen todas hacia ese nivel, como se ha representado en la jerarquía aquí expuesta.

Debemos añadir una importante advertencia a nuestro análisis sobre el «reduccionismo». Chomsky señala que «en la medida en que se ha alcanzado la unificación, no ha sido mediante un reduccionismo estricto,

---

[18] Véase, por ejemplo, Waldrop, que dice de Anderson: «Había librado personalmente una guerra de guerrillas contra el reduccionismo durante décadas», citando el artículo de «Más es diferente» (Waldrop, 1992, pág. 81). Como ya hemos señalado, en este ensayo Anderson declara que «todos debemos empezar con el reduccionismo, que yo acepto plenamente».

excepto en casos raros. Por lo general ha ocurrido que la que consideramos la ciencia más fundamental ha tenido que ser radicalmente revisada» (Chomsky, 1994a, pág. 81). Señala que conceptos como la tabla periódica y el enlace químico no pudieron ser «reducidos» a la física del siglo XIX, pero aun así tenían un gran valor explicativo. Una comprensión más plena de estas nociones químicas tuvo que esperar los fundamentos de la física para ser «expandida» hasta incluir la teoría cuántica. Se puede encontrar un análisis más amplio de cómo la física se amplió para incorporar la química y de los paralelismos con la cuestion mente/cuerpo en Chomsky, 1995a. Y la situación descrita por Chomsky no ha cambiado en la actualidad. Glashow señala que, en el momento en que se postuló el quark, no se había visto nunca una partícula con carga eléctrica fraccionaria. Por lo tanto, no había partículas elementales a las que «reducir» la teoría de los hadrones. Por el contrario, la teoría de las partículas elementales tendría que ser «ampliada» para acomodar dichas cargas fraccionarias. Para dar otro ejemplo de la «expansión» de la física, a finales de los setenta, Weinberg e, independientemente, Susskind, propusieron una fuerza de la naturaleza completamente nueva y extrafuerte, ahora denominada «technicolor» (todavía sin confirmar), para ayudar a explicar la interrupción de la simetría electrodébil (Weinberg, 1992, pág. 237, n.8 de la versión castellana).

BISHOP Y LA BIOLINGÜÍSTICA

En una sección de «News and Vews» de *Nature*, que revisa un estudio de Wright *et al.* sobre un déficit perceptivo de tipo auditivo en niños (Wright *et al.*, 1997), Bishop anuncia la desaparición de la idea de que «el lenguaje está genéticamente determinado, y se desarrolla de acuerdo con un programa biológico»; véase el resumen de Bishop, 1997. Sin embargo, siguiendo a W. C. Fields, podemos decir que los informes sobre su deceso son enormemente exagerados.

Se sostiene que «nuevos estudios sobre niños con una "deficiencia específica del lenguaje" (DEL) indican que, de hecho, no existen sistemas especializados de aprendizaje lingüístico, sino que el lenguaje se desarrolla a partir de otros procesos perceptuales o cognitivos más generales».

Bishop sostiene que del hecho de que un gen pueda causar distrofia múltiple no se debería sacar la conclusión de que hay un gen para caminar. De manera similar, del hecho de que haya un gen involucrado en la deficiencia gramatical no se debería sacar la conclusión de que hay un gen para hablar (o para la gramática). Pero su argumento tampoco pasa la prueba.

Supongamos que identificamos un grupo heterogéneo y poco definido de personas, todas ellas con problemas de locomoción. Tienen problemas más o menos específicos para caminar, pero algunos podrían tener también problemas en otros terrenos, como saltar, nadar o bailar. Llamémoslo síndrome de deficiencia específica para caminar (DEC). Ahora, supongamos que descubrimos un subgrupo de personas con DEC que además tienen problemas con una determinada prueba de sincronización. No pueden sincronizar las piernas al caminar ni mantenerse de pie con los pies juntos. ¿Nos lleva eso a la conclusión de que hemos demostrado que es incorrecta la idea de que caminar está genéticamente determinado y se desarrolla de acuerdo con un programa biológico? ¿O que caminar y los movimientos del cuerpo se deben probablemente a procedimientos de sincronización no específicos y generalizados? Un biólogo del desarrollo que estudiase las funciones corporales no daría el salto a estas conclusiones. Una pregunta interesante es por qué tantos investigadores de psicología y de las ciencias cognitivas están dispuestos a apoyar el sospechoso argumento análogo cuando estudian la mente.

Peor aún, el propio trabajo de Bishop muestra que los «mecanismos […] auditivos» son irrelevantes para la cuestión de si el lenguaje está genéticamente determinado. En particular, observa en sus estudios sobre sordos el bien establecido hecho de que incluso aunque el sistema de percepción auditiva esté completamente bloqueado, el lenguaje sigue pudiendo desarrollarse sin consecuencias, mediante el uso visual del lenguaje de signos (Poizner, Klima y Bellugi, pág. 1987).

Lo más importante, sin embargo, es que la propuesta de que el lenguaje está genéticamente determinado se basa en gran número de líneas de prueba convergentes, no solo en un tipo de deficiencia. El estudio de la biología del lenguaje se basa en una amplia gama de pruebas convergentes, como ya se ha dicho: la gramática universal y comparativa, la adquisición y percepción del lenguaje, el lenguaje de signos, los niños aislados del lenguaje, las lenguas criollas, los estudios de agramatismo en familias y gemelos, las afasias expresivas y receptivas, los cerebros divididos, los sabios lingüísticos y la actividad eléctrica del cerebro. Esto no quiere decir que el estudio de las deficiencias del lenguaje, genéticas o de otro tipo, carezca de importancia, bastante al contrario. Pero dichos estudios están todavía en su infancia. Los estudios cuidadosos, como los que están realizando Gopnik, Van der Lely (Van der Lely, 1997; Van der Lely y Stollwerck, 1996), sus colaboradores y otros (véase capítulo 4), son necesarios para organizar el heterogéneo grupo de deficiencias, llamadas en general deficiencias específicas del lenguaje, en varios subtipos de déficit que afectan a la gramática, a la articulación, a la percepción y a otros componentes cognitivos, de la misma forma que el «retardo mental» se ha ido descomponiendo a lo largo de las décadas en diversos tipos de retardo mental vinculado al cromosoma X, diferentes tipos de síndromes del cromosoma X frágil, y otros muchos.

Recientemente, en una reunión de la British Association for the Advancement of Science, Bishop presentó una «nueva y radical explicación genética» de los trastornos del lenguaje. Informa de que «la capacidad de aprender a hablar es genética». La explicación radical se basa en sus estudios sobre las «relaciones familiares», los «gemelos idénticos», la rapidez del aprendizaje del lenguaje, y la pobreza del estímulo; es decir, la observación de que «en Papúa Nueva Guinea, los padres creen que no deben hablar a sus hijos hasta que tengan algo que decir, pero aun así estos desarrollan un lenguaje natural». En resumen, Bishop invoca muchos de los argumentos típicos desarrollados a lo largo de los pasados cuarenta años en el programa biolingüístico de Chomsky y otros. Llega incluso a decir que no debemos ser fatalistas respecto al hecho de que el lenguaje esté «atado a los genes». Deberíamos algún día poder intervenir «bioquímicamente» en estos «trastornos genéticos» y quizá incluso obtener algún «fármaco lingüístico» para quienes padecen deficiencias del lenguaje.

EL USO DEL LENGUAJE

Chomsky señala que la cuestión general sobre el uso del lenguaje «necesita que se elaboren teorías de la actuación; entre ellas, teorías de la producción y la interpretación» (Chomsky y Lasnik, 1993, pág. 509). Dicho en términos generales, el problema está más allá de toda comprensión: «No sería razonable plantear el problema de cómo decide Jones decir lo que dice, o cómo interpreta lo que oye en circunstancias particulares.»

Sin embargo, se pueden estudiar aspectos del problema. En especial, se ha asumido que «uno de los componentes de la mente/cerebro es un *analizador gramatical*, que asigna un percepto a una señal (abstrayendo de otras circunstancias pertinentes para la interpretación)». El analizador gramatical llevaría el lenguaje (I) incluido, y estaría a su vez incluido en otros sistemas utilizados para la interpretación (Berwick, Abney y Tenny, 1992).

Chomsky señala que es bien sabido que el análisis gramatical ilustra una forma importante en que las lenguas son «inutilizables»:

> El análisis gramatical podría ser lento y difícil, o incluso imposible, y puede estar «equivocado» en el sentido de que el percepto asignado (si asigna alguno) no coincida con la DE [descripción estructural] asociada con la señal; se han estudiado muchos casos de familias. En general, no se da el caso de que el lenguaje sea inmediatamente utilizable o esté «diseñado para el uso». Las subpartes que se usan son utilizables, dicho de manera trivial; las consideraciones biológicas nos llevan a no esperar más que eso (Chomsky y Lasnik, 1993, pág. 509).

Ejemplos de problemas de análisis gramatical son las «oraciones de senda de jardín» y la incrustación múltiple.

De manera similar, no deberíamos esperar, sobre bases establecidas *a priori*, que las lenguas especificadas por la GU sean imposibles de aprender. Tal vez algunas se puedan aprender y otras no, y quizá estas últimas no se encuentren entre las lenguas del mundo. Si el modelo de los principios y los parámetros es correcto, las lenguas se podrían aprender, pero, como señala Chomsky, este resultado sería empíricamente sorprendente.

4

Los mecanismos del lenguaje

EL LENGUAJE Y LA GENÉTICA: MUTANTES DE LA MENTE

LA «CAZA DEL GRAN MUTANTE»

Hemos sostenido que los principios de la gramática universal (es decir, de la sintaxis, la morfología, la semántica y la fonología) tienen una categoría, con respecto al sistema nervioso, muy similar a la de las leyes mendelianas de la genética clásica (Jenkins, 1979). Es decir, son una caracterización abstracta de mecanismos físicos que, en este caso, reflejan estructuras nerviosas genéticamente especificadas.

Además, hemos sostenido también que no tenía más (ni menos) sentido preguntar si lo que nosotros llamamos «leyes de Chomsky» eran «psicológicamente reales» que el preguntar si las «leyes de Mendel» eran «fisiológicamente reales». Si uno ha quedado convencido por las pruebas presentadas por el argumento de la pobreza del estímulo, o por otras pruebas no lingüísticas, de que la GU representa el componente genético o el estado inicial de la facultad lingüística, tiene sentido hablar de los genes involucrados en la especificación del estado inicial. Y uno se podría plantear las preguntas habituales que se hacen acerca de los genes: ¿en qué cromosomas están? ¿Actúan de modo dominante, recesivo, poligénico[1], o de otra manera? ¿Qué hacen: son genes estructurales o reguladores? Etcétera.

Se ha objetado que, estuviesen desfasadas o no, y aun siendo realmente operativas, las leyes de Mendel tenían poco que ver con la gramática universal:

---

[1] La herencia poligénica es una herencia de genes múltiples, en la que un rasgo puede estar afectado por más de un gen.

Su aproximación fundamental [la de Mendel], el uso de métodos estadísticos y la propuesta de leyes abstractas para describir las regularidades, era convincente en las fases iniciales del estudio científico de la herencia; pero no tendría sentido hoy en día, con los conocimientos que hemos adquirido sobre la química del programa genético (Coopmans, 1984, pág. 58).

Sus paralelos [los de Jenkins] no pueden ayudar a la integración de los universales lingüísticos en el estudio de la genética, porque dichos universales sencillamente no «suprimen» las estructuras subyacentes de la forma en que, por ejemplo, se «suprime» la rugosidad; no hay un sentido en el que las estructuras que transgreden las leyes de Chomsky se manifiesten en una generación, se «supriman» en la siguiente, y se muestren de nuevo en otra posterior (Watt, 1979, pág. 133).

Sin embargo, están apareciendo pruebas que sugieren que al menos algunos casos de agramatismo presentan los clásicos patrones hereditarios mendelianos. Gopnik y sus colaboradores han alegado que un gen dominantemente heredado en una familia estudiada por ellos (véase abajo) afecta a la inflexión morfológica: «Se presentan datos que sugieren que al menos algunos casos de disfasia están asociados con una anomalía en un único gen dominante. Se informa de los resultados de una serie de pruebas realizadas en tres generaciones de una gran familia, en la que la mitad de los miembros padecen disfasia» (Gopnik y Crago, 1991, pág. 1).

Como hemos señalado, los métodos de la genética clásica son vitales en muchas áreas de la genética en las que se tienen todavía pocos conocimientos bioquímicos o no se maneja un fenómeno determinado (Jenkins, 1979). El trabajo de McClintock sobre el maíz, por el que recibió el Premio Nobel en 1983, el año anterior a los comentarios de Coopman, se basaba en el mismo tipo de métodos de cálculo estadístico originalmente utilizados en la genética clásica (aun cuando llegó a algunas conclusiones no mendelianas a partir de sus datos). Solo más tarde recibió su teoría de los elementos genéticos transponibles confirmación bioquímica independiente, mediante el estudio de unos elementos genéticos bacterianos denominados «transposones». Los actuales estudios vanguardistas en biología molecular, como el trabajo sobre genética del desarrollo en la mosca de la fruta, dependen todavía crucialmente del uso de los métodos estadísticos de Mendel.

Volvamos a la objeción presentada por Watt de que los universales del lenguaje no se «suprimen» ni reaparecen, como el color de un guisante, de una generación a la siguiente. No queríamos dar a entender que cada universal del lenguaje correspondiese punto por punto a un gen específico del lenguaje, que a su vez se segregase de modo mendeliano, una opinión que Watt parece imputarnos. Porque, si el lenguaje es poligénico, es decir, si implica la interacción de múltiples genes, como sucede con muchos rasgos humanos, como la estatura, no hay razón para esperar ver universales particulares del lenguaje suprimidos y recuperados en sucesivas generaciones de un sencillo modo dominante y recesivo. Más adelante sugeriremos que puede haber algunas variantes genotípicas en la GU que correspondan a fenotipos lingüísticos presentes en la población humana. Cómo se heredan estos genes (dominantes, recesivos, poligénicos, etc.) es materia para la investigación empírica.

En su estudio sobre los patrones de las canciones en los grillos (*Teleogryllus*), Bentley y Hoy concluyen que los sistemas génicos que subyacen a la canción son a un tiempo poligénicos y multicromosómicos (Bentley y Hoy, 1972). El estudio de parámetros de las canciones, tales como el número de pulsos por vibración y el número de vibraciones por sintagma en los híbridos de *Teleogryllus*, indica que se da una herencia poligénica: «ningún parámetro está controlado por una herencia monofactorial que suponga una situación dominante–recesiva simple […] parece que cada parámetro de canción está afectado por una serie de genes que resultan de una disposición genética estable, bien protegida contra la mutación» (Bentley y Hoy, 1972).

Además, el control de algunos caracteres está ligado al sexo, mientras que el de otros no, lo que indica que hay más de un cromosoma implicado en el sistema genético; es decir, es multicromosómico. El estudio de la distribución del intervalo entre vibraciones indicó que este carácter está influido por genes presentes en el cromosoma X, así como por genes de otros cromosomas. Los autores concluyen: «En consecuencia, incluso el conjunto de genes más fuertemente restringido, que regula un único parámetro de canción, está distribuido entre más de un cromosoma» (Bentley y Hoy, 1972). Por lo tanto, la hipótesis de «un gen–un parámetro» no se sostiene para ciertos sistemas de comunicación animal, como es el caso de las canciones de los grillos. No hay más razón para esperar o suponer que sí se deba dar este caso en el sistema más complejo del lenguaje humano.

Esto no excluye, sin embargo, la posibilidad de que algunas variaciones gramaticales puedan seguir las leyes de Mendel. Además, algunos trastornos del habla se han asociado con una herencia autosómica simple o ligada al cromosoma X (la disfasia del desarrollo, algunos casos de tartamudeo o dislexia, el retardo mental asociado con el cromosoma X, etc.). De manera análoga, se ha señalado que ciertos casos de crecimiento asociado siguen patrones mendelianos.

Chomsky ha propuesto que el estado inicial caracterizado por la GU es «un elemento del legado biológico humano que parece estar sometido a poca variación, a no ser que se produzca una patología grave» (Chomsky, 1991a, pág. 7). Como primera aproximación, parece cierto, y a menudo se realiza el siguiente tipo de *Gedankenexperimet* para respaldarla: supongamos que John (nacido en Nueva York) crece en Roma y Gianni (de Roma) crece en Nueva York. Dado que John aprende italiano y Gianni inglés, esto demuestra que John no estaba genéticamente conectado para aprender inglés ni Gianni para aprender italiano. Podemos trasladar este experimento mental a cualquiera de las lenguas del mundo, y parece razonable concluir que la GU (el estado inicial) es constante. Desde el punto de vista genético es necesario todavía plantear muchas preguntas sobre John y Gianni. ¿Qué diferencia hay entre sus intuiciones sobre las pruebas negativas de los principios universales y las de sus compañeros? Si John o Gianni dejasen atrás un gemelo idéntico, ¿qué diferencia habría entre sus intuiciones y las de sus gemelos o las de los compañeros de sus gemelos? ¿Qué diferencia hay entre las intuiciones de John, de Gianni o de sus gemelos idénticos, y las de sus verdaderos hermanos? ¿O con las de sus hermanos adoptados? ¿O con las de sus familiares? ¿Hay algún patrón familiar en los juicios aparentes?

Así, podría haber todavía un considerable espectro de variación en la GU, desde condiciones patológicas graves a variaciones más sutiles, no abordadas por la práctica clínica. Una fuente de variación genética en la GU podría estar en los puntos del sistema menos indispensables para los principios básicos. Por ejemplo, considérese el denominado efecto de la huella de *that* [*that–trace*] visto en los siguientes ejemplos:

(1) *Who do you think John saw t?* [¿A quién crees que vio John t?]

(2) *Who do you think t saw Mary?* [¿Quién crees que t vio a Mary?]

(3) *Who do you think that John saw t?* [¿A quién crees que John vio t?]

(4) * *Who do you think that t saw Mary?* [¿Quién crees que t vio Mary?]

(5) * *Who do you think that t left?* [¿Quién crees que t marchó?]

Obsérvese que, en estos ejemplos, *who* siempre se puede extraer de la posición como objeto de *saw*, esté o no presente el complemento *that*, como en (1) y (3). Sin embargo, *who* no se puede extraer de la posición de sujeto de *saw* a no ser que *that* esté ausente, compárese (2) con (4) y (5). Es decir, la configuración excluida es cuando *that* va seguido de la huella del elemento *who* cambiado. De ahí el «efecto de la huella de *that*».

Se ha trabajado mucho para intentar incluir estos efectos en principios más generales, como el Principio de la Categoría Vacía (PCV). Se ha descubierto que estos efectos presentan gran variación de una lengua o dialecto a otros. Para explicar esta variación, el lingüista busca datos lingüísticos que pudieran actuar como agente que activa en una posición u otra un interruptor del principio de GU pertinente. Uno de los problemas que quedan por explicar es cómo se introducen las transgresiones de la huella de *that* sin pruebas lingüísticas positivas. Aunque se podría apelar a la innovación instantánea, deseamos considerar aquí una posibilidad diferente. Nótese que siempre que se propone un principio de GU con un interruptor que se puede accionar de diversas maneras, hay dos formas de cambiar la posición de este interruptor neurogenético: (1) ser activado por los datos lingüísticos o (2) puede activarse directamente en el genotipo de un grupo «fundador» y luego propagarse mediante una prueba lingüística positiva. Aunque quizá sea difícil deducir los efectos de la genética a partir de los efectos de los datos lingüísticos, es importante señalar que esta hipótesis se puede comprobar de diferentes maneras.

¿Qué tipo de estudios podrían demostrar esta tesis? Se podrían realizar pruebas en hermanos para ver si tienen juicios opuestos sobre el efecto de la huella de *that*. Si este filtro es una variación de la GU, se podría predecir que dichas familias deberían existir. Sería posible entonces realizar un examen en generaciones múltiples de la familia para buscar una patrón genético de transmisión (mendeliano o no mendeliano) detectable.

Además, supongamos que encontramos un portador de la variación genética de la transgresión del efecto de la huella de *that*. Si este portador tuviese un gemelo idéntico pero criado por separado en una población que observase el efecto de la huella de *that*, sería posible hacer pruebas al gemelo para ver si dispone de intuiciones del filtro diferentes a las del resto de la población. Esto sería lo predicho, ya que la única prueba de lo contrario es la prueba negativa.

Obsérvese que este no es el tipo de variaciones lingüísticas que en algún momento llama la atención de los terapeutas del lenguaje. Y tampoco tienen que hacerlo, ya que parecen ser variaciones completamente inocuas de la sintaxis, encontradas en muchos idiomas y dialectos del mundo. Informes de estas variantes se encontrarían con más probabilidad en las páginas de *Linguistic Inquiry* que en el *Journal of Speech and Hearing Research*. El tipo de variación del que hablamos es como la variación polimórfica de la población en cuanto a la percepción del color rojo o a la sensación gustativa producida por la PTC[2]. Solo por eso la variación supone la asignación de asteriscos (*) a frases como (4) y (5). Si lo deseamos, podemos hablar aquí de los «polimorfismos del lenguaje» o de los «polimorfismos de la GU», o simplemente de variantes lingüísticas.

Aunque hemos utilizado el ejemplo del «efecto de la huella de *that*» para concretar, la tesis que hemos presentado es aplicable a otras áreas de la GU. Por lo tanto, se podrían buscar áreas de variación idiolectal, dialectal o interidiomáticas (o «puntos calientes») con respecto a otros aspectos de la GU —por ejemplo, sobre ligamiento, control, caso, movimiento, etc.

Lightfoot ha explicado el cambio diacrónico basándose en el establecimiento de parámetros. Propone mecanismos lingüísticos específicos que operan en el cambio histórico y sugiere que se analicen en el marco de unos principios biológicos más generales: «El cuadro que surge respecto al cambio lingüístico es de "equilibrio interrumpido". Las lenguas cambian constantemente de manera gradual y poco sistemática, pero mientras tanto las gramáticas se mantienen en equilibrio, sin cambios en sus propiedades estructurales. De vez en cuando, sin embar-

---

[2] La PTC es la feniltiocarbamida, una sustancia química de sabor amargo para algunos e insabora para otros.

go, experimentan una reestructuración más radical y catastrófica, que se corresponde con el establecimiento de nuevos parámetros» (Lightfoot, 1991, pág. 173).

Las propuestas de Lightfoot hacen referencia a cómo se podría producir el establecimiento de nuevos parámetros cuando el activador son los datos lingüísticos. Nosotros sugerimos que otra posible fuente de innovaciones en el cambio histórico son las variaciones genéticas del tipo analizado en este capítulo, que derivan de tipos de variedad de jardín de la clásica mutación genética[3].

La discusión con Chomsky sobre los «mutantes de la subyacencia» que se publica en Huybregts y Riemsdijk, centrada en el problema de la variación genética, puede subestimar la potencial significación e importancia de los mutantes del lenguaje para la comprensión de las bases biológicas de este (Huybregts y Riemsdijk, 1982, pág. 24). Se señala que biólogos como Luria han sugerido que se busquen las mutaciones del lenguaje; considérese un ejemplo: «Un punto de partida en la biología del lenguaje puede ser la observación de las perturbaciones producidas por accidentes, enfermedades, mutaciones genéticas o intoxicaciones químicas en las funciones lingüísticas, por una parte, y en la red cerebral, por otra» (Luria, 1975b, pág. 50).

Pero el análisis publicado en Huybregts y Riemsdijk deja la impresión de que estas son principalmente de interés para el estudio de la *variación* genética. Es cierto, como señala, que el biólogo del desarrollo se aparta a menudo de la variación genética, a no ser que el problema le interese específicamente. O, como ha expresado Goodenough: «Mientras el especialista en genética molecular o cromosómica busca minimizar la variación usando líneas *puras*, marcadores genéticos *estables*, sistemas *uniformes* de ensayo enzimáticos, etc., el especialista en genética de poblaciones está interesado principalmente en la variabilidad, en la cantidad de variabilidad dentro de una población y en la manera en que los genes

---

[3] E. J. Mange y A. P. Mange señalan que «las mutaciones son la fuente suprema de la variación de la que depende la evolución. La recombinación de los segmentos cromosómicos o la migración de individuos puede redistribuir los alelos, produciendo, quizá, combinaciones beneficiosas, pero todas las actuales diferencias genéticas entre organismos derivan de mutaciones aleatorias acaecidas en algún momento del pasado reciente o remoto» (Mange y Mange, 1994, pág. 430).

varían durante la evolución» (Goodenough, 1978, pág. 746, versión castellana).

Los estudios de Dobzhansky sobre la variación son un ejemplo (Dobzhansky, 1962). El neurogenetista utiliza líneas isogénicas de los ratones y mosaicos genéticos para reducir la variación (Stent, 1981). Aunque el biolingüista no puede practicar un cruzamiento controlado de humanos, sí podría, por ejemplo, estudiar gemelos idénticos para alcanzar un efecto similar, como en los estudios sobre agramatismo realizados por Luchsinger.

Sin embargo, la principal importancia de las estructuras de gen mutante o anómalo para la genética es, quizá de manera un tanto paradójica, para el estudio de la forma *normal*, no mutada, del gen. Esto se debe a que las mutaciones se pueden utilizar en diversos experimentos de proyección genética para determinar la localización física del gen. Además, se pueden utilizar como sondas para revelar los mecanismos bioquímicos subyacentes; ej., pueden introducir bloques es las vías metabólicas o, como sobreproductores, pueden servir de fuente de productos génicos normalmente presentes solo en cantidades diminutas en la célula. Un ejemplo de ese tipo es el trabajo del propio Luria quien, por ejemplo, ha utilizado mutantes bacterianos carentes de la enzima adenosina trifosfatasa para estudiar la energética de las membranas celulares (Luria, 1975a, págs. 35 ss.). Históricamente los genetistas también han utilizado el mutante principalmente en un esfuerzo por comprender el caso normal (tipo silvestre), en lugar de estudiar la variación; un ejemplo conocido es el uso que Thomas Hunt Morgan hizo de la mosca macho mutante de ojos blancos para demostrar que existe una herencia relacionada con el sexo (Jenkins, 1975, pág. 47–50). Obviamente, por razones éticas, en el caso del lenguaje no podemos inducir mutaciones artificiales, como Muller hizo en sus estudios de la mosca de la fruta (Muller, 1977 [1946]). Pero este hecho hace que las raras mutaciones naturales sean más valiosas para el estudio de la biología del lenguaje. Es posible, por supuesto, utilizar también de manera muy rentable a los mutantes como herramientas para estudiar la variación genética, pero también muchos genetistas se han embarcado en lo que Brenner denomina la «caza del gran mutante» para demostrar la estructura y el funcionamiento de los genes normales (Brenner, 1979, pág. 2).

ALGUNOS CASOS PRÁCTICOS[4]

LA SINTAXIS EN LOS GEMELOS IDÉNTICOS (LUCHSINGER)

En su estudio sobre los trastornos del habla, Luchsinger señaló la importancia de los gemelos idénticos (monocigóticos) para el estudio del desarrollo de la gramática. Le interesaba el estudio de los casos de *agramatismo*, es decir, aquellos en los que los gemelos presentasen algún defecto del habla que afectara a la gramática, como en el siguiente ejemplo[5]:

> Se descubrió que dos gemelos idénticos, de nueve años, tenían exactamente los mismos rasgos de carácter y lingüísticos. Ambos eran de inteligencia normal y personalidad tranquila y retraída. Su articulación parecía normal. Sin embargo, en el colegio, su progreso se veía dificultado exactamente por las mismas dificultades con la estructura de la oración. Por ejemplo, *ambos niños situaban el objeto de la oración al final de la misma, o bien lo borraban por completo*. Este «problema del lenguaje», que el padre también había padecido hasta los diez años, era un indicativo adicional del origen hereditario dejar de que se trataba de un defecto innato del lenguaje (Luchsinger y Arnold, 1965, la cursiva es nuestra).

Dado que los gemelos idénticos (en general) tienen los mismos genes y, por lo tanto, el mismo programa genético, la presencia aquí de un grave y específico defecto gramatical sugiere la posibilidad de que ambos gemelos estuviesen afectados por un defecto genético común. El hecho de que el padre hubiese padecido un problema similar proporciona un respaldo adicional a la opinión de que se trata de un defecto genético. De adicional interés es el que los gemelos tuviesen por lo demás una inteligencia normal. Es decir, no podemos atribuir su grave problema

---

[4] Los casos prácticos que siguen varían enormemente en cuanto a la profundidad y rigurosidad del análisis lingüístico proporcionado. Se pueden plantear muchas cuestiones respecto a los problemas para caracterizar adecuadamente el fenotipo lingüístico. Quizá sea útil leer «El fenotipo», en el siguiente apartado, y «Mecanismos físicos», que aporta un análisis de algunas de estas cuestiones.

[5] Del caso de estos dos gemelos monocigóticos, Seppli y Hans B., se informó por primera vez en Luchsinger, 1945.

lingüístico a un retardo mental general que afectase a todas sus capacidades cognitivas.

Al analizar los trastornos sintácticos del habla, Luchsinger señala: «Me parece especialmente interesante el que incluso los trastornos de la forma y la estructura del habla muestren peculiaridades genéticas» (Luchsinger, 1957, pág. 250).

Esto no es simplemente recordar palabras: citando a Steinthal, el filósofo del lenguaje alemán, Luchsinger señala que las oraciones no se almacenan ya preparadas en la memoria (pág. 250). En la terminología de la lingüística moderna, además de un léxico (finito) de palabras, debe haber mecanismos normativos (recursivos) para la sintaxis. Junto con las reglas de formación de palabras (*Wortbeugung*) hay reglas para el orden sintáctico de las palabras (*die Wortstellung im Satz* [*die Syntax*], pág. 250). Estas forman parte de lo que Luchsinger denomina el «atributo innato del lenguaje» (*anlagegenmässe Sprachaustattung*, pág. 251), que en ciertos trastornos gramaticales desempeña un papel mucho más importante que la experiencia, ya que ni siquiera la corrección repetida de los errores es de utilidad. Señala que, a menudo, los niños omiten preposiciones o confunden las designaciones de lugar en expresiones como *auf, über, unter dem Tisch* («en, por encima de, debajo de la mesa»), incluso cuando su sentido de la orientación y sus capacidades conceptuales se mantienen en buen estado (pág. 250)[6].

En el caso estudiado por Luchsinger, ambos gemelos hablaban el mismo idioma (alemán) y de ahí que ambos cometiesen el mismo tipo de error. Sin embargo, gemelos idénticos con defectos del habla que se crían hablando lenguas diferentes podrían en principio proporcionar otro tipo de pruebas para las hipótesis sobre los parámetros en la GU. La predicción de la GU es que los gemelos educados en diferentes lenguas (tales como inglés, alemán, italiano, etc.) podrían mostrar problemas

---

[6] Aunque Luchsinger concede gran peso a los mecanismos genéticos de la sintaxis y la gramática en general, señala de manera explícita la importancia del entorno y de la clase social; citando a H. Hetzer, observa que aunque un niño de padres cultos pueda, en un principio, conseguir una ventaja lingüística temporal sobre el hijo de un trabajador, este último se pondrá finalmente a la misma altura en cuanto a capacidad. También observa que no se deben confundir los casos patológicos de errores gramaticales con los esfuerzos no patológicos para ser originales o creativos (*Originalitätssucht*, pág. 250).

de habla similares, *pero no necesariamente idénticos*, con el movimiento o la eliminación de categorías sintácticas, reflejo de la variación de los diversos parámetros de la GU elegidos en las diferentes lenguas. Si, como hemos indicado, el desarrollo de la gramática supone la selección de parámetros léxicos o morfológicos como las categorías de sintagma sintáctico para fijar el dominio de reglas sintácticas del movimiento (supresión, etc.) tales como la inversión de la pregunta, la colocación del verbo (en alemán), elipsis, etc., hay una serie de formas en las que el programa genético podría fallar al fijar dichos parámetros. Podría fijarse el parámetro equivocado para una lengua determinada, se podrían elegir demasiados parámetros, o demasiado pocos, o ninguno, etc. En estos casos, las reglas sintácticas podrían tener un ámbito de aplicación demasiado amplio, o demasiado rígido, o no ser de aplicación en absoluto.

Al comprobar las suposiciones en gemelos idénticos, se hace posible proporcionar una confirmación (o refutación) adicional de propuestas determinadas de parámetros de la GU, y también dar un significado más preciso al término «agramatismo», en gran medida impresionista. Ahora se sabe, a partir del estudio del sistema auditivo, que hay más de cien formas diferentes de sordera hereditaria (McKusick, 1978, págs. XXXIII–XXXV)[7]. Uno debe estar preparado para la posibilidad de que haya también muchos tipos de síndromes de agramatismo. Una forma de calificar los síndromes que afectan a la gramática es el estudiar casos de gemelos con defectos gramaticales específicos, como el problema con los objetos de la oración descubierto por Luchsinger. Las propiedades de la GU pueden sugerir qué tipos de cosas resulta útil probar. En el caso de los gemelos de Luchsinger, la teoría de la GU parametrizada hace ciertas predicciones sobre los ámbitos adecuados para el movimiento sintáctico y la supresión (en alemán) y uno puede intentar demostrar estas predicciones elaborando ejemplos de pruebas para cada uno de estos dominios. Aunque el ejemplo que hemos analizado es sintáctico, el estudio de los parámetros semánticos y fonológicos de la GU podría, por supuesto, ha-

---

[7] McKusick enumera 124 formas basándose principalmente en Konigsmark y Gorlin, 1976; en muchos de los síndromes hay otros defectos además de la sordera, por ejemplo, los pleiotropismos (en los que más de una característica o función está determinada por un solo gen). Además, en algunos casos la sordera puede ser un efecto secundario de alguna otra cosa.

cerse de manera similar, utilizando gemelos idénticos con el adecuado trastorno del habla.

El estudio de dichas parejas de gemelos tendría además la atractiva característica de que uno podría fácilmente distinguir el efecto de los genes y el del entorno, porque (1) los gemelos tienen programas genéticos idénticos, (2) se educan en dos entornos de habla completamente diferentes, y (3) no se puede objetar que adquiriesen el mismo defecto lingüístico imitándose entre sí. En casos como estos, debería buscarse también cualquier prueba de transmisión familiar del trastorno lingüístico (como señaló Luchsinger para este caso) como prueba para respaldar la base genética de este.

La familia KE

Husrt *et al.* realizaron el estudio genético de una familia británica con «apraxia del desarrollo verbal» (Hurst *et al.*, 1990). Se descubrió que la herencia del trastorno del lenguaje era autosómica dominante y afectaba a dieciséis miembros de tres generaciones de una familia de treinta miembros. Su conclusión es que «su importancia parece ser que hay un único gen que codifica una vía fundamental para desarrollar un lenguaje inteligible» (pág. 354).

Gopnik y Crago realizaron otro estudio sobre miembros de la misma familia, centrándose en problemas de gramática específicos, y llegaron a la conclusión de que los niños afectados no pueden establecer reglas lingüísticas generales para rasgos gramaticales como el número, el tiempo o el aspecto (Gopnik y Crago, 1991).

Resumiremos estos estudios en los siguientes apartados.

DISPRAXIA DEL DESARROLLO VERBAL (HURST ET AL., 1990)

Hurst *et al.* señalan que sus pacientes mostraban diversos problemas del habla y del lenguaje. En cuanto al sistema sonoro, informan de la existencia de problemas de articulación y de dispraxia entre moderada y grave que provocaban ininteligibilidad. Observaron la simplificación de grupos consonánticos (ej., *boon* en lugar de *spoon* [cuchara]), y la omisión de consonantes iniciales y finales (*able* en lugar de *table* [mesa]). Finalmente, a veces omitían sílabas en las palabras polisílabas.

También señalan que todos los pacientes experimentaban «dificultades para construir oraciones gramaticales». Además, tenían un retraso en la comprensión de las comparativas (*The knive is longer than the pencil* [el cuchillo es más largo que el lápiz]), las pasivas (*The girl is chased by the horse* [la niña es perseguida por el caballo]), y las relativas reducidas (*The boy chasing the horse is fat* [El niño que persigue al caballo es gordo])*. Finalmente, cometían errores de designación («cristal» o «té» en lugar de taza).

DISFASIA DEL DESARROLLO E INFLEXIÓN MORFOLÓGICA (GOPNIK Y CRAGO, 1991)

La sintaxis inglesa distingue normalmente entre los sustantivos singulares y plurales mediante un marcador gramatical de «número»:

book [libro] (singular) frente a *books* (plural)

Esta es una norma general que los hablantes de inglés pueden aplicar a palabras nuevas que nunca han oído antes, por ejemplo, palabras sin sentido como *wug*.

wug (singular) frente a *wugs* (plural)

Además, hay excepciones bien conocidas en inglés, que deben aprenderse de memoria, es decir, que no se rigen por la norma:

child [niño/a] (singular) frente a *children* (plural) [no *childs*]

Gopnik y Crago descubrieron que en contextos sintácticos en los que uno esperaría un sustantivo singular, se encontraba a menudo uno en plural:

a [un] *books* [lo correcto sería: *a book*]

---

* La oración completa en inglés sería: *The boy [who is] chasing the horse is fat.* [*N. de la T.*]

Al contrario, en los contextos sintácticos plurales, se encontraba el singular

three [tres] *book* [correcto: *three books*]

Además, cuando se les daban sílabas sin sentido, como *wug*, eran incapaces de generalizar la forma correcta plural de *wugs*.

Sin embargo, no es que estos sujetos fuesen incapaces de aprender la forma de plural correcta. La aprendían, pero solo con un gran esfuerzo. Era como si la forma *books* tuviesen que aprenderla de memoria, igual que *children*. En ciertos casos, incluso personas de cuarenta años seguían teniendo problemas con dichas formas. En efecto, tenían que aprender *book* y *books* como formas separadas.

Sin embargo, está claro que tenían un conocimiento intuitivo del concepto de «número». Eran capaces de utilizar cuantificadores numéricos plurales con sustantivos en singular para comunicar la idea de pluralidad. Uno de los sujetos era muy hábil con las matemáticas y los ordenadores. El problema parecía referirse al número gramatical, no al propio concepto de número en otro contexto semántico o cognitivo[8].

Gopnik y Crago demostraron a continuación que tenían problemas análogos con el pasado verbal (*walk* [caminar] frente a *walked* [caminó]) y el aspecto [*sing* [cantar] frente a *singing* [cantando]. De nuevo, sin embargo, parecían comprender las nociones conceptuales y semánticas implicadas, y podían utilizar adverbios para forzar una interpretación en pasado cuando lo necesitaban.

Vargha–Khadem y Passignham y sus colaboradores señalaron que, además de los problemas encontrados por Hurst *el al.* (habla expresiva, pasiva reversible, sujetos posmodificados y errores semánticos de desig-

---

[8] Hay lenguas, a veces denominadas lenguas «aislantes», como el chino, que no utilizan la inflexión morfológica para marcar la pluralidad, por ejemplo. Sería interesante saber si un niño con el déficit estudiado por Gopnik y Crago y criado en una comunidad de habla china habría mostrado el mismo o diferentes problemas. Sería también interesante buscar cualquier variación sistemática en el gen responsable del trastorno en la familia KE entre poblaciones de lenguas aislantes y aquellas con lenguas que utilizan la inflexión morfológica, especialmente si, como hemos sugerido, una ligera variación genética puede ser la posible fuente de la variación lingüística.

nación), también observaron un déficit en las áreas de las proposiciones relativas y otras formas subordinadas, del vocabulario receptivo y de la repetición (Vargha–Khadem y Passingham, 1990).Vargha–Khadem *et al.* analizan estos datos en mayor profundidad y llegan a la conclusión de que: «Este perfil psicológico indica que el trastorno heredado no afecta exclusivamente, ni siquiera principalmente, a la morfosintaxis; por el contrario, afecta a las funciones intelectual, lingüística y práxica orofacial en general. Las pruebas obtenidas de la familia KE no respaldan en absoluto, por lo tanto, la supuesta existencia de genes específicos de la gramática» (Vargha–Khadem *et al.*, 1995, pág. 930).

Sin embargo, es importante señalar que la prueba tampoco presenta respaldo alguno contra la existencia de dichos genes ni a favor de la teoría de un mecanismo general del aprendizaje, tal como el marco conexionista (Elman *et al.*, 1996). La razón de esto se puede ver comparando el caso de la familia KE con un caso más conocido de síndrome de Williams (véase también más adelante), en el que los defectos cognitivos se entremezclan con una enfermedad vascular (Frangiskakis *et al.*, 1996). Frangiskakis *et al.* descubrieron que a escala molecular hay en realidad (como mínimo) dos genes implicados en el síndrome de Williams; la *elastina*, responsable de la enfermedad vascular, y la LIM–quinasa 1, que se expresa en el cerebro y puede ser en parte responsable de los defectos cognitivos. Sin embargo, los autores describen también casos de mutaciones en el gen de la *elastina*, que dan lugar a los problemas vasculares, pero no producen anomalías cognitivas. Por lo tanto, la simple observación del fenotipo heterogéneo no nos dice si hay genes para funciones discretas a escala genómica.

De manera similar, en los casos estudiados por Gopnik y sus colaboradores, no hay forma de saber cuántos genes están involucrados, qué funciones tienen, ni si algunos genes tienen incluso propósitos múltiples (véase capítulo 5).Y, como admiten Vargha–Khadem *et al.*:

> Aunque constituyen solo una parte del síndrome total de los miembros afectados, estas dificultades del habla y del lenguaje son un aspecto importante de su fenotipo. El conocimiento de los correlatos nerviosos y genéticos de este fenotipo podría proporcionar, por lo tanto, claves importantes sobre algunas de las bases de las principales facultades humanas del ha-

bla y del lenguaje, así como de otras muchas funciones en las que los miembros afectados están también dañados (Vargha–Khadem *et al.*, 1995, pág. 933).

DISLEXIA

La dislexia (del desarrollo), o la discapacidad específica del lenguaje, es de gran interés para el investigador de la biología del lenguaje, tanto por las interesantes peculiaridades lingüísticas que presenta, como por las líneas de prueba que sugieren que ciertos trastornos son de base genética. Además, se han identificado diversos casos de dislexia del desarrollo asociados con estructuras cerebrales anormales, incluidas las áreas del lenguaje (Galaburda, 1993). Daremos algunos ejemplos de los trastornos lingüísticos implicados en la dislexia, señalaremos brevemente diversos tipos de pruebas sobre su origen genético, y a continuación analizaremos los resultados obtenidos en el cerebro disléxico.

Dislexia y lingüística

A modo de ilustración, un típico (aunque en absoluto el único) error cometido por los disléxicos es la *inversión*, bien de letras, partes de palabras completas o, a veces, incluso oraciones. Las letras típicas que se intercambian son la *b* y la *d*, la *p* y la *q*, etc. Los pares de palabras típicos que el niño disléxico confunde al leer son *saw* por *was*, *no* por *on*, etc.[9] Eileen Simpson, también disléxica, nos da una vívida descripción de este problema:

> Primero Miss Henderson y ahora la tía: parecía que no había nada que yo pudiese hacer para satisfacerlas. ¿Por qué en el pasado había sido tan fácil, tan natural, ser su favorita? Yo comenzaba con un sentimiento de fracaso inminente. Podía llegar a la mitad de la primera oración antes de que la tía dijese en una voz seca y controlada, «en ese contexto no es posible

---

[9] Es importante tener en cuenta que no todos los niños que intercambian letras y palabras son disléxicos. Es una fase por la que pasan muchos niños normales.

que aparezca la palabra *saw*». *The man saw going home* [El hombre vio yendo a casa]. ¿Tiene eso sentido para ti? Debe de ser *was* [estaba].

Yo repetía: *The man was going home.* En la siguiente frase, o en la otra, cada vez que me encontraba con la palabra, yo dudaba. ¿Había dicho *saw* antes y la tía la había corregido por *was*, o viceversa? Me dolía el cerebro.

«No me digas que no reconoces esa palabra. "Acabo de decírtela. Simplemente no lo intentas".»

Mis dos profesoras me acusaban de no poner atención. No tenían idea del esfuerzo que yo estaba haciendo. *Was, saw, was, saw.* ¿Cómo estaban tan seguras de que era *was*? Nerviosa por el tamborileo del pie de la tía, me decidía por *saw*.

«No, no, NO. ¿Cómo puedes ser tan tonta? La palabra es *was*. *WAS-WASWAS*. Y por el amor de Dios, "deja de gimotear". Si esas monjas no se hubiesen dejado conmover por tus lágrimas, ahora sabrías leer, y no estaríamos pasando por esto [...]» (Simpson, 1979, págs. 19–20).

En ciertos casos, las inversiones pueden incluso afectar a la estructura de oraciones completas. Por ejemplo, Ingram informa de la incidencia de errores comparables a los siguientes en los que *the man saw a red dog* [el hombre vio un perro rojo] se lee *a red god was the man* [un dios rojo era el hombre]. Aquí tenemos inversiones de *saw* a *was*, de *dog* a *god*, y superpuesto a ellas, observamos el cambio del sintagma nominal de sujeto, *the man*, por el sintagma nominal objeto, *a red dog*, una inversión en el plano de la estructura sintáctica (Ingram, 1960, pág. 256). Otro interesante error lingüístico que persiste en algunos niños disléxicos es la «escritura especular», a menudo observada en los zurdos, donde letras, palabras o, más raramente, incluso oraciones enteras, se escriben hacia atrás, de forma que lo escrito solo se puede leer poniéndolo ante un espejo (Jordan, 1977, págs. 56–57).

Hacemos hincapié en que hay una considerable variación en los tipos y en la variedad de errores lingüísticos cometidos por los disléxicos, lo cual refleja, presumiblemente, una heterogeneidad de causas (genéticas y ambientales). Los trastornos disléxicos varían desde los muy leves a los muy graves, como se ilustra en la siguiente interpretación de un texto hecha por un adulto disléxico (lectura disléxica): An the bee—what in the tel mother of the biothodo-odoo to the majoram or that emidrate eni eni Krastrei, mestriet to Ketra lotombreidi to ra from treido as that [ininteligible].

(texto real): *It shall be in the power of the college to examine or not every licenciate, previous to his admission to the fellowship, as they shall think fit* (Simpson, 1979, pág. 44–45).

[Será competencia del colegio examinar o no a cada licenciado, antes de su admisión como becario, según considere oportuno] (Simpson, 1979, págs. 44–45).

La dislexia y la genética

Tradicionalmente ha habido dos tipos de pruebas que han aportado argumentos a favor la existencia de un componente genético en algunos casos (no todos) de dislexia del desarrollo; estos son (1) los estudios de las *genealogías familiares* (Borges–Osório y Salzano, 1985; Finucci y Childs, 1983) y (2) *estudios de gemelos* (DeFries, Fulker y LaBuda, 1987). Stromswold proporciona una encuesta anual y un análisis de la bibliografía sobre estos temas (Stromswold, 1996).

En el caso de las *genealogías familiares*, se ha señalado que la dislexia del desarrollo a veces «es de familia», es decir, puede afectar no solo al paciente estudiado, sino también a varios hermanos de una familia determinada, o a sus padres, abuelos, tíos, primos, etc. (Eustis, 1947; Orton, 1937, págs. 127–130). Resulta interesante que, a veces, aun cuando la dificultad para leer aparezca solo esporádicamente a lo largo de diversas generaciones, a menudo se observan otras disfunciones del lenguaje en su lugar: problemas para escribir, retardo en el habla, tartamudeo, etc., así como un historial familiar de zurdos o ambidiestros. Este agrupamiento de diversos tipos de disfunciones del lenguaje con el hecho de ser zurdo llevó a los primeros observadores de este síndrome a plantear la hipótesis de que lo que a veces se denomina «lateralización incompleta» podría estar en el origen de diversos tipos de desarrollo anormal del habla (Orton, 1937). Más adelante analizaremos el caso de un paciente con dislexia del desarrollo y una lesión bien definida en un área del cerebro dedicada al habla. Vale la pena señalar aquí que los tres hermanos y el padre del paciente (pero no su madre ni su hermana) mostraban también problemas de lectura.

Los *estudios de gemelos* proporcionan la base para otro argumento a favor de que hay un componente genético en la dislexia, ya que este componente genético debería en general ser evidente con más frecuencia en los gemelos idénticos (monocigóticos), que tienen el mismo programa genético, que en los gemelos fraternales (dicigóticos), que no tienen más genes en común que con cualquier otro hermano.

Los resultados de una serie de estudios de gemelos disléxicos realizados por Hallgren (Hallgren, 1950, págs. 213–219), Norrie (Hermann, 1959) y Lamy (Lamy, Launay y Soulé, 1952) fueron resumidos por Brewer como sigue: monocigóticos: 22 concordantes (ambos con dislexia), 0 discordantes (un gemelo con dislexia); dicigóticos: 14 concordantes (ambos gemelos con dislexia), 39 discordantes (un gemelo con dislexia) (Brewer, 1963, pág. 48). Señalamos que algunos casos de gemelos dicigóticos son concordantes porque es posible (aunque no necesario) que ambos gemelos hereden los genes que subyacen al trastorno de la lectura, al igual que cualquier otro hermano o hermana.

Finalmente, observamos que ambos estudios de gemelos y de genealogías familiares se complementan y refuerzan entre sí; ej., cuando ambos gemelos monocigóticos no solo son disléxicos, sino que también tienen un historial familiar del trastorno. Lamy, Launay y Soulé estudiaron un par de gemelos monocitóticos, Gilbert y Michel, con una inteligencia superior a la media en pruebas no verbales, pero que a los doce años y medio presentaban un déficit de lectura y escritura bastante específico (Lamy, Launay y Soulé, 1952). Por ejemplo, en las pruebas, Gilbert escribió *il pirussait* en lugar de *il purrissait*, *drenier* en lugar de *dernier*, *j'oubille* en lugar de *j'oubliе*, e incluso deletreaba mal su propio nombre *Gilbert*, escribiendo *Gilbret*, etc., por presentar algunas ilustraciones (pág. 1475).

Además, había un historial familiar de dificultades de lectura y escritura, y de zurdera. Por ejemplo, Gilbert y Michel tenían primos alemanes entre los que se incluían un par de gemelos dicigóticos, uno de ellos con dislexia, y un hermano disléxico (pág. 1476). Como hemos señalado en el análisis del agramatismo en los hermanos estudiados por Luchsinger, sería bastante interesante poder estudiar los errores lingüísticos cometidos en los casos, presumiblemente raros, de un gemelo idéntico criado en un país, con problemas de lectura en esa lengua, y el segundo gemelo idéntico, criado en otro país, con problemas de lectura en una lengua diferente. De esa forma, sería más fácil excluir los efectos ambientales: la imitación de un gemelo por el otro, la influencia familiar, etc. Además, sin embargo, es posible en este sentido estudiar también el despliegue del mismo programa genético enfrentado a las diferentes estructuras lingüísticas en las diferentes lenguas.

ALGUNAS CONCLUSIONES SOBRE LOS ESTUDIOS GENÉTICOS DEL LENGUAJE

En la sección anterior hemos analizado algunas de las razones por las que los estudios genéticos tradicionales son importantes para elucidar las bases biológicas del lenguaje. Desde el punto de vista teórico, sabemos que hay propiedades específicas del lenguaje que parecen tener base genética, como ya se ha analizado. Tiene sentido, por lo tanto, hacer un cribado de la población en busca de mutaciones que afectan al lenguaje. Hemos sugerido también que pequeñísimas variaciones genéticas pueden sembrar la variación lingüística, algo que se observa en la variedad de lenguas del mundo.

Hemos dado ejemplos para el lenguaje de tipos de estudios que han sido fructíferos en la elucidación de la naturaleza de otros tipos de sistemas biológicos, por ejemplo, los estudios familiares y los estudios de gemelos. Además, más adelante se considerarán los estudios cromosómicos (en el apartado de «El cariotipo»). En especial, nos gustaría señalar que muchos de los estudios adolecen de una falta de análisis lingüístico profundo. En muchos casos, esto es atribuible al hecho de que estos estudios se hicieron en un ámbito clínico, en el que no participaron profesionales del lenguaje, de forma que todo lo que tenemos disponible son algunas observaciones someras del tipo de «habla pobremente desarrollada». Esto sirve para resaltar la importancia del trabajo riguroso y cuidadoso de Gopnik, Van der Lely, Stromswold, Rice, Wexler y sus colabores, y otros, que han ayudado a establecer nuevos criterios sobre el tipo de análisis necesario para obtener análisis significativos en el estudio del agramatismo del desarrollo.

En el siguiente apartado analizaremos en más detalle estas cuestiones (véase el apartado de «El fenotipo») y las situaremos en el contexto de una búsqueda más sistemática de los mecanismos genéticos que subyacen al lenguaje.

GENES IMPLICADOS EN EL LENGUAJE

Tradicionalmente, los trastornos genéticos han proporcionado una ventana a los mecanismos físicos. En la subárea de la biolingüística dedicada a los trastornos genéticos, algunas de las preguntas que se plantean son las siguientes:

¿Cuál es el fenotipo del lenguaje?

¿En qué cromosoma está situado el gen pertinente?[10]

¿Cuál es la función del gen?

¿Dónde y cuándo se expresa dicho gen?

Pero, antes de entrar en detalles, podríamos hacer conjeturas sobre cuántos genes podrían estar involucrados en el lenguaje. La suposición de que el lenguaje es poligénico parece razonable, aun cuando se desconoce el número exacto de genes implicados en especificar las vías nerviosas del lenguaje (al igual que se desconoce el número de genes que afectan a la altura, o incluso el número de ellos que hay en el genoma humano, por ejemplo). Luria proporciona una suposición respecto a la magnitud del número de genes que afectan al lenguaje[11]: «En cualquier caso, es probable que la base genética del lenguaje humano implique no a uno o a unos cuantos genes, sino a miles» (Luria, 1975b, pág. 50). Nótese que cuando hablamos de genes implicados en el lenguaje, no es lógicamente necesario que estos genes estén *dedicados* al lenguaje.

---

[10] Por sencillez, consideramos aquí el caso de un único gen. En muchos casos, el trastorno puede tener un origen poligénico.

[11] Luria no proporciona un cálculo del número total de genes del genoma humano y dichos cálculos han variado enormemente entre 100.000 y 200.000, e incluso un millón de genes. El cálculo aproximado más aceptado en la actualidad es de alrededor de 75.000–100.000.

Para localizar un gen implicado en el lenguaje, o cualquier gen, se pueden seguir una serie de pasos, incluidos algunos de los siguientes, o todos[12]:

(1) caracterizar el fenotipo

(2) examinar el cariotipo[13]

(3) realizar un análisis de afinidad[14]

(4) recorrer el cromosoma

(5) clonar el gen

(6) estudiar el producto del gen

Estudiaremos los pasos (1) a (6) en los siguientes apartados.

EL FENOTIPO

Caracterizar con precisión el fenotipo (paso 1) es crucial para el análisis de afinidad (paso 3), porque independientemente de que un individuo lo exprese o no, el fenotipo del lenguaje va a afectar al logaritmo de LOD, o probabilidad de que un gen esté emplazado en un cromosoma determinado.

Lo ideal sería disponer de trastornos gramaticales no acompañados de retardo mental general o de otro tipo de problemas cognitivos. Esto quizá no siempre sea posible en la práctica, debido a la complejidad de los mecanismos genéticos: pleiotropía, interacciones poligénicas, etc. En los informes sobre retardo mental, se cita a menudo la ausencia del lenguaje o el retraso en el desarrollo, dado que a menudo es el problema más obvio, pero no necesariamente el único. Se puede intentar descartar la existencia de daño neurológico grave o de trauma perinatal, pero esto no necesariamente capta lesiones más sutiles. Las técnicas de formación de imágenes, como la resonancia magnética, pueden ayudar a este respecto (Plante, 1991).

---

[12] Esta secuencia de pasos se ha denominado «genética inversa», pero ahora se conoce más habitualmente como «clonación posicional». Entre los genes determinados con éxito por este medio se encuentran el CFTR (fibrosis quística), NF1 (neurofibromatosis), y el DMD (distrofia muscular de Duchenne), por mencionar solo algunos.

[13] El cariotipo es el conjunto total de cromosomas de una célula.

[14] El análisis de afinidad es el estudio de la herencia común de un gen y constituye un marcador dentro de una familia.

De manera similar, es importante tener en cuenta que el propio «retardo mental» puede deberse a una amplia gama de causas, incluido el entorno. A comienzos de siglo, entre los mentalmente retardados se incluía personas con un déficit vitamínico; por ejemplo, la pelagra, producida por la falta de niacina, producía trastornos del sistema nervioso que hacía que las personas fuesen confinadas en «sanatorios mentales» (Kornberg, 1989). Puede incluso parecer que el retardo es un problema de familia, si varias generaciones padecen desnutrición.

Además, no pocas personas sordas han sido encerradas por retardo mental. Por ejemplo, en una noticia periodística titulada «Víctima sorda del Viejo Sur liberada después de sesenta y ocho años», leemos:

> Negro y sordo, Junius Wilson tenía veintiocho años cuando lo encarcelaron, acusado de asalto con intento de violación. Fue declarado demente y enviado al sanatorio mental para negros del estado. Más tarde lo castraron. Eso fue en 1925. Años después, se retiró la acusación, pero a Wilson lo dejaron encerrado. El viernes, Wilson, de noventa y seis años, fue finalmente trasladado al primer hogar verdadero que ha tenido en sesenta y ocho años […] Wilson pasó todos esos años [en el Cherry Hospital], sin poder comunicarse más que mediante toscas señales, gruñidos y gestos […] «En el Sur segregado, no era raro que a los hombres negros se les acusara de violación y se les sometiera a juicios ilegales y extralegales», ha afirmado Daryl Scott, profesor adjunto de historia estadounidense en la Universidad de Columbia. La situación de Wilson salió a la luz en 1991, cuando Wasson [el cuidador de Wilson] determinó, a partir de la revisión de los archivos, que era sordo, no demente. Wasson y un equipo de abogados del sistema de Asistencia Jurídica de Carolina necesitaron todo este tiempo para sacarlo (Thompson, 1994).

Además, otros pacientes mentales que hablaban en «galimatías» han resultado ser hablantes normales de lenguas indígenas estadounidenses.

Cuando se observa un trastorno del lenguaje, es especialmente importante excluir no solo la sordera o la mudez, sino también dificultades de audición o problemas de articulación más sutiles. También puede ser crucial para el análisis correcto del trastorno establecer si se pueden oír o pronunciar ciertas clases de sonidos.

Para investigar si el problema es un déficit del lenguaje en lugar de algún otro tipo de déficit cognitivo, se pueden administrar pruebas que muestren si se da un CI de actuación normal, con la excepción de que el CI verbal está por debajo de la media. Es también recomendable el comprobar que no nos estamos enfrentando a un síndrome cognitivo más general, como el autismo, o el trastorno del déficit de atención (TDA), que a menudo se encuentra en niños con «incapacidad para el aprendizaje» (IA).

Habiendo establecido que existe un déficit (o variación) del lenguaje, se puede proceder entonces a limitar más el problema. ¿Es el problema (variación) de naturaleza sintáctica, morfológica, fonológica o semántica, o una combinación de estos tipos? ¿O se debe a una deficiencia (variación) específica en algún otro ámbito cognitivo, posiblemente relacionado con el lenguaje? Es importante recordar que simplemente porque uno observe múltiples efectos de la mutación en diversos ámbitos (ej., la fonología, la sintaxis, algún otro ámbito cognitivo), no se deduce que estos efectos estén directamente conectados entre sí, debido a la existencia de la pleiotropía, como se señala en nuestro análisis sobre el gen *wingless*, de función múltiple, analizado en el capítulo 5.

Finalmente, volviendo al problema de la caracterización del fenotipo lingüístico, debería también descartarse la posibilidad de que la «deficiencia» sea realmente parte del dialecto o habla vernácula del hablante. O, en el caso de niños pequeños, es necesario descartar la posibilidad de que los «errores» sean simplemente parte de los errores cometidos por los niños que están aprendiendo una lengua.

Además, dado que aquí lo que nos interesan son los trastornos genéticos del lenguaje, es importante examinar si es un problema (variación) de familia, y, si es así, recoger genealogías familiares.

EL CARIOTIPO

En casos especiales, se pueden localizar visualmente graves supresiones, inserciones o translocaciones mediante la inspección microscópica de los cromosomas (paso 2). Por ejemplo, las translocaciones (y supresiones) fueron importantes en la proyección y posterior clonado del gen que produce la distrofia muscular de Duchenne (DMD) (Watson, *et al.*, 1992). Aunque esta enfermedad se transmite como rasgo recesivo vinculado al cromosoma X, y por lo tanto normalmente solo afecta a los hombres, se descubrieron algunos casos raros en mujeres. Estas mujeres presentaban una translocación equilibrada entre el cromosoma X y una variedad de autosomas diferentes. Sin embargo, el punto de corte del cromosoma X estaba siempre en la banda Xp21. Esto sugirió que el gen estaba en dicha banda y que su función había mutado por la translocación que se había producido en ella. Esto se confirmó por el análisis de afinidad (ver más adelante) al descubrir un (marcador) RFLP cerca del Xp21, lo que demostraba que existía una relación con la DMD.

Dislexia

Froster *et al.* informaron de una familia en la que la dislexia cosegregaba con una translocación equilibrada de los cromosomas 1 y 2 (cariotipo: 46, XY, t[1;2] [1p22;2q31] (Froster *et al.*, 1993). El padre y dos de los hijos varones, que experimentaban un grave retardo en el desarrollo del habla y dificultades de lectura y escritura, eran portadores de la translocación, mientras que los demás miembros de la familia que no tenían esa dificultad presentaban análisis cromosómicos normales. No se encontraron anomalías neurológicas ni características dismórficas en los portadores de la translocación[15].

Además, las técnicas de tinción pueden, en teoría, proporcionar marcadores vinculados con el gen de interés. Galaburda y Geschwind señalan una observación de Smith y sus colaboradores (cr. Smith *et al.*, 1983):

> El trabajo reciente de Shelley Smith y sus colaboradores ha revelado que existe una fuerte relación entre el fenotipo de la dislexia familiar y un satélite fuertemente fluorescente en el cromosoma 15. El satélite se encuentra en los miembros afectados, y está ausente en los miembros no afectados de la misma familia, en seis de ocho familias. Dado que la neuropatología

---

[15] Se puede encontrar más información sobre este caso en Rabin *et al.*, 1993.

de las entidades clínicas que presentan alteración cromosómica no se ha elaborado en detalle, incluso para los trastornos comunes, no se sabe qué posible efecto podría tener una lesión en el cromosoma 15 sobre la organización del córtex cerebral, aunque es tentador conjeturar sobre la posible influencia de este cromosoma en la lateralización y en las malformaciones cerebrales[16] (Galaburda y Geschwind, 1981, pág. 285).

Incontinencia pigmentaria (tipo 1) con translocación en el X;5

Bitoun *et al.* informan del caso de una niña de cinco años con «ausencia total de habla» aquejada de incontinencia pigmentaria (IP) tipo 1, un trastorno dominante ligado al cromosoma X, mortal en los varones (Bitoun *et al.*, 1992). Este paciente particular presentaba también características dismórficas, lesiones pigmentadas en la piel, alopecia, y un electroencefalograma anormal, además del retraso en el habla. Asimismo, este caso está asociado con una translocación aparentemente equilibrada (X;5) (p11.2;q35.2). Como ya se ha mencionado en el capítulo 2, «la investigación del lenguaje mostró una disfasia lingüística con el desarrollo adecuado a la edad en todas las funciones excepto en el lenguaje verbal, en el que se percibió una grave disfunción en el lenguaje expresivo (solo decía dos palabras), con una comprensión del lenguaje casi normal y funciones cognitivas normales» (Bitoun *et al.*, 1992); y «el aspecto importante que deseamos resaltar en esta paciente es la normalidad de las pruebas psicomotoras, incluido el comportamiento, la imitación, la percepción, la motricidad fina y gruesa, y la coordinación ojo–mano, así como las funciones cognitivas y mentales, excepto esta grave disfunción del lenguaje expresivo.

Los autores han producido células somáticas híbridas (roedor x humano) de linfocitos periféricos inmortalizados del virus de Epstein–Barr para estudiar el ADN en el punto de corte Xp11.2 utilizando sondas para Xp. Esperan encontrar pruebas de que existe un gen de la IP tipo 1 suprimido o dislocado.

---

[16] Un satélite es una «diminuta protuberancia de material cromosómico» que a veces se encuentra en los extremos de los brazos cortos de algunos cromosomas, incluido el cromosoma 15 (Mange y Mange, 1994, pág. 29).

Otros estudios

En el síndrome del cromosoma X frágil (analizado más adelante) se puede contemplar realmente un corte del cromosoma en la localización aproximada del gen defectuoso (FMR−1). En el caso de la familia con el orden del habla dominantemente heredado, ya descrito, Hurst *et al.* practicaron un análisis cromosómico a uno de los miembros afectados, pero el resultado fue normal (Hurst *el al.*, 1990).

ANÁLISIS DEL LIGAMIENTO

Si no se encuentra anomalía citogenética, el siguiente paso (análisis del ligamiento −paso 3), es intentar proyectar el gen de interés en un determinado cromosoma mediante el uso de marcadores de ADN, incluido el polimorfismo de la longitud de los fragmentos de restricción (RFLP)[17], variaciones en el número de las repeticiones en tándem (VNTR)[18], las secuencias de ADN de los extremos de los insertos de los cósmidos que forman el mapa físico (STS)[19], y las repeticiones microsatélite[20]. Si hay suficientes marcadores disponibles, los programas informáticos pueden establecer un mapa de su orden en un cromosoma. Si el marcador está dentro de los 5 cM[21] del gen estudiado, se considera ligado[22].

Otros estudios

Smith *et al.* examinaron la discapacidad específica para la lectura[23] con un claro patrón de herencia autosómico dominante en ochenta y cuatro

---

[17] Los RFLP son cortas secuencias de ADN que difieren de un individuo a otro y se pueden utilizar como marcadores genéticos.

[18] Las repeticiones en tándem son secuencias repetitivas de ADN adyacentes entre sí.

[19] Un STS es un secuencia de ADN única que se utiliza como elemento de localización en un cromosoma.

[20] Una repetición microsatélite es una secuencia corta y repetitiva de ADN.

[21] El centimorgan es una medida genética que equivale aproximadamente a un millón de pares base.

[22] Si el marcador está dentro del límite de los 5 cM del gen estudiado, se considera lo suficientemente ligado como para utilizarlo a efectos prácticos; por ejemplo, asesoría genética (Watson *et al.*, 1992, pág. 29).

[23] Lo que denominamos «discapacidad específica para la lectura» (o «dislexia») es más probablemente un término general para un conjunto heterogéneo de síndromes (como

individuos de nueve familias (Smith *et al.*, 1983). Los investigadores realizaron un análisis de ligamiento utilizando veintiún marcadores de rutina del genotipo (como el tipo sanguíneo) así como heteromorfismo cromosómicos. El análisis del ligamiento entre la incapacidad para leer y los heteromorfismos del cromosoma 15 produjo significativo un logaritmo de LOD[24] de 3,241, lo que indica la asignación de un gen para una específica incapacidad para la lectura al cromosoma 15. Los autores concluyen: «De estos estudios ha surgido una oportunidad para estudiar los efectos de un gen sobre el procesamiento de información» (pág. 1.347). Se planeó un estudio de seguimiento utilizando técnicas de ADN recombinante para comprobar si algunos de los polimorfismos asociados con la específica incapacidad para la lectura podría reflejar la variabilidad del gen de la microglobulina β_2, portado en el cromosoma 15 (Herbert, 1983)[25] [26]. Sin embargo, otro estudio ha sido incapaz de confirmar este vínculo (Bisgaard *et al.*, 1987).

---

reconocen explícitamente los autores). Un subconjunto de este lo componen las dislexias hereditarias, que de nuevo forman, indudablemente, una clase heterogénea entre sí, como se evidencia en los diversos tipos de patrones de herencia autosómicos u vinculados al sexo de los que informa la bibliografía. Incluso un caso puro de dislexia hereditaria podría ser de carácter poligénico, de tal forma que se observen diferentes fenotipos dependiendo del gen o genes involucrados. Y, finalmente, factores como el que la mutación afecte o no a un gen estructural o regulador, que la penetrancia sea o no completa, etc., podrían afectar radicalmente al fenotipo observado.

[24] Housman, Kidd y Gusella caracterizan el logaritmo de LOD como sigue:
El «logaritmo de LOD» es la estadística utilizada para evaluar la importancia del resultado de un ligamiento. Es el logaritmo de una razón de probabilidades [*odds ratio*], donde la razón es la probabilidad de que se den los datos observados dada una frecuencia de recombinación específica dividida entre la probabilidad de obtener estos mismos datos suponiendo una segregación independiente, es decir, una frecuencia de recombinación de 0,5. Por convención, se usan logaritmos de base 10, de forma que un logaritmo de LOD de +3 o superior indica que, como explicación para los datos observados, el ligamiento en ese valor particular de recombinación es al menos 1.000 veces más probable que el no ligamiento (segregación independiente). Viceversa, por convención, un logaritmo de LOD inferior a −2 se considera significativo porque excluye el ligamiento en ese valor de recombinación (Housman, Kidd y Gusella, 1982, pág. 231).

[25] Sobre el aislamiento y la caracterización del cADN para la microglobulina β_2 humana, véase Suggs *et al.*, 1981.

[26] Tasset, Hartz y Kao analizan métodos para el aislamiento y caracterización de los marcadores de ADN específicos del cromosoma 15 humano. En especial, mencionan varios

En otro estudio de familias, se utilizó el complejo programa de segregación, POINTER, para comparar hipótesis genéticas alternativas sobre cuatro muestras de familias utilizadas en estudios anteriores (Pennington *et al.*, 1991). Los resultados en tres de las cuatro familias respaldaban una gran transmisión de genes, mientras que la cuarta muestra respaldaba la transmisión poligénica multifactorial.

El gen dominante que afecta al lenguaje en la familia británica (G6393)

Hay en la actualidad dos investigaciones en curso para caracterizar y proyectar el gen de la familia KE. Pembrey resume el método que se está utilizando en el Hospital for Sick Children y en el Institute for Child Health (HSC/ICH) en la tabla[27]:

En busca del gen mutante (*de Pembrey, 1992, pág. 55*)

Método general del mapa genético	Búsqueda del mutante en la familia G6393[28]
1. Un trastorno claro (fenotipo)	a. Caracterizar el trastorno del habla/lenguaje en la familia G6393
2. Una o más grandes familias en las que el trastorno (o susceptibilidad al mismo) se herede de modo mendeliano simple[29]	
3. Prueba de herencia común con secuencias de ADN de localización cromosómica conocida	b. Asignar fenotipos y *después* trazar el mapa de la mutación

---

marcadores que podrían ser «muy útiles para establecer un vínculo entre el cromosoma 15 y una forma de dislexia» (Tasset, Hartz y Kao, 1988).

[27] Este es el método estándar que se ha esbozado en este capítulo (Watson *et al.*, 1992).

[28] «Familia G6393» es la designación dada a la familia a la que antes se hizo referencia como «familia KE».

[29] Un lector ha observado que en los sistemas complejos, como el lenguaje humano, similares fenotipos pueden ser el resultado de muchas mutaciones genéticas diferentes. En dichos sistemas, un pequeño número de grandes familias podría ser más informativo para el análisis del ligamiento que un gran número de pequeñas familias, en ciertas circunstancias. Véase Ott, 1991 (pág. 105) para un análisis más profundo.

4. Asignar el trastorno a una región cromosómica

5. Elaborar un mapa físico local de los fragmentos de ADN que se superponen

6. Buscar las secuencias de ADN características de los genes que codifican las proteínas	c. Seleccionar los «neurogenes» proyectados en la región como genes candidatos
7. Probar la expresión adecuada de cada gen candidato	d. Probar la expresión adecuada de los genes en el cerebro fetal
8. Comparar la secuencia de ADN de los controles normales y de los sujetos	e. Una vez caracterizado el gen mutante, buscar variaciones menores en los niños con retardo en el lenguaje

Dunne *et al.* utilizaron el programa de simulación SLINK (Ott, 1991) en este linaje familiar para determinar qué tipos de logaritmos de LOD se podrían obtener (a efectos de trazado del ligamiento de los genes), suponiendo que se cumplen ciertas condiciones de límites (Dunne *et al.*, 1992). Concluyeron que «hay razonables probabilidades de que la tipificación de esta familia con marcadores microsatélite produzca significativos logaritmos de LOD». En la actualidad están buscando otras ramas de la familia para encontrar nuevos miembros afectados.

Fisher *et al.* han informado de la identificación de una región en el cromosoma 7 que cosegrega con el «trastorno del habla y del lenguaje» de la familia KE, o, como se denomina ahora, el «trastorno del habla y el lenguaje con dispraxia orofacial» (Número OMIM 602081 de la Online Mendelian Inheritance in Man) (Fisher *et al.*, 1998). Utilizando marcadores microsatélite, consiguieron también proyectar el locus (denominado SPCH1) a un intervalo de 5,6–cm en el 7q31. Estudios preliminares (no publicados) sobre imágenes del cerebro indicaron «anomalías funcionales en áreas relacionadas con el sistema motor del lóbulo central», posiblemente debido a «un desarrollo anatómico anormal en diferentes áreas cerebrales, con un emplazamiento clave de la patología localizado en el neoestriado».

RECORRER EL CROMOSOMA

Si se encuentra un marcador dentro de 1 cM del gen buscado, se hace factible «recorrer el cromosoma» (paso 4)[30]. También es especialmente útil encontrar diversos marcadores flanqueantes, que rodeen al gen por ambos lados. Recorrer el cromosoma supone comenzar con una sonda de ADN cerca del marcador y a continuación buscar una serie de segmentos de ADN superpuestos que se extiendan del marcador al gen buscado, que se puede entonces aislar y clonar.

La búsqueda del gen de la distrofia muscular de Duchenne se vio facilitada por el descubrimiento de una translocación en la que la parte autosómica del cromosoma translocado contenía genes codificadores del ARN ribosómico. Dado que ya había disponible una sonda de ADN para este segmento, se podía avanzar directamente de ese punto al gen de la DMD.

En algunos casos, si se sabe ya que un gen está situado en las cercanías de un marcador, se puede considerar que dicho gen es un «gen candidato»[31]. Esta técnica se utilizó para aislar el gen de la fibrilina.

CLONACIÓN DEL GEN

Clonación del gen FMR–1 (síndrome del cromosoma X frágil)

Se ha avanzado mucho hacia la caracterización molecular del síndrome del cromosoma X frágil. El gen responsable de este síndrome, llamado FMR–1, ha sido clonado (Oberlé *et al.*, 1991; Yu *et al.*, 1991) y los resultados revelan claves sobre la variabilidad del retardo mental, y

---

[30] Aunque un marcador no esté firmemente ligado, si está a una distancia razonable del gen estudiado, puede ser útil para la prueba fetal.
[31] Como ha señalado un lector, el método del gen candidato, cuando se puede disponer de él, es preferible a la técnica más tediosa de recorrer el cromosoma. También se está

por lo tanto posiblemente sobre los problemas en el desarrollo del habla. Hay una mutación inestable asociada con el gen FMR–1. En especial, una «repetición de un triplete» de las bases CGG aparece antes de la región de codificación, en el extremo 5' del gen. La variación normal del tamaño de las repeticiones parece ser del orden de 7–50. Sin embargo, las secuencias de CGG parecen haberse expandido o ampliado de generación en generación. El grado en el que se produce la repetición parece estar relacionado con el grado de gravedad del síndrome, como se descubrió en el caso del síndrome de Huntington.

El mecanismo de ampliación podría también explicar la peculiar genética del síndrome del cromosoma X frágil. En las enfermedades clásicas relacionadas con el cromosoma X, tales como ciertos tipos de ceguera del color, la condición se manifiesta normalmente en los varones, pero no en las mujeres. En el caso del síndrome del X frágil, algunos de los varones son asintomáticos, aunque la condición se manifieste también en su progenie, tanto varones como mujeres. De nuevo, el número de repeticiones de la secuencia CGG presente en una persona determinada parece guardar correlación con el patrón de transmisión genética. La impresión genómica es otra explicación que se ha ofrecido para la variabilidad y la transmisión genética.

Los patrones normales de expresión génica del FMR–1 en el cerebro y en otros tejidos también se han estudiado (Hinds *et al.*, 1993). Los investigadores señalan que «diferentes irregularidades y retrasos en el desarrollo del habla están asociados con el síndrome del cromosoma X frágil en niños pequeños. Dichas anomalías pueden estar conectadas con una disfunción regional del cerebro, y es posible establecer paralelos entre estas regiones y los patrones de expresión de la copia exacta del *fmr-1*» (pág. 41).

Se ha creado un modelo de ratón *knockout*[32] para el síndrome del cromosoma X frágil, que padece macroorquidismo y déficit de conduc-

---

convirtiendo cada vez más en el método elegido por varias razones. En primer lugar, se están detectando cada vez más genes como consecuencia del Proyecto del Genoma Humano, cuyo objetivo es determinar la secuencia completa de nucleóticos del genoma humano. En segundo lugar, las funciones de esos genes se pueden determinar a veces mediante el estudio de modelos animales.

[32] Un ratón *knockout* es aquel en el que se sustituye un alelo de un gen de tipo silvestre por uno mutante.

ta en las pruebas de laberinto de agua (Comery *et al.*, 1997). Los ratones *knockout* presentan «alteración de la morfología y la densidad de la espina dendrítica», lo que, plantean los autores, puede afectar «a la maduración y a la estabilización sinápticas» (pág. 5403). Se ha descubierto que la proteína que produce el retardo mental en el síndrome del X frágil se traduce cerca de las sinapsis nerviosas y puede ser importante para la maduración normal y la modificación de las conexiones sinápticas (Weiler *et al.*, 1997).

EL PRODUCTO GÉNICO

Finalmente, si se consigue clonar con éxito el gen (paso 5), se puede deducir la secuencia del producto proteínico y en algunos casos aislar y estudiar el propio producto proteínico (paso 6).

Si el fenotipo lingüístico presenta una expresividad intra o interfamiliar variable, se puede entonces intentar relacionar la gravedad del fenotipo con el tipo de mutación presente. Es posible determinar la localización precisa de la mutación génica mediante la secuenciación del ADN (Maxam y Gilbert, 1977; Sanger, Nicklen y Coulson, 1977) y después intentar relacionar la posición de la mutación con la expresión fenotípica.

SÍNDROME DE WILLIAMS

Bellugi *et al.* practicaron extensas pruebas psicológicas a sujetos con el síndrome de Williams (SW) y descubrieron que habilidades lingüísticas como, por ejemplo, las léxicas y las gramaticales, parecían relativamente indemnes en comparación con las de sujetos aquejados de síndrome de Down (Bellugi *et al.*, 1990)[33]. Según el informe, algunos sujetos mues-

---

[33] En este estudio, los sujetos con síndrome de Down se utilizaron como controles. Debido a las extensas pruebas practicadas, el estudio proporciona mucha información útil sobre las habilidades neuropsicológicas presentes en el síndrome de Down. Este síndrome está normalmente causado por un cromosoma 21 de más, pero puede deberse también a una heterocigosis de translocación.

tras un vocabulario inusualmente rico: «Por ejemplo, al preguntarles nombres de animales, las palabras elegidas por los sujetos con SW incluían rarezas como «unicornio», «tiranosaurio», «brontosaurio», «yak», «íbex», «búfalo acuático», «león marino», «tigre de dientes de sable», «buitre» (pág. 116). Además, estos sujetos muestran graves defectos visuoespaciales. El SW está asociado con una serie de trastornos del desarrollo, incluidos defectos cardiacos, y trastornos del tejido conectivo y del sistema nervioso central. Un defecto cardiaco particular, la estenosis aórtica supravalvular, se da como rasgo autosómico dominante separado. Se ha determinado que el SW es un síndrome de gen contiguo, que afecta a múltiples genes, en el que las anomalías vasculares y conectivas están causadas por la supresión del brazo largo del cromosoma 7, que incluye el gen de la elastina (Ewart *et al.*, 1993). Se han encontrado anomalías citoarquitectónicas en el cerebro de individuos con SW, especialmente en el área 17 (Galaburda *et al.*, 1994).

BASE MOLECULAR DEL PERIODO CRÍTICO Y DE LA ASIMETRÍA

La genética molecular quizá esté dando sus primeros pasos hacia la resolución de problemas biológicos clásicos como la activación del periodo crítico y la asimetría.

PERIODO CRÍTICO

Hay razones para creer que la adquisición del lenguaje atraviesa un «periodo crítico» durante el cual se piensa que el cerebro es especialmente «plástico»[34]. Las pruebas aducidas para esto proceden de los estudios de la recuperación de la afasia infantil frente a la recuperación de la afasia en adultos, la facilidad para adquirir una segunda lengua en la niñez y el estudio de los niños criados con una limitada exposición al lenguaje; en Corballis, 1991, se puede encontrar una revisión al respecto.

---

[34] Quizá sea más correcto considerar el término «periodo crítico» como un término conjunto para múltiples ventanas del desarrollo superpuestas.

La corteza visual del gato ha sido intensamente estudiada como modelo de periodo crítico, en el que tienen lugar cambios bien documentados, tanto anatómicos como fisiológicos, durante la privación visual monocular (McCormack *et al.*, 1992; Rosen *et al.*, 1992). El «periodo crítico» para esta privación alcanza su punto máximo en el sistema visual del gato entre las 4–5 semanas. Los autores compararon la corteza visual del gato con la corteza frontal y el cerebelo, y encontraron distintivos patrones del desarrollo para la expresión de los «genes inmediatos precoces» (IEG, siglas en inglés de *immediate early genes*); en especial del *egr*–1 y el *jun*–B.

ASIMETRÍA

Otra trayectoria experimental, mucho más indirecta, que puede en última instancia arrojar algo de luz sobre las bases genéticas del desarrollo del lenguaje, es la investigación de la asimetría del lenguaje en el cerebro. Es conveniente descomponer el problema de la asimetría en cuatro áreas: *funcional*, *anatómica*, *arquitectónica*, y *bioquímica*.

A finales del siglo XIX, quedó claramente establecido que existía una asimetría *funcional* en la representación del lenguaje en el cerebro, el cual se localizaba, en la mayoría de las personas, en el hemisferio izquierdo (Broca, 1861; Wernicke, 1874). Aunque durante muchos años De Bonin (y otros) negaron la asimetría anatómica, Geschwind y Levitsky consiguieron demostrar que existía una asimetría *anatómica* entre las áreas del plano temporal izquierdo y derecho (Geschwind y Levistky, 1968)[35]. Wada fue el primero en demostrar que la asimetría del plano está presente en el feto y en el recién nacido (Wada, 1968; Wada, Clarke y Hamm, 1975). Chi, Dooling y Gilles han demostrado que se puede observar ya en la 31 semana de gestación (Chi, Dooling y Gilles, 1977, pág. 91).

---

[35] Gazzaniga ha afirmado que las mediciones realizadas por Geschwind y Levitsky «no reflejan la verdadera área cortical de esta región» tal y como se ha averiguado con las reconstrucciones tridimensionales de cerebros normales; véase Gazzaniga, 1994, página 109, que contiene otras referencias bibliográficas.

Witelson y Pallie descubrieron que, estadísticamente, el plano temporal izquierdo es significativamente más grande en los especímenes de cerebro humano de un grupo de catorce neonatos (así como en dieciséis adultos) (Witelson y Pallie, 1973). Su conclusión es la siguiente:

> Se sugiere que esta asimetría anatómica está presente antes de cualquier efecto medioambiental, como el aprendizaje del lenguaje y la preferencia unimanual, y puede ser un factor importante a la hora de determinar el patrón típico de lateralización del habla en el hemisferio izquierdo que se encuentra en la mayoría de los adultos. Además, se sugiere que esta asimetría neonatal indica que el niño nace con una capacidad biológica preprogramada para procesar sonidos del habla (Witelson y Pallie, 1973, pág. 646).

Además, Galaburda, Sanides y Geschwind consiguieron demostrar que la asimetría se da también en el nivel *arquitectónico* (Galaburda, Sanides y Geschwind, 1978)[36].

Galaburda y Kemper examinaron el cerebro de un joven de veinte años, víctima de accidente, a quien, mediante prueba psicológica, se le diagnosticó que padecía un grave caso de dislexia del desarrollo (Galaburda y Kemper, 1979). El hallazgo clave fue el descubrimiento de una anomalía estructural en el tejido de un área del cerebro normalmente implicada en el lenguaje humano: el área Tpt, del plano temporal[37] [38].

---

[36] La arquitectónica «hace referencia al estudio de la disposición celular en capas y columnas dentro de la corteza, la densidad general de aglomeración celular y el tamaño de la célula en las estructuras cortical y subcortical». La ventaja de estudiar las áreas arquitectónicas frente al estudio de burdos puntos de referencia anatómicos es que dichas áreas «corresponden probablemente mucho más de cerca a las regiones de especial diferenciación funcional del cerebro y a las regiones con diferentes conexiones» (Galaburda y Geschwind, 1981, pág. 280).

[37] Geschwind se refiere al plano temporal como «una extensión del área de Wernicke» (Geschwind, 1972, pág. 83). Fue esta área la que Geschwind y Levitsky examinaron en su importante artículo (Geschwind y Levitsky, 1968) para establecer de manera irrefutable una asimetría anatómica izquierda–derecha del cerebro adulto, un hallazgo confirmado más tarde tanto en adultos como en fases más tempranas del desarrollo: «el área posterior del plano temporal, que forma parte del área de Wernicke, es generalmente más grande en el lado izquierdo» (Geschwind, 1979c, pág. 166).

[38] Además de las anomalías corticales halladas en este caso de dislexia del desarrollo, en un estudio posterior Galaburda y Eidelberg informaron de la presencia de lesiones

Geschwind y Levitsky habían demostrado antes que el plano temporal, una extensión del área de Wernicke de la que se sabe que participa en la comprensión del lenguaje, era más grande en el lado izquierdo del cerebro en la mayoría de los casos (Geschwind y Levitsky, 1968). La base para la clara asimetría anatómica entre el plano temporal izquierdo y el derecho se suponía que radicaba en el área Tpt (Galaburda *et al.*, 1978): «Galaburda, por lo tanto, midió la extensión completa de estas regiones en ambas mitades del cerebro. En el primer cerebro estudiado, el de un joven abogado con una gran capacidad verbal, una de estas regiones, Tpt, era más de 7 veces mayor en el lado izquierdo que en el derecho. La Tpt es el principal componente de la parte posterior del área de Wernicke, dedicada al habla» (Geschwind, 1979a, pág. 289).

El cerebro disléxico estudiado por Galaburda y Kemper mostraba las siguientes características llamativas: (1) el área Tpt, normalmente de mayor tamaño en el lado izquierdo del cerebro, era del mismo tamaño en ambas partes. Aunque en sí mismo esto no es concluyente, Galaburda y Kemper descubrieron también (2) polimicrogiria, formaciones patológicas anormales de tejido cerebral, en el área Tpt del hemisferio izquierdo, (3) la normal organización en columnas de esta área estaba desordenada, (4) había cuerpos de células nerviosas en el área más superficial de la corteza, donde normalmente no se encuentran y (5) se encontró tejido cortical en la materia blanca, a donde normalmente no pertenece. Ninguna de estas anomalías se encontró en el hemisferio derecho (ni en otra parte del cerebro)[39].

Una lesión en el área Tpt es de interés lingüístico, ya que «la localización de esta área corresponde al centro de las lesiones que producen afasia de Wernicke [...] Además, la localización de la Tpt coincide

---

bilaterales en el tálamo posterior de este sujeto, en áreas probablemente importantes para el lenguaje (Galaburda y Eidelberg, 1982). Además, Eidelberg y Galaburda descubrieron asimetrías talámicas en personas normales, la primera demostración de que se da una asimetría en una estructura del núcleo subcortical en el ser humano (Eidelberg y Galaburda, 1982).

[39] Debería señalarse que la anomalía del tejido cerebral descrita aquí es característica de ciertos casos de epilepsia. Y, de hecho, el paciente estudiado comenzó a sufrir ataques a los dieciséis años (Galaburda y Kemper, 1979, pág. 94). Sin embargo, estas malformaciones o se ven normalmente en el área del cerebro, por lo que el hecho de que esta sí se

en gran medida con la porción central de la región parietotemporal del habla obtenida mediante estimulación eléctrica» (Galaburda y Geschwind, 1980, pág. 122). La desorganización del tejido cerebral descubierta por Galaburda y Kemper se puede observar en la fotomicrografía de Geschwin, 1979c (pág. 166).

Es de interés adicional el que, en este ejemplo particular, el padre del paciente y sus tres hermanos varones fuesen lectores lentos (no así su madre ni su hermana). Los autores apuntan la hipótesis de que «una forma familiar de polimicrogiria localizada pueda ser responsable de las dificultades de lectura observadas en este paciente y en otros miembros varones de su familia» (Galaburda y Kemper, 1979, pág. 99).

Este caso fue el primer estudio arquitectónico que proporcionó pruebas de lesiones cerebrales asociadas con la dislexia del desarrollo. En la actualidad hay muchos más casos[40] de individuos disléxicos recogidos en la bibliografía, todo lo cual muestra anomalías del desarrollo del córtex cerebral (tales como displasias y ectopías)[41] y algunos de los cuales presentan anomalías en las estructuras subcorticales (Galaburda, 1993, pág. 58; Geschwind y Galaburda, 1987, pág. 90). Sin embargo, Livingstone *et al.* sostienen que algunos casos de dislexia del desarrollo pueden deberse a defectos en el sistema visual (el sistema magnopiramidal) (Livingstone *et al.*, 1991).

Sería informativo hacer un seguimiento de las pruebas lingüísticas en los miembros afectados de las familias de los pacientes estudiados por Galaburda y Kemper para buscar correlatos lingüísticos bien definidos de las lesiones cerebrales observadas. En la medida en que esté disponible, el estudio de disléxicos bilingües o de gemelos idénticos con dislexia, que hablen el mismo o diferente idioma, con tales lesiones, también sería, por supuesto, de gran interés lingüístico. Dichos casos proporcio-

---

observase y que el paciente sea disléxico, sugiere al menos, aunque no de manera concluyente, que el tejido anormal influye en el trastorno del habla (Geschwind, 1979b, págs. 69–70).

[40] Para cada cerebro hacen falta aproximadamente ocho meses de preparación (Langone, 1983).

[41] Las displasias consisten en una «arquitectura celular desordenada» y las ectopías consisten en «la presencia de elementos nerviosos en lugares de los que normalmente están ausentes» (Galaburda, 1985, pág. 27).

nan una esfera de cooperación mutuamente beneficiosa para el lingüista y el neuroanatomista. Además, la detección de una lesión específica en una discapacidad lingüística proporciona un punto de partida y un ímpetu para la comparación neuroanatómica de otros especímenes cerebrales con este caso[42] (y el estudio de otros casos de trastornos del desarrollo del lenguaje: afasia del desarrollo, agramatismo, etc.)[43].

En años recientes, el desarrollo de la hipótesis de Geschwind[44] ha impulsado la colaboración interdisciplinaria entre investigadores del área de los trastornos del aprendizaje e inmunólogos. Esta hipótesis se plantea en Geschwind y Behan, 1982, y en Geschwind y Behan, 1984, y se amplía en Geschwind y Galaburda, 1987, para explicar las relaciones observadas entre los trastornos del aprendizaje, como la dislexia, y la zurdera o diversas enfermedades autoinmunes[45]. Geschwind y Behan encontraron que los zurdos tenían una frecuencia tres veces mayor de trastornos inmunes que los diestros (Geschwind y Behan, 1982, 1984). Además, hallaron que los familiares de los zurdos padecían las mismas afecciones casi

---

[42] La razón por la que los estudios anatómicos de la dislexia han tardado tanto en producirse podría estar en una observación hecha por Galaburda:

> no parece que, hasta tiempos recientes, haya habido esfuerzos concertados para asegurar la investigación anatómica de los especímenes cerebrales de pacientes disléxicos de los que se pudiese disponer. El primero de dichos esfuerzos, que yo sepa, lo está haciendo la Orton Society de Estados Unidos, que ha puesto en marcha un mecanismo por el cual se pueden adquirir y analizar dichos especímenes. Solo mediante los avances paralelos de los modelos anatómicos y funcionales podemos esperar aprender lo suficiente como para empezar a diseñar métodos terapéuticos potencialmente eficaces (Galaburda y Geschwind, 1980, pág. 2).

[43] Bauman y Kemper han encontrado anomalías en el cerebro de un hombre de veintinueve años con autismo, utilizando métodos similares a los empleados por Galaburda y Kemper en el cerebro disléxico aquí visto (Bauman y Kemper, 1985; Galaburda y Kemper, 1979). Los problemas relativos a la adquisición del lenguaje se han señalado a menudo en estudios sobre niños autistas, aunque no está claro en qué medida se relaciona el autismo con un déficit lingüístico específico. En el caso del cerebro autista, las anomalías se situaban en el sistema límbico y en el cerebelo.

[44] A la que a veces se hace referencia en la bibliografía como «hipótesis de la testosterona».

[45] En los trastornos autoinmunes, el sistema inmune ataca los propios tejidos.

con el doble de frecuencia que los parientes de los diestros. También estudiaron la frecuencia de discapacidades del aprendizaje en la niñez, tales como la dislexia, el tartamudeo y el autismo, en las dos poblaciones y en sus familiares, y descubrieron que se da una frecuencia más elevada de estas afecciones en los zurdos puros que en los diestros puros.

La idea básica de la hipótesis de Geschwind es que los elevados niveles de testosterona en los varones puede a menudo conducir a un retraso de la migración neuronal en el hemisferio izquierdo, dando lugar a un predominio anómalo[46] y a trastornos anatómicos del córtex cerebral (como las displasias y ectopías señaladas antes), y por consiguiente a una predisposición a trastornos del aprendizaje como la dislexia y el tartamudeo. Y, simultáneamente, este exceso puede tener un efecto supresor en el timo, dando como resultado trastornos de autoinmunidad en edades más avanzadas.

Shaywitz *et al.* tomaron imágenes por resonancia magnética funcional a sujetos disléxicos y sanos. Descubrieron que los sujetos disléxicos mostraban «una activación relativamente baja en las regiones posteriores (el área de Wernicke, el giro angular, y la corteza estriada)», así como «hiperactivación relativa en la región anterior (giro frontal inferior)». La conclusión que sacaron de su estudio fue que los disléxicos padecían una dificultad fonológica (Shaywitz *et al.*, 1998, pág. 2.636).

De ahí deriva una pregunta natural: ¿encontramos asimetrías *bioquímicas* que correspondan a las asimetrías funcionales, anatómicas y arquitectónicas analizadas aquí? Se ha informado de varias asimetrías bioquímicas (de carácter natural) en el cerebro humano; por ejemplo, la asimetría de un neurotransmisor del tálamo (Oke *et al.*, 1978). Los investigadores descubrieron que la región pulvinar del hemisferio cerebral izquierdo del

---

[46] Geschwind y Galaburda distinguen el predominio estándar con «predominio puro del hemisferio izquierdo para el lenguaje y la lateralidad manual, y un predominio puro del hemisferio derecho para otras funciones» del *predominio anómalo*, que hace referencia a «aquellos en quienes el patrón difiere de la forma estándar» (Geschwind y Galaburda, 1987). Calculan que «el predominio anómalo se encuentra aproximadamente en el 30–35 por 100 de los individuos, aproximadamente el porcentaje de aquellos en quienes el temporal plano no es mayor en el hemisferio izquierdo» (pág. 70). Resaltan, sin embargo, que «la mayoría de las personas con predominio anómalo no sufren las condiciones mencionadas, y lo que se describe son tasas relativas superiores para ciertas afecciones» (pág. 83).

tálamo era más rica en norepinefrina que la región del hemisferio derecho (pág. 1.412)[47]. Señalaron también que los pacientes sometidos a cirugía talámica por disquinesias o dolor experimentaban dificultades posoperatorias en el habla si la operación se practicaba en las regiones pulvinar y ventrolateral izquierdas, pero no en las derechas (pág. 1.413). Aunque los autores no saben si la asimetría de la norepinefrina está relacionada con la lateralización funcional, animan a investigar más el fenómeno, y concluyen que «el problema de la lateralización incide en el espectro completo de investigación del comportamiento cerebral, desde la sinapsis hasta la oración» (pág. 1.411).

Hansen, Perry y Wada compararon los planos temporales izquierdo y derecho en busca de asimetrías en el contenido de aminoácidos, pero no consiguieron establecer su existencia (Hansen, Perry y Wada, 1972). Se ha informado de la existencia de asimetría de la colina acetiltransferasa en el primer giro temporal (Amaducci *et al.*, 1981; Sorbi *et al.*, 1980) y se ha señalado la potencial importancia de dichos estudios para cuestiones de asimetría del lenguaje, haciendo referencia a Geschwind, 1979c[48]; respecto a otros ejemplos y para un análisis en mayor profundidad, véase Geschwind y Galaburda, 1984, 1987. Mucho se está descubriendo acerca de las vías de desarrollo molecular para los ejes dorsal–ventral e izquierdo–derecho en mamíferos y aves; véase el estudio de Gilbert sobre el gen *situs inversus viscerum* (iv) y los genes *sonic hedgehog* (y otros) (Gilbert, 1997, págs. 647–650).

Asimetrías en los primates no humanos[49]

En este apartado estudiaremos algunas asimetrías en primates no humanos, que se corresponden con algunas de las áreas clásicas del lenguaje en

---

[47] Descubrieron además otra asimetría talámica en la norepinefrina, a saber, una concentración más elevada del neurotransmisor en el hemisferio cerebral derecho del tálamo, en un área conectada con el córtex somatosensorial.

[48] Geschwind señala que Amaducci ha informado también de la existencia de asimetría de la colina acetiltransferasa en estructuras homólogas de la rata (Geschwind, 1983a).

[49] Agradecemos a Marjorie LeMay y a Grace Yeni–Komshian la útil discusión de algunas de las cuestiones y los precedentes históricos del trabajo sobre asimetrías cerebrales.

los humanos. Nos limitaremos principalmente al caso del plano temporal en el chimpancé; se pueden encontrar casos adicionales en las referencias citadas.

LeMay ha señalado que el estudio de las asimetrías en los primates no humanos se retrotrae al menos a 1892, con el trabajo de Cunningham que «encontró que la fisura silviana izquierda del chimpancé y del macaco era más larga» (Cunningham, 1892; LeMay, 1985, pág. 235). Cunningham cita un trabajo previo de Eberstaller sobre la fisura silviana en humanos, que había llegado a la conclusión de que era «por término medio, más larga en el hemisferio izquierdo que en el derecho». Cunningham concluye, basándose en sus experimentos, que «por lo tanto, se han encontrado también en estos primates superiores y en el humano, de manera paralela al desarrollo del lóbulo temporal, diversos giros ocultos en la fisura silviana, que la acortan y aumentan el distrito cortical de la región en la tenemos que buscar el *sensible Sprachcentrum*» (Cunningham, 1892, pág. 130). Por lo tanto, a finales del siglo XIX, había comenzado la comparación de la región de la fisura silviana del lóbulo temporal en humanos y primates no humanos y el estudio de las asimetrías derecha–izquierda. Además, la importancia de estas regiones anatómicas para el estudio del lenguaje (*sensible Sprachcentrum*) también se conocía.

Yeni–Komshian y Benson citan un estudio llevado a cabo por Fischer, publicado en 1921, en el que este examinaba la fisura silviana en el cerebro de 24 chimpancés e informaba de que «el 50 por 100 de sus especímenes presentaba fisuras izquierdas más largas (1 a 6 mm) y el 17 por 100 presentaba fisuras derechas más largas» (Yeni–Komshian y Benson, 1976, págs. 388–389). LeMay cita un posterior trabajo de Beheim–Schwarzbach, en 1975, en el que estudiaba la «citoarquitectura de la superficie dorsal del giro temporal superior en dos cerebros humanos, uno de chimpancé y otro de orangután. Informó de que existían asimetrías similares en las regiones temporales de los humanos, el chimpancé y el orangután» (Beheim–Schwarzbach, 1975, citado en LeMay, 1985, pág. 236).

LeMay y Geschwind estudiaron las asimetrías en los hemisferios cerebrales de algunos grandes simios, simios de menor tamaño, monos del Nuevo Mundo y monos del Viejo Mundo (LeMay y Geschwind, 1975). Midieron la diferencia de altitud entre los puntos silvianos derecho e izquierdo. Hallaron que «entre 28 grandes simios, 17 presentaban asimetrías» mientras que la asimetría «fue infrecuente» en los otros tres grupos de primates que examinaron. Su conclusión es que «los resultados de este estudio sugieren, sin embargo, la posibilidad de que ciertas asimetrías observadas en los seres humanos pueden resultar comunes en el orangután y en algunos chimpancés» (págs. 50–51).

Yeni–Komshian y Benson compararon la longitud de las fisuras silvianas izquierda y derecha en cerebros humanos, de chimpancé y de rhesus. Sus mediciones en humanos confirmaron los resultados de otros estudios: que la «fisura silviana humana es más larga en el hemisferio izquierdo que en el derecho». Pero también hallaron que «los cerebros de chimpancé mostraban una asimetría similar pero en menor grado que los humanos». No se encontraron diferencias significativas en los cerebros de rhesus. Observan que estas diferencias de longitud en humanos se han «atribuido a la mayor longitud del plano temporal izquierdo» (págs. 387–388), citando a Geschwind. Por lo tanto, la «longitud de la fisura silviana puede considerarse una medición indirecta del homólogo del plano temporal humano en el cerebro del chimpancé y del rhesus». La razón por la que no midieron directamente el plano temporal fue que «el surco del giro de Heschl, que es el límite anterior del plano temporal, está poco desarrollado en el chimpancé y no existe en el rhesus». Por lo tanto, era «difícil identificar el plano temporal en estas especies mediante la observación macroscópica». Indican, sin embargo, que los estudios citoarquitectónicos habían demostrado que el plano temporal humano forma «parte de las áreas de asociación auditiva TA y TB». Estas mismas áreas se han identificado en el chimpancé y en el rhesus, y están «situadas, como en el cerebro humano, en la superficie superior del lóbulo temporal» (pág. 389). Por lo tanto, concluyen, como señala también LeMay diez años después, que «sus mediciones de la fisura silviana incluían el homólogo del plano temporal en humanos» (LeMay, 1985, pág. 236).

Poco después se produjeron animadas discusiones interdisciplinarias respecto a la importancia lingüística de los descubrimientos sobre las asimetrías del lenguaje en el hombre y en los simios. He aquí un intercambio entre Chomsky y Norman Geschwind en el congreso sobre *Los factores de maduración en el desarrollo cognitivo y la biología del lenguaje* celebrado los días 8–11 de junio de 1978:

CHOMSKY: ¿Qué se sabe respecto a las asimetrías cerebrales en los grandes simios?

GESCHWIND: LeMay y yo buscamos asimetrías en el cerebro de monos, y no las encontramos. Sí encontramos que los grandes simios presentan una asimetría en la fisura silviana similar a la de los humanos. La fisura silviana izquierda tiende a tener un curso más horizontal, mientras que la fisura silviana derecha se curva hacia arriba. En los humanos, este es con mucho el patrón más común. En los zurdos, este patrón sigue siendo el más común, pero hay un porcentaje más elevado de casos sin asimetría en la fisura silviana.

CHOMSKY: ¿Cuál es la función de esa área?

GESCHWIND: Es una asimetría de una fisura, la indentación entre partes del cerebro. Obviamente, la asimetría de la fisura implica que las áreas del cerebro que la rodean deben de ser diferentes de alguna manera. Las clásicas áreas principales del habla se encuentran en los límites de la fisura silviana. En el transcurso de la evolución de los primates, la fisura silviana parece haber cambiado de una configuración más vertical a otra más horizontal. Esta tendencia evolutiva parece haber progresado más en el hemisferio izquierdo que en el derecho.

CHOMSKY: Yendo más allá de la filogenia, ¿puede usted decir qué funciones corresponden a las áreas que rodean dicha fisura?

GESCHWIND: En los humanos, las áreas que rodean la fisura silviana del hemisferio izquierdo están especialmente implicadas en las funciones lingüísticas. Sería tentador conjeturar que las regiones que rodean a la fisura silviana en los grandes simios están al servicio de la misma función. Sospecho que estas áreas son asimétricas porque hay cierto tipo de predomino, pero nadie ha podido plantear la pregunta correcta para determinar cuál es ese predomino.

CHOMSKY: ¿Podría decir usted algo acerca de las funciones de las asimetrías en los simios?

GESCHWIND: La asimetría funcional de los hemisferios –diferencias en la ejecución de ciertos tipos de actividad– es claramente conocida en humanos. Dewson ha sugerido que el lóbulo temporal izquierdo del mono es superior en algunos tipos de tareas auditivas. Denenberg y sus colaboradores de la Universidad de Connecticut han aportado pruebas de que hay una asimetría para el comportamiento emocional en el cerebro de la rata. Algunos de los trabajos recientes aportan pruebas de que en los monos japoneses el hemisferio izquierdo reconoce mejor los gritos específicos de la especie. Desafortunadamente, no se ha demostrado todavía la existencia de una asimetría anatómica en ninguna de esas especies. Hay también una asimetría para el canto de la aves, pero la cuestión de la asimetría izquierda–derecha de estas áreas todavía no está clara. No conocemos todavía la función de las asimetrías anatómicas en el cerebro de los simios, pero sospecho que están relacionadas con el predominio funcional (Caplan y Chomsky, 1980, págs. 310–311).

Gannon *et al.* han proporcionado recientemente una confirmación más directa de las conclusiones de Yeni–Komshian y Benson (Gannon *et al.*, 1998). Examinaron 19 cerebros de chimpancé (*Pan troglodytes*) y descubrieron que «el plano temporal izquierdo era significativamente mayor en el 94 por 100 (17 de 18) de los cerebros de chimpancé examinados». Descubrieron que los puntos de referencia del plano temporal (y del giro de Heschl) estaban «fuertemente representados» en sus especímenes, y realizaron las mediciones de las asimetrías utilizando calibres de plástico. También conjeturan sobre «varias hipótesis evolutivas diferentes», todas las cuales son compatibles con estos resultados, sobre el posible papel que el substrato anatómico del plano temporal desempeña en la evolución del lenguaje humano y de los sistemas de comunicación del chimpancé (págs. 220–221).

Aunque Gannon *et al.* publican sus resultados de manera equilibrada en el artículo publicado en *Science*, los resultados se presentan al público de manera equívoca. Por ejemplo, en un comunicado de prensa de la Universidad de Columbia, se cita a Gannon como sigue: «Tras cien años de estudios comparativos del cerebro, uno asume que el dogma es cierto. Resultó un escándalo descubrir que el cerebro de chimpancé mostraba la misma asimetría que el de los humanos» (Goodman, 1998). ¿Qué «dogma» y qué «escándalo»? Como ya hemos mostrado, hay una rica tradición de estudios sobre las asimetrías en el cerebro de los primates, que data ya de hace cien años, y muestra que la afirmación de que existía un «dogma» en los estudios comparativos del cerebro es un mito. De hecho, Gannon *et al.* citan incluso algunas de las obras bibliográficas pertinentes en el artículo científico. En el comunicado de prensa también se afirma que Gannon había «teorizado por primera vez que la idea heredada [que los cerebros de chimpancé no presentaban la misma asimetría que los de los humanos] podría no ser cierta» al hacer algunos estudios de resonancia magnética en cerebros de chimpancé. Gannon puede haber «teorizado» por primera vez a ese respecto en la década de 1990, pero Cunningham ya había presentado pruebas empíricas contra la «idea heredada» en 1892.

En todo caso, es cierto lo opuesto a lo que Gannon afirma. La «idea heredada» desde hace varios años ha sido que las simetrías, incluidas las del plano temporal, existen en los primates no humanos. Compárese nuestro anterior análisis y también a Geschwind: «Estos resultados sugieren que la asimetría del plano temporal es un aspecto importante de la lateralización anatómica del lenguaje en el hemisferio izquierdo. Yeni–Komshian y Benson [1976] han encontrado una asimetría similar en el chimpancé» (Geschwind y Galaburda, 1984, pág. 13). Gannon *et al.* citan dos estudios alemanes de la década de 1930, que «informaban de una falta de asimetría PT en los simios». Estas referencias se tomaron de un estudio de 1968 llevado a cabo por Geschwind y Levitsky (1968), pero a la luz de todas las pruebas presentadas a favor de la asimetría en los primates desde entonces, estos estudios escasamente representan un «dogma» en 1998. De hecho, la sección de ciencia del *New York Times* llegó a afirmar que el estudio de Gannon *et al.* «se opone a nociones que se albergaban sobre cómo ha evolucionado el lenguaje en los humanos y por qué no hablan los simios», algo que va más allá de cualquier prueba presentada en su artículo (Blakeslee, 1998). Y el acreditado semanario alemán, *Der Spiegel*, informó de que, hasta el estudio de Gannon *et al.* se había creído que (1) ningún primate no humano presentaba asimetría en el plano temporal y (2) los hemisferios izquierdo y derecho del cerebro de los primates no humanos eran absolutamente iguales (*absolut seitengleich*). Si los editores de *Der Spiegel* se hubiesen tomado la molestia de comprobar la página de Medline en Internet, habrían comprobado que ya se habían presentado pruebas contra la tesis (2), y que al menos se cuestionaba la tesis (1) en el estudio de Beheim–Schwarzbach, publicado en Alemania más de veinte años antes.

5

La evolución del lenguaje[1]

INTRODUCCIÓN

Llegamos ahora a la pregunta (5) (pág. 13) ¿Cómo ha evolucionado el conocimiento del lenguaje? Todo el trabajo contemporáneo sobre biolingüística ha mostrado gran interés por las cuestiones de la evolución del lenguaje humano. Para responder a esta pregunta necesitamos primero comprender dos cosas: (1) cómo está diseñado el lenguaje humano; y (2) cómo han evolucionado estos rasgos de diseño en el cerebro de nuestra especie. El estudio del diseño del lenguaje ha sido el objeto de la primera parte de este libro, en la que hemos analizado las preguntas «¿qué constituye el conocimiento del lenguaje?» y «¿cómo se adquiere este conocimiento?»

El estudio de las propiedades del diseño del lenguaje comenzó en los primeros días de la lingüística generativa; por ejemplo, la explicación funcional de las transformaciones gramaticales basándose en ciertas suposiciones sobre la memoria a corto y largo plazo (Miller y Chomsky, 1963) y la motivación funcional para los filtros de producción sintáctica (Chomsky y Lasnik, 1977). Con la emergencia de modelos del lenguaje más restrictivos en años recientes, como resultado del trabajo sobre problemas de estructura (del lenguaje) y desarrollo, se ha hecho posible (tentativamente) abordar el análisis de la cuestión del diseño del lenguaje. Por ejemplo, el «programa minimalista» se centra explícitamente en cuestiones de optimidad del diseño del lenguaje (Chomsky, 1995b; Chomsky, 1997b). Téngase en cuenta que estamos suponiendo que a cualquier programa para investigar la evolución del lenguaje le interesa el diseño del lenguaje

---

[1] Algunos de los apartados de este capítulo contienen material ligeramente modificado de partes de Jenkins, 1997.

en este sentido y, por lo tanto, tiene un «programa minimalista», aun cuando pueda recibir otro apelativo. El análisis que presentamos en este capítulo, por lo tanto, se aplica al espectro completo de las teorías lingüísticas propuestas para caracterizar el conocimiento del lenguaje.

Hemos visto ya una serie de rasgos de diseño. Entre ellos se incluye el diseño modular; por ejemplo, la división del trabajo entre la facultad lingüística y otros módulos de actuación. También parece haber una serie de submódulos, como por ejemplo, el léxico, el componente computacional, la semántica, la morfología, el componente fonológico, y la fonética.

Siguiendo la línea de argumento minimalista, Chomsky señala que:

> El trabajo reciente sugiere también que las lenguas pueden ser óptimas en un sentido diferente. La facultad lingüística forma parte de la arquitectura general de la mente/cerebro, interactuando con otros componentes: el aparato sensomotor y los sistemas incluidos en el pensamiento, la imaginación y otros procesos mentales, y su expresión e interpretación. La facultad lingüística *conecta* con los demás componentes de la mente/cerebro. Las propiedades de conexión, impuestas por los sistemas entre los cuales el lenguaje está incluido, establece restricciones sobre cuál debe ser esta facultad para funcionar dentro de la mente/cerebro. Los sistemas articulador y perceptivo, por ejemplo, requieren que las expresiones del lenguaje tengan un orden lineal (temporal, «de izquierda a derecha») en la conexión; los sistemas sensomotores que operasen en paralelo permitirían modos de expresión más ricos y de dimensiones más amplias (Chomsky, 1996a, pág. 29).

Chomsky considera el ejemplo específico de la «propiedad de desplazamiento»:

> En el cómputo de λ [es decir, la representación de una forma lógica –lj], parece haber una gran imperfección en el diseño del lenguaje, al menos uno obvio: la «propiedad de desplazamiento» que es un aspecto dominante y bastante intrincado del lenguaje: los sintagmas se interpretan como si estuviesen en una posición diferente de la estructura, donde en ocasiones elementos similares se parecen y se pueden interpretar en términos de relaciones conceptualmente naturales (Chomsky, 1996b, pág. 123).

Chomsky sugiere que la razón de la «propiedad de desplazamiento» podría encontrarse en función de «requisitos interpretativos externamente impuestos». La idea aquí es observar lo que parecen ser imperfecciones en el diseño del lenguaje y, si es posible, demostrar que no son realmente imperfecciones, sino el resultado de restricciones independientemente motivadas, en este caso restricciones impuestas a la interconexión entre el lenguaje y los sistemas interpretativos externos a él.

Permítasenos mencionar un argumento conceptualmente análogo procedente de las ciencias físicas. En la superficie de contacto de ciertos tipos de cristales se puede observar la formación de una cúspide; se puede encontrar una fotografía en Peterson, 1988, pág. 87, versión castellana. Los metalúrgicos habían pensado que esta imperfección se debía bien a una dislocación en el cristal o bien al hecho de que el cristal se hubiese formado en condiciones de desequilibrio. Taylor y Cahn mostraron que no tenía por qué darse ninguno de estos casos (Taylor y Kahn, 1986). Demostraron que esta «imperfección» del cristal era de esperar en condiciones de equilibrio, dadas ciertas suposiciones necesarias sobre la simetría (anisotropía) y la economía (minimización de la energía). En especial, la formación en cúspide resultaba ser una de las doce superficies mínimas predichas por su teoría.

Lasnik presenta un caso práctico de cómo los biolingüistas se dedican a estudiar los mecanismos lingüísticos y al mismo tiempo intentan aprender algo sobre la cuestión del diseño del lenguaje (Lasnik, 1999). Revisa el trabajo sobre el movimiento de los sintagmas a lo largo de las últimas décadas en diversas lenguas, incluido el inglés, el español, el irlandés, el japonés, el chino, el palauano, el chamorro, el eue, etc. Un ejemplo del inglés es:

Who do [you think [that John believes [that Mary said [that Tom saw__]]]]?
¿A quién [crees [que John cree [que Mary dijo [que Tom vio__]]]]?

Aquí, el sintagma interrogativo, *who*, se ha movido al comienzo de la frase desde la posición de objeto, después de *saw*. La cuestión es, ¿se mueve *who* en un solo paso al comienzo de la frase, o se mueve gradualmente («cíclicamente sucesivo» es el término técnico) hacia el principio, es decir, a través de la posición del *that* que aparece al comienzo de cada proposición. Chomsky presentó originalmente pruebas de la hipótesis gradual, y posteriormente se descubrieron pruebas que la respaldan en otras lenguas (Lasnik proporciona extensas referencias). Se podría preguntar por qué el lenguaje está diseñado con un «movimiento corto» en lugar de un «movimiento largo».

Lasnik señala que se ha sugerido que la facilidad del procesamiento podría formar parte de la motivación del diseño. Algunas de las pruebas a este respecto proceden de las lenguas en las que la posición correspondiente al *that* del ejemplo anterior está morfológicamente marcada (irlandés) o sintácticamente distinguida (español) al comienzo de cada proposición, de forma que uno puede, por así decirlo, seguir un «rastro» de marcadores desde el elemento movido, *who*, hacia la posición en que se originaron. Sin embargo, Lasnik cita investigaciones de otras lenguas en las que no se encuentran dichos marcadores (inglés), o incluso en que no hay ningún movimiento visible del sintagma, aunque la interpretación de la oración es la misma que si se hubiesen aplicado ciertas restricciones al «movimiento» (japonés, chino). Concluye que la cuestión del diseño para el movimiento corto está todavía abierta. Sin embargo, al menos podríamos ver qué tipos de pruebas se pueden buscar para investigar la cuestión[2].

Supongamos que hace treinta años, cuando se aceptaba en general el movimiento largo en los trabajos lingüísticos, hubiésemos preguntado por qué el lenguaje está diseñado para tener un movimiento largo. Consideremos ahora algunas respuestas posibles: el movimiento largo facilita la reproducción, la consecución de amigos y la influencia sobre las personas, la comunicación, el cotilleo, facilita el procesamiento, o quizá el movimiento largo fue favorecido por la selección natural. Podemos ver fácilmente por qué dichas respuestas son inútiles como explicaciones para la evolución del lenguaje. Porque hoy, habiendo comprendido que hay un movimiento corto, no largo, preguntamos de nuevo por qué el lenguaje se diseñó así. Las falsas respuestas son las mismas: cotilleo, consecución de amigos, etc. Sin embargo, al definir mejor los mecanismos sintácticos, comenzamos a ver por fin que se podría plantear un ar-

---

[2] Lo que precede es una versión condensada del análisis mucho más profundo e interesante ofrecido por Lasnik.

gumento a favor del procesamiento en algunos de los casos y comprender qué tipo de pruebas cuentan a favor o en contra de dicha hipótesis.

PRINCIPIOS GENERALES DEL DISEÑO DEL LENGUAJE

Chomsky ha señalado que cuando comenzamos a plantear preguntas sobre el diseño del lenguaje, por ejemplo, en qué medida es óptimo o perfecto el lenguaje, surgen consideraciones de economía, principios enraizados en la elegancia más que en la utilidad, «el tipo de propiedades que uno busca en las principales áreas de las ciencias naturales, por ejemplo, al buscar los principios de conservación, de simetría, y similares» (Chomsky, 1991b, pág. 49). La opinión de Euler respecto a la economía era que «tras cada fenómeno de nuestro universo, podemos encontrar una regla de máximos o de mínimos» (Hildebrandt y Tromba, 1996, pág. 34). Einstein captó la íntima conexión entre la simetría y el diseño en el dicho «la simetría dicta el diseño».

La razón por la que buscamos principios de diseño, tanto generales como específicos, se puede comprender mejor si consideramos brevemente algunos de los antecedentes intelectuales y algunas de las tradiciones científicas que tratan de esta cuestión. En la Introducción, señalamos que el análisis que Chomsky hace de los paralelos conceptuales entre la idea del *Urform* de Goethe, la noción de Wilhelm von Humboldt sobre la «forma orgánica» del lenguaje, y los principios generativos que determinan «la clase de lenguas posibles»: «los principios organizadores innatos [de la GU] "determinan la clase de lenguas posibles, al igual que el *Urform* de las teorías biológicas de Goethe define la clase de animales y plantas posibles"» (citado por Otero en Pinker y Bloom, 1990, pág. 750).

Hemos señalado que estas ideas sobre el lenguaje fueron ampliadas hasta convertirlas en lo que se denominó teoría «de los principios y los parámetros» del «órgano mental» del lenguaje. Como Chomsky ha observado, el «*Urform* es un tipo de principio generativo que determina la clase de organismos físicamente posibles». ¿Pero cuáles son estos principios generativos?

Chomsky ha resaltado la importancia del trabajo de pioneros como D'Arcy Thompson para el estudio de esta cuestión. Además, Alan Turing trabajó en una serie de estimulantes ideas monogénicas con intención de aplicarlas al estudio del cerebro. Coveney y Highfield señalan que escribió sobre estas cuestiones en una carta al neurofisiólogo J. Z. Young, el 8 de febrero de 1951:

> Declarando que él estaba, por el momento, lejos de «plantear cuestiones anatómicas [sobre el cerebro]», reveló que estaba trabajando en una teoría matemática sobre embriología que en su opinión proporcionaba «explicaciones satisfactorias sobre (1) la gastrulación (ii) las estructuras simétricas poligonales, por ejemplo, la estrella de mar, las flores (iii) la disposición de las hojas, en especial la forma en que la serie de Fibonacci (0,1,1,2,3,5, 8,13…) llega a influir en (iv) los patrones de colores en los animales, por ejemplo, rayas, manchas y moteados (v) patrones en estructuras casi esféricas como las de algunos radiolarios, pero esto es más difícil y dudoso». Explicó que estaba haciendo este trabajo porque era más manejable que abordar directamente cuestiones similares referentes al cerebro. Pero, le dijo a Young, «la estructura del cerebro tiene que ser alcanzable por el mecanismo genético embriológico, y espero que esta teoría en la que ahora mismo estoy trabajando pueda aclarar qué restricciones implica esto realmente» (Coveney y Highfield, 1995, pág. 388).

De hecho, la teoría de Turing sobre los mecanismos de reacción y difusión señalaba el camino para obtener parte de la respuesta a la pregunta sobre los principios generativos; a saber, las ahora denominadas teorías de la dinámica. Turing estaba, por lo tanto, embarcado en un programa para establecer las bases para comprender el *Urform* de Goethe, un viaje que, esperaba, lo llevaría a comprender el cerebro. Y, como D'Arcy Thompson, Turing creía que algunos de los principios importantes podrían revelarse estudiando la incidencia de la secuencia de Fibonacci en las plantas.

Chomsky, en la tradición de D'Arcy Thompson y Turing, también ha impulsado el estudio de las propiedades de los organismos enraizadas en la naturaleza del mundo físico, como la simetría, sugiriendo a partir de ahí una línea de investigación para la evolución del lenguaje:

> Está de alguna forma relacionado con cosas como el intento de D'Arcy Thompson de mostrar que muchas propiedades de los organismos, como

la simetría, por ejemplo, no tienen realmente nada que ver con una selección específica, sino con las formas en que pueden existir las cosas en el mundo físico (Huybregts y Riemsdijk, 1982, pág. 23).

Guillen sugiere en el siguiente pasaje que esta forma de estudiar la biología sigue el espíritu de Einstein («la simetría dicta el diseño»):

Esa convicción se vio drásticamente reafirmada cuando, en septiembre de 1891, el joven Einstein se encontró con un libro de geometría en la librería local. Ese «sagrado libro de geometría me produjo una impresión indescriptible», recordaría Einstein más tarde, porque era perfecta y armoniosamente lógico, como la Naturaleza.

La curiosidad de Einstein por la concordia entre las matemáticas y la Naturaleza creció aún más cuando descubrió una intrigante secuencia numérica denominada *serie de Fibonacci*: 1,1,2,3,5,8,13, 21,34,55,89, etc. Aun cuando no fuese obvio, había una pauta en estos números: cada uno era la suma de los dos anteriores (ej.: 13=8+5).

Ideada por primera vez en el siglo XIII por un mercader italiano llamado Leonardo «Fibonacci» da Pisa, la serie se había considerado, en general, poco menos que una curiosidad numérica. Pero después, Einstein supo que los botánicos habían descubierto que había sorprendentes coincidencias entre el patrón *numérico* de la serie de Fibonacci y el patrón de *crecimiento* de muchas plantas de flor.

En su desarrollo, por ejemplo, las ramas de una *achille ptarmica* se bifurcaban exactamente de acuerdo con la serie de Fibonacci. Primero se bifurcaba el tallo principal del almácigo (1), después uno de los tallos secundarios (1), después se bifurcaban simultáneamente un tallo secundario y uno terciario (2), después se bifurcaban simultáneamente tres tallos inferiores (3), y así sucesivamente.

Además, Einstein descubrió que el número de pétalos de diferentes flores también recapitulaba los números de la serie de Fibonacci: un lirio tenía casi siempre tres pétalos, una prímula cinco, un zuzón trece, una margarita de los prados, treinta y cuatro pétalos, y un áster o bien cincuenta y cinco o bien ochenta y nueve pétalos.

Todas estas revelaciones tuvieron un único efecto acumulativo en el joven Einstein: dado que había este maravilloso paralelo entre los Números y la Naturaleza, ¿por qué no utilizar las leyes matemáticas para articular las leyes de la Naturaleza? «Debería ser posible, por medio de la pura deducción —concluyó— encontrar el cuadro —es decir, la teoría— de todos los procesos naturales, incluidos los de los organismos vivos» (Guillen, 1995, págs. 225–226)[3].

El joven Einstein representado por Guillen no se habría sentido totalmente sorprendido si se encontrase con el siguiente pasaje, perteneciente a un reciente artículo sobre física:

> En esta Carta estudiamos un sistema físico muy alejado de la botánica: una red de flujo de Abrikosov en un superconductor estratificado. Sorprendentemente, resulta que la dinámica de la red bajo variación del campo magnético da lugar a estructuras muy similares a las conocidas en botánica. En especial, aparecieron pares de números de Fibonacci consecutivos (Levitov, 1991, pág. 224).

El autor señala a continuación que «además de abrir una vía hacia una explicación alternativa de la filotaxis botánica, este resultado sugiere que la filotaxis es un fenómeno general que debe de ocurrir en todas las redes flexibles sometidas a una fuerte deformación».Volveremos más adelante a algunas otras propuestas respecto a la filotaxis. Levitov explica el objetivo de este tipo de investigación:

> El objetivo supremo de la física, por supuesto, es explicar la tremenda variedad de los fenómenos encontrados en la naturaleza en función de unos cuantos conceptos sencillos. Por ejemplo, la disposición de las escamas en una piña tropical, las líneas de flujo magnético en los superconductores, y las celdas de circulación en un fluido en convección se pueden considerar ejemplos de filotaxis. Recientemente se ha demostrado en· el MIT que este novedoso tipo de ordenación espacial —que ha supuesto un reto para matemáticos y científicos durante más de un siglo— evolu-

---

[3] No está claro qué parte de esta explicación es real y qué parte es recreación de este periodo de la vida de Einstein, pero creemos que capta ese aspecto de su pensamiento que constantemente buscaba la unificación en la naturaleza.

ciona de manera natural a partir de la deformación de una red flexible. Los resultados analíticos obtenidos explican la incidencia de los números de Fibonacci en la periodicidad de dichas estructuras (página de Internet sobre Física de la Materia Condensada que hace referencia al trabajo de Levitov:

http://web.mit.edu/physics/www/research/Cond.html).

El posterior desarrollo de la incipiente «teoría matemática de la embriología» propuesta por Turing ha conducido a un floreciente programa de investigación sobre el papel de la dinámica en el desarrollo y en la evolución de la forma morfológica, que Goodwin ha denominado «biología generativa»; véase también Kauffman, 1993. Wolpert ha propuesto también lo que él denomina el «programa generativo», con hipótesis específicas sobre algunos mecanismos del desarrollo, que podrían también interpretarse como una formulación del principio generativo del *Urform* de Goethe: «No es [el programa del desarrollo del embrión] un programa que describa la forma definitiva, sino un programa generativo que contiene las instrucciones para hacer las formas» (pág. 17). En su opinión, hay restricciones al tipo de formas que se pueden generar: «De esta manera, los mecanismos del desarrollo, junto con su control genético, imponen una severa limitación a la evolución de la forma animal [...] Por lo tanto, no todos los animales imaginables son posibles» (pág. 195). Hay, sin embargo, una serie de interesantes diferencias conceptuales entre los principios de la «biología generativa» de Goodwin y el «programa generativo» de Wolpert; la consideración de dichas diferencias nos ocuparía demasiado espacio, pero en Webster y Goodwin, 1996, se puede encontrar un análisis más pormenorizado.

El *Urpflanze* de Goethe representa los principios generativos que determinan los tipos de plantas posibles:

Die Urpflanze wird das wunderlichste Geschöpf von der Welt, um welches mich die Natur selbst beneiden soll. Mitdiesem Modell und dem Schlüssel dazu kann man alsdann noch Pflanzen ins Unendiliche erfinder, die konsequent sein müssen, das heisst, die, wenn sie auch nicht existieren, doch existieren könnten, und nicht etwa mahlerische oder dichterische Schatten und Scheine sind, sondern eine innerliche Wahrheit und Nothwendigkeit haben. Dasselbe Gesetz wird sich auf alles übrige Lebendige anwenden lassen (Chomsky, 1966 [pág. 60 de la versión castellana]; citado de Magnus, 1906).

La planta arquetípica será el vegetal más extraño que el mundo haya visto, y la propia Naturaleza me envidiará por ella. Con dicho modelo, y con su clave en las manos, uno podrá lograr una infinita variedad de plantas. Serán plantas estrictamente lógicas; en otras palabras, que aun cuando quizá no existan realmente, podrían existir. No serán meras proyecciones pintorescas e imaginativas. Estarán imbuidas de una verdad y una necesidad interiores. Y la misma ley será aplicable a todo lo que vive (Magnus, 1906 (1949), pág. 46 [cita obtenida de la traducción de Chomsky, 1966, pág. 66]).

En años recientes, se ha demostrado que los órganos florales (sépalo, pétalo, estambre, carpelo) se transforman en otros mediante la transformación homeótica (*homeo* = similar) y se han estudiado intensamente en organismos como la hierba *Arabidopsis thaliana*. Se ha demostrado que estos efectos transformadores son posibles por mutaciones de un solo gen. En la *Arabidopsis* se han encontrado tres genes de este tipo; si los tres están mutados, se producen las hojas, como estado por defecto; como señala Goodwin:

Se sabe desde hace tiempo que los diferentes órganos de una flor son transformaciones de unos en otros, y que todos son hojas transformadas. Esta conclusión se basa en la observación de estados intermedios que se dan espontáneamente en las plantas. Hace algo más de doscientos años, en 1790, Johann Wolfgang von Goethe propuso que todos los órganos florales se derivan del estado foliar básico a través de lo que él describió como diferentes calidades de savia. Alguien podría pensar que esta muestra de razonamiento deductivo no deja de ser asombrosamente atinada viniendo de un poeta (Goodwin, 1994, pág. 168, versión castellana).

Más adelante estudiaremos otro de estos casos, la incidencia de los números de Fibonacci (1, 1, 2, 3, 5, 8, 13, 21, 55, 89…) en las plantas. Goodwin muestra que se puede conseguir una unificación conceptual del caso referente a los números de Fibonacci con el caso de la transformación de los órganos florales que se acaba de analizar. Así, podemos empezar a desarrollar algunos de los detalles de los principios generativos involucrados en la idea del *Urpflanze* de Goethe.

A continuación sugeriremos que la incidencia de patrones como el orden de las palabras en el lenguaje natural podría interpretarse de manera similar a la forma en que aparecen los números de Fibonacci en el estudio de la filotaxis, a saber, como resultado de la ruptura de la simetría. Conseguimos estos observando las propiedades de simetría en los patrones sintácticos y a partir de estos podríamos quizá deducir las propiedades de la forma subyacente y, por último, las «ecuaciones» de la mente. Se podría conjeturar que quizá otras diferencias entre lenguas observadas por los lingüistas sean también resultado de similares bifurcaciones que rompen la simetría. De ser así, podríamos contemplar, en parte, las lenguas naturales –inglés, turco, japonés, etc.– como «cascada de rupturas de la simetría», por usar una expresión de Goodwin (1994, pág. 139, versión castellana). Entonces habría una base física para el parecido que Chomsky señaló entre el órgano del lenguaje y los principios generativos implícitos en la idea del *Urpflanze* de Goethe (o la «forma orgánica» del lenguaje, de Humboldt).

SIMETRÍA

> Ni el papel de la selección natural ni las leyes de la física se pueden olvidar; juntas, son responsables del desarrollo y la evolución.
>
> John Tyler Bonner, Introducción del editor,
> D'Arcy Thompson, *On Growth and Form*

LA RUPTURA DE LA SIMETRÍA Y EL SISTEMA DE TURING

Chomsky introdujo la idea de los principios de economía («directrices del mínimo esfuerzo» en obras anteriores) en lingüística como parte de lo que posteriormente se denominó el programa minimalista (Chomsky, 1995b; véase también Collins, 1997; Kitahara, 1997). Estos principios de la lingüística eliminaron los «pasos superfluos en las derivaciones y los elementos superfluos en las representaciones» (Chomsky, 1991b, pág. 49). Observó que las características que uno encuentra en los principios del «mínimo esfuerzo» poseen una especie de generalidad arraigada en la elegancia, más que en la utilidad, «el tipo de propiedad que uno busca en áreas básicas de las ciencias naturales, por ejemplo, la búsqueda de los principios de conservación, la simetría, y similares» (Chomsky, 1991b, pág. 49).

Por lo tanto, Chomsky plantea preguntas sobre la lingüística y la ciencia de la mente en general, bastante análogas a las planteadas en «áreas básicas de las ciencias naturales», por ejemplo, la física, y que tienen sus orígenes en la antigüedad. ¿Es el universo mezquino (Hildebrandt y Tromba, 1996)? Si es así, ¿qué principios dictan su diseño mezquino? Las respuestas dadas en la física clásica fueron, de una forma u otra, las de que existe un principio de «mínima acción». (En épocas anteriores, este principio derivó en mayor medida de «Dios en su infinita sabiduría)». Investigaremos estos temas en esta sección y ofreceremos algunas conjeturas sobre cómo es posible que hayan surgido fenómenos sintácticos, por ejemplo, el orden de las palabras (y quizá otras [a]simetrías del lenguaje), como fenómenos «emergentes» mediante el mecanismo de ruptura de la simetría[4].

Chomsky se ha mostrado partidario de una postura «naturalista» respecto al estudio de la biología del lenguaje, es decir, intentar que «mental» esté a la par de «químico», «óptico» o «eléctrico» (Chomsky, 1995a, pág. 1). Seguiremos asumiendo este enfoque al abordar cuestiones referentes a la evolución. Sabemos tan poco que necesitamos estar dispuestos a probar todo lo que tenemos en nuestra caja de herramientas biolingüística para atacar el problema; como veremos, esto puede incluir de todo, desde el uso de *zooblots* para comparar los genes del lenguaje con los genes de otras especies, al uso de abordajes más indirectos del problema con la ayuda de la teoría lingüística o de la dinámica no lineal. Chomsky ha resaltado la importancia de las restricciones físicas sobre las posibles vías de evolución:

> Para avanzar hacia una explicación de gran alcance [sobre la evolución], van a tener que encontrar algo sobre la posibilidad física en la que opera la selección. Ese espacio podría ser extremadamente restringido. Por

---

[4] Para otra línea de investigación sobre estos temas, véase Fukui, 1996.

ejemplo, podría ser tan restringido como para que, en determinadas condiciones de evolución humana, haya una sola posibilidad de que en un espacio del tamaño de una pelota se albergue algo con 10^{11} neuronas: a saber, un cerebro que tiene estas propiedades de cálculo. Yo no propongo eso, pero algo por el estilo podría resultar cierto. Quizá haya unas posibilidades físicas muy restringidas de las que, por ejemplo, D'Arcy Thompson y otros han hablado, que creen un espacio dentro del cual el éxito reproductivo suponga una diferencia (Chomsky, 1994a, págs. 83–84).

Para ilustrar cómo puede el espacio de la posibilidad física estrechar las posibilidades de desarrollo nervioso, señalamos que Van Essen ha propuesto una «teoría de la morfogénesis basada en la tensión» para explicar las propiedades de dualidad funcional y el compacto sistema de conexiones de diversas áreas del cerebro, como el córtex. Para respaldar esta hipótesis (claramente etiquetada como tal), examina los datos sobre el sistema de conexiones y la dualidad en diversas áreas del cerebro, y muestra que muchas de estas propiedades podrían explicarse por un mecanismo morfogenético que implica una tensión mecánica que actúa a lo largo de los axones, las dendritas y los procesos gliales. Como señala, la forma definitiva del cerebro estaría determinada por una interacción entre la genética y la física (fuerzas de tensión), en la que se tienen en cuenta las propiedades de simetría:

> La morfogénesis comporta una intrincada coreografía de fuerzas físicas que causan diferente crecimiento y desplazamiento del tejido. ¿Requiere esto un elaborado conjunto de instrucciones para el desarrollo, que trascienden a las necesarias para regular los procesos de proliferación nerviosa, migración, señalización axonal y formación de sinápsis? Si la morfogénesis está dirigida principalmente por la tensión, la respuesta es no. Por el contrario, la especificidad de los cambios de forma sería en gran medida un subproducto de los factores que dictan la conectividad y la topología del conjunto de circuitos nerviosos subyacentes (Van Essen, 1997, pág. 318).

Van Essen observa que esta hipótesis sigue la tradición de D'Arcy Thompson:

En un análisis clásico sobre el crecimiento y la forma, D'Arcy Thompson analizó cómo pueden interactuar la tensión y la presión con las anisotropías y las asimetrías estructurales para determinar la forma de las estructuras biológicas. Aplicó esta perspectiva a una variedad de partes periféricas del cuerpo, e incluso a plantas, pero no al cerebro. La presente teoría de la morfogénesis del sistema nervioso central basada en la tensión se puede considerar como una ampliación natural, si bien tardía, de sus ideas pioneras (Van Essen, 1997, pág. 317).

Proporcionaremos nuevos ejemplos de propuestas que siguen la tradición de D'Arcy Thompson presentadas sobre sistemas biológicos diferentes del lenguaje; a saber, el autoensamblaje en los virus, la evolución del código genético, y el origen de la quiralidad en los sistemas biológicos. En varios de estos casos, veremos que la ruptura de la simetría sirve de mecanismo explicativo. Pero, primero, digamos unas palabras generales sobre el papel de la simetría en la ciencia.

Ho–Kim, Kumar y Lam señalan que en la naturaleza la simetría tiene fuerza restrictiva y predictiva (Ho–Kim, Kumar y Lam, 1991, pág. 120). Un ejemplo sencillo es el de los sólidos platónicos, de los que hay solo cinco: el tetraedro, el cubo, el octaedro, el icosaedro y el dodecaedro[5]. La simetría impide que se produzcan otros que no sean estos cinco. Este es el aspecto restrictivo de la simetría. El aspecto predictivo se produce cuando podemos predecir, por ejemplo, que un marciano, o el habitante de cualquier otra galaxia, descubrirá solo estos cinco sólidos, y ningún otro[6]. En un análisis de la incidencia de estos «cuerpos platónicos» en el reino biológico, D'Arcy Thompson señala específicamente esta propie-

---

[5] Un sólido platónico es un poliedro convexo regular, es decir, un «volumen limitado por caras planas que son polígonos regulares idénticos». Nótese que si se elimina la restricción de simetría, que las caras sean «polígonos regulares idénticos», hay muchas más probabilidades.

[6] Weinberg observa que cuando Kepler intentó explicar las órbitas planetarias utilizando los sólidos platónicos, la idea de aplicar consideraciones de simetría era correcta, pero la estaba aplicando al problema equivocado. Señala la similitud con métodos del físico moderno, que utiliza las estructuras simétricas en la teoría de grupos (continua) para establecer modelos sobre el comportamiento de las partículas elementales (Weinberg, 1992, pág. 132-133, versión castellana).

dad restrictiva que la simetría impone a la forma (Thompson, 1992a, págs. 732–740). Thompson realiza algunos cálculos utilizando la Ley de Euler[7] para buscar configuraciones posibles e imposibles, comentando que «las leyes y los teoremas matemáticos definen una infinita variedad de formas, y las propiedades del espacio y del número las limitan».

El ejemplo que se acaba de dar concierne a las simetrías de los objetos físicos, como los tetraedros. La verdadera fuerza restrictiva de los principios de simetría se produce cuando nos percatamos de que no solo pueden restringir objetos, sino también leyes físicas[8]. Por ejemplo, cada una de las simetrías del espacio–tiempo nos permite derivar directamente la ley de la conservación[9]. Por ejemplo, la ley de la conservación de la energía está asociada con la invariancia del tiempo.

Otra importante deducción ha sido la de que las simetrías pueden ocultarse o «romperse» de manera espontánea. Es decir, aun cuando la ley física muestre en sí misma una simetría perfecta, es posible que su realización en la naturaleza sea asimétrica. Gell–Mann caracteriza como sigue la ruptura espontánea de la simetría: «La esencia de la ruptura espontánea de la simetría reside en esta misma circunstancia: las ecuaciones con una simetría particular pueden tener soluciones que violen individualmente esa simetría, aunque el conjunto de todas las soluciones sea simétrico» (Gell–Mann, 1994, pág. 212, versión castellana)[10].

Lo que Gell–Mann tiene en mente aquí es la teoría electrodébil. Las ecuaciones (ecuaciones de campo de Yang–Mills) poseen una simetría perfecta y predicen la existencia de partículas sin masa. Sin embargo, en la naturaleza, la solución simétrica a estas ecuaciones es inestable. La si-

---

[7] La Ley de Euler establece que el número de vértices de un poliedro, V, menos el número de aristas, A, más el número de caras, C, es igual a 2, es decir, $V-A+C=2$. Volveremos a esta ley en el análisis del autoensamblaje de los virus.

[8] Como indica Weinberg, «las simetrías que son realmente importantes en la naturaleza no son las simetrías de las *cosas*, sino las simetrías de las *leyes*» (Weinberg, 1992, pág. 112, versión castellana).

[9] «Teorema de Noether: las simetrías implican leyes de conservación.»

[10] Respecto a un adicional análisis general de este punto, véase Weinberg: «la simetría de las ecuaciones no está necesariamente reflejada en cada solución individual de dichas ecuaciones, sino solo en el conjunto de *todas* las soluciones de estas ecuaciones» (Weinberg, 1992, pág. 155, versión castellana).

metría la rompe otro campo, el campo de Higgs. Sin embargo, el conjunto de todas las soluciones es, de nuevo, simétrico.

Permítasenos ilustrar esta idea con un ejemplo más sencillo, sugerido por Weinberg (1992, pág. 234, versión castellana)[11]. Supongamos (hipotéticamente) que hay una ecuación que relaciona la masa del quark *up* con la masa el quark *down* de la siguiente manera:

$$u/d + d/u = 2,5$$

Obsérvese que la ecuación es simétrica; por ejemplo, es factible intercambiar u por d, y la ecuación sigue siendo la misma. Nótese que el quark *up* y el quark *down* no pueden tener la misma masa, es decir, $u \neq d$ (de otra manera, $1 + 1 = 2,5$). Sin embargo, $u = 2d$ o $d = 2u$ son soluciones de la ecuación. Cualquier solución es asimétrica, pero el conjunto de todas las soluciones, $\{u = 2d, d = 2u\}$, es simétrico, al igual que la ecuación subyacente.

La ruptura de la simetría en un contexto biológico comenzó con el trabajo de Alan Turing, un investigador probablemente más conocido en ciencias informáticas y en lingüística matemática por su teoría de la «máquina de Turing». El trabajo de Turing, Chomsky y muchos otros ha sido integrado en lo que a veces se denomina «jerarquía chomskyana» de las gramáticas. Los que probablemente sean menos conocidos, al menos en el mundo lingüístico, son sus estudios de matemáticas abstractas sobre la morfogénesis, en un artículo escrito en 1952, un año antes del descubrimientoo del ADN por Watson y Crick, que marcó el comienzo de la revolución en biología molecular. Este artículo se titulaba «The Chemical Basis of Morphogenesis» [La base química de la morfogénesis] y entre las muchas ideas intrigantes desarrolladas en el mismo[12] se encontraba su teoría de los mecanismos de difusión reacción[13]. Implícita en este análisis estaba la idea de ruptura de la simetría.

---

[11] Las ecuaciones de la teoría electrodébil son, obviamente, mucho más complicadas que esta ilustración, pero el principio es el mismo.

[12] Stewart y Golubitsky revisan las ideas de Turing desde la perspectiva de las actuales tesis sobre la simetría (Stewart y Golubitsky, 1993, capítulo 7).

[13] Aunque aquí solo consideramos el modelo de difusión reacción, se han propuesto numerosos mecanismos para la formación de patrones, por ejemplo, el modelo ZPA

Turing propuso un conjunto de reacciones químicas que implicaban la autocatálisis[14] y la difusión, y demostró que dicho mecanismo podría subyacer a ciertos tipos de formación de patrones. Su objetivo era explicar que algunas «leyes físicas bien conocidas» pueden explicar los hechos sin necesidad de establecer una nueva hipótesis. Por esta razón, no llevó a cabo el experimento, sino que sugirió una secuencia hipotética de «reacciones imaginarias»: «Especificar sustancias, concentraciones y temperaturas reales que dan lugar a estas funciones resolvería definitivamente el asunto, pero sería difícil y de alguna manera estaría fuera de lugar para la presente investigación. Por el contrario, se propone meramente mencionar reacciones imaginarias que dan lugar a las funciones requeridas» (Turing, 1952, pág. 43). Y, de nuevo: «Se piensa, sin embargo, que los sistemas biológicos imaginarios tratados y los principios analizados deberían servir de ayuda para la interpretación de las formas biológicas reales» (pág. 72).

Durante mucho tiempo, no se creyó en la existencia de los sistemas «imaginarios» de Turing (véase Ball, 1994, págs. 311–314). Sin embargo, a comienzos de la década de 1960, se descubrieron reacciones inorgánicas con las propiedades postuladas en la teoría de Turing, por ejemplo, la reacción de Belousov–Zhabotinsky (B–Z)[15]. Prigogine y Nicolis proporcionaron confirmación teórica para el mecanismo de Turing dentro del marco de la termodinámica del desequilibrio (Prigogine y Nicolis, 1967)[16]. Y sostenían que la importancia de dichos mecanismos para los procesos biológicos va mucho más allá de los sistemas morfogenéticos analizados por Turing. En el que *Nature* denomina «el primer ejemplo claro de la onda de difusión reacción de Turing en un sistema biológico (pág. v)», Kondo y Asai crearon un programa de simulación que predecía

---

(siglas en inglés de «zona de actividad polarizante»). Gilbert presenta una perspectiva general de estos modelos (Gilbert, 1997).

[14] La autocatálisis es la catálisis de una reacción producida por uno de los productos de reacción.

[15] En realidad, dichas reacciones se conocían ya en 1951, pero se creía que eran artefactos (Ball, 1994).

[16] Presentan cálculos que, según sostienen, prueban «la existencia de una inestabilidad que rompe la simetría del mecanismo de Turing, en situaciones suficientemente alejadas del equilibrio termodinámico» (pág. 3550).

con éxito al patrón de listas que aparece en la piel del chiribico (*Pomacanthus*) (Kondo y Asai, 1995). Meinhardt contrasta la regulación dinámica encontrada en el chiribico con el «rígido sistema coordinado que opera en la *drosophila*» (Meinhardt, 1995). Señala que incluso en la *Drosophila* es posible observar una regulación dinámica en una fase temprana del desarrollo, de forma que «el rígido mecanismo de formación de listas en la *Drosophila* puede ser una modificación evolutiva tardía de un genuino proceso de formación de patrones».Véase Kauffman, 1993, para una aplicación del modelo de Turing a la formación de patrones en la *Drosophila*.

También se ha propuesto que el mecanismo de difusión reacción propuesto por Turing quizá pudiera explicar las morfologías posibles e imposibles en la formación de extremidades en los vertebrados (Newman, Frisch y Percus, 1988; Oster *et al.*, 1988):

> La identificación de los «factores» mendelianos fue útil para el análisis de la transmisión de rasgos antes de que se comprendiese incluso el principio de su naturaleza química. Más recientemente, los papeles del desarrollo y evolutivos siguen adscritos a genes clave, la mayoría de los cuales se caracterizan en función de la secuencia de ADN o del producto específico. Sugerimos que la identificación de los «factores turingianos», sustancias cuyas distribuciones estacionarias no uniformes dependen de procesos bioquímicos en estado de desequilibrio que no necesitan ser plenamente caracterizados, puede desempeñar un papel complementario en el análisis de la forma biológica (Newman, Frisch y Percus, 1988, pág. 190).

Este párrafo ilustra adecuadamente la interconexión de la genética y la epigenética, y el problema de la unificación. La epigenética no es un punto de vista opuesto a la genética; son complementarias e interactivas. Los genes no operan en el vacío. Al desplegarse el programa genético, se construyen estructuras que a su vez obedecen a leyes físicas. Lo importante es encontrar la escala de análisis adecuada en la que se puede comprender algo. La ruptura de la simetría se entiende mejor como proceso epigenético, que a escala genética. Dicho de otra forma, no hay genes para la ruptura de la simetría.

LA RUPTURA DE LA SIMETRÍA EN EL GIRASOL: LOS NÚMEROS DE FIBONACCI

Uno de los problemas que fascina a los científicos desde hace siglos es la incidencia de los números de Fibonacci en la naturaleza, especialmente en las plantas:

1, 1, 2, 3, 5, 8, 13, 21, 34, 55, 89, 144...

En el girasol, se observan en la cabeza dos familias de espirales entrelazadas, una dispuesta en el sentido de las agujas del reloj y la otra al contrario. Por ejemplo, podría haber generalmente 21 espirales que siguen el sentido del reloj y 34 al contrario; 21 y 34 son números de Fibonacci. El estudio de los números de Fibonacci en las plantas forma parte del campo denominado *filotaxis*. Según D'Arcy Thompson, el interés por el papel que los números de Fibonacci desempeñan en el reino vegetal data al menos de la época de Kepler (Thompson, 1992a, pág. 923).

Douadi y Couder han propuesto una teoría que explicaría la incidencia de los números de Fibonacci en el girasol, junto con algunos datos relacionados[17]. Es importante señalar que la disposición espacial de las espirales que resulta visible para el ojo humano es en realidad de importancia secundaria. Más importante es la secuencia temporal, es decir, el hecho de que los primordios, los precursores de las hojas, los pétalos, etc., aparecen durante el desarrollo de la planta, junto con la espiral conocida como *espiral generativa*. Si medimos el ángulo formado en el centro de la espiral entre primordios sucesivos, llamado *ángulo de divergencia*, este resulta ser aproximadamente de 137,5°, un hecho señalado por uno de los fundadores de la moderna cristalografía, Auguste Bravais, y su hermano, Louis.

Hay una estrecha conexión entre este ángulo y los números de Fibonacci. Si tomamos la razón de números de Fibonacci sucesivos, por

---

[17] Los detalles técnicos se pueden encontrar en Douady y Couder, 1992, y 1993b. En Douady y Couder, 1993a, se da una presentación más general, pero esta explicación está en francés. Una interpretación accesible de sus resultados, susceptibles de utilizar aquí, se puede encontrar en Stewart 1995a, 1995c.

ejemplo, 34:55 ($\cong$ 0,61818), esta razón se aproxima (a la inversa de) un número conocido por los griegos antiguos como número de oro ϕ:

$$\phi = \frac{1+\sqrt{5}}{2}$$

Si multiplicamos ϕ por 360° obtenemos 222,5°, que, cuando se sustrae a 360°, da 137,5°, el ángulo observado por los hermanos Bravais.

El problema, por lo tanto, es explicar el «ángulo de oro» de 137,5°. Douady y Couder idearon un experimento físico en el que gotas de aceite de silicona caían, atravesando un campo magnético, en el centro de un plato a intervalos regulares. Las gotas se convertían en dipolos magnéticos que se repelían entre sí radialmente a una velocidad fija. Ajustando el ritmo de los intervalos a los que caían las gotas, se podría reproducir el patrón espiral que se observa en la cabeza del girasol con el ángulo de divergencia observado, de 137,5°. Los patrones de periodización no solo producían diferentes números de Fibonacci, sino que incluso se podían reproducir los números de la denominada serie «anómala» (3, 4, 7, 11, 18…). «Estas son las características de una bifurcación directa de la ruptura de la simetría. Esto conduce de un patrón alterno a uno espiral quiral» (Douady y Couder, 1992, pág. 2.100).

También demostraron que ajustando el ángulo de divergencia a fracciones de 360° se obtenían patrones espirales que no estaban estrechamente enrollados. En el caso de los girasoles, esto significaría una carga de semillas ineficaz. De hecho, como señala Stewart, el mágico número ϕ tiene la propiedad de ser el «más irracional».

Douady y Couder realizaron simulaciones informáticas y duplicaron los resultados anteriores[18]. Stewart supone que los genes afectan a la periodización de la aparición de los primordios (Stewart, 1995a). Como él afirma, «es una asociación entre la física y la genética» (pág. 99). De nuevo, tenemos «una variedad de forma aparentemente infinita […]

---

[18] Según Stewart, «M. Kunz, de la Universidad de Lausana, ha probado la incidencia del ángulo de oro en el modelo dinámico de crecimiento de plantas creado por Stéphane Douady e Yves Couder, utilizando métodos puramente analíticos, es decir, sin cálculos informáticos. Este trabajo llena el vacío definitivo en la historia que conduce de la dinámica a las espirales de Fibonacci» (Stewart, 1995b, pág. 183).

limitada por las propiedades del espacio y el número», como ya había señalado D'Arcy Thompson (1992a, pág. 740).

Goodwin hace la siguiente observación respecto al ejemplo anterior:

> Más del 80 por 100 de las cerca de 250.000 especies de plantas superiores tienen filotaxis espiral. Esta es también la forma dominante en el modelo, que la identifica con la forma más probable en el espacio generativo de los patrones filotácticos posibles. Lo cual sugiere una interesante conjetura: la frecuencia de los distintos patrones filotácticos en la naturaleza quizá solo sea el reflejo de las probabilidades relativas de las trayectorias morfogenéticas de las diversas formas y tenga poco que ver con la selección natural (Goodwin, 1994, pág. 164, versión castellana).

Eso no quiere decir que la selección natural no desempeñe ningún papel. Más bien que no «es en ningún sentido un generador de forma biológica, sino que puede servir para poner a prueba la estabilidad de la forma».

EL AUTOENSAMBLAJE EN LOS VIRUS

Hay varias formas diferentes en las que se pueden generar las cubiertas externas de los virus: una se denomina «vía morfogenética» y la otra «autoensamblaje» (Watson *et al.*, 1987). La vía morfogenética la ilustra el virus T4. Hay tres vías diferentes para la formación de la cabeza, la cola y la fibra de la cola. Hay una secuencia definida de pasos con diferentes genes involucrados en cada una de las tres vías. Después de generar la cabeza y la cola, se combinan, y finalmente se añaden las fibras de la cola.

El segundo método para construir las cubiertas, el autoensamblaje, lo ilustran diversos virus, incluido el poliovirus, que tiene forma icosaédrica. Lo que sucede aquí, sin embargo, es que las proteínas necesarias para ensamblar el icosaedro las producen los genes, pero no se ensamblan bajo control genético directo. Por el contrario, las proteínas se autoensamblan espontáneamente en una capa icosaédrica, de acuerdo con las leyes de la termodinámica (Berger *et al.*, 1994).

Lo que muestra este ejemplo, entre otras cosas, es que tareas de diseño conceptualmente similares se pueden resolver de maneras bastante diferentes. En el caso del autoensamblaje, se aprovechan al máximo unos principios físicos que no están situados bajo control genético directo, por así decirlo, como hemos visto en el caso del T4. En este caso, numerosos pasos del ensamblaje de la cubierta viral están guiados por la expresión específica de numerosos genes. Por supuesto, la física participa también en el caso de la vía morfogenética, como siempre, pero de manera menos autónoma. Y hay genes que participan en el autoensamblaje; se deben elaborar las subunidades proteínicas adecuadas. Lo que estos ejemplos demuestran es que no tiene sentido oponer la selección natural a las leyes físicas. Chomsky tiene razón al hablar del «espacio de posibilidad física dentro del cual opera la selección». El espacio aquí está restringido por nociones tales como la simetría, las configuraciones de mínima energía, la Ley de Euler, etc.

La ruptura de la simetría y el código genético

Hornos y Hornos proponen una teoría sobre la evolución del código genético (Hornos y Hornos, 1993)[19]. Cada uno de los veinte aminoácidos está codificado por tripletes de bases de ácido nucleico (codones). Dado que hay cuatro bases —adenina (A), guanina (G), timina (T) [o U en el mARN], y citosina (C)— hay sesenta y cuatro codones disponibles. Por consiguiente, un determinado aminoácido puede ser codificado por diferentes tripletes, una propiedad del código conocida como «degeneración». Sin embargo, existe evidentemente cierta cantidad de simetría, ya que a menudo se da el caso de que únicamente las dos primeras bases determinan el aminoácido, ej., GUX, donde X = U, C, A, G codifica el aminoácido valina. Si esta simetría de «cuadruplete» se mantuviese en todo el código genético, tendríamos dieciséis cuadrupletes, cada uno de los cuales codificaría únicamente un aminoácido, lo que haría el código simétrico, efectuando cambios en la tercera base. Pero esto nos daría solo dieciséis aminoácidos. Para codificar los veinte aminoácidos, debe produ-

---

[19] Este análisis sigue de cerca la revisión de Stewart, 1994.

cirse una degeneración en el código. El código genético tiene tres sextupletes, cinco cuadrupletes, dos tripletes, nueve dobletes y dos singletes.

Hornos y Hornos examinaron los grupos de Lie clásicos y excepcionales[20] (SU(n), O(2n), Sp(n), y O(2n+1), G_2, E_4, E_6, E_7 y E_8), que han desempeñado un papel fundamental en el estudio de las simetrías de la fuerza fuerte (SU(3)), la fuerza débil (SU(2)), y más recientemente en la teoría de las supercuerdas (E_8 X E_8). Buscaron un grupo con una representación irreducible con sesenta y cuatro dimensiones, correspondiente a los sesenta y cuatro tripletes; esta restricción los dejó con SU(2), SU(3), SU(4), Sp(4), Sp(6), SO(13), SO(14), y G_2. Después se plantearon cómo se descompone una representación de sesenta y cuatro dimensiones a lo largo de una cadena de subgrupos de una manera correspondiente a la degeneración del código genético: «La idea básica es suponer un grupo fundamental, G, y una cadena de sus subgrupos. De ahí emerge un proceso dinámico, suponiendo que la simetría se rompe sucesivamente a lo largo de la cadena» (Hornos y Hornos, 1993, pág. 4.402).

Como ya se ha analizado, la ruptura de la simetría es el proceso fundamental para la física (y otros dominios), por el cual las leyes simétricas de la naturaleza producen soluciones asimétricas, tales como el bosón de Higgs respecto a la teoría electrodébil, es decir, la teoría de unificación entre el electromagnetismo y la fuerza débil. Proponen que «la cadena Sp(6) Sp(4) $\oplus$ SU(2) es la que mejor reproduce el código genético» y a continuación comparan las predicciones de su teoría sobre las polaridades de los aminoácidos con los resultados experimentales. Aunque esta es una obra en progreso —es necesario estudiar otras propiedades de los aminoácidos e investigar otros grupos— se pueden hacer dos puntualizaciones.

Lo importante de todo esto es hacer algo análogo a lo que Chomsky denomina estrechar «el espacio de posibilidad física dentro del cual opera la selección», como señalan explícitamente Hornos y Hornos:

Partiendo de 64 codones y disponiendo diferentes formas de distribuirlos entre los 20 aminoácidos y un código de terminación, Bertman y Jungck

---

[20] Los grupos de Lie son estructuras matemáticas utilizadas para describir propiedades continuas, tales como las posibles rotaciones de una esfera.

calcularon que son posibles al menos entre 10^{71} y 10^{84} códigos genéticos similares al que tenemos en la actualidad. El principal argumento de nuestro análisis es que entre este enorme número de posibles distribuciones de los codones, solo un número muy limitado corresponderá a las simetrías de Cartan y generará, en consecuencia, un patrón de evolución dado por el grupo y sus cadenas de subgrupos (Hornos y Hornos, 1993, pág. 4.402).

Los autores esperan estudiar propiedades adicionales de los aminoácidos para descubrir la «propiedad que guiaba la evolución del código en esta vía de simetría». En el mismo sentido, Hornos y Hornos señalan explícitamente que su método de estudio del código genético no es un sustituto del análisis microscópico: «En primer lugar, no pretendemos sustituir con nuestro modelo un detallado análisis microscópico biológico, físico y químico del código genético. Los principios de simetría pueden y deben utilizarse solo como principio rector y como marco general complementario de una teoría microscópica» (1993, pág. 4.404).

En una revisión a Hornos y Hornos, Stewart hace las siguientes observaciones:

> Sugieren que la primera simetría rota −donde los 64 codones codificarían solo seis aminoácidos− puede representar una versión primigenia del código genético. El primer paso en su evolución. Sin embargo, vale la pena tener en cuenta que la ruptura de la simetría es una técnica matemática para organizar la estructura, y no necesita corresponderse con la evolución temporal. El resultado de Hornos y Hornos puede indicar patrones potenciales, inherentes a las formas moleculares, pero no realmente adoptados por la naturaleza: claves para la «geografía» del espacio del que se seleccionó el código genético más que reliquias del verdadero proceso de selección (Stewart, 1994, pág. 16).

También vale la pena tener en cuenta este punto en relación con el análisis incluido en el siguiente apartado, en el que aplicamos las consideraciones de la simetría al lenguaje. Es decir, estas simetrías pueden describir la «geografía» del espacio, en términos de Stewart, o «el espacio de la posibilidad física dentro del cual opera la selección», en palabras de Chomsky. Las «reliquias» del proceso de selección, o las simetrías del lenguaje que llegaron a existir, pueden estar en parte determinadas por otros factores, biológicos o de otro tipo.

LA SIMETRÍA EN LINGÜÍSTICA

Para aclarar lo que se quiere decir con simetría, consideremos el sencillo ejemplo de un cuadrado. Si giramos un cuadrado, sobre su centro, 90 grados, 180 grados, 270 grados o 360 grados (= 0 grados), el cuadrado permanece sin cambios. Estas cuatro rotaciones se conocen como las simetrías rotacionales del cuadrado. De manera similar, el cuadrado posee cuatro simetrías reflexionales adicionales, dos respecto a sus diagonales y dos más respecto a sus puntos medios horizontales y verticales. Estas ocho «transformaciones» de la simetría forman una estructura matemática conocida como «grupo»; en este caso, el grupo de simetrías del cuadrado. Caracterizar las simetrías mediante un grupo tiene la ventaja de proporcionarnos una medida del grado de simetría de un objeto geométrico o físico o, como veremos a continuación, de una ecuación matemática o física. Además, podemos también emplear los métodos de la teoría de grupos para realizar cálculos y predecir las propiedades de una estructura simétrica.

Como acabamos de señalar, no solo los objetos, sino también las ecuaciones pueden poseer simetrías. Como recordaremos del álgebra aprendida en el colegio, el gráfico de la ecuación de la parábola ($y = x^2$) presenta simetría de reflexión respecto al eje y. Nótese que si sustituimos x por −x en la ecuación $y = x^2$, la forma de la ecuación se mantiene sin cambios. Otra manera de decir lo mismo es que la ecuación es «invariante» bajo la siguiente transformación de reflexión: $x \rightarrow -x$. De hecho, una de las intuiciones claves de Galois, el inventor de la teoría de grupos, fue que es posible asociar grupos de ecuaciones polinómicas de tal forma que las propiedades de simetría del grupo se puedan utilizar para predecir si una ecuación determinada tiene solución. Este trabajo lo amplió posteriormente Sophus Lie, quien amplió la teoría de grupos para poder predecir también la resolubilidad de las ecuaciones diferenciales. El resultado ha sido que la teoría de grupos nos ofrece ahora una poderosa herramienta para el estudio de las propiedades de simetría de todo tipo de ecuaciones, desde la segunda ley de Newton (F = ma), a las ecuaciones establecidas por Maxwell para el electromagnetismo, o las ecuaciones para la Teoría del Todo.

Como ejemplos de biología en los que interactúan los principios de economía y simetría de manera interesante, algunos de los cuales se han estudiado ya aquí, podríamos incluir los mecanismos de difusión reacción (estructuras de Turing), la doble hélice, la estructura de los virus, la estructura del código genético, las relaciones de semejanza, la incidencia de los números de Fibonacci en la filotaxis, y el panal de miel de las abejas.

Recordemos el caso del código genético de la sección anterior. Como señala Stewart, las simetrías de los códigos, como el genético, no son movimientos en el espacio, como el ejemplo del cuadrado que se acaba de analizar. Son «operaciones que cambian de sitio las secuencias de símbolos codificadores»:

> Pensemos en el código morse. Samuel Morse podría haber elegido asignar la misma letra (digamos, S) a *cada* secuencia de puntos y rayas. Este sistema habría proporcionado un código fuertemente simétrico, pero –por supuesto– totalmente inútil. ¿Simétrico, en qué sentido? En las simetrías de los códigos, las transformaciones pertinentes no son movimientos en el espacio; son operaciones que cambian de sitio secuencias de símbolos codificadores. La secuencia de un símbolo posee dicha simetría si su *significado* no cambia a pesar de la permutación. Pero si todas las secuencias del código tienen el mismo *significado*, es posible permutar los símbolos de cualquier forma que uno desee sin cambiar el significado. Este es el sentido en el que mi modificación completamente inútil de código morse es fuertemente simétrica (Stewart, 1998, pág. 57).

La forma en que el código morse puede convertirse en algo útil es mediante el mecanismo de ruptura de la simetría, como observa Stewart:

> Mi código podría hacerse más útil rompiendo la simetría –por ejemplo, asignando S a cualquier secuencia de puntos (de forma que •, ••, •••, ••••, y así sucesivamente, significarían siempre S), *O* a cualquier secuencia de rayas, y *A* a cualquier secuencia de rayas y puntos. El código resultante ya no sería simétrico; por ejemplo, el cambio de todos los puntos y rayas

convertiría el mensaje SOS en OSO. El nuevo código retendría, sin embargo, parte de la simetría original; por ejemplo, el mensaje AAA permanecería sin cambios. Podemos imaginar otras pérdidas de simetría que conducirían, paso a paso, al código consagrado en la historia criptográfica, que asigna ••• a la S, --- a la O, etc. (Stewart, 1998, págs. 57–58).

De manera similar, el código genético revela una obvia simetría (rota):

Ahora, piénsese en el código genético. Ya hemos observado una característica clave: el código genético es redundante. Es decir, diferentes tripletes codifican a menudo el mismo aminoácido. No hay gran regularidad para esta falta de univocidad, pero es claramente visible un grado definido de simetría —si bien imperfecta— en el código genético. A menudo, solo las dos primeras bases de un triplete determinan el correspondiente aminoácido. Por ejemplo, GA? es siempre leuquina, CG? es siempre arginina. En resumen, el código de estos aminoácidos es simétrico bajo cambios de la tercera base. Si esta simetría fuese perfecta, entonces los 64 tripletes se descompondrían en 16 cuartetos de tripletes, tales como GAC, GAG, GAA, GAT, en los que cada uno de los tripletes del cuarteto codificaría el mismo aminoácido (pero cada cuarteto correspondería a un aminoácido diferente). Sin embargo, hay más de 16 aminoácidos, de forma que a veces la tercera base es importante. De hecho, a veces la *segunda* base es importante. De cualquier forma, la simetría de la disposición en cuartetos se rompe (Stewart, 1998, pág. 58).

Pasando ahora al lenguaje humano, nótese que las lenguas del mundo permiten diversos órdenes de palabras diferentes. Nos ceñimos aquí a sujeto (S), verbo (V) y objeto (O). Por ejemplo, en inglés tenemos SVO como el principal orden de palabras en las proposiciones declarativas, como en *John saw Mary* [John vio a Mary]. Otros posibles órdenes de palabras observados en las lenguas del mundo son: SOV, VSO, VOS, OSV, OVS. Algunos idiomas permiten todas las posibilidades, son las denominadas lenguas de «orden libre de palabras». Otros, permiten un subconjunto de los seis órdenes posibles. Sin embargo, no se han encontrado los sesenta y seis subconjuntos de órdenes (excluyendo el subconjunto vacío). Por ejemplo, una lengua podría disponer de los órdenes SVO y SOV. A veces, un orden parece ser más básico que el otro, de forma que uno utiliza un orden de palabras «básico» y un orden de palabras «derivado».

Encontramos, de nuevo, un espectro de simetría que varía desde muy simétrico (orden libre de palabras) a menos simétrico (orden fijo de palabras). Como en el caso del código genético, podríamos preguntar si la ruptura de la simetría puede estar desempeñando un papel. Nos vienen a la mente varias áreas en las que se podría investigar la hipótesis de la ruptura de la simetría: desarrollo, evolución, cambio y tipología del lenguaje[21]. Si es así, quizá fuese posible estudiarlo de manera abstracta, por ejemplo, estudiando de qué forma la variación paramétrica determina la vía que la adquisición toma en el espacio de las lenguas posibles. Desde este punto de vista, el estado inicial (del componente cognitivo) de la facultad lingüística ofrece una perfecta simetría con respecto al orden de las palabras. Después, al ir haciendo transiciones de un estado cognitivo al siguiente, $E_0, E_1, E_2 \ldots E_n$, la simetría perfecta se rompe, dando como resultado el orden de palabras que se encuentra en la lengua aprendida. Se podrían buscar también indicios de las pautas de ruptura de la simetría en datos obtenidos de la tipología lingüística que, después de todo, refleja el estado final del proceso de adquisición. Se puede preguntar también si la ruptura de la simetría desempeña un papel en la evolución del lenguaje análogo al papel que Hornos y Hornos han postulado para la evolución del código genético.

La tarea aquí sería identificar operaciones que mantengan invariante algún rasgo lingüístico cuando se realiza una operación lingüística. Por ejemplo, en una proposición declarativa, una operación podría convertir un orden de palabras «básico» en un orden de palabras «derivado» sin cambiar el «significado» (declarativo) de la secuencia, de la misma forma que el significado de un triplete genético se mantiene sin cambios si permutamos la tercera base. Por ahora, solo deseamos señalar que la ruptura de la simetría es una posible fuente de asimetrías sintácticas, como el orden de palabras, en el lenguaje. Es decir, no es necesario asumir que todas las posibles combinaciones de órdenes de palabras básicos y derivados están integradas en los genes, y que la aportación lingüística deter-

---

[21] En cada uno de estos casos, se pueden observar áreas específicas de la sintaxis, la semántica, la fonología, la morfología, el léxico, etc.

mina el orden de palabras que realmente se produce. Por el contrario, otra posibilidad es que la GU de los humanos sea máximamente simétrica respecto a los posibles órdenes de las palabras, posiblemente aparte de un orden de palabras básico preferido, resultante de la necesidad de linealizar el lenguaje hablado. Todas las demás combinaciones del orden de palabras son el resultado de la ruptura de la simetría (siendo la aportación lingüística un elemento de ruptura). Desde una perspectiva ligeramente distinta, los diferentes órdenes de palabras serían las soluciones estables (asimétricas) de las «ecuaciones» simétricas todavía por descubrir que gobiernan la distribución del orden de las palabras. Por supuesto, no comprendemos la base nerviosa del orden de palabras, como la comprendemos en el código genético, por lo que no podemos realmente anotar las ecuaciones pertinentes. Aun así, las herramientas de la teoría de grupos quizá puedan ayudar a caracterizar las simetrías de los patrones de los órdenes de palabras. Y, como mínimo, deberíamos tener en cuenta que algunas propiedades del lenguaje, como la (a)simetría sintáctica, podrían en principio derivar, como los números de Fibonacci, de restricciones físicas, «limitadas por las propiedades de espacio y número», en palabras de D'Arcy Thompson.

¿POR QUÉ SE PRODUCEN ASIMETRÍAS EN LO HUMANO?

¿Por qué no tiene el lenguaje una simetría máxima? ¿Por qué tenemos las asimetrías observadas para el movimiento (condiciones)? ¿Por qué tenemos movimiento (desplazamiento) alguno en lo humano? Tal vez haya múltiples respuestas a estas cuestiones múltiples. Pero la ruptura de la simetría nos proporciona nuevas herramientas para contemplar estos problemas. Porque, si la ruptura de la simetría desempeña un papel, algunas de las feas «imperfecciones» de la facultad lingüística podrían no ser más sorprendentes que las «imperfecciones» contempladas en los patrones de rayas de Turing, los patrones (anómalos) de Fibonacci, la degeneración del código genético (véase más adelante), o en la interrupción de la simetría del aforo [*gauge*], por ejemplo. Cualquier sistema simétrico que evolucione dinámicamente bajo diversas condiciones está sometido a las leyes físicas. Algunas de estas leyes hacen referencia a la forma en que el sistema simétrico se descompone en sistemas de menor simetría. Las ecuaciones del sistema estudiado pueden ser perfectamente simétricas pero, después de que se produzca la ruptura de la simetría, el estado particular en el que acaba el sistema es asimétrico. Esto se produce a menudo porque el estado simétrico es inestable, mientras que el estado asimétrico resulta ser estable. Maynard Smith señala en su análisis de la GU (véase más adelante) que «la selección natural quizá no haya escogido el camino más sencillo» para hacer las cosas. Desde nuestra perspectiva, si las leyes que gobiernan un sistema físico presentan a la selección natural diversas soluciones, algunas de las cuales son asimétricas y estables, y otras simétricas pero inestables, es bastante posible que escoja las soluciones asimétricas, especialmente si estabilizar y mantener la solución simétrica resulta demasiado costoso.

En contraste con esta tesis, están las opiniones de la psicología evolutiva, que hace hincapié en otros factores de los orígenes del lenguaje: «Por otra parte, no cabe duda de que el lenguaje es claramente adaptativo, en el sentido de que está claramente al servicio de la reproducción [...] Accedemos al poder, manipulamos a la gente, encontramos pareja, conservamos la pareja, ganamos amigos e influimos sobre la gente mediante el lenguaje» (Pinker, 1995, pág. 218, versión castellana; véase también Horgan, 1995; Pinker, 1994a). Aunque se puede utilizar para encontrar pareja, esto no nos dice nada de las propiedades intelectuales del lenguaje. Por ejemplo, la solución SVO del inglés, no es más «adaptativa» que el SOV del japonés para encontrar «pareja». De manera similar, los ojos también se utilizan para encontrar pareja, pero eso no nos dice nada de la quiralidad (capacidad rotatoria) de las moléculas del ojo. Una explicación de la quiralidad de las proteínas del ojo en función de la «búsqueda de pareja» sería inmediatamente rechazada. El hecho de que dichas explicaciones adaptativas se acepten con tanta facilidad respecto al lenguaje y a otras áreas del ámbito cognitivo nos proporciona un nuevo ejemplo de dualismo metodológico, estudiado en el capítulo 1 y más adelante. En nuestra opinión, los orígenes de (algunas) propiedades del lenguaje, quizá como las (a)simetrías en la sintaxis, serían más afines a la evolución física de la quiralidad molecular, en lugar de cualquier inverosímil explicación selectiva que afirme que dichas propiedades surgieron para «conseguir amigos e influir sobre las personas».

SIMETRÍA Y BELLEZA

Chomsky ha sugerido que «el lenguaje está diseñado como un sistema "de gran belleza", pero en general inutilizable […] (aunque con rasgos que permiten utilizarlo suficientemente para los propósitos de la vida normal)» (Chomsky, 1991b, pág. 49). Weinberg ha señalado que son los *principios de simetría* los que proporcionan su belleza a teorías físicas como la relatividad general y el modelo estándar, es decir, «buena parte de su sentido de inevitabilidad y de simplicidad» (Weinberg, 1992, pág. 112, versión castellana). Por simplicidad, Weinberg quiere decir simplicidad de ideas (pág. 111, versión castellana). Señala que la teoría de la gravitación de Einstein, con sus catorce ecuaciones, se considera más sencilla que la teoría de la gravitación de Newton, con sus tres ecuaciones, por la «sencillez de su idea central [la de Einstein] acerca de la equivalencia entre gravitación e inercia». Para ilustrar la inevitabilidad, Weinberg señala que la teoría de la gravitación de Newton se podría cambiar para producir una ley de la inversa del cubo en lugar de una ley de la inversa del cuadrado, sin abandonar su base conceptual. Pero si uno modificase de esa manera la teoría de Einstein, la teoría resultante «sería demasiado fea para soportarla». Las propiedades de sencillez e inevitabilidad se combinan para producir lo que Weinberg denomina «rigidez» de las teorías físicas[22]: «La clase de belleza que descubrimos en las teorías físicas es de un tipo muy limitado. Es, hasta donde he sido capaz de expresar con palabras, la belleza de la simplicidad y de la inevitabilidad: la belleza de la estructura perfecta, la belleza de que todo encaja, de que nada puede cambiar, de la rigidez lógica» (Weinberg, 1992, pág. 122 versión castellana). Weinberg cita la teoría del campo cuántico como el tipo de propiedad que da rigidez lógica a una teoría y confiere «su belleza a

---

[22] Por supuesto, en el análisis definitivo, todo es según el color del cristal con que se mira. Crease y Mann señalan que Weinberg y Glashow, que incorporaron la ruptura espontánea de la simetría a su teoría electrodébil diferían en la cuestión de la belleza del principio: «Algunos físicos, como Glashow, creen que el alboroto de la ruptura de la simetría espontánea es tan poco elegante y feo que supone una mancha de grasa en la corbata de la física. Otros, como Weinberg, consideran la ruptura de la simetría como un maravilloso mecanismo limitador, porque significa que la naturaleza y la humanidad están obligadas a trabajar con una invariancia del aforo local» (Crease y Mann, 1987, pág. 244).

una teoría realmente fundamental». Observa que la mecánica cuántica y la relatividad especial son casi incompatibles sin la teoría del campo cuántico, que «impone potentes restricciones a las formas en que las partículas pueden interactuar entre sí».

Kaku y Thompson elaboran este mismo tema, señalando que «se pueden construir muchos universos posibles que sean compatibles con la relatividad. De la misma forma, se pueden soñar muchos universos que obedezcan a las leyes de la mecánica cuántica. Sin embargo, la unión de estos dos tipos produce tales divergencias, anomalías, taquiones y similares que probablemente solo sea posible la solución acorazada» (Kaku y Thompson, 1995, pág. 194). Añaden que «es necesaria una tremenda cantidad de simetría para eliminarlas [es decir, las divergencias, etc.]» y que la teoría de las supercuerdas que resolvió estos problemas tiene el mayor conjunto de simetrías que los físicos habían contemplado jamás. Por lo tanto, en retrospectiva, parece que la búsqueda por parte de los físicos de hermosas leyes físicas los condujo a ecuaciones simétricas que, a su vez, produjeron teorías fuertemente restrictivas que engloban el mundo del cuanto y el mundo de la relatividad (teorías del campo cuántico):

Belleza ⟹ Simetría ⟹ Teorías restrictivas de la naturaleza

¿Cómo de restrictiva puede llegar a ser una teoría? Según Kaku y Thompson, mucho:

> Por ejemplo, físicos alemanes han compilado una enciclopedia, la *Handbuch der Physik*, una obra exhaustiva que resumen el conocimiento mundial sobre física. El *Handbuch*, que físicamente ocupa todo un estante de una biblioteca, representó la cima del conocimiento científico. Si la teoría de las supercuerdas es cierta, toda la información contenida en esta enciclopedia se puede derivar (en principio) de *una única ecuación* (Kaku y Thompson, 1995, pág. 4).

Zee llama a esto «anotar toda la teoría del universo físico en una servilleta de cóctel». Nótese que la idea de derivar la teoría física del universo a partir de una «única ecuación» depende crucialmente de la formulación de las leyes físicas en términos del principio de acción («principio de acción mínima») cuyos orígenes se retrotraen a la física clásica (Zee, 1986, pág. 109). De otra forma, solo las ecuaciones de Newton sobre el movimiento requerirían más de una única ecuación en el reverso de una servilleta. Como señala Zee, bajo la formulación de la acción, las ecuaciones de Newton sobre el movimiento, las ocho ecuaciones electromagnéticas de Maxwell (véase más adelante), y las diez ecuaciones de Einstein se reducen cada una a una sola acción, y el objetivo es combinarlas todas en una «acción del universo» más global.

Kaku ha señalado que las ecuaciones de Maxwell, como se enseñan normalmente por primera vez, constan de «ocho ecuaciones abstractas, que son excepcionalmente feas y muy opacas» (Kaku, 1995, pág. 86). Sin embargo, cuando se trata el tiempo como la cuarta dimensión, es posible escribir la ecuación relativísticamente, como una única ecuación, utilizando el tensor de Maxwell, y la sencillez y la belleza se hacen evidentes:

> En un toque maestro, la cuarta dimensión simplifica estas ecuaciones de una manera hermosa y transparente. Así escritas, las ecuaciones poseen una mayor *simetría*; es decir, el espacio y el tiempo se pueden convertir uno en otro. Como un hermoso copo de nieve que permanece igual cuando lo hacemos girar alrededor de su eje, las ecuaciones de campo de Maxwell, escritas de forma relativista, se mantienen iguales cuando giramos el espacio para convertirlo en tiempo (Kaku, 1995, pág. 86).

Nótese que esta restrictividad inducida por la simetría ha desempeñado una papel crucial en la propuesta sobre la evolución del código genético elaborada por Hornos y Hornos, y analizada aquí. Como observa Stewart, solo seis grupos resultaron tener una representación irreducible de sesenta y cuatro dimensiones, y de estos resultó posible construir solo una secuencia de simetrías rotas que se acercaban a la reproducción del patrón correcto (Stewart, 1994)[23].

Hemos sugerido que las simetrías parciales que se encuentran en la lingüística (en humanos) pueden ser también un reflejo de simetrías ocultas en otro nivel, al igual que las simetrías parciales (degeneración) del

---

[23] Stewart señala que la quinta y última ruptura de la simetría no está dada por un subgrupo, y se determinó en parte sobre bases empíricas. Lo que podemos tener entonces

código genético pueden oscurecer la «"geografía" del espacio del que se seleccionó el código genético», en palabras de Stewart. De ahí que sea totalmente apropiado utilizar la belleza como guía para buscar e intentar revelar la simetría subyacente en los principios lingüísticos y, en última instancia, en las ecuaciones lingüísticas de la mente.

UNA VISIÓN MINIMALISTA E INTERNALISTA DE LA EVOLUCIÓN
DEL LENGUAJE

Como hemos visto, el programa minimalista se ocupa en gran parte del estudio de la cuestión, «¿cómo ha evolucionado este conocimiento [a saber, del lenguaje]?» Más específicamente, intenta contestar preguntas sobre las propiedades de diseño del lenguaje e investigar en qué medida son óptimas dichas propiedades. Hemos concluido que una posible respuesta (parcial) a las preguntas sobre el orden de las palabras que hemos estado observando sería que ciertos rasgos del lenguaje evolucionaron como una serie de rupturas de la simetría, que siguen siendo opciones en el programa epigenético, y que a su vez son activadas por la aportación ambiental durante la ontogénesis. Central dentro de esta aproximación a la evolución del lenguaje es, por lo tanto, el modelo de los principios y los parámetros sobre la adquisición del lenguaje. Porque los mecanismos físicos que el modelo de principios y parámetros representa, cuando se introducen de nuevo las dinámicas, son los que proporcionan las restricciones de desarrollo internas al cambio evolutivo. ¿En qué medida se adapta esta perspectiva al trabajo actual en biología del desarrollo? ¿Y qué papel desempeñaría la selección natural en dicha explicación?

Sea cual sea la naturaleza precisa de los mecanismos del desarrollo del modelo de los principios y los parámetros, proporcionará a su vez los límites a lo que los factores externos, tales como la selección natural, pueden o no pueden hacer. En este sentido llamamos a esta perspectiva de la evolución del lenguaje la perspectiva «internalista»; para un análisis

---

es una «versión "congelada" de [un código] que idealmente habría tenido 27 aminoácidos» (1994, pág. 16).

más profundo del enfoque internalista de la lingüística I (biolingüística) en otros aspectos, véase Chomsky, 1997c; véase también Piattelli–Palmarini acerca del «*neo*–neodarwinismo» (Piatelli–Palmarini, 1989, pág. 9). Obsérvese que el trabajo sobre lingüística acepta de manera implícita o explícita la idea de que una variedad de factores (del desarrollo, genéticos, físicos, selectivos) interactúan en el transcurso de la evolución. Este tópico se da por supuesto en todos los campos de la biología. La única razón para mencionar este hecho aquí es que en años recientes una ruidosa minoría dentro de la comunidad de la psicología del desarrollo ha intentado elevar la selección natural a un principio de diseño omnipotente en la evolución, con el resultado de que se han planteado una serie de afirmaciones vacías sobre el lenguaje. Las consideraremos más adelante.

La pregunta real es ¿*qué* tipos de factores y restricciones del desarrollo, genéticos, físicos y selectivos interactúan en la evolución? Aquí se han presentado diversas propuestas interesantes. Por ejemplo, a Raff le interesan los mecanismos que «conectan el desarrollo con la evolución» que «pueden dirigir la parte interna de la evolución». De estos, dice lo siguiente:

> Este es un tema crucial, porque no nos interesa meramente describir cómo evolucionan los procesos y patrones del desarrollo. Una cuestión mucho más profunda es que los patrones y los mecanismos del desarrollo existentes afectan o limitan a lo que la selección natural puede provocar en el transcurso de la evolución. Hay, por lo tanto, aspectos de la evolución controlados por el orden interno de los organismos, y potencialmente por procesos evolutivos que operan internamente sobre los rasgos del desarrollo (Raff, 1996, pág. 33).

Stephen Jay Gould señala que Francis Galton proporcionó una metáfora útil para esta «constitución interna» de un organismo: el organismo es como una bola de billar poliédrica, mientras que la selección natural es como la bola blanca:

> La selección natural es como una bola blanca de billar. La selección natural golpea la bola, y esta va hacia donde la empuja la selección. Es una

teoría externalista, funcionalista y adaptacionista. En el siglo XIX, Francis Galton, primo de Darwin, desarrolló una interesante metáfora: dijo que un organismo es un poliedro; descansa en una de sus caras, una de las superficies de un poliedro. Uno puede necesitar la bola blanca de la selección natural para golpearlo –no se mueve hasta que hay una fuerza de empuje– pero es un poliedro, lo que significa que una constitución interna modela su forma y las vías de cambio son limitadas. Hay ciertas vías que son más probables, y hay otras que no resultan accesibles, aun cuando pudiesen ser ventajosas desde el punto de vista adaptativo (Gould, 1995, pág. 53).

Chomsky señala que nadie supone que «todo rasgo está específicamente seleccionado». Por el contrario, un órgano podría desarrollarse para un propósito, y después dedicarse a otro diferente. Cita el caso clásico del origen de las alas de los insectos como reguladores térmicos, pero señala que «la capacidad mental humana» quizá haya evolucionado también como subproducto de alguna otra cosa. «En algunos casos, parece que los órganos se desarrollan para servir a un propósito y, una vez que han alcanzado cierta forma en el proceso evolutivo, pueden entonces ser aprovechados para propósitos diferentes. A esta altura, el proceso de selección natural puede refinarlos aún más para estos propósitos [...] Posiblemente las capacidades mentales humanas hayan evolucionado de manera similar» (Chomsky, 1988a, pág. 136 versión castellana).

Dennis Duboule ha descrito el desarrollo de las extremidades de los vertebrados en términos similares:

> Las extremidades de los vertebrados son un impresionante ejemplo de adaptación con éxito a diversas condiciones ambientales. En los vertebrados superiores, las extremidades delanteras ayudan a volar, nadar, caminar, escarbar, asir, o tocar las variaciones de Goldberg. Pero su estructura básica (la secuencia y la disposición espacial de los elementos óseos) es siempre la misma. Esto implica la existencia de una estrategia de desarrollo único para establecer una extremidad (un plano para extremidades) que impone al principio un esquema básico, por encima del cual se produce la subsiguiente adaptación propia de cada especie (Duboule, 1994, pág. 575).

Aunque Duboule no aborda aquí directamente la cuestión del papel de la selección natural, desde nuestro lugar estratégico podemos concluir que lo que él llama «plano universal de extremidades» es resultado de los principios degenerativos a los que ya hemos aludido, que especifican parte del concepto de «organismo posible» (el *Urform* de Goethe) y que después interaccionan de diversas maneras con la selección natural para producir «posteriores adaptaciones propias de cada especie».

Una amplia gama de enfoques de los problemas del desarrollo y la evolución están actualmente explorando diversos tipos de restricciones genéticas, del desarrollo y físicas, y sus interacciones con la selección natural. Estos enfoques incluyen las críticas a la síntesis neodarwiniana de Eden y Schützenberger (Moorhead y Kaplan, 1967), la resíntesis (Gilbert, Opitz y Raff, 1996; Raff, 1996), el método «pluralista» de Gould y Lewontin[24] (Gould, 1997b), la «biología generativa», en el sentido de Webster y Goodwin (Webster y Goodwin, 1996), el «orden gratuito» de Kauffman (Kauffman, 1993), las investigaciones sobre «los mecanismos físicos genéricos» de Newman y otros (Newman, 1992), o el estudio de los sistemas dinámicos, en el sentido de Turing, por dar solo unos cuantos ejemplos. Incluido también, está el estudio de Jacob sobre lo «posible y lo real» (Jacob, 1982). Según lo formula él, «es principalmente mediante una red de restricciones del desarrollo como funciona la selección natural, al filtrar los fenotipos de todos los posibles genotipos». La perspectiva minimalista e internalista sobre la evolución (del lenguaje)[25] no es más que el intento de descubrir cuál de estos enfoques funciona, y utilizarlo para buscar nuevas y prometedoras sendas de investigación y mantener la vista puesta en los nuevos descubrimientos que aparezcan, en *Nature, Sciencie, Cell, Development, Evolution,* o cualquier otro lugar de donde procedan.

---

[24] Gould y Lewontin citan también la obra de D'Arcy Thompson (Gould y Lewontin, 1979). Además, Gould escribió la introducción para una reimpresión de D'Arcy Thompson y menciona específicamente el ejemplo de los números de Fibonacci en la filotaxis como ejemplo del «tema» de Thompson (Thompson, 1992b).

[25] Hay numerosa bibliografía sobre la evolución del lenguaje. Para obtener perspectivas adicionales, consúltese la siguiente bibliografía, que contiene además nuevas referencias: Harnard, Steklis y Lancaster, 1976; Lieberman, 1984; Bickerton, 1990; Pinker y Bloom, 1990; Corballis, 1991; Greenfield, 1991; Bradshaw y Rogers, 1993; Gajdusek, McKhann y Bolis, 1994; Hurford, 1994a, 1994b; Wilkins y Wakefield, 1995.

EVOLUCIÓN Y SELECCIÓN NATURAL

Chomsky ha señalado que la selección natural es solo uno de los factores que operan en la evolución: «la ley física proporciona estrechos canales de variación a los organismos complejos, y la selección natural es, indudablemente, uno de los factores que determinan la distribución de los rasgos y propiedades dentro de estas restricciones. *Uno* de los factores, no *el* factor, al menos si se aceptan los sensatos reparos de Darwin» (Chomsky, 1995a, pág. 56).

Señala que Darwin niega haber afirmado alguna vez que la selección natural sea la fuente exclusiva de la modificación evolutiva. En la última edición de *El origen de las especies*, Darwin escribe: «En la primera edición de esta obra, y en ediciones posteriores, situé en una posición muy notoria −a saber, al final de la Introducción− las siguientes palabras: "Estoy convencido de que la selección natural ha sido el principal, aunque no el único, medio de modificación." Esto no ha servido de nada. Grande es el poder de la continua tergiversación» (citado en Gould, 1980, págs. 49−50).

La opinión de Darwin se puede contrastar con otro punto de vista que recientemente ha aflorado en algunos sectores de la psicología cognitiva y la psicología evolutiva. Pinker la puso de manifiesto en su forma más drástica: «Y he aquí el punto clave. La selección natural no es solo una alternativa científicamente respetable a la creación divina. Es la *única* alternativa que puede explicar la evolución de un órgano complejo como el ojo» (Pinker, 1994a, pág. 395, versión castellana). La elección es «tajante», continúa Pinker; hay que elegir entre «Dios o la selección natural» (pág. 395, versión castellana). En las páginas siguientes la denominaremos la perspectiva de «Dios o la selección natural». Es importante señalar desde el comienzo que la opinión actual y general en biología está de acuerdo con Darwin, no con Pinker, es decir, salta a la vista que la selección natural es solo un factor entre otros muchos factores (físicos) que interactúan en la evolución. Es una falacia lógica el hablar de la selección natural como único factor de diseño en la evolución, como hace a menudo Pinker. Darwin deja claro que la selección natural es siempre selección «de algo». Ese algo es la *variación* que se genera en los canales físicos, y está limitada por ellos. El uso inadecuado que Pinker hace de esta terminología tiene un efecto pernicioso sobre los estudios lingüísticos, pero el uso de la terminología es igualmente incoherente en cualquier otra área de la ciencia cognitiva o de la psicología cognitiva, por no mencionar la biología. Volveremos a algunos ejemplos concretos más tarde.

EL LENGUAJE COMO SUBPRODUCTO

Chomsky ha planteado la posibilidad de que la facultad del lenguaje haya surgido como subproducto de algo diferente (Chomsky, 1988a, capítulo 5). Además, ha sugerido que la facultad numérica puede haber surgido como subproducto de la facultad lingüística. Volveremos sobre el argumento referente a la facultad numérica. Chomsky señala que:

> Los niños tienen capacidad para adquirir el sistema numérico. Pueden aprender a contar y, de alguna manera, saben que se puede seguir añadiendo uno indefinidamente. Pueden también adquirir fácilmente la técnica del cálculo aritmético. Si un niño no supiera de antemano que se puede añadir uno indefinidamente, nunca podría aprender este hecho. Más bien, si se le hubieran enseñado los números uno, dos, tres, etc., hasta llegar a un número *n* cualquiera, supondría que esa era toda la historia. Parece que esta capacidad, como la capacidad para el lenguaje, sobrepasa el límite intelectual de los simios inteligentes (pág. 136, versión castellana).

Chomsky pregunta a continuación cómo se desarrolló la facultad numérica y concluye que «es imposible creer que fuera seleccionada con especificidad» (pág. 136). El químico físico P. W. Atkins sostiene el mismo argumento (para otros tipos de capacidades matemáticas): «El cerebro humano, matemáticamente capaz, no evolucionó porque hubiese ventajas selectivas en la capacidad de resolver ecuaciones de segundo grado o de escribir ecuaciones de campo tensoriales. No hay necesidad de resolver las ecuaciones de Newton, y no digamos las de Einstein, cuando eres un mono: es mejor sencillamente saltar para escapar» (Atkins, 1994, pág. 119).

De hecho, hoy en día hay culturas que no utilizan la facultad numérica, aunque tienen la capacidad latente de hacerlo:

Aún existen culturas hoy en día que no han hecho uso de esa facultad; su lengua no contiene métodos para construir una serie indefinidamente larga de términos numéricos, y las gentes de esas culturas no tiene conciencia de la posibilidad de contar. Pero tienen ciertamente la capacidad de hacerlo. Los adultos pueden aprender rápidamente a contar y a hacer operaciones aritméticas si están en el medio ambiente apropiado, y un niño de estas tribus, educado en una sociedad tecnológica, podría tan fácilmente como cualquier otro llegar a ingeniero o físico. La capacidad están ahí, solo que latente (Chomsky, 1988a, págs. 136–137, versión castellana).

En realidad, durante la mayor parte de la historia humana no se aprovechó la capacidad de usar la facultad numérica. Esto sugiere, como se ha mencionado arriba, que esta capacidad no fue específicamente seleccionada mediante selección natural:

De hecho, la capacidad estuvo latente y sin usar durante casi toda la historia humana. Hace solo muy poco en términos evolucionistas (en el periodo en que la evolución humana hubo alcanzado su etapa actual) que se manifestó la facultad numérica. Obviamente, no se trata de que la gente que podía contar o podía resolver problemas de aritmética o de teoría de los números lograra sobrevivir para producir más vástagos, de modo que la capacidad se desarrollara mediante la selección natural. Se desarrolló más bien como subproducto de alguna otra cosa, y estaba disponible para el uso cuando las circunstancias lo requirieron (pág. 137, versión castellana).

El «problema planteado a las teorías biológicas», entonces, es ¿por qué tenemos la capacidad matemática, dado que nunca ha sido un factor evolutivo? Chomsky concluye: «A esta altura uno solo puede hacer especulaciones, pero es posible que la facultad numérica se desarrollara como subproducto de la facultad del lenguaje» (pág. 137).

La facultad del lenguaje tiene la propiedad de la «infinitud discreta»: «Puesto en términos simples, cada oración tiene un número fijo de palabras, una, dos, tres, 47, 93, etc. Y no hay en principio ningún límite al número de palabras que la oración pueda contener» (pág. 137).

Además, esta propiedad es extremadamente inusual, posiblemente única, en el mundo biológico:

> Otros sistemas conocidos en el mundo animal son bastante distintos. Así, el sistema de los llamados (o llamadas) del mono es finito; hay un número fijo de ellos, digamos 40. Por otro lado, el llamado «lenguaje de las abejas» es infinito, pero no discreto. Una abeja señala la distancia que hay de una flor a su panal por medio de cierto movimiento; a mayor distancia, mayor movimiento. Entre dos señales cualesquiera hay en principio otra, señalando una distancia entre las primeras dos, y se continúa así hasta alcanzar la capacidad de discriminar (pág. 137, versión castellana).

Puesto que tanto la facultad del lenguaje como la numérica poseen la propiedad de la infinitud discreta, puede ser que la segunda se desarrollase como un subproducto de la primera: «De hecho, podríamos pensar que la facultad numérica humana es esencialmente una "abstracción" del lenguaje humano, que conserva el mecanismo de la infinitud discreta y elimina los otros rasgos especiales del lenguaje. De ser así, se explicaría que la facultad numérica humana estuviese disponible, aun sin usar, en el curso de la evolución humana» (pág. 138, versión castellana).

Dado el cuadro de desarrollo que actualmente está emergiendo en la genética de la mosca, se hace posible al menos conjeturar sobre los posibles escenarios de cómo pudo ocurrir esto. Al analizar el desarrollo del ojo en la mosca de la fruta, Lawrence señala que muchos genes podrían ser importantes para dicho desarrollo, pero no necesariamente específicos:

> Tomemos el ojo como ejemplo: aproximadamente el 30 por 100 de todas las mutaciones mortales, cuando se examina el ojo de los clones, dañan el desarrollo del ojo. Si aproximadamente el 90 por 100 de todos los genes pueden mutar para dar un mortal (sic), como se piensa generalmente, esto significa que casi un tercio de todos los genes contribuyen de alguna manera al desarrollo del ojo. Por supuesto, algunos de estos son probablemente genes de mantenimiento [*housekeeping genes*], como las proteínas universales, la actina y la tubulina. Sin embargo, sigue habiendo espacio para genes importantes para el desarrollo del ojo pero que no son espe-

cíficos del ojo. Un ejemplo es el *Notch* […] Las larguísimas regiones reguladoras de los genes, la conservación de muchas porciones de estos (cuando se comparan diferentes especies) y la multiplicidad de puntos de unión mostrada por los experimentos de huella [*footprint*], sugieren que la mayor parte de la información genética está implicada en la regulación[26] (Lawrence, 1992, págs. 195–196).

Si esto resulta cierto en general, entonces en algunos, quizá muchos, casos no sería apropiado hablar de un gen particular dedicado al lenguaje, aun cuando ese gen sea crucial para el desarrollo de la facultad lingüística, sino de un gen que participa en el lenguaje en el momento de desarrollo *t* y en una posición en el espacio *s* (en el cerebro del embrión o en cualquier otra parte) y que puede estar implicado en alguna otra función (pongamos, la facultad numérica) en un momento *t'* y en la posición *s'*. Un ejemplo concreto en la genética de la mosca podría ser un «gen de propósito múltiple», llamado *wingless* [áptero]: «El gen solo codifica una proteína, pero sus fines podrían ser ampliamente divergentes, como bien puede ser el caso cuando se activa en forma de gen de polaridad de segmento en las primeras fases el embrión, en un papel inductivo en el mesodermo visceral del intestino en fases posteriores, o a lo largo del límite del compartimento dorsoventral del disco imaginal del ala, incluso más tarde» (Lawrence, 1992, pág. 74).

Esto, sin embargo, no significa abandonar la noción de que existe un «órgano del lenguaje», al igual que no significa abandonar la idea de que existe un órgano físico llamado ojo. Significa sencillamente que, al hablar de acontecimientos genéticos, debemos tener la mente abierta a la posibilidad de que los genes que participan en el diseño del órgano del lenguaje podrían tener múltiples funciones en el desarrollo. Si hay un gen multipropósito que resulte crucial para la propiedad de infinitud discreta en las facultades lingüística y numérica, ¿es un «gen lingüístico» o un «gen matemático»? Ambos o ninguno, dependiendo de nuestra perspectiva. Está al servicio de ambas facultades, pero no está dedicado exclusivamente a ninguna de ellas.

---

[26] El *Notch* es una mutación denominada así por su fenotipo dominante: muescas [*notches*] localizadas en el borde del ala de la mosca (Lawrence, 1992, pág. 5).

Las ideas referentes a los genes multipropósito parecen transferirse al comportamiento y al aprendizaje (Greenspan, 1995). Por ejemplo, se sabe desde hace algún tiempo que el gen *period* de la mosca de la fruta actúa sobre los ritmos circadianos (ej., despertar y dormirse). Muchos años después se descubrió también que el mismo gen actúa sobre el ritmo de la canción de cortejo del macho: «En un fascinante giro de los acontecimientos, Hall, Kyriacou y Michael Rosbash, también de Brandeis, han localizado recientemente la parte exacta del gen que controla el ritmo de la canción. Una pequeña región situada en el centro está dedicada a la canción, y el equilibrio del gen controla otros ritmos» (Greenspan, 1995, pág. 75).

Consiguieron incluso cortar la parte del gen que controla el ritmo de la canción y diseñar otra especie de mosca de la fruta que cantase como la primera:

> Esa división del trabajo se dedujo en parte del hecho de que una especie diferente de mosca de la fruta, *D. simulans*, tiene el mismo ciclo de 24 horas de actividad y descanso que la *D. melanogaster*, pero entona un canto que difiere en los intervalos entre pulsos. El gen *period* es similar en ambas especies, excepto por pequeñas diferencias en la región central. Es más, las moscas genéticamente diseñadas que portan un gen *period* híbrido, elaborado mediante la sustitución de la región central del gen de la *D. melanogaster* por el correspondiente segmento de la *D. simulans*, «cantan» exactamente igual que la *D. simulans* (pág. 75).

El autor señala que «por extraño que parezca, nadie ha encontrado ningún gen que participe en el cortejo y esté dedicado exclusivamente a dicho comportamiento». Hay múltiples genes involucrados en el cortejo del macho (de los cuales se han descubierto más de una docena), pero ninguno parece estar exclusivamente dedicado al cortejo, como hemos visto en el caso del gen *period*: «Puede ser que la mayoría de los genes que subyacen al cortejo (y a otros comportamientos) sirvan para más de una función corporal. Genes idénticos se pueden utilizar para propósitos un tanto diferentes en machos y hembras» (pág. 75). Las pruebas pueden, en última instancia, afectar al debate sobre si los rasgos del comportamiento humano están controlados por genes únicos o por genes múltiples; perspectivas atribuidas, respectivamente, a Davenport y Galton (el artículo incluye información sobre antecedentes): «Hay todas las razones para creer que las influencias genéticas sobre el comportamiento serán al menos tan complicadas en las personas como lo son en las moscas de la fruta. Por lo tanto, es probable que sea aplicable la noción de que se dan muchos genes de propósito múltiple que realizan pequeñas contribuciones» (pág. 78).

Tully ha resumido algunos ejemplos más derivados de la genética conductual de los efectos pleiotrópicos[27], sin conexiones biológicas obvias entre sí, encontrados en mutantes únicos de *Drosophila*. Por ejemplo, un mutante afecta tanto a la canción de cortejo como a la conducta visual, mientras que otro afecta a la fototaxis y a la capacidad olfativa (Tully, 1994). El autor observa lo siguiente:

> Estos ejemplos sirven para resaltar la siguiente generalización: la misma mutación puede causar defectos en más de un proceso biológico, pero esta observación no indica en sí misma que ambos procesos biológicos estén causalmente relacionados entre sí. En el caso de nuestras anteriores observaciones respecto a que algunas lesiones genéticas afectaban al aprendizaje/memoria y a la neuroanatomía, por lo tanto, no podemos concluir necesariamente que los defectos estructurales *causen* los funcionales. Otra deducción más general es que los «genes específicos del comportamiento» quizá sean raros, si no imposibles (Tully, 1994, pág. 62).

Tully señala a continuación que es posible organizar estos efectos pleiotrópicos de maneras más indirectas, por ejemplo, cita pruebas de que «en ausencia de *genes* "específicos de la conducta" quizá existan transcritos [de ARN] "específicos de la conducta"» (pág. 62). Los ejemplos anteriores hacen que resulten verosímiles las ideas de que (1) los genes que participan en el lenguaje no necesitan estar dedicados exclusivamente a un propósito, tal y como se ha planteado, y (2) no se deduce que el efecto de una mutación en una campo cognitivo esté, de manera necesaria, causalmente relacionado con un efecto en otro campo cognitivo.

Una pregunta que se podría plantear respecto a la propuesta de que la facultad numérica surgió como subproducto de la facultad del len-

---

[27] Se dice que un gen es *pleiotrópico* cuando afecta a más de un rasgo.

guaje es: dado que no había una presión selectiva específica para conservar la facultad numérica, ¿por qué no ha desaparecido, como algunas características superfluas? Suponiendo por un momento que el cuadro del gen multipropósito sea correcto para lenguaje/números, se podría conjeturar que, dado que un gen está al servicio de múltiples propósitos, quizá haya un punto de no retorno en el desarrollo evolutivo del gen, en el que se hace extremadamente difícil eliminar la función numérica sin eliminar la lingüística. Pero como Chomsky ha señalado: «Este curso de acontecimientos habría sido de gran utilidad en la evolución. El éxito biológico se define en términos de números de organismos. Dada esta medida, los humanos han tenido mucho éxito [...] La cuestión, pues, es que el desarrollo de este sistema habría sido muy útil biológicamente» (Chomsky, 1998a, pág. 149, versión castellana). Presumiblemente, esto sería más lógico cuantas más funciones asuma el gen. Tully señala que del gen *duce* [burro] de la mosca, considerado uno de los prototipos del gen del aprendizaje/memoria, se sabe que codifica al menos 10 transcritos de ARN (Tully, 1994, pág. 63).

Nótese que, aunque a menudo se habla en general de la «aparición del lenguaje», es más preciso hablar, por el contrario, de «propiedades» determinadas del lenguaje. Porque nadie afirma que cada parte de los mecanismos lingüísticos se inventase como algo nuevo al servicio del lenguaje. Como mínimo, todo el mundo aceptaría que los genes involucrados en la construcción de las áreas del lenguaje utilizan el mismo ADN que otras células, y que las células de las áreas del lenguaje tienen el mismo tipo de genes de mantenimiento del metabolismo celular que otros tipos de células.

En el otro extremo del espectro, hemos sostenido que en los niveles superiores, podían aparecer, en la dinámica en desarrollo del sistema, propiedades emergentes, aparentemente específicas del lenguaje. Y entre estos dos extremos del espectro, hay otras muchas posibilidades. Por ejemplo, hemos mencionado el ejemplo de los genes multipropósito, que parecen participar en diferentes subsistemas biológicos en distintas fases de desarrollo:

La aproximación de genetistas y embriólogos respecto a un gen ha tenido tradicionalmente una característica común: ambos han buscado la principal función del gen y, en gran medida, han desestimado la posibilidad de que un gen pudiera tener varios papeles diferentes. La biología molecular ha sugerido lo contrario [...] Los elementos de control son especiales, lo que sugiere que la evolución ha añadido nuevas tareas; por supuesto, es difícil estar seguro de cuál es la función más antigua y fundamental (Lawrence, 1992, pág. 74).

El genetista molecular y escritor científico Robert Pollack se plantea el origen de la facultad lingüística:

Aun cuando comenzamos a comprender la biología del pensamiento y del lenguaje, debemos reconocer lo poco que sabemos acerca de la contribución genómica a la conciencia. Las regiones frontales de nuestro cerebro, en las que se procesan las nociones abstractas y que, mediante sus conexiones con la región de Broca, dirigen nuestras capacidades lingüísticas, se desarrollan a partir de un segmento establecido en las primeras fases de desarrollo del embrión por un miembro de una familia de genes que contienen *homeoboxes*. ¿Pero qué genes *homeobox* están más íntimamente relacionados con el ensamblaje de las regiones frontales del cerebro en los humanos? ¿Y acaso la duplicación de un gen *homeobox* en el «núcleo» de una familia de genes, en un primate ancestral, hace unos cuantos millones de años, puso a una línea de primates en la senda hacia la adquisición del lenguaje, el conocimiento y el pensamiento? ¿Qué genes se activan en la región de Broca del cerebro humano, y en las regiones que esta alimenta, mientras un niño de dos años adquiere las aptitudes gramaticales del lenguaje? No conocemos la respuesta a ninguna de estas preguntas; la tarea de investigarlas le corresponderá a una nueva generación de neurobiólogos moleculares, versados en el contexto histórico de la evolución de los homínidos y en la anatomía y la genética comparativas de los primates (Pollack, 1994, pág. 165).

Aunque quizá falten unos años para disponer de respuestas a las preguntas suscitadas por Chomsky y Pollack, debe tenerse en cuenta al mismo tiempo que las preguntas no son ya solo materia de discusión filosófica, sino que han entrado a formar parte de un área creciente de investigación en biolingüística. Aunque el análisis precedente, en lo que respecta al lenguaje, es en gran medida conjetura, sí es una conjetura susceptible de comprobación. Gedeon *et al.* proporcionan una ilustración de cómo intentar resolver este tipo de cuestiones en su estudio sobre dos niños no emparentados que padecían trastornos del desarrollo, ambos con supresiones en el Xq28 (un locus cromosómico), cerca del emplazamiento frágil FRAXE (véase capítulo 4):

> El paciente MK sufría solo un retraso en el habla, conservando por lo demás un desarrollo normal, mientras que el paciente CB experimentaba un retraso global del desarrollo, que incluía retraso en el habla. La detección de supresiones superpuestas en estos dos casos condujo a la teoría de que quizá estuviesen afectadas secuencias de codificación de un gen (o genes) importantes para el desarrollo del lenguaje (Gedeon *et al.*, 1995, pág. 907).

La supresión que padece MK se superpone completamente a la supresión de CB, lo que sugiere que la supresión menor de MK es específica del retraso en el habla, mientras que la supresión más amplia padecida por CB es responsable tanto del retraso en el habla como del retraso más global del desarrollo. Utilizando zooblots[28], los autores encontraron «una homología de la secuencia con otras especies más distantes, como el perro, el mono y el pollo» (pág. 913) y concluyen que «esta conservación durante la evolución sugiere que esta área contiene secuencias con importancia funcional en el desarrollo normal» (pág. 907)[29]. Este es precisamente el tipo de investigación que será necesario para decidir qué genes y procesos epigenéticos participan en la «infinitud discreta» de la facultad lingüística o numérica, y establecer positiva o negativamente si cualquiera de estos genes presentan o no una secuencia homóloga con otras especies. En el capítulo 4 presentamos un análisis sistemático de algunas de las investigaciones que se están realizando en este campo.

---

[28] El zooblot es un procedimiento para estudiar el grado de conservación evolutiva, que utiliza el ADN genómico de varios organismos diferentes.

[29] Homología significa estructura similar (en este caso, la estructura del ADN), lo cual refleja un origen evolutivo común.

El ultradarwinismo

Observemos más de cerca lo que se puede denominar tesis «ultradarwinista»[30] sobre la evolución del lenguaje, planteada originalmente por Pinker y Bloom (Pinker y Bloom, 1990). En contraste con la perspectiva minimalista–internalista, esta perspectiva es de naturaliza externa, y apela a exigencias externas tales como el éxito reproductivo, la consecución de amigos y el influir en otras personas. Maynard Smith y Szathmáry analizan la prohibición de artículos sobre el origen del lenguaje en Francia, en 1866:

> Volvamos ahora a nuestro segundo problema, el origen del lenguaje humano. Es esta una cuestión que adolece de mala reputación entre los lingüistas. Después de publicación de *El origen de las especies*, de Darwin, se propusieron muchas ideas poco elaboradas acerca de la evolución del lenguaje, hasta tal extremo que, en 1866, la Academia Francesa de Lingüística anunció que su revista no aceptaría artículos sobre el origen del lenguaje. Su reacción estaba probablemente justificada, pero ha llegado el momento de reabrir la cuestión (Maynard Smith y Szathmáry, 1995a, pág. 71).

Maynard Smith y Szathmáry afirman que es hora de «reabrir la cuestión», pero enseguida pasan a asumir otra postura dogmática, la ultradarwinista de Pinker y Bloom, establecida concisamente con el lema «o Dios o la selección natural», como ya hemos visto. El ejemplo dado fue el del ojo, pero la formulación se consideraba también aplicable al lenguaje humano. Esta nueva postura ultradarwinista nos dice que hay *solo una* alternativa científicamente respetable: la selección natural.

Maynard Smith y Szathmáry presentan un argumento inusual para el lema vacío de Pinker y Bloom, a saber, que «era necesario que lo dijesen los lingüistas»;

> ¿Cómo pudo evolucionar esta competencia? Pinker y Bloom (1990) han sostenido que la competencia lingüística es un órgano adaptativo complejo, semejante, en este sentido, al ojo de un vertebrado o a las alas de

---

[30] O tesis «ultraseleccionista». Véase más adelante.

un ave, y que, por lo tanto, debe de haber evolucionado por selección natural. Aunque, como los propios autores resaltan, la declaración es obvia, era necesario que lo dijesen los lingüistas (Maynard Smith y Szathmáry, 1995a, pág. 71).

Esta declaración no es obvia –carece de sentido– y el hecho de que la proclamen los lingüistas no la hace más lógica. Como veremos más adelante, en su propia investigación biológica Maynard Smith no utiliza las declaraciones de Pinker–Bloom. Su propia obra explora múltiples factores de evolución, tales como las restricciones del desarrollo, físicas, además de los selectivos. En su trabajo sobre el ojo, abandona por completo el dogma de Pinker–Bloom. Cohen y Stewart analizan un ejemplo proporcionado por Brian Goodwin en referencia a la evolución del ojo:

> Brian Goodwin considera el desarrollo como una combinación de dinámica natural «de flujo libre» e intervención programada del ADN para estabilizar una forma dinámica determinada. ¿Por qué iba a gastar esfuerzo la naturaleza en programar la forma del organismo en el ADN si las leyes de la naturaleza la producen de manera gratuita? Es como programar en el ADN el hecho de que los cristales de sal tengan que ser cúbicos. Por ejemplo, el ojo –una forma que asombró por igual a Darwin y a sus detractores– es dinámicamente muy natural. Rudimentariamente, los ojos se pueden dar de manera natural sin la necesidad de una codificación especial del ADN. La selección natural puede, a continuación, refinar el ojo rudimentario y convertirlo en algo más complejo, pero es la dinámica la que da a la selección el punto de partida (Cohen y Stewart, 1994, pág. 293).

De hecho, el lema de Pinker–Bloom ni siquiera se tiene en cuenta en el actual trabajo en biología, donde revistas y libros debaten con fuerza sobre la «resíntesis de la biología del desarrollo y evolutiva», la «biología generativa», el «orden gratuito» y cuestiones similares. El hilo común de todo este trabajo es que los investigadores están intentando *descubrir* el papel de los genes, de los mecanismos del desarrollo y de la selección natural en los sistemas biológicos, no adoptar ciegamente un dogma presentado por los lingüistas cognitivos (Gilbert *et al.*, 1996).

Como ocurre con cualquier dogma, ha sido saludado con fervor casi religioso por algunos de los miembros de la ciencia cognitiva. Como ya se ha señalado, según Dennett, Pinker vio «la luz» de la evolución, pero después de sacar a los lingüistas de las oscuras eras intelectuales anteriores a la década de 1990 para conducirlos a dicha luz, estos se frotaron los ojos y descubrieron que habían intercambiado la ciencia establecida por un dogma. Uno de los principios de este dogma es que los lingüistas habían abandonado la biología, a pesar de la extensa bibliografía sobre biolingüística que demuestra lo contrario; cf. la advertencia que John Maynard Smith hace a «Chomsky y a sus alumnos» de que «la lingüística no puede dejar de lado la biología»; véase Maynard Smith, 1995. Volveremos a los comentarios de Maynard Smith en un apartado posterior. Pinker, Bloom y Dennett tienen un verdadero problema entre manos cuando intentan encontrar un lugar para Chomsky en la nueva mitología. Recuérdese que su dogma tiene solo dos ranuras: Dios o la selección natural. No pueden meter a Chomsky en la ranura de la selección natural, porque han proclamado a voces que es «escéptico respecto a Darwin», en contra de todo lo que él ha dicho o escrito sobre Darwin o la selección natural (hemos presentado citas a lo largo de este libro). Solo les queda, entonces, la ranura de Dios para meter a Chomsky. En este punto, se vuelven muy imaginativos. Según Dennett, como hemos visto en el capítulo 1, Chomsky sostiene que el lenguaje es un órgano «otorgado por Dios».

ULTRADARWINISMO FRENTE A CREACIONISMO[31]

Pinker considera que la perspectiva ultradarwinista de la evolución es un avance respecto a la perspectiva creacionista del reverendo William Paley, que en su época se denominó «teología natural». Sin embargo, la teología natural tenía una larga y distinguida tradición científica, que se extendía hasta Robert Boyle y Sir Isaac Newton, ambos teólogos naturales de profesión. De hecho, sostenemos que esta rama del creacionis-

---

[31] Gould y Eldredge critican respectivamente el «fundamentalismo darwiniano» y el «ultradarwinismo» desde otros ángulos (Elredge, 1995; Gould, 1997a).

mo, a pesar de ser irracional, presentó un coherente cuadro científico del mundo, mientras que la perspectiva ultradarwinista de Pinker, Bloom, Dennett y Cziko (véase más adelante) es a un tiempo irracional e incoherente[32].

Pinker nos dice que cuando estudiamos el lenguaje u otro órganos complejo solo tenemos dos alternativas: «Dios o la selección natural». Sin embargo, si estas son nuestras dos únicas alternativas, Dios gana. Porque el creacionismo, que los ultradarwinistas rechazan, es irracional pero coherente. Sin embargo, la postura ultradarwinista es a un tiempo irracional e incoherente.

El creacionismo es irracional porque puede «explicar» todo lo que sucede. Tanto la propiedad P (del lenguaje, etc.) como la propiedad ~P se pueden «explicar» de la misma forma, a saber, invocando la intervención divina. Sin embargo, es coherente porque se acomoda a los resultados de la ciencia, es decir, tenemos «todo lo descubierto en biología + Dios», que entra en el cuadro dando comienzo repentinamente al universo (según la postura leibniziana) o bien controlándolo continuamente (postura newtoniana).

Si seguimos la ruta de los ultradarwinistas y sustituimos la intervención divina por la «selección natural», seguimos teniendo el problema de la irracionalidad, porque todo lo que sucede tiene la misma explicación. Si descubrimos que las lenguas son de núcleo inicial, siguiendo a Kayne (Kayne, 1994), invocamos la selección natural (en lugar de la intervención divina). Si las lenguas son de núcleo final, invocamos de nuevo la selección natural. Pero los ultradarwinistas son también incoherentes, porque no se puede explicar nada en absoluto en función de una selección natural que actúe aparte de las condiciones impuestas por la ley física, la ley bioquímica y la genética del desarrollo.

Si invocamos la evolución, con la selección natural simplemente como uno de los factores, añadiendo las leyes de la física y del desarrollo, nos trasladamos a un cuadro con sentido, pero que sigue sin explicar más de lo que explica el creacionismo. Porque, de nuevo, independien-

---

[32] Agradezco a Noam Chomsky que señalase las similitudes y las diferencias entre el ultradarwinismo y los argumentos creacionistas clásicos, como el «argumento del diseño» de Thomas Jefferson, presentado en este apartado.

temente de que las lenguas presentasen el núcleo al principio o al final, la explicación es la «evolución».

El hecho es que no tenemos todavía una explicación para la posición del núcleo, basándonos en la interacción de factores como la física, las leyes del desarrollo y la selección natural[33]. Lo que queremos decir aquí es simplemente que el marco para comprender dichos problemas debe basarse en el estudio de todos estos factores interrelacionados, no solo en uno de ellos, y que por lo tanto el ultradarwinismo representa una regresión. La aproximación minimalista–internalista a la biolingüística nos proporciona dicho marco, a saber, el de una ciencia (biológica) estándar. El enfoque ultradarwinista, por su parte, añade la incoherencia a la irracionalidad del enfoque creacionista.

LA SELECCIÓN UNIVERSAL (EL ULTRASELECCIONISMO)

Cziko ha desarrollado el modelo de Pinker–Bloom con un ligero giro en *Without Miracles: Universal Selection Theory and the Second Darwinian Revolution*. Para no mantener al lector en suspenso, el giro es que Cziko se cree capaz de derivar, de la «teoría de la selección universal», que los biolingüistas (se analizan Chomsky, Piattelli–Palmarini, y Fodor) están «obligados a concluir que la información genética del cuerpo, de las capacidades cognitivas y del cerebro humano estaba ya contenida en el primer organismo que utilizó el ADN para sus genes» (Cziko, 1995, pág. 302). Por lo tanto, en este escenario, Chomsky y sus colaboradores están obligados a concluir que los genes del lenguaje habría que buscarlos en las antiguas bacterias (y, presumiblemente, más tarde en los árboles y en los elefantes).

El argumento continúa como sigue: hay tres grandes tipos de explicaciones para «el origen y el crecimiento del conocimiento»: las teorías providenciales, instruccionistas y seleccionistas. Las teorías instruccionistas incluyen teorías desacreditadas del lamarckismo y teorías instruccionales inmunológicas, por lo que podemos desechar esa opción. Eso nos

---

[33] Se han presentado ya algunas conjeturas respecto a la ruptura de la simetría en los fenómenos del orden de las palabras.

deja bien con las teorías seleccionistas o bien con las providenciales. Cziko utiliza el término «teoría de la selección universal» como cajón de sastre para todo tipo de variantes, incluida la selección natural de Darwin, el «darwinismo nervioso» de Edelman, la selección inmunológica, etc., la mayoría de los cuales están también incluidos en el análisis que Dennett presenta de la selección. El término «providencial» hace referencia al «argumento del designio de la divina providencia» del obispo William Paley. Por lo que volvemos esencialmente a las opciones ya conocidas:

O Dios o la selección (universal)

Es decir, Cziko continúa con la postura de Pinker respecto a la evolución: que la selección natural es la «única alternativa científicamente respetable a la creación divina». En el anterior apartado hemos indicado por qué esta es una postura irracional e incoherente, y presentaremos nuevas razones más adelante. Cziko añade otro giro que amplía la «selección» del dominio evolutivo a la «selección universal», para incluir el desarrollo del sistema inmune y la adquisición del lenguaje, y otros elementos, multiplicando así la irracionalidad y la incoherencia, como veremos.

Téngase en cuenta en lo que sigue que, como antes, se supone que la selección es el factor central en las explicaciones de la evolución. Se señala, con aprobación, que los «ultradarwinianos» contemporáneos de Darwin «se atrevían a explicar toda la evolución, incluidas las complejas conductas instintivas, exclusivamente mediante la selección natural». Cziko señala que «ultraseleccionistas» es probablemente un término más adecuado para los «ultradarwinianos» (después de todo, incluso Darwin, como señala Cziko en otra parte, estaba «convencido de que la selección natural ha sido el principal, pero no el único, medio de modificación»):

Y de esa forma quedó para los jóvenes y más radicales ultraseleccionistas, en especial August Weismann, aseverar, hacia finales del siglo XIX, que la selección natural era el único proceso por el que las especies aumentaban su complejidad de adaptación. Y ahora, más de cien años después, esta opinión puramente seleccionista de la emergencia del diseño ha resistido por el momento todos los ataques [...] y sigue siendo el cimiento de la moderna biología (Cziko, 1995, pág. 284).

El primer paso del argumento consiste en aseverar que Chomsky «rechaza la selección natural», a pesar de la extensa bibliografía que establece su verdadera postura: «Chomsky no solo rechaza la selección natural como explicación de la evolución del lenguaje humano, sino que también rechaza las explicaciones darwinianas para ciertos fenómenos biológicos bien conocidos». Algunas de las afirmaciones de Chomsky a este respecto se pueden encontrar en el comentario al artículo de Pinker y Bloom (Otero, 1990). Pero aun cuando Cziko cita ese artículo en su bibliografía y Paul Bloom revisó el libro de Cziko para MIT Press y «ofreció su experiencia para mejorar mi libro [el de Cziko]», no se presenta la verdadera postura de Chomsky, dado que sin esta suposición todo el castillo de naipes se vendría abajo.

Eso deja a Chomsky (y colaboradores) en la categoría «providencial», con el obispo Paley («providencialismo actual»). Dado que «niegan» la selección, y dado que la selección es el único mecanismo disponible para la evolución y la ontogénesis (el aprendizaje), según Cziko, deben de estar atascados. Dado que la selección es la única forma de aprender, no hay forma de que lleguen del ADN a la facultad del lenguaje. Creen en el «innatismo», no en la selección, de forma que todos los productos de la cognición, incluido el lenguaje, deben de estar en el ADN. Algo muy notable, ya que los genes y la secuencia de ADN de los ratones son similares a las del hombre: «Pues bien, según el argumento de Piattelli–Palmarini (y de Fodor) tendríamos que considerar que el ratón tiene un conocimiento innato de los conceptos y el lenguaje humanos (todos los componentes genéticos están ahí; solo es necesario reordenarlos un poco)» (pág. 301).

Lo más apabullante es que los biolingüistas no tienen manera de llegar del ADN a la facultad del lenguaje. Aquí es donde Bloom cede «su experiencia» proporcionando un argumento demoledor: conocer el alfabeto (de la a a la z) no proporciona conocimiento alguno sobre Macbeth. Y el conocer los elementos del ADN (A, T, C, G) tampoco es igual al conocimiento del lenguaje. «Una novedad impredecible emerge» del ADN para producir el lenguaje, pero sin la selección no hay forma de llegar allí, como no sea un milagro providencial[34]. Una teoría innata es, por lo tanto, «genéticamente providencial».

Dado que el lenguaje es innato, es decir, está en el ADN, uno está «obligado a concluir que la información genética del cuerpo, de las capacidades cognitivas y del cerebro humanos estaba contenida en el primer organismo que utilizó el ADN para sus genes» (pág. 302).

La lógica aquí es la misma que Dennett utilizó para llegar al «órgano del lenguaje dado por Dios». No hay más que Dios o la selección. Chomsky y sus colaboradores niegan la selección. Por lo tanto, creen en Dios (o en el providencialismo genético de un lenguaje que flota en el ADN).

Cziko cita también extensamente a Niels Jerne por su trabajo sobre la selección inmunológica. Sin embargo, nada en la obra de Jerne respalda las absurdas tergiversaciones que presenta la obra lingüística de Cziko. De hecho, en el discurso de aceptación del Premio Nobel pronunciado por Jerne, vimos (en la introducción) que repite esencialmente la postura que Cziko critica. Uno no puede sino preguntarse si Cziko no atribuye las mismas ideas descabelladas a Jerne que a los lingüistas. En cualquier caso, en cuanto se desechan las constricciones ultradarwinistas y se adoptan las normas de la racionalidad científica, toda la cuestión se evapora. Su elaborado sistema de creencias fuerza a los ultradarwinistas a adoptar estas contorsiones, porque a ninguno de ellos se les ocurre pensar que Chomsky y sus colaboradores podrían estar situados completamente fuera de todo el culto que aquellos han creado, en un ámbito denominado ciencias naturales. Como la nave espacial que sigue al cometa Hal–Bopp, todo tiene perfecto sentido para los ultradarwinistas, siempre que olviden el hecho de que hay otro mundo fuera.

Pero en cuanto se percibe esto, todo el castillo de naipes se viene abajo, incluida la ferviente creencia de Dennett en que Chomsky y sus colegas biolingüistas se sienten amenazados por la «peligrosa idea de Darwin», es decir, la selección natural, parte de la tesis central del libro de 600 páginas escrito por él con ese título, *La peligrosa idea de Darwin*[35].

---

[34] Nótese que la naturaleza, sin ayuda de la selección natural darwiniana, llegó de alguna manera del Big Bang a las moléculas capaces de multiplicarse. Siguiendo la lógica de Cziko, el mecanismo debe de haber sido un «milagro providencial».

[35] Mis comentarios se restringen exclusivamente a las opiniones de Dennett sobre la lingüística, no al resto del libro.

Lo más destacado del análisis de Dennet es el debate de Chomsky contra Darwin, el cual no tiene, de hecho, base alguna, ya que Darwin y Chomsky han afirmado por escrito que la selección y otros factores desempeñan un papel en la evolución.

Pinker y Bloom han dejado a Dennett lo que los cínicos podrían considerar como la ingrata tarea de «sacar a los héroes de sus pedestales», y Dennett señala que esa es una tarea «que no se emprende a la ligera». «Hasta el momento, Gould, Lewontin y Chomsky han preferido dejar el contraataque a otros, ya que mis críticas están muy por debajo de su percepción, se supone, para merecer una respuesta pública detallada»[36]. El problema es, por supuesto, que todo lo que Dennett ha hecho hasta ahora es pedir a Gould, Lewontin y Chomsky que se unan con aceptación ciega al dogma central de Pinker y Bloom, extendiéndoles en efecto una invitación para unirse al club científico. Pero «biólogos de todo el mundo» han corrido en apoyo de Dennett: «Ha sido sorprendentemente fácil de asumir, ya que mi tarea ha estado lejos de resultar ingrata. De hecho, los agradecimientos que he recibido de biólogos de todo el mundo han resultado muy gratificantes» (Dennett, 1996, pág. 36).

En la solapa del libro de Dennett, *La peligrosa idea de Darwin*, se muestran comentarios de diversos biólogos que podrían interpretarse como respaldo a sus puntos de vista. Es importante señalar que ninguno de esos comentarios menciona el caso de la evolución del lenguaje humano. Por ejemplo, E. O. Wilson alaba «el análisis claro y riguroso de la teoría darwinista». Pero en el libro de Dennett no hay una comprobación clara y rigurosa de la teoría darwiniana en el campo del lenguaje. El autor parafrasea la postura de Pinker y Bloom aquí estudiada. Ni Pinker ni Bloom (ni ningún otro) tienen una teoría avanzada del lenguaje que proporcione una «comprobación clara y rigurosa de la teoría darwiniana».

---

[36] Desde entonces, Gould ha proporcionado una «detallada respuesta pública» a Dennett (Gould, 1997b). Dado que Dennett no ha propuesto cuestiones sustantivas, Gould se limita a reafirmar su posición «pluralista», librándola de las tergiversaciones de Dennett. La perspectiva pluralista, la perspectiva de la resíntesis, la perspectiva «minimalista–internalista» que se analizan aquí, y otras formulaciones son variaciones del mismo enfoque general sobre el estudio de la evolución. Gould sostiene que la postura pluralista conserva las ideas de Darwin sobre el papel de la selección natural, pero sin los excesos incoherentes de la postura de Dennett, que él denomina «fundamentalismo ultradarwinista».

La mayoría de los biólogos considerarían el lenguaje como un sistema demasiado complejo y demasiado poco conocido como para proporcionar pruebas firmes a cualquier teoría de la evolución. Finalmente, Dawkins habla sobre la «devastadora» crítica de Dennett de que los «intelectuales estadounidenses han estado muy equivocados en materia evolutiva». Los «intelectuales estadounidenses» son probablemente Gould, Lewontin y Chomsky que, se queja Dennett, no han respondido públicamente, como ya se ha señalado[37]. Sin embargo, de nuevo, con respecto a la evolución del lenguaje humano, Dennett no ofrece una crítica «devastadora». Presenta solo las tergiversaciones del trabajo biolingüístico que ya hemos tratado.

POR QUÉ EL ESTUDIO DE LA EVOLUCIÓN DEL LENGUAJE HA REGRESADO AL ULTRADARWINISMO

Hemos visto que el ultradarwinismo (ultraseleccionismo) representa un regresión en el estudio de la mente, incluida la (bio)lingüística, donde sus influencias negativas se han sentido más profundamente. Resumimos aquí las razones por las que el ultradarwinismo representa una regresión. Hemos señalado ya que es irracional porque puede explicar una propiedad P y una propiedad ~P invocando el mismo principio, a saber, la «selección natural». Es incoherente porque no se puede explicar nada en función de una selección natural que actúa con independencia de las leyes físicas y del desarrollo. Por lo tanto, las explicaciones ultradarwinistas se deterioran rápidamente en «explicaciones» absolutamente para todo.

Por ejemplo, en *El instinto del lenguaje*, Pinker «demuestra» el poder de la selección natural para «explicar» el diseño del lenguaje, incluidas, como ya hemos señalado, las propiedades P y ~P. En *Cómo funciona la mente*, amplía el paradigma ultradarwinista prácticamente a toda la mente. Descubrimos que el mismo principio de selección natural que «explica» los principios de la GU, también proporciona una explicación de por qué Hugh Grant, «supuestamente el hombre más atractivo del mundo, fue detenido por mantener una relación de sexo oral con una prostituta

---

[37] Véase, sin embargo, la nota 36.

en el asiento delantero de su coche». La selección natural es verdaderamente un «ácido universal», en el sentido que le da Dennett (Dennett, 1995). El problema es, por supuesto, que según avanzamos hacia el «estudio de todo», la selección natural se ha convertido en principio explicativo vacío. Podemos ahora explicar P y ~P en cualquier ámbito, con la selección natural como varita mágica. Cuando uno tiene un principio –la selección natural o cualquier otro– que explique la formación de extremidades, la formación de preguntas y el comportamiento sexual de Hugh Grant en el asiento delantero del coche, debería empezar a temer que tenemos un cuadro vacío de la naturaleza.

Nuestro argumento aquí, por supuesto, no es que la selección natural no desempeñe ningún papel en la evolución de la mente, sino que no explica nada sin una consideración detallada de todos los demás factores. Podríamos con la misma facilidad escoger arbitrariamente cualquier principio físico, por ejemplo, el principio de exclusión de Pauli[38], que explica la estructura en capas de los átomos y sus propiedades químicas, y decir que este, y no la selección natural, es *el* principio diseñador que subyace a las normas gramaticales y a la promiscuidad sexual. Porque sin él, la estructura en capas de los átomos se vendría abajo, y con ella la bioquímica y la genética, la base de la variación de Darwin. Sería posible incluso unirse a la histeria ultradarwiniana y hablar de la drástica elección entre «Dios o el principio de exclusión de Pauli», o del «peligroso principio de Pauli» y de su carácter de «ácido universal». Esto estaría, obviamente, tan mal encaminado como el movimiento ultradarwiniano. La tarea real a la hora de dar una explicación científica de alguno de los fenómenos evolutivos es descubrir la contribución relativa de todos los factores implicados: genéticos, físicos, del desarrollo, o de otro tipo, incluida la selección natural.

Una última cuestión que se debe plantear es la siguiente: ¿falta algo en el enfoque minimalista–internalista sobre la evolución aquí esbozado y que la explicación ultradarwinista aporte? Es decir, ¿cubre la teoría ultradarwinista algún vacío explicativo en los enfoques estándar? No cono-

---

[38] El principio de exclusión de Pauli establece que solo un electrón puede ocupar el mismo estado cuántico al mismo tiempo. Explica cómo se construyen las configuraciones de los electrones en los átomos y la aparente solidez de la materia (Glashow, 1994).

cemos ninguno. En nuestra opinión, los movimientos ultradarwinistas conducen a la irracionalidad, la incoherencia y la vacuidad. Como tales, representan una regresión de diversos enfoques estándar, desde el incluido en *El origen de las especies* de Darwin hasta los actuales enfoques de la resíntesis. La cuestión entonces es ¿por qué retroceder? Y la respuesta es, «si no está roto, no lo arregle».

Como hemos visto, la aparición del utradarwinismo (ultraseleccionismo) en la lingüística representa una regresión en el estudio de la biología del lenguaje. Podríamos preguntar acerca de las razones por las que tuvo lugar este retroceso. Hay una serie de razones posibles: (1) una comprensión errónea de las implicaciones de la teoría darwiniana sobre la selección y la variación natural, (2) el «dualismo metodológico», la insistencia en que la mente se estudie de diferente manera a otros órganos corporales y a otros organismos, y (3) el atractivo de una aproximación de «*tabula rasa* modificada» al estudio de la evolución.

En cuanto a (1), creemos que se puede sostener que parte del ultradarwinismo (ultraseleccionismo) lingüístico se basa en algunas interpretaciones erróneas sobre la teoría darwiniana de la variación y la selección natural. Para Darwin, la selección natural actuaba sobre la variación, y el substrato de la variación era para él tan importante como la selección natural. Trató extensamente este importante problema en el capítulo 5, «Las leyes de la variación», de *El origen de las especies*, así como en *Variaciones en condiciones de domesticación*. Aunque desconocía los mecanismos, comprendió que toda variación sobre la que se seleccionaba estaba ya generada antes de presentarse a selección (dejamos aparte aquí el hecho de que Darwin también aceptaba la posibilidad de que los caracteres adquiridos se heredasen). Ahora consideremos a Cziko, que estudia la selección natural, a la que denomina «selección entre organismos»: «[es] evidente que [...] la selección natural es, por lo tanto, un proceso creativo que constantemente produce variaciones innovadoras entre las que seleccionar» (pág. 302). Pero la selección natural no produce las variaciones, ya sean innovadoras o de otro tipo, «entre las que seleccionar». Ese es el aspecto fundamental de la teoría de Darwin. La variación se presenta a la selección. Que esta no es una simple elección equivocada de términos se reafirma en las palabras que Cziko escribe unas cuantas páginas antes:

Pero para Piattelli–Palmarini (y también para Fodor…), todos esos productos de la cognición humana deben estar especificados de manera innata antes de ser seleccionados, a pesar de que dicha conclusión es incongruente con lo que ahora se sabe del sistema inmune, es decir, que no todos los anticuerpos están innatamente especificados en el genoma sino que, por el contrario, existen solo como potencialidades, la mayoría de las cuales no llega a realizarse. También es incongruente con lo que se sabe de la evolución biológica (Cziko, 1995, pág. 300).

Sin embargo, no es cierto que todos los anticuerpos existan solo como potencialidades y que la mayoría permanezca sin realizar. De hecho, es necesario que los anticuerpos se realicen antes de exponerse al antígeno, para que puedan ser seleccionados. Esta es la forma en que funciona la selección en el sistema inmune (y es congruente, no incongruente, con «lo que se sabe de la evolución biológica»). Alberts *et al.* escriben:

Se estima que el hombre puede producir por lo menos 10^{15} moléculas de anticuerpo diferentes –su *repertorio preinmunitario de anticuerpos*– incluso en ausencia de estimulación por antígenos. Los lugares de unión al antígeno de muchos anticuerpos pueden presentar reacción cruzada con varios determinantes antigénicos relacionados entre sí pero diferentes, y por lo que parece el repertorio preinmunitario es lo suficientemente amplio como para asegurar que siempre haya un lugar de unión con un antígeno que encaje con un determinante antigénico potencial cualquiera, aunque esta unión sea de baja afinidad (Alberts *et al.*, 1994, pág. 1.307, versión castellana).

Una vez que el anticuerpo ha sido seleccionado, hay mecanismos adicionales, tales como la hipermutación somática, que pueden ajustar la afinidad del anticuerpo con el antígeno. De ahí que para Piatelli–Palmarini sea bastante correcto hablar del «repertorio innato de anticuerpos», algo por lo que Cziko le critica: «él [Piatelli–Palmarini] conduce así al lector a suponer que todos los anticuerpos posibles están especificados de manera innata y, por lo tanto, proporcionados antes de que tenga lugar cualquier selección» (Cziko, 1995, pág. 300). Piattelli–Palmarini lleva al lector a creer eso porque esa es la forma en que funciona el sistema inmune, donde «todos los posibles» equivale al ajuste antes mencionado.

La conclusión de que fundamentalmente Cziko interpreta de manera errónea el funcionamiento de la selección es la única explicación verosímil que nos ayuda a comprender las extrañas deducciones analizadas antes, y que Cziko plantea; a saber, que Piattelli–Palmarini (y Fodor) tienen obligatoriamente que creer que el ratón tiene «un conocimiento innato de los conceptos y el lenguaje humanos» (pág. 301) y que los biolingüistas están «obligados a concluir que la información genética del cuerpo, del cerebro y de las capacidades cognitivas de los humanos estaba contenida ya en el primer organismo que utilizó el ADN para sus genes» (pág. 302). Cziko tampoco tiene en cuenta la importante distinción entre estructura y función, desarrollo (o adquisición en el caso del lenguaje) y evolución. Es cierto que la palabra «selección» se utiliza en todos estos contextos, pero no es necesario que los mecanismos subyacentes sean idénticos en todos estos ámbitos. La ontogenia no recapitula la filogenia del sistema inmune ni de ningún otro sistema biológico. La selección en el funcionamiento diario del sistema inmune tiene propiedades específicas que solo se encuentran en ese sistema. Estas propiedades no son necesariamente aplicables a las propuestas para el aprendizaje, incluido el del lenguaje, aunque la «selección» a partir de un repertorio preexistente de materiales podría ser una de las propiedades del sistema.

En cualquier caso, toda la discusión está fuera de lugar, ya que nadie ha propuesto asumir el sistema inmune completo como modelo de adquisición del lenguaje. De hecho, la mayoría de las conjeturas que aparecen en la bibliografía sobre los mecanismos nerviosos de la adquisición del lenguaje se han centrado en la formación sináptica como mecanismo selectivo (ej., Changeux). En un plano abstracto, se puede considerar que el modelo de los principios y los parámetros sobre la adquisición del lenguaje es una propuesta de mecanismo selectivo, en el que todas las opciones humanas están presentes en el estado inicial (descrito por la GU) y la selección se hace mediante el establecimiento de parámetros. Pero nada de lo contenido en este modelo depende en absoluto de los detalles de funcionamiento del sistema inmune.

Pinker y Bloom han criticado a Gould y Chomsky por mantener unos puntos de vista «no seleccionistas» de la evolución, porque los últimos insisten en la importancia de las restricciones físicas y del desarrollo además de las restricciones selectivas en la teoría de la evolución: «Las restricciones del desarrollo solo descartan amplios tipos de opciones. No pueden, por sí mismas, obligar a que surja un órgano que funcione. Una restricción embriológica como "que te salgan alas" es un absurdo» (1990, pág. 104). Pero las restricciones selectivas tampoco pueden «obligar» a que se produzca un órgano capaz de funcionar. Como hemos visto, la selección natural solo puede actuar sobre una variación ya efectuada, un hecho en el que Darwin hizo hincapié. De hecho, hasta darwinistas acérrimos como Maynard Smith están mucho más cerca de la postura de Gould y Chomsky que de la de Pinker y Bloom en su trabajo diario. Por ejemplo, en un clásico y muy citado artículo de 1985, «Developmental Constraints and Evolution», Maynard Smith *et al.* insisten en que, además de las restricciones selectivas, hay «restricciones del desarrollo», y otras que «son consecuencia directa de las leyes de la física» (Maynard Smith *et al.*, 1985, pág. 272). La tarea, al estudiar el desarrollo y la evolución, es descubrir «de qué forma se interrelacionan el desarrollo y la evolución para producir restricciones». Se deben estudiar ejemplos que muestren «la interacción entre los procesos del desarrollo y la selección que operan simultáneamente en varios niveles».

Se proporciona una ilustración obtenida de Maynard Smith y Sondhi. Los científicos criaron once generaciones de *Drosophila* mutantes con ocelo izquierdo, pero que carecían de ocelo derecho. Las frecuencias de individuos diestros y zurdos siguieron siendo las mismas, es decir, no se produjo una variación en la herencia de lateralidad. Sin embargo, las frecuencias de las moscas con ocelos anteriores y posteriores podrían haberse alterado. Considerando este y otros casos de simetría bilateral, los autores resaltan que «si la variación necesaria no está disponible de hecho, muchos casos de simetría bilateral quizá sean consecuencia de una restricción de desarrollo más que de la selección» (Maynard *et al.*, 1985, pág. 272). Muchos otros ejemplos como este se pueden obtener del mismo artículo (y de la bibliografía), pero citamos a Maynard Smith y sus colaboradores, ya que incluso Pinker y Bloom estarían de acuerdo en que Maynard Smith no es un entusiasta desarrollista no darwiniano, sometido al hechizo hipnótico de Gould y Chomsky. Creemos que Maynard Smith *et al.* han alcanzado aquí el equilibrio adecuado, igual que lo han conseguido Gould y Chomsky en su obra, al señalar, como indicó Chomsky, que «la selección es uno de los factores, no el factor» de la teoría de la evolución. Pero, por alguna razón, cuando se utiliza este enfoque en el estudio de la mente, Pinker y Bloom etiquetan a Gould y a Chomsky de «no seleccionistas» y de «académicos que odian a Darwin», aunque Pinker amplía este último calificativo a todos los críticos de Pinker y Bloom, al menos en la medida en que no aceptan la irracionalidad, la incoherencia y la vacuidad de la postura ultradarwinista (Pinker, 1997b). En el ultradarwinismo, la desviación del dogma hace a cualquiera merecedor del título de «académico que odia a Darwin».

Pinker ha rechazado repetidamente que la «ley física» fuese una explicación de los procesos evolutivos. Se sale de su camino para rebatir cualquier sugerencia de que la ley «física» pudiese ser un factor, excepto de forma marginal. Por ejemplo, critica a Chomsky por introducir hasta un rasgo tan inocuo como tener una masa física en los estudios de la evolución:

> La tesis es, por lo tanto, que la selección natural es la única explicación física de diseño que desempeña una función. Tomado literalmente, eso no puede ser cierto. Tómese mi diseño físico, incluida la propiedad de que tenemos una masa positiva. Eso desempeña una función: a saber, me impide derivar hacia el espacio exterior. En una palabra, tiene una explicación física que no tiene nada que ver con la selección natural (Pinker, 1997b, pág. 172, c. p. de Chomsky a Pinker, noviembre de 1989).

Pinker acepta solo a regañadientes que la gravedad es un factor de condiciones «probables», que actúa sobre la «masa que impide que Chomsky flote hacia el espacio exterior», pero no un factor de condiciones «improbables», como la propiedad de tener un ojo vertebrado, que supuestamente es el resultado de la selección natural[39]. En otra parte, Pinker señala que «la gravedad se basta a sí misma para devolver al pez volador al mar, pero no puede ni remotamente conseguir que las par-

---

[39] Nótese que los comentarios de Pinker sobre condiciones «probables» e «improbables» siguen careciendo de contenido mientras no haya especificado el espacio físico sobre el que opera la selección natural en el caso del ojo vertebrado.

tes de un embrión de pez volador se junten de tal manera que surja un ojo de pez volador». Para Pinker esto sería «tan probable como que un huracán que arrasa un depósito de chatarra recomponga un avión *jumbo*» (Pinker, 1994a, pág. 396, versión castellana).

Pinker ha impuesto de nuevo su perspectiva de «o bien o bien» respecto a la evolución (a saber, «o Dios o la selección natural»). Aquí es «o la gravedad o la selección natural». Nos dice que la gravedad por sí sola no puede hacer el ojo de un pez volador. Pero la tesis tradicional es que la gravedad y una multitud de diferentes factores físicos, junto con las restricciones genéticas y del desarrollo, interactúan con la selección natural en la evolución de un órgano u organismo. La gravedad (selección natural, etc.) es *un* factor, no *el* factor responsable. Ni el ojo de un pez volador ni la facultad del lenguaje han surgido de repente, de manera análoga a un *jumbo* montado a partir de desperdicios, ya sea mediante selección natural o mediante un huracán. Esto se debe a que ni la selección natural ni otras restricciones físicas, genéticas y del desarrollo actúan por separado, sino solo mediante intrincadas interacciones mutuas, que terminan en la evolución.

Además, la disputa que Pinker está intentando mantener con Chomsky respecto al papel desempeñado por las restricciones físicas a la forma biológica ya la resolvió a favor de la tesis tradicional, allá por el año 1638, Galileo en su *Diálogo*:

> Pero fue Galileo quien, hace prácticamente trescientos años, había establecido por primera vez este principio de similitud general; y lo hizo con la mayor claridad posible, y con gran riqueza de ilustración, obtenida de estructuras vivas y muertas. Afirmó que si intentábamos construir barcos, palacios o templos de enorme tamaño, las vergas, las vigas y los salientes dejarían de sostenerse juntos; y la Naturaleza tampoco puede producir un árbol ni crear un animal superior a un cierto tamaño, y al mismo tiempo retener las proporciones y emplear los materiales que son suficientes en el caso de una estructura más pequeña. El objeto se caerá a trozos por su propio peso, a no ser que cambiemos sus proporciones relativas, algo que a la larga lo hará resultar torpe, monstruoso e ineficaz, o que encontremos un nuevo material, más duro y resistente que el que se utilizaba antes. Ambos procesos nos resultan familiares en la Naturaleza y

en el arte, y en esta moderna era de cemento y acero nos encontramos con aplicaciones prácticas jamás soñadas por Galileo (Thompson, 1992a, pág. 27).

Galileo elaboró normas y predicciones cuantitativas para la forma del esqueleto y otros fenómenos, y predijo que los árboles podían crecer hasta una altura teórica de noventa metros. D'Arcy Thompson menciona también que Galileo se dio cuenta de que los animales acuáticos representaban una excepción a sus restricciones del crecimiento sobre la forma del esqueleto, porque la influencia de la gravedad disminuye por los efectos de la flotación. Y Herbert Spencer observó que la capacidad resultante de alcanzar un mayor tamaño daba a los animales acuáticos «una ventaja distintiva, ya que cuanto más crecen más grande es su velocidad». Al intentar comprender las limitaciones físicas, podemos arrojar luz sobre los rasgos de diseño (la «ventaja distintiva»). Llegamos a comprender cómo actúa la selección natural mediante canales físicos. Dicho enfoque resulta sospechoso para Pinker y los ultradarwinistas, por ser el enfoque de «los académicos que odian a Darwin». Mejor sería que dijeran sencillamente que, independiente del tamaño que alcanzasen las secuoyas y las ballenas, la selección natural las diseñó de esa manera, y dejar ahí la cuestión. Thompson analiza muchos otros fenómenos y leyes de semejanza, además del caso de la gravedad.

Recientemente, citando una obra de D'Arcy Thompson y otros, se ha propuesto una elegante teoría que supone una «relación de semejanza universal» para unificar las relaciones de semejanza de muchos ámbitos (West, Brown y Enquist, 1997).

Por extraño que parezca, Maynard Smith, que ha respaldado plenamente a Pinker y Bloom en sus ataques ultradarwinistas contra la «ley física», ha sido uno de los grandes partidarios de dichas «restricciones universales»:

> Algunas restricciones son consecuencia directa de las leyes de la física, mientras que otros derivan de propiedades constantes de ciertos materiales o de los sistemas complejos. Un ejemplo del primer tipo [...] es una sencilla consecuencia de la ley de la palanca: cualquier cambio no compensado en la forma de un esqueleto que aumente la velocidad por la que

un miembro se puede mover, reducirá la fuerza que dicho miembro puede ejercer. Tales ejemplos no dependen de ningún rasgo distintivo de los organismos. Las restricciones de este tipo son universales en el sentido de que se aplican, respectivamente, a todos los sistemas físicos (y, por lo tanto, a todos los organismos), a todas las cosas construidas a partir de los materiales en cuestión (incluidos los organismos) y a todos los sistemas físicos de la complejidad requerida (incluidos los organismos). En consecuencia, las denominamos «restricciones universales» (Maynard Smith *et al.*, 1985, pág. 267).

Los autores proporcionan también, a continuación, ejemplos de diversas «restricciones locales».

Pinker ha atacado la idea de que las propiedades de simetría en los organismos derivan del mundo físico: «Un científico cognitivo [Chomsky] ha opinado que "muchas propiedades de los organismos, como la simetría, por ejemplo, no tienen realmente nada que ver con una selección específica sino solo con las formas en que dichas cosas pueden existir en el mundo físico"» (Pinker, 1997b, pág. 168).

Pinker tacha esta propuesta de «disparate», que, según el diccionario, significa «error grave y absurdo». En opinión de Pinker:

De hecho, la mayoría de las cosas que existen en el mundo físico *no* son simétricas, por razones obvias de probabilidad: entre todas las posibles disposiciones de un volumen de materia, solo una pequeña fracción será simétrica. Incluso en el mundo de los seres vivos, las moléculas de la vida son asimétricas, como lo son los hígados, los corazones, los estómagos, las platijas, los caracoles, las langostas, los robles, etc. (Pinker, 1997b, pág. 168).

La aproximación de Chomsky a la simetría representa un enfoque muy distinto al que Pinker aplica al estudio de la mente. Cuando Pinker observa el mundo, le asombra el hecho de que «la mayoría de las cosas que existen en el mundo físico» no sean hermosas ni simétricas. Los fenómenos físicos, tanto en el mundo inorgánico como en el «mundo de los seres vivos» son desordenados y asimétricos. Por otra parte, para Chomsky, y para la mayoría de los científicos, los fenómenos de superficie desordenada y asimétrica no son de interés en sí mismos. Lo que interesan son los mecanismos subyacentes, cuya simetría se ve a menudo enmascarada por los fenómenos asimétricos superficiales. Como hemos visto, el enfoque de Chomsky sigue la tradición de Einstein, Weyl, Wigner, D'Arcy Thompson y Turing; véanse también las contribuciones al coloquio «Symmetries Throughout the Sciences» [Las simetrías en las ciencias] (Henley, 1996).

Para Pinker, es «obvio» por qué las partículas de materia presentan esas asimetrías: «entre todas las disposiciones posibles de un volumen de materia, solo una pequeña fracción será simétrica». Para varias generaciones de físicos, dichos problemas han sido todo menos obvios. Estos científicos han demostrado que se debe buscar más allá de los fenómenos desordenados y asimétricos para descubrir las simetrías subyacentes de las ecuaciones que describen el universo. A continuación será posible determinar los principios que rompen la simetría del sistema para darnos la situación asimétrica real que observamos en nuestro mundo. Según Weinberg: «El Universo es un enorme producto directo de las representaciones de los grupos de simetría. Es difícil decirlo de una forma más drástica» (citado en Crease y Mann, 1987, pág. 187).

Lo que hemos encontrado es otro caso de «dualismo metodológico», que afirma que si somos Maynard Smith o Pinker estudiando organismos no humanos, o los aspectos no mentales de los humanos, se nos permite hacer ciencia racional. Pero si estamos estudiando aspectos del cuello para arriba, como el lenguaje y la mente, tenemos que desechar aquellas restricciones que son «consecuencia de las leyes de la física», y adoptar una postura ultradarwinista.

DUALISMO METODOLÓGICO

Aunque está claro que los factores físicos (incluidos los factores genéticos y del desarrollo) deben presuponerse en cualquier teoría de la evolución, Pinker y Bloom intentan restar importancia al papel que dichas limitaciones desempeñan en la explicación sobre la estructura del cerebro humano (Pinker y Bloom, 1990): «Por supuesto, el cerebro humano *obedece* [la cursiva, aquí y más abajo, son de Pinker y Bloom] a las leyes de la física, y siempre lo ha hecho, pero eso no significa que su estructura específica pueda ser *explicada* por dichas leyes.»

Aquí, Pinker y Bloom revelan específicamente sus suposiciones sobre el papel que la física y la biología del desarrollo desempeñan en el estudio del lenguaje y la mente (o de todo aquello que se encuentre en la categoría de «cerebro humano»). El cerebro humano solo puede *obedecer* a las leyes de la física, pero no ser *explicado* por ellas. ¿Por qué se explica, entonces, el cerebro humano? La respuesta: la selección natural. Sin embargo, la selección natural no puede explicar nada, aparte de los factores físicos. Vale la pena señalar que lo contrario no es cierto, dado que la variación en el mundo físico debe existir con anterioridad a la selección. Puesto que la variación precede a la selección y dado que la gama de variaciones está limitada por los factores físicos, estos factores determinan qué está o no disponible para ser seleccionado. Además, estas fuerzas selectivas pueden ser fuertes o débiles, y en el límite, nulas. Sin embargo, quizá no haya ningún caso en el que la contribución de los factores físicos sea nula y la explicación esté exclusivamente en la selección natural.

Podríamos dejar aquí el tema, basándonos en la lógica. Pero hay todavía otro problema en la afirmación de Pinker y Bloom. Se afirma que, en comparación con otros sistemas biológicos, el cerebro humano tiene una categoría especial con respecto a si las leyes físicas pueden o no desempeñar un papel explicativo. Con lo que terminamos es con otra de las múltiples variantes de lo que Chomsky ha denominado «dualismo metodológico», en el que hay un conjunto de leyes básicas para el estudio de la mente (y «el cerebro humano»), y otro para todo lo demás (Chomsky, 1994b)[40].

Para ver esto, permítasenos sustituir el término «cerebro humano» por el de «girasol»:

---

[40] Más precisamente, Chomsky caracteriza el dualismo metodológico como «la opinión de que debemos abandonar la racionalidad científica cuando estudiamos a los humanos "de cuello para arriba" (metafóricamente hablando), convirtiéndonos en místicos en este dominio único, imponiendo estipulaciones arbitrarias y exigencias aprioristicas de nunca se contemplarían en las ciencias, o en otras formas derivadas de los cánones de investigación normales» (Chomsky, 1994b, pág. 182).

Por supuesto, los girasoles *obedecen* a las leyes de la física, y siempre lo han hecho, pero eso no significa que su estructura específica pueda ser *explicada* por dichas leyes.

Como hemos visto, Douady y Couder consiguieron hacer predicciones bastante específicas sobre la estructura de la cabeza del girasol introduciendo nociones como los números de Fibonacci, la razón áurea, y el ángulo de oro suponiendo que la genética interactúa de una cierta manera con las leyes físicas de la dinámica del crecimiento. Bajo cualquier interpretación razonable de la explicación, podemos afirmar que el girasol obedece a las leyes de la física y que su estructura específica puede explicarse mediante dichas leyes.

Ahora, sustituyamos «cerebro humano» por «ADN»:

Por supuesto, el ADN *obedece* a las leyes de la física, y siempre lo ha hecho, pero eso no significa que su estructura específica pueda ser *explicada* por dichas leyes.

Afortunadamente, Watson y Crick no decidieron establecer su modelo del ADN con esta restricción metodológica en mente. Bastante al contrario, se centraron básicamente en los principios físicos: mutaciones tautoméricas, interacciones de superposición, repeticiones helicoidales, etc. De nuevo, al igual que los números de Fibonacci fueron una clave para la estructura espiral en el girasol, también los espectros de difracción en la fotografía de rayos X de Franklin y Wilkins fueron una clave crucial para determinar la exacta estructura helicoidal del ADN (Watson, 1969).

Volvamos brevemente a la explicación que Pinker y Bloom dan de las limitaciones en la gramática universal, en especial al ejemplo de «Subyacencia» que ellos dan, que es operativo en contrastes tales como:

(1) *What does he believe they claimed that I said?* [¿Qué cree él que ellos afirmaron que yo había dicho?]

(2) *What does he believe the claim that I said?* [¿Cuál cree él la afirmación que yo dije?]

Señalan que se ha propuesto que dichas restricciones podrían ayudar al análisis, o procesamiento, de las oraciones por parte de los oyentes. Por lo tanto, ¿cómo se ha producido la Subyacencia? Pinker y Bloom concluyen lo siguiente (Pinker y Bloom, 1990, pág. 718): «Pero al instalarse en un determinado subconjunto de la gama de posibles acuerdos entre las exigencias de la expresividad y de la capacidad analítica, el proceso evolutivo quizá haya convergido en un satisfactorio conjunto de soluciones para un problema del procesamiento del lenguaje.» Pinker y Bloom concluyen el «proceso evolutivo puede haber convergido en» una solución para analizar problemas relacionados con la restricción de la Subyacencia. Y esto está bastante alejado de lo que ellos esperaban en realidad demostrar, a saber, que la Subyacencia era una adaptación y era el resultado de la selección natural. Porque la evolución no es lo mismo que la selección natural. Implica otros muchos factores físicos. ¿Por qué la evolución «transigió» con la subyacencia, frente a cualquier otra restricción concebible? La respuesta habrá que descubrirla teniendo en cuenta los diversos factores genéticos, del desarrollo y físicos que desempeñaron un papel en el «proceso evolutivo». Estos tipos de factores deben de ser responsables en gran parte, quizá completamente, de las propiedades de la Subyacencia, al igual que desempeñan un papel básico en la explicación de las espirales en las flores del girasol o de la doble hélice del ADN. Pero si la selección natural ha desempeñado o no un papel significativo en este caso particular sigue siendo una cuestión abierta, y que Pinker y Bloom dejaron sin responder.

Como ya hemos señalado, el dualismo metodológico de Pinker y Bloom no es aplicable a John Maynard Smith cuando estudia la mosca de la fruta. En ese caso, es libre, por ejemplo, de adscribir características de simetría bilateral a las «consecuencias de una restricción del desarrollo más que a la selección». Pero cuando se trata de estudiar el lenguaje y la mente, hablar de cualquier restricción que no sea la selección natural está fuera de los límites. Como Maynard Smith y Szathmáry nos recordaron con anterioridad: «Pinker y Bloom (1990) han sostenido que la competencia lingüística [...]debe, por lo tanto, de haber evolucionado por selección natural. Aunque, como los propios autores resaltan, «la declaración es obvia, era necesario que lo dijesen los lingüistas» (Maynard Smith y Szathmáry, 1995a). Fin de la discusión. Pinker, Bloom y Maynard Smith prescriben el ultradarwinismo para el estudio de la biología del lenguaje; pero se reservan el derecho a invocar las restricciones del desarrollo cuando lo consideren necesario. Después de leer las arengas de Pinker y Bloom contra los «académicos que odian a Darwin», que se atreven a hablar de restricciones físicas y del desarrollo, al lector le resultará un tanto chocante encontrar el artículo de Maynard Smith *et al.* «Developmental Constraints and Evolution» [Restricciones del desarrollo y evolución], en el que las mismas restricciones se evocan sin reparo. Uno tiene la misma sensación que cuando encontraron al asesor de Clinton, Dick Morris, en la cama con una chica de compañía muy cara, poco después de darnos a todos los demás una conferencia sobre la importancia de los valores familiares.

LA TESIS DE LA EVOLUCIÓN A PARTIR DE UNA *TABULA RASA*

En muchos aspectos, los ataques a la perspectiva minimalista–internalista de la evolución nos recuerdan a los ataques conductistas de hace cuarenta años contra la idea de que el lenguaje está, en una medida considerable, especificado como parte de la dotación biológica del individuo. La metáfora planteada por Galton, que considera la selección natural como una bola de billar, que representa al organismo, es similar a la idea de que la mente es una *tabula rasa* (modificada), maleable por el entorno. La segunda metáfora planteada por Galton, que la selección natural actúa sobre un poliedro, restringido a moverse solo de determinadas formas, es similar a la idea de que nuestra constitución genética proporciona ricas restricciones sobre las direcciones en que puede desarrollarse el lenguaje. Al igual que la perspectiva internalista del desarrollo del lenguaje sufrió el ataque de los conductistas, también la perspectiva internalista de Galton sobre la evolución, así como la actual perspectiva biolingüística sobre la evolución del lenguaje, han sido atacadas por el ultradarwinismo.

Gould, por ejemplo, presenta la metáfora del poliedro planteada por Galton en un reciente ensayo, señalando que «ciertamente, creo que la selección natural es una fuerza enormemente poderosa» (Gould, 1995, pág. 63). En comentarios que siguen a este ensayo, Goodwin señala que «él [Gould] cree que la selección natural es el árbitro supremo, la causa suprema de la evolución» (pág. 69). Pero, en la misma página, Pinker observa que Gould «desecha de plano la selección natural».Y, como ya se ha mencionado, Gould ha sido canonizado, junto con Lewontin, Chomsky y, por extensión, cualquier otro que critique del dogma ultradarwinista, como «un académico que odia a Darwin». Creo que podemos concluir justamente que la idea de que existen restricciones externas (la mesa de billar) que dominan la constitución interna (la bola de billar) mantiene bajo riguroso control a la perspectiva ultradarwinista sobre la evolución del lenguaje. Esto es tanto más peculiar cuanto que, como hemos señalado, John Maynard Smith no tiene problemas para invocar la constitución interna en el caso de la mosca de la fruta. Luego, en muchos aspectos, las mismas cuestiones que surgieron hace cuarenta años en las discusiones sobre las tesis internalistas frente a las conductistas respecto al conocimiento y a la adquisición del lenguaje han resurgido en el contexto evolutivo, donde encontramos que la perspectiva minimalista–internalista está de nuevo bajo el ataque de tesis externalistas (*tabula rasa* modificada) extremas. Es interesante señalar que este paralelo histórico ya ha sido analizado explícitamente en la bibliografía que trata de la teoría del desarrollo y de la evolución.

Amundson compara las restricciones en la teoría de la GU de la «lingüística generativa» con las restricciones del desarrollo en embriología: «Pero, al igual que todas las lenguas generadas por la gramática universal están gobernadas por ciertas restricciones, también lo están todos los posibles resultados de los procesos embrionarios de un filo determinado. La similitud aquí no es accidental: las teorías del desarrollo son teorías generativas» (Amundson, 1994, pág. 570).

A continuación, Amundson compara la discusión entre los adaptacionistas de la Síntesis Moderna y sus «críticos desarrollistas» con el «debate de la gran caja negra» que tuvo lugar entre los conductistas y sus «opositores, partidarios de las teorías cognitivas y neurológicas». Los conductistas niegan «la importancia causal de los estados internos del organismo físico, ya sean cognitivos o neurológicos»[41]. De manera similar,

---

[41] Se puede encontrar un análisis de las actuales ideas sobre la naturaleza de estos «estados cognitivos o neurológicos» en el ámbito de la cognición animal, por ejemplo, en Gallistel, 1993.

los adaptacionistas niegan «la importancia causal de la embriología para la teoría evolutiva» (pág. 575). Los conductistas, «consideran que los detalles de los procesos neurológicos o cognitivos son irrelevantes para la explicación del comportamiento». Igualmente, los adaptacionistas consideran «los detalles del desarrollo irrelevantes para la evolución»: «Todo lo que importa son las características de entrada y salida de información en las cajas negras. Los genotipos determinan los fenotipos, y los estímulos están conectados con las respuestas.»

Son los biólogos del desarrollo, como los «cognitivistas y los neuropsicólogos antes que ellos» quienes han de argumentar a favor de la «pertinencia causal de los interiores de la caja negra» (pág. 576). Amundson señala que él presenta el análisis previo como «explicación, no reivindicación, de las críticas desarrollistas al neodarwinismo». Porque el propio Amundson no «comparte el prejuicio filosófico común de que el conductismo adolecía de obvios fallos metodológicos».

Sería posible, por supuesto, seguir esta línea, pero ya sabemos las desastrosas consecuencias que este curso de acción tuvo en el caso de los estudios del lenguaje en el marco conductista skinneriano. La investigación del lenguaje se vio limitada al estudio de los estímulos y las respuestas, etc., mientras que de lo que se estaba produciendo en el interior de la caja negra se hacía sencillamente caso omiso. Como resultado, todo el campo se había evaporado unos cuantos años después, porque tan pronto como uno comenzaba a enfrentarse a qué mecanismos tenía que haber dentro de la caja negra, toda la empresa de los estímulos y las respuestas se venía abajo (Chomsky, 1959). La caja negra la olvidaban también los estructuralistas, a quienes, como ya hemos señalado, les impresionaba más la diversidad del lenguaje que sus propiedades universales. De nuevo, una vez que se observó un poco el interior de la caja negra y se vio que las restricciones a la adquisición del lenguaje eran de importancia básica, ese campo también desapareció. El paso equivocado de limitarse a ciertos tipos de pruebas también ha sido transferido a la lingüística cognitiva, donde se estipula arbitrariamente que el estudio de la lingüística debe restringirse a cierto tipo de pruebas, como en el ejemplo de la lingüística platónica (Chomsky, 1986, págs. 33–36). Análogamente, se podría dar el paso irracional de estudiar la evolución del lenguaje diciendo vamos a tratar el órgano del lenguaje como una caja negra y dejar de lado todas las restricciones del desarrollo que hay dentro de la caja, y simplemente estudiar los factores externos, como las restricciones comunicativas. Pero esta sería una medida arbitraria, probablemente con los mismos resultados desagradables que antes.

De forma similar, Darwin podría haber dicho, «solo voy a observar cualquier variación que encuentre en las islas Galápagos. No me hablen de los factores mendelianos, y mucho menos del ADN o de los campos visuales o límbicos, o de cualquier otra cosa que encuentren en la caja negra». Pero, como sabemos, a Darwin le interesaban todas las pruebas, independientemente de su procedencia: la domesticación, la embriología, el registro fósil, etc., porque le interesaba desarrollar y perfeccionar su teoría. Amundson alaba a Darwin porque «catalogó sabiamente el mecanismo de la herencia», su «enorme» caja negra. Sin embargo, Darwin no tenía elección, sabia o equivocada. El mecanismo de la herencia le era desconocido. Pero si las pruebas procedentes de la genética hubiesen llegado un poco antes, podemos suponer que Darwin las hubiese aprovechado inmediatamente, como hizo con cualquier otro tipo de pruebas.

Lo mismo se puede decir respecto al trabajo reciente sobre las vías de desarrollo del ojo. Tres filos de animales –vertebrados, artrópodos y moluscos– han desarrollado ojos complejos. Como señala Gould, la «evolución independiente de ojos complejos, capaces de formar imágenes, en todos estos grupos se ha convertido en la ilustración clásica de libro de texto sobre el enorme poder de la selección natural para producir resultados similares (y eminentemente útiles) a partir de puntos de partida dispares, un fenómeno denominado "convergencia"» (Gould, 1994, pág. 12). Dichas lecciones (sobre la selección natural) fueron «uno de los ejes de la enseñanza en mis días [de Gould] de estudiante universitario, en la década de 1960» (pág. 14). Pero, señala Gould, esto suscita un importante cuestión: «Por consiguiente, los ojos se han convertido en nuestra forma habitual de ilustrar la fuerza de la selección natural y la prácticamente infinita maleabilidad del organismo, como la arcilla ante un escultor, por citar una metáfora a menudo presentada en este punto de la discusión. ¿Pero son los organismos tan parecidos a la masilla, y es la selección natural un constructor tan potente?» (pág. 12).

Gould señala que ningún «biólogo profesional» sostendría que los organismos son completa arcilla: «Por supuesto, ningún biólogo profesional llegaría a ensalzar tanto la selección, relegando la estructura pre-existente a una materia prima infinitamente flexible. No obstante, la celebración de la selección natural y la subestimación de las restricciones estructurales ha sido la tendencia característica de la teoría evolutiva desde la década de 1930, cuando el moderno darwinismo comenzó su merecido triunfo» (págs. 12–14). Lo mismo se puede decir de diversos tipos de conductismo (y del conexionismo actual), en los que la subestimación de las restricciones internas y de los mecanismos innatos ha sido la «tendencia característica». Por supuesto, nadie supone en realidad que la mente sea una *tabula rasa,* porque no podría despegar. Es necesario dar por supuesta la existencia de mecanismos internos innatos, por lo que los conductistas y los conexionistas siempre suponen, implícitamente al menos, una *tabula rasa* «modificada», es decir, una estructura interna como, por ejemplo, los procesos inductivos o estadísticos.

Una línea de investigación para responder a la cuestión de la evolución del ojo sería preguntar si hay restricciones embriológicas a la formación del ojo, vías de desarrollo comunes o similitudes en la regulación genética. Una forma de seguir esta línea de investigación es buscar homologías en los genes que afectan al desarrollo del ojo en diferentes filos animales.

Alternativamente, se podría plantear «mejor no miremos en la caja negra de la embriología para ver si hay algo que pudiese afectar a mi teoría de la convergencia por selección natural. Por el contrario, busquemos solo más ejemplos de órganos visuales en la naturaleza que hayan recibido su forma gracias al maravilloso poder de la selección natural».

De hecho, Ernst Mayr, el «decano de los modernos darwinianos», y elocuente portavoz del adaptacionismo de la Síntesis Moderna, ha sostenido que no es necesario «siquiera molestarse en buscar una homología genética»: «En los primeros días del mendelismo se buscaron genes homólogos, responsables de dichas similitudes. Buena parte de lo aprendido sobre la fisiología de los genes hace evidente que la búsqueda de genes homólogos es bastante fútil, excepto en parientes muy cercanos» (citado en Gould, 1997c, pág. 69).

Pero, si uno está interesado por la evolución del ojo, sería claramente irracional el dejar de lado la embriología de la caja negra, como claramente ha demostrado el descubrimiento de genes homólogos en las vías de desarrollo ocular de diferentes filos animales (vertebrados, artrópodos y moluscos) (Tomarev *et al.*, 1997). Con estos resultados en la mano, volvamos a la conclusión de Amundson: «Los desarrollistas quizá puedan, o no, demostrar que un conocimiento de los procesos del desarrollo ontogénico es esencial para la explicación de los fenómenos evolutivos» (Amundson, 1994, pág. 576). El trabajo de Gehring y sus colaboradores muestra que ahora podemos sustituir el «quizá puedan, o no, demostrar» de Amundson, por «han demostrado», ciertamente en lo que al desarrollo y evolución del ojo se refiere. Además, la conclusión se generaliza a la luz de todos los demás resultados que la biología del desarrollo ha estado obteniendo durante los últimos diez años; por ejemplo, los resultados sobre los genes HOM–C y HOX, etc. Como en el caso de conductismo, la síntesis moderna se arriesga a ser irrelevante si olvida lo que hay dentro de la caja negra.

EL DEBATE DE CHOMSKY CONTRA DARWIN

El libro de Dennett, *La peligrosa idea de Darwin*, contiene un apartado titulado «Chomsky contra Darwin: cuatro episodios» (Dennett, 1995, pág. 633 versión castellana). Dennett profundiza aquí en la idea, avanzada por Pinker, de que Chomsky es «escéptico respecto a Darwin» (véase la cita de Pinker más arriba). Presentamos citas de Chomsky y Darwin, ambas dando el mismo argumento: la selección natural es *un* factor de la evolución, pero no *el* factor. Lo que en realidad tenemos es la tergiversación que Pinker y Dennett –quienes, se nos ha dicho, quieren que la tercera cultura haga «el pensamiento serio en nombre de todos los demás»– hacen de Darwin y Chomsky, comercializada de cara al público como un «debate de Chomsky contra Darwin».

La siguiente afirmación de Dennett es que Chomsky ha buscado una «excusa para rechazar la obligación obvia de buscar una explicación evolutiva al establecimiento innato de la gramática universal». ¿Qué quiere decir «buscar una explicación evolutiva a X»? Si X es la facultad lingüística, significa buscar respuesta al menos para los que hemos denominado cinco problemas fundamentales de la biolingüística: (1) estructura, (2) adquisición, (3) uso, (4) mecanismos físicos, y (5) evolución. En nuestra opinión, al intentar responder en paralelo a estas cinco preguntas, Chomsky y sus colaboradores de la gramática generativa han estado estudiando exactamente las cuestiones necesarias para cualquier comprensión de la evolución del lenguaje.

Por lo tanto, ¿qué es lo que Dennett piensa que Chomsky está rechazando? El lema de Chomsky parece ser el meollo de la, por otra parte, desconcertante cruzada entablada por Dennett contra Chomsky. Hay que elegir entre un «órgano lingüístico otorgado por Dios», en palabras de Dennett, o su selección natural. Pero hay otra alternativa: la ciencia racional. Todos los científicos, de Darwin en adelante, incluidos los biólogos contemporáneos que hemos estado analizando, por ejemplo, Gould, Lewontin, Raff, Gilbert, Opitz, Webster, Goodwin, Kauffman, Newman, etc., basan su trabajo en la suposición de que la selección está sometida a diversas limitaciones físicas, independientemente de que este tópico se mencione o no explícitamente. El problema para ellos (y para cualquier otro) es ordenar estos factores y determinar las restricciones.

Finalmente, considera que él está haciendo el «trabajo sucio» para Chomsky y Gould y que tiene que vigilar no solo las aplicaciones del trabajo de estos, sino incluso *las posibles aplicaciones erróneas* (la cursiva es de Dennett) de dicho trabajo. Dennett da por supuesto que se sentirán al menos «avergonzados» de verse citados como «fuentes de todo este absurdo»; y en su libro enumera diez «asombrosas objeciones», un ejemplo de las cuales es: «El lenguaje no ha sido diseñado en modo alguno para la comunicación: no es como un reloj, sino como un artilugio de Rube Goldberg con una varilla en el medio que podemos utilizar como un reloj de sol» (pág. 392, versión castellana). Fue Pinker (c. p.) quien proporcionó a Dennett las diez asombrosas objeciones. Consisten en una lista («lista de Pinker») de «las diez objeciones más asombrosas que él y Bloom han presentado» (pág. 648 versión castellana), presumiblemente a partir de los comentarios hechos en sus conversaciones. Otro ejemplo: «El lenguaje no puede ser útil; está dirigido a la guerra.» Dennett alega, «hasta donde yo sé», que «versiones de la mayoría» de estos disparates se expresaron en el *Coloquio sobre Ciencia Cognitiva del MIT* (diciembre de 1989), en el que hablaron Pinker y Bloom, aunque «no existe ninguna transcripción de dicha reunión». Presumiblemente, Dennett está realizando estas volteretas mentales para establecer un vínculo, no importa lo tenue que este sea, de comentarios anónimos sobre la evolución hechos a Pinker y Bloom en un bar (o en cualquier otra parte) con Chomsky y Gould. Dado que estos últimos no están dispuestos a vigilar la mente del público, Dennett se ve obligado a hacer el «trabajo sucio» en su nombre. Además, Dennett puede ahora añadir una decimoprimera «asombrosa objeción» a la «lista de Pinker»: a saber, la idea errónea que Pinker y él sostienen de que la selección natural es capaz de actuar sin restricciones físicas.

Pero, entonces, ¿qué debe hacer uno respecto a las aplicaciones e interpretaciones equivocadas que Dennett hace de Chomsky y que hemos citado aquí? Y qué tiene uno que hacer respecto a las posibles aplicaciones erróneas del trabajo de Dennett. ¿Qué tal esta, que debería llamarse «la peligrosa idea de Dennett»?: «El mensaje es claro: a aquellos que no se acomoden, que no se atemperen, que insistan en mantener viva únicamente la más pura e indomable casta de su herencia, nos veremos obligados, a regañadientes, a encerrarlos o desarmarlos y haremos todo lo posible por inhabilitar los memes que utilizan para luchar» (pág. 867, versión castellana).

En el contexto, Dennett hace referencia a los «memes religiosos». ¿Pero quiénes son los reacios «nosotros»? ¿Son los colegas judeocristianos de Dennett? ¿Y quiénes están encerrados? ¿Es el ateo Viet Cong? ¿O quiere decir que el ateo Viet Cong será obligado a su pesar a encerrar a Dennett y a sus colaboradores y a inhabilitar sus memes? Probablemente no sea esto último. Una lectura de la historia muestra que este meme particular ha puesto en movimiento gran cantidad de guerras y genocidios. Pero, en opinión de Dennett, el problema más importante es que Chomsky y Gould no han establecido todavía una gran campaña para ilustrar al público sobre el «dispositivo de Rube Goldberg». Esta «ignorancia acerca de la evolución» fue suficiente para escandalizar a Dennett y ponerlo en acción: «De hecho, fue la reflexión sobre lo ocurrido en dicha reunión lo que me persuadió de que no podía pasar más tiempo sin escribir este libro» (pág. 647-648 versión castellana)[42]. El dispositivo de

---

[42] «Ese encuentro» hace referencia al *Coloquio sobre Ciencia Cognitiva* celebrado en el MIT en 1989 y ya mencionado.

Rube Goldberg ha sido ahora suplantado por el debate de «Chomsky contra Darwin» que Dennett ha establecido.

Horgan, en la reseña sobre un encuentro de psicólogos evolutivos, entrevista a Pinker y Chomsky acerca de estos temas (Horgan, 1995). Un entrevistado anónimo ofrece a Horgan la explicación definitiva sobre la incapacidad de Chomsky para ver la luz que Pinker y Dennett distinguen tan bien. Es la política de Chomsky. Lo que no se nos explica es por qué las opiniones de Pinker y Dennett respecto a la evolución no se deben igualmente a la política de estos. Evidentemente, depende de quién decida vigilar los memes de quién.

MAYNARD SMITH Y LA BIOLINGÜÍSTICA

En una reseña a *La peligrosa idea de Darwin*, de Dennett, John Maynard Smith puntualiza lo siguiente: «Hay una lección que los alumnos de Chomsky, si no el mismo gran hombre, tendrán que aprender. La ciencia es una unidad. La biología no puede olvidar la química, por mucho que lo desease; por la misma razón, la lingüística no puede dejar de lado a la biología» (Maynard Smith, 30 noviembre 1995, pág. 48). Esto es algo realmente notable, dado que en la misma página Maynard Smith señala que está de acuerdo con muchas de las opiniones presentadas por los biolingüistas. La única excepción es el tema de la evolución del lenguaje, al que volvemos. Por ejemplo, está de acuerdo en que «hay de hecho un «órgano del lenguaje» especial que permite a los niños aprender a hablar». Esta «facultad especial» es «característica de los humanos»; de hecho, encontramos «un enorme vacío entre lo mejor que pueden hacer los simios, las ballenas y los loros, y lo que pueden hacer casi todos los humanos». Esta facultad lingüística es «específica del lenguaje», que es parte de la tesis de la modularidad que afirma que «la mente contiene módulos especializados que han evolucionado para ejecutar tareas especiales». Maynard Smith establece que esta tesis de la modularidad es la «afirmación más interesante de los psicólogos evolutivos», pero esta tesis precede en unos veinticinco años a los psicólogos evolutivos. Hay una enorme cantidad de bibliografía sobre la tesis de la modularidad en biolingüística; véase, por ejemplo, Chomsky, 1975b. Finalmente, Maynard Smith reconoce también que el análisis genético de los trastornos del lenguaje puede, como ya hemos sostenido, ayudar a «revelar la naturaleza y el origen del órgano del lenguaje humano, de la misma forma que está ya revelando cómo aparece la forma animal durante el desarrollo embrionario» (pág. 48).

Hasta aquí, Maynard Smith está replanteando y aprobando versiones de las posturas sobre biología y lenguaje típicas de la biolingüística, como hemos visto. Estudiamos (1) el órgano del lenguaje, (2) el desarrollo del órgano del lenguaje, y (3) la evolución del órgano del lenguaje. La comprensión de (1) es esencial para la comprensión de (2), que a su vez es esencial para la comprensión de (3). En el último paso, estudiamos las restricciones físicas y del desarrollo en conjunción con los factores selectivos, exactamente como Maynard Smith *et al.* plantearon en su importante estudio sobre este tema, o como han sostenido otros, incluidos Gould, Lewontin o aquellos que trabajan en el marco de la Resíntesis.

Aunque es cierto, como señala Maynard Smith, que el «lenguaje es difícil porque no deja fósiles», no es necesario estar en la garganta de Olduvai para encontrar fósiles de la mente. La biolingüística, mediante los diferentes tipos de estudios que hemos visto en este libro —estudios sobre la pobreza del estímulo, estudios paramétricos comparativos, estudios de lenguas pidgin y criollas, trastornos del lenguaje, etc.— intenta descubrir las restricciones que el desarrollo impone al órgano del lenguaje. Uno espera complementar y ampliar estos conocimientos con más información procedente de ámbitos como la bioquímica, la genética y la física. Es bastante probable que en esta búsqueda se puedan encontrar algunos fósiles informativos de la mente. Recordamos las anteriores suposiciones de Pollack sobre el papel de los genes *homeobox* en el desarrollo del cerebro, nuestros comentarios sobre el uso de zooblots para buscar homólogos de los genes implicados en el desarrollo del lenguaje, y sobre el interesante estudio que se está realizando sobre los mecanismos de asimetría izquierda–derecha, que desempeñan un papel principal en la anatomía de las áreas lingüísticas del cerebro. Lejos de olvidar la biología, la esencia misma de la biolingüística es centrarse en la naturaleza biológica del órgano lingüístico, su desarrollo y evolución.

Aun cuando Maynard Smith acaba de esbozar el programa biolingüístico que nos ofrece la mejor posibilidad de encontrar algunas respuestas acerca de la evolución del órgano del lenguaje, se pregunta: «¿Por qué Chomsky no desea pensar en la evolución?» La pregunta en sí parece basarse en una cita de Chomsky, sacada de contexto: «En el caso de sistemas tales como el lenguaje o el de las alas, no es fácil siguiera imaginar un curso de evolución que pudiera haberlos hecho surgir» (Chomsky, 1988a, pág. 135–136, versión castellana). Observemos el contexto completo (la cursiva y las mayúsculas son mías, no de Chomsky):

> Indudablemente no se puede suponer que cada rasgo está seleccionado específicamente. *En el caso de sistemas tales como el lenguaje, o el de las alas, no es fácil ni siquiera imaginar un curso de evolución que pudiera haberlos hecho surgir.* Un ala rudimentaria, por ejemplo, no le es «útil» a un organismo para moverse, sino que más bien le estorba. ¿Por qué entonces debe desarrollarse el órgano en las primeras etapas de su evolución?
>
> En algunos casos parece que los órganos se desarrollan para servir un propósito y, una vez que han alcanzado cierta forma en EL PROCESO EVOLUTIVO, pueden entonces ser aprovechados para propósitos diferentes. A esa altura, el PROCESO DE SELECCIÓN NATURAL puede refinarlos aún más para dichos propósitos. Se ha sugerido que el desarrollo de las alas de los insectos sigue este patrón. Para los insectos el intercambio del calor supone un problema y unas alas rudimentarias pueden servir para esta función. Cuando alcanzan cierto tamaño, resultan menos útiles a estos efectos, pero empiezan a servir para el vuelo, y es entonces cuando se transforman en alas. Posiblemente las capacidades mentales humanas hayan evolucionado en algunos casos de manera parecida (Chomsky, 1988a, págs. 135–136).

Lo que encontramos es que, en contra de lo que Maynard Smyth afirma, Chomsky no solo ha pensado en la evolución, sino que considera líneas específicas de investigación. En el caso de la evolución de las alas de los insectos, menciona el conocido trabajo de Kingsolver y Koehl, que casi con seguridad conoce también Maynard Smith (Kingsolver y Koehl, 1985). Gran cantidad de pruebas sobre este tipo de mecanismo evolutivo (un cambio de función) ha aparecido en la década transcurrida desde que Chomsky hizo estas afirmaciones. En el caso de la evolución de la mente, vemos que él señala que «posiblemente las capacidades mentales humanas hayan evolucionado en algunos casos de manera parecida» al escenario planteado por Kingsolver y Koehl, y en las siguientes páginas esboza cómo puede la facultad numérica haberse «desarrollado como subproducto de la facultad del lenguaje». Compárese también la sugerencia que Chomsky hace de que el lenguaje podría haber surgido de una integración de la «capacidad de cálculo» con una «capacidad conceptual». Finalmente, señala que también necesitamos conocer mejor el «espacio de las posibilidades físicas y las contingencias específicas» involucrados en la evolución (de las alas de los insectos, del lenguaje, etc.).

Lo que Maynard Smith ha hecho ha sido sacar de contexto la frase «ni siquiera es fácil imaginar un curso de selección», ayudando a perpetuar el mito de que Chomsky (y sus alumnos) son místicos que no «desean pensar en la evolución». Este mito ha quedado recientemente englobado en el campo de la psicología evolutiva, siendo su última formulación la de Plotkin: «uno de los aspectos raros de las ciencias humanas recientes es que Chomsky, el gran proponente de la concepción del lenguaje como órgano innato de la mente, sostenga desde hace tiempo que el lenguaje no es producto de la evolución» (Plotkin, 1998, pág. 224). Plotkin, al contrario que Maynard Smith, ni siquiera se molesta en proporcionarnos una cita equivocada. Todas las referencias que hace Chomsky en este y otros escritos al «proceso evolutivo» y a los «procesos de selección natural» (en mayúsculas arriba), por no mencionar mecanismos más específicos, deben ser, y han sido, convenientemente suprimidos. Al mismo tiempo, Plotkin cita aprobatoriamente la obra de Szathmáry y Maynard Smith, que sitúa al «lenguaje en el contexto de otros grandes acontecimientos evolutivos», al contrario que la obra de las poco instruidas hordas de (bio)lingüistas que trabajan con el engaño de que «el lenguaje no es producto de la evolución», como documenta (en una cita equivocada) Maynard Smith. El efecto secundario de este descuidado estudio es que hace difícil tomar en serio el campo de la psicología evolutiva en lo referente a cualquier área cognitiva o de la mente, cuando malinterpreta y tergiversa tan flagrantemente el trabajo actual sobre biología del lenguaje.

A Maynard Smith le extraña la opinión de Chomsky porque lo cita fuera de contexto. A partir de ahí, adopta una tergiversación alternativa, sugerida por Dennett: «Dennett, que está tan asombrado como yo, tiene una idea interesante. Chomsky, sugiere, aceptaría fácilmente una explicación de la competencia lingüística en términos de una ley física general, pero no de un diseño técnico contingente, *ad hoc* y desordenado, que es lo mejor que la selección natural puede hacer» (1995, 30 noviembre, pág. 48). Más asombroso es que Maynard Smith aceptase esta caricatura de la teoría evolutiva que enfrenta la evolución producida por la «ley física general» a la evolución producida por «selección natural», caracterizada como «un diseño técnico contingente, *ad hoc* y desordenado». Contrástese la incoherente afirmación de Dennett con la postura matizada por el propio Maynard Smith, que se muestra partidario de investigar las restricciones que son «consecuencia directa de las leyes de la física» y de estudiar la «mezcla interactiva de los factores del desarrollo y selectivos», e incluye un resumen del estudio analizado antes donde Maynard Smith y Sondhi sostienen que algunos casos de simetría bilateral podrían ser «consecuencia de una restricción del desarrollo y no de la selección». Dado esto, es un misterio que pudiese aceptar tan fácilmente y sin sentido crítico las afirmaciones hechas por Pinker, Bloom y Dennett de que la biolingüística está bajo el influjo de «académicos que odian a Darwin» que «ven con escepticismo a Darwin» y a los que asusta «la peligrosa idea de Darwin». Ya hemos argumentado extensamente contra estas tergiversaciones en este capítulo. Como observa Chomsky: «Los frenéticos esfuerzos por "defender la peligrosa idea de Darwin" de fuerzas malignas que no la consideran ni "peligrosa" ni particularmente controvertida, a este nivel de discusión, apenas merecen comentario» (Chomsky, 1996c, pág. 41).

Maynard Smith considera que las opiniones de Chomsky sobre la evolución son «completamente desconcertantes»; por ejemplo, la frase sobre «el lenguaje o las alas» citada más arriba, porque la cita fuera de contexto, como ya hemos señalado. Para salir de este problema «desconcertante», Maynard Smith propone que los órganos «surgen normalmente [...] como modificaciones de órganos preexistentes, con diferentes funciones». Pero esto es precisamente lo que afirmó Chomsky diez años antes. Cuando Chomsky le puntualizó esto en una respuesta a su artículo, Maynard Smith replica a su vez lo siguiente: «Me encanta que el profesor Chomsky esté de acuerdo en que el origen del lenguaje, como el de otros órganos complejos, debe explicarse en último extremo en términos darwinianos, como resultado de la selección natural» (1996, pág. 41).

Parece que Maynard Smith sigue sin entender. Chomsky no hace nunca una afirmación dogmática del tipo «X debe explicarse en último extremo por Y». Comparemos a este respecto la afirmación de que «el átomo debe en último extremo explicarse por las leyes de la física clásica». Si volvemos al contexto, él dice que «la teoría evolutiva [...] tiene poco que decir, por ahora» sobre el lenguaje, y «el progreso quizá requiera una mejor comprensión» del desarrollo de los sistemas físicos y «se sugiere una dirección de investigación», etc. En resumen, volvemos, como es normal, a la ciencia. No sabemos cuáles serán las respuestas. ¿Será una respuesta darwiniana? Esto carece de sentido. Tomaremos todo lo que sirve de Darwin (la selección natural como uno de los factores) y desecharemos lo que no funciona (pangénesis, gémulas, etc.)[43]. Incorporaremos también a nuestra explicación de la evolución de la facultad lingüística todas las restricciones físicas, del desarrollo y genéticas que descubramos que funcionan. En ciencia no hay garantías. Podemos tener la esperanza o la creencia de dar con una explicación naturalista, pero esa esperanza o creencia no sustituye a la explicación. Tenemos que presentar los cánones de la racionalidad científica, no una afirmación dogmática. Cuando Chomsky dice que «no es fácil ni siquiera imaginar un curso de evolución que pudiera haberlos hecho surgir [el lenguaje o las alas]», está diciendo sencillamente que sigue habiendo considerables vacíos en nuestra comprensión de los mecanismos subyacentes y sobre los verdaderos papeles relativos desempeñados por la selección natural y por muchos factores adicionales, tales como los factores físicos y las «contingencias específicas». Estas «tesis sobre la evolución» quizá sigan pareciéndole «desconcertantes» a Maynard Smith, pero son ampliamente compartidas en biología y, en cualquier caso, los vacíos de comprensión no van a desaparecer agitando sobre ellos la varita mágica de la selección promovida por Pinker y Bloom.

---

[43] La pangénesis es la idea sostenida por Darwin de que las características adquiridas podían traspasarse a la siguiente generación mediante el mecanismo de las gémulas, de las que se pensaba que transportaban los rasgos adquiridos en todo el cuerpo a las células sexuales.

Compárense la afirmación A con la afirmación B:

Afirmación A (sobre la evolución): Me encanta que el profesor Chomsky esté de acuerdo en que el origen del lenguaje, como el de otros órganos complejos, debe explicarse en último extremo en términos darwinianos, como resultado de la selección natural.

Afirmación B (sobre el desarrollo): Me encanta que el profesor Chomsky esté de acuerdo en que el desarrollo del lenguaje, como el de otros órganos complejos, debe explicarse en último extremo en términos buffonianos, como resultado de la (epi)genética.

La afirmación B (sobre el desarrollo), apenas resulta de interés, por las razones ya analizadas. De nuevo, aparte del «debe explicarse», todo lo que estamos expresando es nuestra esperanza (creencia) de que podemos aportar una explicación naturalista al desarrollo del lenguaje que implique una interacción compleja entre factores genéticos y epigenéticos (y ambientales). La mayoría estaría de acuerdo en que esta afirmación es un tópico y que lo importante aquí son las propuestas sustantivas sobre la naturaleza de esta interacción. Pero ¿por qué la afirmación A (sobre la evolución), una afirmación análoga, libera el «frenético» deseo de contener a las «fuerzas del mal»? Dicho de otro modo, ¿por qué la mención de Darwin moviliza furiosas defensas alrededor de la «peligrosa idea de Darwin» mientras que la mención de Buffon suscita indiferencia?

Una posible explicación para esto (además de las que hemos analizado ya en este capítulo) es que los ultradarwinistas llevan tanto tiempo agazapados en los búnkers, luchando contra los creacionistas, que cualquiera que no jure fidelidad a Darwin y a la selección natural con suficiente vigor es considerado sospechoso. Tómese por ejemplo a Gould. ¿Cuáles son sus opiniones sobre la selección natural? Escribe lo siguiente: «Ciertamente creo que la selección natural es una fuerza enormemente poderosa.» Su colega Goodwin piensa que Gould es demasiado extremista en su defensa de la selección natural y escribe que «él [Gould] cree que la selección natural es el árbitro supremo, la causa suprema de la evolución». ¡Pero Gould no es suficientemente furibundo respecto al tema de la selección natural para los ultradarwinistas! Pinker escribe, en un comentario al mismo artículo en el que Gould afirma: «Ciertamente creo que la selección natural es una fuerza enormemente poderosa», que Gould «prácticamente desecha de plano la selección natural». Maynard Smith escribe que «no se debería criticar públicamente a Gould, porque al menos está de nuestra parte frente a los creacionistas». El cuadro que emerge es que realmente da igual el papel que uno piense que desempeñan las restricciones del desarrollo (o físicas, genéticas, etc.) en la evolución. Aunque uno no sea suficientemente furibundo respecto al tema de la selección natural, puede evitar los ataques de las revistas científicas de los ultradarwinistas declarando la guerra al creacionismo.

Maynard Smith y Szathmáry plantean una pregunta referente a la «simplicidad» de las limitaciones en la GU y la selección natural (Maynard Smith y Szathmáry, 1995b). Señalan que los lingüistas han presentado «elementos vacíos» (indicados por el subrayado) en oraciones como

> *What did you see__?* [¿Qué has visto__?]

En este caso particular, la palabra interrogante *what* ha pasado al principio de una oración, dejando atrás un elemento vacío «__», que marca el lugar donde *what* recibe una interpretación temática como paciente.

Preguntan «¿por qué habría que creer esto? Ciertamente, los hablantes no son conscientes de que dejan atrás elementos vacíos». A continuación señalan correctamente que parte de la razón por la que los lingüistas postulan estos elementos vacío es que pueden ayudar a explicar patrones de (a)gramaticalidad. El ejemplo dado por Maynard Smith y Szathmáry es:

(1) *How do you know who he saw?* [¿Cómo sabes a quién ha visto él?]
(2) *Who do you know how he saw?* [¿Quién sabes cómo ha visto él?]

donde la primera oración es gramatical (siempre que *how* se interprete como *how do you know* [cómo sabes] y no como *how do you see* [cómo ves]) y la segunda oración es agramatical.

Maynard Smith y Szathmáry comentan:

> Es difícil para un lego decidir en qué medida es realmente verosímil este argumento. Sabemos que (1) es gramatical, pero (2) no lo es. El argumen-

to de los lingüistas es que la forma más fácil de explicar esta percepción gramatical (y por supuesto otras) es postulando la existencia de elementos vacíos. Como los biólogos saben a su costa, hay peligros en este argumento de verosimilitud. Puede haber un camino más sencillo en el que no hayamos pensado, o quizá la selección natural no haya elegido el camino más sencillo. Por ejemplo, la forma más sencilla de hacer segmentos quizá sea la sugerida por Turing, pero parece que los animales no lo hacen de esa forma (1996, pág. 289).

Pero, como se ha señalado a menudo respecto a las limitaciones de la GU, no hay razón para pensar que la «selección natural» (es decir, la evolución) haya elegido realmente el camino más sencillo[44]. Hay una serie de aspectos en los que esta solución es más complicada que otras alternativas fácilmente imaginables. En primer lugar, en los humanos, el movimiento tiene la complicación de que las palabras y los sintagmas se oyen en un lugar de la oración y se entienden en otra. En segundo lugar, el movimiento tiene la propiedad de la dependencia de la estructura, analizada en el capítulo 3. Tercero, el movimiento obedece a un conjunto de restricciones sobre a dónde se pueden trasladar los sintagmas, de lo que Maynard Smith y Szathmáry dan una ilustración en (1) y (2). De nuevo, no sería problema asignar a las estructuras desviadas una interpretación razonable. Parecería, entonces, que la «selección natural» (es decir, la evolución) ha elegido una senda complicada. En cuanto a la noción de que «puede haber un camino más sencillo en el que no hayamos pensado» para describir los patrones sintácticos («y, por supuesto, otros»), esto es algo común en cualquier investigación empírica, no solo en la lingüística. No hay nada más que se pueda decir, aparte de que Maynard Smith y Szathmáry han pensado en una forma más sencilla de analizar estos patrones sintácticos (y otros) y comprobado las consecuencias en una variedad de lenguas, una propuesta que evaluaremos.

---

[44] A efectos de análisis, aquí suponemos, con Maynard Smith y Szathmáry, que estas propiedades de la GU fueron directamente seleccionadas por la selección natural, en contra de las alternativas que hemos estado explorando. También aceptamos que «quizá haya una vía más sencilla en la que no hemos pensado», pero este es un tópico del trabajo científico.

Maynard Smith y Szathmáry señalan que la forma más sencilla de hacer segmentos es probablemente el modelo de ondas de Turing, pero que no está claro que este modelo sea verdaderamente el favorecido por la naturaleza[45]. No se debería buscar un significado profundo a la anotación particular del elemento vacío empleada por el lingüista. Nos estamos apartando de los mecanismos físicos concretos, por necesidad, ya que nada se sabe a este respecto. Esto es diferente del ejemplo del modelo de ondas de Turing, donde al menos se pueden proponer y se han propuesto reacciones químicas modélicas.

La situación para la biolingüística es más similar al desarrollo histórico de la genética mendeliana, en la que se plantearon factores abstractos, y no había forma de elegir entre diferentes mecanismos físicos; por ejemplo, ¿es el material genético ADN o proteína? Los lingüistas observan primero que, en inglés, los sintagmas se oyen en un lugar y se interpretan en otro. Cualquier teoría de la GU tiene que explicar de alguna manera este hecho. Una forma de hacerlo es mediante el movimiento y los elementos vacíos. Después intentan hacer compatible esta teoría con diversos fenómenos que se producen en una amplia variedad de lenguas. Los lingüistas no pueden ir más allá basándose en las pruebas lingüísticas internas. Lo más que se puede decir es que cualquier mecanismo físico propuesto para la facultad del lenguaje debe de ser al menos así de complicado. Según van apareciendo pruebas procedentes de otros campos, como la obtención de imágenes, la neuroquímica, etc., es posible intentar acomodar los complicados factores adicionales que van surgiendo.

Sin embargo, la comprensión de los mecanismos físicos puede también aclarar algunos de los enigmas que presenta la teoría. Como señaló el genetista Thomas Hunt Morgan en su discurso de aceptación del premio Nobel:

> Las aparentes excepciones a las leyes de Mendel, que salieron enseguida a la luz, podrían, en ausencia de mecanismos conocidos, haber suscitado

---

[45] Pero véanse los resultados más recientes obtenidos por Kondo y Asai (1995) y el comentario de Meinhardt (1995), que hemos analizado aquí, donde se sostiene que el sistema de Turing sí funciona en sistemas biológicos como el pez ángel y puede incluso ser un precursor evolutivo de mecanismo rígido encontrado en la *Drosophila*.

modificaciones puramente ficticias de las leyes de Mendel, o incluso haber parecido invalidar su generalidad. Ahora sabemos que algunas de estas «excepciones» se deben a propiedades recientemente descubiertas y demostrables de los mecanismos cromosómicos, y otras a reconocibles irregularidades de la máquina (Morgan, 1935, pág. 5).

EL LENGUAJE HUMANO Y LA COMUNICACIÓN DE LOS SIMIOS

LA COMUNICACIÓN DE LOS SIMIOS: EL DEBATE IDEOLÓGICO

Al comparar el lenguaje humano con los sistema de comunicación de los primates, es necesario distinguir (1) el debate ideológico de (2) el análisis científico. El debate ideológico, a menudo enmarcado en la pregunta «¿tienen los simios lenguaje?» se da principalmente en los medios de comunicación y en la bibliografía científica popular. Es supuestamente un «debate» entre los investigadores del «lenguaje» de los simios y los lingüistas, pero en realidad es un debate unilateral, ya que la mayoría de los lingüistas (y la mayoría de los investigadores sobre la cognición de los primates) prefieren atenerse a las cuestiones y temas científicos y evitar el fanatismo ideológico que ha llegado a prevalecer en el campo de la comunicación de los simios. Savage–Rumbaugh, Bates y unos cuantos más han promovido un falso debate en los medios de comunicación desde hace unos años que trata de lo siguiente: se ha demostrado que los simios tienen «lenguaje», y la única cuestión abierta es ¿cuánto?, por ejemplo, el de un niño de dos años y medio, o cualquier otro. La prueba: Kanzi, el bonobo (chimpancé pigmeo), presentado en la portada de *Time* y *Newsweek*, y elogiado por su «extraordinaria facilidad para el lenguaje» (Savage–Rumbaugh y Lewin, 1994: sobrecubierta, edición en tapa dura). La principal cuestión que se estudia desde este lado del debate es cuánto «lenguaje» tiene Kanzi: el de un niño de dos años, el de un niño de dos años y medio, el de un niño de tres años, el de un adulto, etc.

Del otro lado del «debate» (inventado) están los lingüistas, ya que «la comunidad científica en general, y Chomsky como su guardián, sigue vigilando y manteniendo el límite entre los humanos y los no humanos» (Savage–Rumbaugh y Lewin, 1994, págs. 25–26). Pero este «muro limítrofe entre humanos y simios se ha roto por fin» (pág. 280). Como anuncia a bombo y platillo Elizabeth Bates, «el muro de Berlín ha caído, al igual que el que separaba al hombre del chimpancé» (pág. 178). La propaganda comercial para un libro que está a punto de salir continúa el revolucionario frenesí sobre las hazañas de Kanzi: un «avance científico de asombrosas proporciones» y una «radical revisión de las ciencias del lenguaje y de la mente».

Como la propia Savage–Rumbaugh señala correctamente, aparte de los «comentarios solicitados en la prensa popular, los lingüistas han guardado un extraño silencio en las revistas científicas» (Savage–Rumbaugh y Lewin, 1994, pág. 166). Esto es, como veremos, porque el debate sobre si los chimpancés poseen «lenguaje» carece de sentido. Podemos fácilmente entender el por qué si comparamos la histeria sobre Kanzi con otro «debate» reciente, pero también acaloradamente disputado, patrocinado por los medios, sobre si el inglés de los negros (ebonics) es una «lengua». En algunas de las prestigiosas publicaciones que anunciaron que el sistema de comunicación del chimpancé (o bonobo) era un «lenguaje» [*language*], se sostuvo drásticamente en editoriales que el inglés de los negros no era una «lengua» [*language*] (Pullum, 1997). Ambas partes de ese debate se mostraron de acuerdo en que la lengua de, pongamos, Chelsea Clinton, hija del presidente, era una «lengua». Y, casi abrumadoramente, con pocas y aisladas voces en el vacío que se mostrasen en desacuerdo, se declaró que el inglés de los negros no era una «lengua». La única cuestión que quedaba para debatir en la escena intelectual era si los chimpancés (o bonobos) tenían un «lenguaje», quizá no igual que el de Chelsea Clinton, sino más parecido al lenguaje que Chelsea Clinton utilizaba cuando tenía dos años y medio. Tanto el «debate» sobre los chimpancés como el «debate» sobre el ebonics adolecen de los mismos vicios fundamentales.

Hay una forma bastante sencilla de salir de esta ciénaga ideológica que no implique la conclusión hipotética (y racista) de que el «lenguaje» del chimpancé es un lenguaje mientras que la «lengua» de un niño negro de un gueto urbano no es tal. Y eso es reconocer, como Chomsky sostuvo hace años, y mantiene desde entonces, que hablar del «lenguaje» carece de sentido. Formuló esta importante observación como sigue, en una conversación con David Premack, quien hizo el trabajo pionero con la chimpancé Sarah.

Imagínese una teoría de la biología que se ocupase en general de la visión. La visión implica sistemas muy diferentes diseñados de maneras diferentes por historias evolutivas muy diferentes. No tiene mucho sentido preguntar si una cámara tiene ojo. De manera similar, no tiene mucho sentido preguntar si un sistema de comunicación inventado por nosotros es un lenguaje. La noción de visión y la noción de lenguaje están bastante vacías. No se pueden plantear preguntas serias respecto a la visión, ni sobre el «lenguaje». Se pueden plantear preguntas respecto a sistemas específicos como la visión de los insectos o el lenguaje humano (Weingarten, 1979, pág. 8).

Es decir, desde el punto de vista de la biología, el único enfoque significativo sobre el estudio de un sistema biológico, ya sea el de un humano o el de un chimpancé, es estudiar cada uno en sus propios términos y determinar los mecanismos específicos que operan en cada sistema; en el siguiente apartado se encontrarán más comentarios respecto a mecanismos particulares. Cualquier comparación entre sistemas debe, por lo tanto, basarse en una comparación detallada de estos mecanismos. Para estudiar el lenguaje humano, dejamos de lado el término «lenguaje», carente de significado (excepto como conveniente abreviatura) e intentamos determinar los mecanismos del lenguaje I, o lenguaje humano. En el caso de los sistemas de comunicación de los bonobos, seguimos exactamente el mismo procedimiento. Dejamos a un lado la inútil charla sobre el «lenguaje»[46], y nos centramos en sistemas específicos, ya sean sistemas marcadores de huella, vocalizaciones utilizadas en los árboles, otros sistemas usados en libertad, o sistemas derivados de los anteriores.

Aplicando el enfoque biológico al inglés de los negros, uno puede inmediatamente concluir que es una lengua I en el mismo sentido que el inglés «estándar», el francés o el japonés. Muestra exactamente la misma gama de ricos mecanismos sintácticos, fonológicos y semánticos que las otras lenguas. También tiene la misma capacidad ilimitada para expre-

---

[46] El mismo problema surge cuando se pregunta si Kanzi tiene el «lenguaje» de un niño de dos años y medio. Tiene tanto sentido como preguntar si mi capacidad de encontrar mi casa por la noche está al mismo nivel que la de una paloma de x semanas de edad, sea cual sea el valor de x (Noam Chomsky, c. p.).

sar el pensamiento (véase más adelante el análisis sobre la «infinitud discreta»). Ahora podemos ver claramente la base ideológica de la conclusión racista de que el inglés de los negros no es una lengua. En el plano de los mecanismos biolingüísticos, no existe la propiedad «el inglés de los negros no te va a ayudar a encontrar un trabajo en una sociedad de blancos». De manera similar, si se observan los resultados desde el punto de vista de los mecanismos específicos, incluida la propiedad de expresar un pensamiento ilimitado mediante mecanismos recursivos, la conclusión clara es que el inglés, el turco, el ruso, etc., deben agruparse junto con el inglés de los negros, no con el lenguaje de los simios.

Hay otra concepción errónea respecto al lenguaje humano que conduce el debate ideológico. Esta concepción errónea es que las lenguas humanas no son un producto biológico de la evolución, sino que son en gran medida, o exclusivamente, producto de una «cultura civilizada» o de la «Inteligencia». No se presentan objeciones cuando se establece que el estudio de los sistemas de comunicación de los chimpancés forma parte del estudio de la biología animal. Sin embargo, ha habido una enorme resistencia, no solo por parte del público, sino también en círculos académicos, a la aceptación de la naturaleza biológica fundamental del lenguaje humano, como hemos documentado en diversas partes de este libro. Esto contribuye a la ilusión de que la actuación de Kanzi, independientemente de lo imperfecta que pueda ser, se considere un «avance de asombrosas proporciones», mientras que la actuación lingüística de un niño negro del gueto es ridiculizada, ya que se considera que el uso normal de la lengua es una marca de «inteligencia», más que el producto de la biología. Volvemos ahora a (2), el análisis científico sobre las similitudes y las diferencias entre el lenguaje humano y los sistemas de comunicación de los primates.

Los sistemas de comunicación de los primates: el análisis científico

Se han ofrecido gran cantidad de conjeturas sobre las posibles conexiones entre el lenguaje humano y otros sistemas, tanto en la época de la biolingüística moderna como anteriormente, incluidos, por ejemplo, los sistemas gestuales, los sistemas de comunicación animales (primates no humanos, las canciones de las aves), el sistema visual, etc.; en Hauser, 1996, se puede encontrar un análisis y referencias. Hace aproximadamente veinte años, Chomsky sugirió una manera fructífera de contemplar e investigar este tipo de cuestiones. La cuestión particular que Chomsky estaba considerando era la de si el lenguaje humano compartía diversas propiedades con los sistemas de los primates no humanos; por ejemplo, los chimpancés. En aquella época, llegó a la conclusión de que «los simios superiores […] quizá […] puedan alcanzar formas elementales de funcionamiento simbólico o de comunicación simbólica» (Chomsky, 1980c, pág. 57). A continuación, Chomsky señala que los simios superiores «quizá dispongan» de un sistema «conceptual», incluido un sistema de «referencia a los objetos» y también «relaciones como "agente", "objetivo", "instrumento", y similares»[47]. Dicho sistema conceptual podría permitir a un organismo «percibir y categorizar, y simbolizar tal vez, incluso razonar de una forma elemental», y también incluir otros elementos «que puedan ir más allá» de los elementos básicos como «identificación de objetos» y las «constancias perceptivas», tales como «la planificación y la atribución de intención a otros organismos» (Huybregts y Riemsdijk, 1982, pág. 20). Este es «un tipo de sistema que puede ser compartido en parte con otros primates».

Chomsky se plantea a continuación qué mecanismos podrían distinguir el lenguaje humano de los sistemas de otros primates. Señala que una característica básica de diseño del lenguaje humano es la «capacidad de manejar infinitudes discretas mediante normas recursivas», una propiedad compartida con la facultad numérica. Señala que cuando «dicha capacidad se une al sistema conceptual, se obtiene el lenguaje humano, que proporciona la capacidad de pensamiento, planificación, evaluación y demás, en una gama ilimitada, y entonces se obtiene un organismo completamente nuevo» (Huybregts y Riemsdijk, 1982, pág. 21). Esta propuesta todavía parece, unos veinte años después, ser el área más interesante para investigar en busca de respuestas sobre las diferencias entre el lenguaje humano y los sistemas de comunicación de otros primates

---

[47] A veces los lingüistas se refieren a estas como «relaciones temáticas» en la teorías semánticas.

no humanos. Y, de hecho, el trabajo lingüístico ha arrojado, y continúa arrojando, gran cantidad de luz sobre las características de diseño específicas y la naturaleza de estos mecanismos recursivos.

Otra manera fructífera de pensar en el estudio de la biolingüística desde una perspectiva evolutiva es como el estudio de la comunicación de los simios. Esto elimina absurdas discusiones del tipo de «¿tienen lenguaje los simios»?[48] La respuesta ahora es sí, lo tienen. Hablan inglés, búlgaro, mohawk, turco, y miles de otras lenguas I. Estos simios evolucionaron una serie de propiedades de diseño específicas en su sistema de comunicación (infinitud discreta, dependencia de la estructura, operaciones de concatenación como la Incrustación, etc.) y nos gustaría descubrir cómo se produjo esto. La forma de descubrirlo ha sido el tema de este libro. Es decir, caracterizamos los mecanismos del lenguaje, y del desarrollo del lenguaje, para descubrir cuáles son sus características de diseño y después preguntar cómo se pueden haber implementado estas características de diseño en la evolución. De hecho, tiene sentido el argumento de que el departamento de lingüística de muchas universidades se podría fácilmente denominar departamento de comunicación antropoide. Una de las razones por las que no ha habido prácticamente financiación, por ejemplo, para la sintaxis teórica procedente de fuentes biológicas, aparte de las áreas aplicadas, es la concepción errónea, ya mencionada, de que el tema está, de alguna manera, «fuera» de la biología, en algún lugar de las denominadas «humanidades».

La misma lógica es aplicable al estudio de cualquier otro sistema cognitivo de los primates (humanos), digamos, por ejemplo, el sistema conceptual ya mencionado. Es decir, estudiamos las propiedades del sistema conceptual, por ejemplo, propiedades semánticas como «agente» e «instrumento», y estudiamos cómo se desarrollan en el niño, para determinar sus propiedades de diseño cruciales. Supongamos ahora que deseamos comprobar la tesis planteada por Chomsky de que los primates humanos comparten algunas de sus propiedades de diseño con otros primates, por ejemplo, los bonobos. Entonces, repetiríamos los mismos pasos con los bonobos, es decir, estudiaríamos su sistema conceptual junto con

---

[48] Aquí, Savage–Rumbaugh se muestra de acuerdo: «Los humanos son simios africanos, de una especie inusual» (Savage–Rumbaugh y Lewin, 1994, pág. 280).

su desarrollo y determinaríamos los rasgos de diseño de estos sistemas. Podemos entonces preguntar si el sistema humano es el mismo o es (en parte o por completo) diferente del de los bonobos. Y para ello aportaríamos todo tipo de pruebas. Cuando Chomsky planteó por primera vez esta propuesta sobre los sistemas «compartidos», hace veinte años, mencionó diversas líneas de pruebas acreditativas: estudios de los sistemas simbólicos de los chimpancés, estudios de humanos con trastornos del lenguaje (afasia) que fuesen capaces de utilizar el tipo de sistemas simbólicos empleados en los estudios sobre chimpancés; véanse referencias en Chomsky, 1980c, pág. 265. Y, por supuesto, la lista de pruebas posibles está abierta: por ejemplo, de la técnica de reproducción de imágenes, estudios de los circuitos nerviosos, estudios de las asimetrías cerebrales en primates (véase capítulo 4), experimentos genéticos, etc. Por supuesto, para establecer una conexión evolutiva directa entre estos sistemas antropoides, queda todavía más trabajo por hacer. Es necesario encontrar alguna propiedad Z en el antepasado común, de tal forma que resulte posible sostener de manera verosímil que Z es la base de la propiedad en cuestión, compartida por los dos sistemas. Por lo tanto, la (bio)lingüística proporciona un modelo excelente y bien desarrollado para el estudio de cualquier sistema de comunicación antropoide, ya sea humano o de otro tipo.

Hay también una cuestión secundaria, a saber: ¿desarrollaron los simios el sistema encontrado en los humanos solo una vez, o sucedió más de una vez? Dejando a un lado la posibilidad de que el sistema pueda haber surgido múltiples veces y desaparecido después, nos ceñimos a sistemas específicos existentes, tales como el sistema de comunicación simbólica utilizado en los estudios con bonobos. Es importante plantear esta cuestión con cuidado. Como hemos visto, no es suficiente con plantear si el bonobo tiene «lenguaje». La cuestión carece de significado, ya que podemos definir el término «lenguaje» como queramos. Luego, por el momento, permítasenos denominar lenguaje B (lenguaje bonobo) al sistema descrito en los bonobos. Ahora preguntamos: ¿es el lenguaje B igual al lenguaje humano (lenguaje I)? Hasta los partidarios más entusiastas de las capacidades simbólicas de los primates no humanos responden negativamente a esta pregunta. Savage–Rumbaugh plantea esta pregunta y la responde como sigue: «¿Tienen lenguaje los simios? La respuesta a esta pregunta, por supuesto, es que no» (Savage–Rumbaugh y Lewin, 1994, pág. 157). En una entrevista reciente, incluso manifiesta su duda de que Kanzi llegue algún día a tenerlo: «Le están pidiendo a Kanzi que haga todo lo que hacen los humanos, lo cual es especioso. Nunca lo hará» (Dreifus, 1998, C4). Afirma que es necesario enmarcar la cuestión en términos del desarrollo, como: ¿tiene Kanzi el lenguaje de un niño de un año, dos años, cinco años, etc.? La respuesta que Savage–Rumbaugh propone es que corresponde al de un niño de dos años.

Pero el problema no cambia, independientemente de que preguntemos si Kanzi tiene el lenguaje I de un adulto o el de un niño de dos años y medio. Tomemos de nuevo el caso de la infinitud discreta. La cuestión ahora es si el bonobo dispone de los circuitos nerviosos que en un niño de dos años y medio acabarán dando lugar a la infinitud discreta y al pensamiento ilimitado. ¿Tiene el bonobo algunos de estos circuitos? ¿Los rudimentos de estos circuitos? ¿O ninguno de estos circuitos, sino otro tipo de circuitos que especifican sus capacidades? Estas son las cuestiones centrales, pero se podrían encontrar pruebas indirectas preguntando si el bonobo tiene (parte o nada) del complemento de genes involucrados en la especificación de estos circuitos nerviosos. Esta misma selección de preguntas se debe entonces plantear respecto a las demás propiedades específicas del diseño del lenguaje; por ejemplo, las restricciones particulares a las que obedece la operación de concatenación jerárquica (Incrustación). No se puede quitar importancia a estas diferencias específicas. Es necesario descubrirlas, si deseamos resolver la cuestión de cómo surgieron los mecanismos en la evolución.

Savage–Rumbaugh rechaza de plano la «tesis innatista de la adquisición del lenguaje»: «Es cierto que el proceso de adquisición del lenguaje por el que pasamos la mayoría de nosotros parece ser casi un milagro, dada la ausencia de lo que se podría considerar una enseñanza efectiva. Pero esa es una base inadecuada para suponer que necesariamente ha de existir una estructura cerebral única aunque no detectada» (Savage–Rumbaugh y Lewin, 1994, págs. 167–168). La base para suponer que existe una estructura cerebral que subyace al proceso de adquisición del lenguaje no es que «parezca ser casi un milagro» sino la enorme cantidad de pruebas obtenidas por la lingüística, la neurología y las ciencias cognitivas (analizadas en este libro y en las referencias) que nos conduce a esta conclusión. Curiosamente, las pruebas que rechaza para el estudio del lenguaje humano son del mismo tipo que las que ella emplea para estudiar a Kanzi: «ordenar» de una «manera basada en normas», las «distinciones entre agente y objeto», conducta normativa «productiva», en resumen, pruebas recogidas a lo largo de la «década anterior» por «lingüistas y psicólogos» (pág. 158–159). Por lo tanto, si este tipo de pruebas no se puede utilizar para proponer la existencia de una «estructura cerebral no detectada» en los humanos, tampoco se puede utilizar para el cerebro de Kanzi.

Y las observaciones obtenidas de Kanzi tampoco se pueden utilizar para apoyar la «verosímil hipótesis alternativa» planteada por Savage–Rumbaugh para explicar la adquisición del lenguaje por los humanos; a saber, que «la comprensión conduce a la adquisición del lenguaje» (pág. 168). Prefiere esta «hipótesis alternativa» a la «perspectiva innatista de la adquisición del lenguaje» ya que, alega, la hipótesis innatista «descansa efectivamente sobre una premisa implícita: a saber, que ninguna otra hipótesis ofrece una explicación adecuada». Pero aquí el zapato está en el otro pie. Savage–Rumbaugh no puede afirmar que no hay «otra hipótesis» además de la suya que «ofrezca una explicación adecuada». Hay docenas, muchas de ellas dentro del enfoque de los principios y los parámetros, por ejemplo, pero también en otros. Estas alternativas están respaldadas por estudios tipológicos entre cientos de lenguas, así como por los estudios de la adquisición infantil que investigan docenas de propiedades sintácticas, semánticas, fonológicas, y de otro tipo.

Por otra parte, la afirmación de que «la comprensión conduce a la adquisición del lenguaje» no explica nada sobre la adquisición del lenguaje. De hecho, no puede ser realmente una alternativa a las demás teorías sobre la adquisición del lenguaje, porque todas estas teorías reconocen la necesidad de explicar tanto la producción como la comprensión, sus interacciones y sus ventanas de desarrollo. Savage–Rumbaugh no presenta más pruebas para su «alternativa» que su sensación visceral de que la «comprensión» es la «esencia del lenguaje», mientras que la «producción, por el contrario, es sencilla» (pág. 174). No vemos ninguna razón para dar a esta intuición más peso que a la afirmación de que los circuitos de la percepción acústica son la «esencia del lenguaje», mientras que los circuitos de la articulación del habla son «sencillos».

Como comentario adjunto, señalamos que el uso de la palabra «único» parece inflamar pasiones entre algunos investigadores de la comunicación animal, por razones que todavía no están claras. Supongamos que los biólogos moleculares descubriesen en las moscas de la fruta un gen homólogo a un gen involucrado en el desarrollo del cerebro humano y que durante la evolución se hubiese producido en dicho gen una mutación que, en conjunción con otros factores, hubiese conducido a una importante reorganización de los circuitos nerviosos críticos para el desarrollo del lenguaje humano. Dicho hallazgo sería adecuadamente reconocido como descubrimiento maravilloso. ¿Pero descenderían entonces los biólogos moleculares al fanatismo ideológico de las discusiones sobre la comunicación de los primates, proclamando que se había «abierto una brecha en el muro de Berlín» entre la mosca de la fruta y los humanos, abogando incluso por la concesión de una categoría «semihumana» a la mosca de la fruta. Es difícil de imaginar, por lo que dejamos a un lado estas cuestiones ideológicas.

Según se afirma en Savage–Rumbaugh, Chomsky ha dicho: «Sería un milagro evolutivo el que un animal tuviese una capacidad biológicamente tan compleja como el lenguaje humano y no la hubiese utilizado hasta ahora» (pág. 165–166). Para Savage–Rumbaugh el argumento de Chomsky sugiere «una falta de conocimientos biológicos». El argumento de Chomsky es biológicamente irrebatible. Como él pregunta, si hay una capacidad lingüística en los simios no humanos, ¿«qué hacía ahí» hasta que los investigadores la descubrieron? ¿Por qué no la utilizaban? La conclusión de Chomsky es que «la respuesta a eso debe de ser que, milagros aparte, es un concomitante de otra cosa que sí se estaba utilizando» (Huybregts y Riemsdijk, 1982, pág. 22). Por lo tanto, las habilidades simbólicas del bonobo deben en algún nivel reflejar las capacidades innatas que se utilizan en libertad y a las que los investigadores están apelando. De hecho, Savage–Rumbaugh señala en una entrevista de periódico lo siguiente: «No sé lo que hacen con su habla en libertad, pero dado que aprenden tan fácilmente en cautividad, hay grandes posibilidades de que la utilicen en libertad» (reportaje de AP, 1998). Pero basta con decir que «hay grandes probabilidades de que la utilicen en libertad». En la medida en que el «habla» del bonobo refleja un sistema biológico real, afinado por la evolución, se utiliza de alguna manera o, de lo contrario «es el concomitante de otra cosa que sí se está utilizando». Savage–Rumbaugh señala que la cuestión no se puede liquidar en el presente ya que «es imposible estudiar las comunicaciones verbales entre los bonobos en libertad, porque solo vocalizan cuando están juntos en los árboles», pero eso no cambia la lógica de la investigación.

Terrence Deacon habla del «terrible reto» que el bonobo «Kanzi supone para la perspectiva nativista de Chomsky», en referencia a la «avanzada comprensión que Kanzi presenta del inglés hablado normal, incluida la habilidad para analizar diversas construcciones gramaticales» (Deacon, 1997, pág. 125). Sin embargo, demostraremos que Kanzi presenta un enorme reto para las propias tesis de Deacon sobre el lenguaje, no para las de Chomsky ni las de cualquier otro biólogo. Deacon considera «dos posibles interpretaciones del éxito de Kanzi». Una es que los bonobos sean «innatamente mejores [que otras (sub)especies] en las tareas lingüísticas», citando la conjetura planteada por Savage–Rumbaugh de que «los bonobos en libertad quizá mantengan algún tipo de comunicación simbólica espontánea, aunque todavía no se ha demostrado que dispongan de nada tan avanzado como el lenguaje o similar a él». Por lo tanto, la primera interpretación sigue las líneas que la mayoría de biolingüistas y biólogos podrían plantear. Pero Deacon rechaza el enfoque biológico convencional a favor de la siguiente hipótesis: «Kanzi aprendió mejor sencillamente porque en ese momento era muy inmaduro» (Deacon, 1997, pág. 125).

A partir de aquí, la «explicación» que Deacon da de la habilidad de Kanzi desciende a un completo delirio. Seguiremos la senda de la tortuosa lógica de Deacon, pero queremos dar al lector una breve idea de hacia dónde se dirige. Quiere rechazar también los mecanismos innatos del lenguaje en humanos, a favor de la idea de que los niños aprenden la lengua porque tienen un cerebro «inmaduro». Para Deacon, el lenguaje no reside en el cerebro, como los lingüistas, los neurólogos y la mayoría de los biólogos asumen de manera general; está «fuera del cerebro». El lenguaje existe en forma de virus u organismos parasitarios: «De alguna forma, es útil imaginar el lenguaje como una forma de vida independiente, que coloniza y parasita el cerebro humano, utilizándolo para reproducirse» (Deacon, 1997, pág. 111). En particular, los virus del lenguaje de Deacon prefieren «colonizar» el cerebro inmaduro de los niños y de los jóvenes bonobos, como Kanzi. Esta es la «teoría coevolutiva de la adquisición infantil del lenguaje» (pág. 139). También afirma que los virus del lenguaje pueden, con el tiempo «asimilarse genéticamente» al cerebro mediante el mecanismo de selección baldwiniana[49].

Nótese que lo que Deacon ha hecho en realidad es rechazar sin argumento la mayor parte del trabajo sobre biología del lenguaje, ya sea del campo de la biolingüística, la adquisición del lenguaje, la neurología o cualquier otro de la docena de campos relacionados, para presentar una metáfora literaria, la idea de un parásito del lenguaje que coevoluciona con el cerebro. No ofrece ninguna pista sobre a partir de qué se pueden deducir las múltiples restricciones y mecanismos lingüísticos específicos de las diversas lenguas, desde el sueco al tagalo. Como está, el sistema de Deacon representa una completa regresión en lingüística, sin nada que poner en su lugar. En el prefacio a *The Symbolic Species*, Deacon establece: «Debo admitir que siento atracción por las herejías, y que mis simpatías naturales tienden a estar con los raros y los escépticos, y contra las doctrinas bien establecidas» (Deacon, 1997, pág. 15). Yo diría que en el análisis que hace del lenguaje, las simpatías de Deacon están claramente en el campo de los «raros».

En lo que resta de apartado, examinaré cómo llega Deacon a este punto muerto. La suposición central de Deacon, y la que le produce más problemas, es que para él el «soporte» del lenguaje no está dentro sino «fuera del cerebro»:

> Creo que Chomsky y sus seguidores han articulado una adivinanza central sobre el aprendizaje lingüístico, pero ofrecen una respuesta que invierte la causa y el efecto. Afirman que la fuente del soporte previo para la adquisición del lenguaje debe originarse desde *dentro* del cerebro, basándose en la suposición no declarada de que no hay otra fuente posible. Pero hay otra alternativa: que el soporte extra para el aprendizaje del cerebro no se coseche ni en el cerebro del niño ni en el de los padres o

---

[49] La selección baldwiniana es un tipo de selección darwiniana en la que la conducta puede influir sobre el curso tomado por las fuerzas selectivas. No la analizaremos aquí en mayor profundidad, dado que sostendremos más adelante que las ideas del lenguaje de Deacon se basan en los virus del lenguaje, que parecen ser metáforas literarias inmunes al estudio científico.

profesores, sino fuera del cerebro, en el propio lenguaje (Deacon, 1997, pág. 105).

La de que «la adquisición del lenguaje debe originarse desde *dentro* del cerebro» no es una idea limitada a «Chomsky y sus seguidores». Es la opinión general en neurociencia y en las ciencias cognitivas, y está respaldada por todo tipo de pruebas, procedentes de los estudios de la afasia, la formación de imágenes, la estimulación eléctrica y otros tipos de demostraciones por el estilo, analizadas en este libro (y en el propio libro de Deacon, por cierto). Ningún neurocientífico o científico cognitivo sostiene «la suposición no declarada de que no hay otra fuente posible» de soporte para la adquisición del lenguaje. Puede estar en los riñones o incluso fuera del cerebro, en virus de ADN, por lo que se sabe, pero, basándose en las pruebas presentadas hasta ahora a la comunidad científica, la mayoría ha llegado a la conclusión de que dicho respaldo deriva del «interior» del cerebro.

En realidad, como veremos, el propio Deacon se explaya sobre este tema, volviendo a meter de contrabando el soporte innato en el cerebro, en forma de lo que él denomina una «tendencia innata a aprender». Este no es un punto secundario porque, una vez que empezamos a introducir «tendencias innatas al aprendizaje», ¿por qué no tener también principios de GU? La única razón concebible para tener una y no la otra (o ambas, si se pueden distinguir) es que una o la otra explique mejor los datos lingüísticos del inglés o del suajili. Pero Deacon no hace esfuerzo alguno por formular las «tendencias innatas» y, por lo tanto, no tiene una explicación para los mecanismos lingüísticos específicos ni explicación alternativa a las voluminosas pruebas presentadas en la bibliografía que respalda las teorías de la GU. Como resultado, todo su programa se viene abajo desde el principio. Tiene un ilimitado suministro de mecanismos (tendencia) innatos no limitados, pero no los explica en detalle, y no presenta un respaldo empírico para ellos.

En cuanto a Kanzi, Deacon reconoce que tiene un problema entre manos. Comienza con la siguiente cuestión: «Si el efecto del periodo crítico es una prueba de que existe un mecanismo de adquisición del lenguaje, ¿por qué iba un simio cuyos ancestros nunca han hablado (y que tampoco sabe hablar) a mostrar un periodo crítico para el aprendizaje?» (1997, pág. 126). Ya hemos respondido antes a esto. Si los bonobos pueden manipular símbolos de manera uniforme entre las diferentes especies, e incluso lo hacen de una forma natural y espontánea, es lógico suponer que esto refleja una capacidad innata que de alguna forma se está utilizando en libertad, o como concomitante de algo que se utiliza en libertad. Como tal, no sería sorprendente encontrar que esta capacidad tiene alguna ventana de desarrollo u otro tipo de «periodo crítico». Esto no supondría ningún misterio para los etólogos. Pero la suposición biológica estándar está molestando a Deacon, porque un periodo crítico y cualquier programa innato de desarrollo del lenguaje asociado a ese periodo son algo que él considera descartado. El soporte del lenguaje debe de estar en algún lugar «fuera» del cerebro.

Pero entonces, qué puede Deacon decir respecto a que las capacidades de Kanzi parezcan depender de una precoz ventana de desarrollo, dado que las otras crías de chimpancé estudiadas, de mayor edad, no aprendieron tan bien o tan espontáneamente. Aquí es donde Deacon estipula simplemente que «Kanzi ha aprendido mejor simplemente porque era muy inmaduro en aquel momento». Esta posibilidad es intrigante para Deacon, por sus «implicaciones para el desarrollo y la evolución del lenguaje humano»; a saber, «nos obliga a apartar nuestra atención» de la «contribución de algo intrínseco a la especie (es decir, una competencia o predisposición innata para el lenguaje), y prestar atención a la importancia de los factores de maduración» (pág. 126).

Aquí, Deacon trata la «predisposición» y los «factores de maduración» como alternativas mutuamente excluyentes. Pero en biología, incluida la biolingüística, estos factores son inseparables. Cualquier predisposición genética se actualiza en el tiempo (y en el espacio) de acuerdo con un calendario de maduración. Pero, siguiendo la lógica de Deacon, las predisposiciones innatas y los factores de maduración son alternativos. Las predisposiciones innatas están descartadas (el lenguaje está fuera del cerebro). Por lo tanto, todo lo que nos queda son los factores de maduración. De esto se colige que Kanzi aprendió el lenguaje simplemente porque su cerebro era inmaduro; es decir, estuvo expuesto a un lenguaje precoz (procedente del exterior del cerebro):

> Si la exposición precoz al lenguaje es incluso parte de la explicación de
> la comparativamente excepcional adquisición del lenguaje de Kanzi, en-

tonces debe de ser atribuible a algo referente a la infancia en general, *independiente del lenguaje*. Y, si alguna característica no específica de inmadurez es responsable del notable éxito de Kanzi, entonces debe de ser también en parte responsable de las capacidades de los niños humanos (Deacon, 1997, págs. 126–127).

Por lo tanto, el estado inicial, tal y como lo especifica la GU, con su rica estructura (y valor explicativo) está fuera del mecanismo de adquisición del lenguaje y, en su lugar, Deacon propone que «alguna característica no específica de inmadurez» lleva la carga explicativa. Cita artículos de Newport que, según afirma, respaldan su propuesta. Pero el argumento de Newport es bastante diferente. Señala que uno de los factores que podrían ser responsables del diferente carácter del aprendizaje de la primera y la segunda lenguas (y la naturaleza del periodo crítico para el aprendizaje de la primera lengua) es que, cuando uno está aprendiendo la primera lengua, el proceso de aprendizaje puede estar restringido por las ventanas de maduración de sistemas no lingüísticos, como la memoria (Newport, 1990, 1991).

Pero Newport no está eliminando de la ventana los mecanismos innatos y los periodos críticos. Y tampoco afirma que las disposiciones innatas y los factores de maduración formen una dicotomía absoluta. Simplemente establece que no todas las restricciones madurativas en el aprendizaje del lenguaje necesitan ser intrínsecas al sistema lingüístico. Otros sistemas como la memoria, la percepción y la atención quizá impongan también restricciones madurativas al aprendizaje lingüístico. Deacon señala que las restricciones del aprendizaje, tales como «encontrar difícil la retención de más de unas cuantas palabras de una elocución en la memoria a corto plazo de una sola vez, pueden ser muy ventajosas para el aprendizaje del lenguaje. Esta es la propuesta que tanto Elman como Newport ofrecen para contrarrestar la fuerte alternativa nativista» (Deacon, 1997, pág. 135). Esto no es cierto. Como la propia Newport señala, no hay razón por la que una «fuerte teoría nativista» no pueda incluir estas restricciones del aprendizaje, y muchas las incluyen.

A continuación, Deacon invierte el rumbo y nos dice que «la inmadurez no es la única explicación para la capacidad lingüística humana». Aquí es donde introduce nuevamente de contrabando la maquinaria innata del cerebro, postulando que tenemos «una *tendencia* innata al aprendizaje» (Deacon, 1997, pág. 141). Deacon no especifica excesivamente pero, por ejemplo, establece que «quizá haya una tendencia que favorece la estructura jerárquica de la oración, reflejada en la adquisición y en la evolución de las lenguas» (pág. 140). Deberíamos preguntar a Deacon por qué no decimos simplemente que la GU requiere que las operaciones sintácticas sean dependientes de la estructura, o requiere una operación de incrustación que establece concatenaciones jerárquicas, o alguna otra suposición estándar?

Parte de la respuesta puede ser que Deacon no parece estar familiarizado con ninguna de las teorías lingüísticas que critica. Afirma que el problema con todas las demás aproximaciones al aprendizaje del lenguaje (exceptuando la suya) es que se basan en

> una suposición equivocada de que el aprendizaje [del lenguaje] es un proceso unidimensional, en el que poco a poco se establece una colección de recuerdos individuales, como si se añadiesen artículos a una lista, y en el que las normas generales solo se pueden derivar por generalización inductiva, a partir de un conjunto finito de casos. Esta ciega perspectiva sobre el aprendizaje ha limitado [...] nuestro análisis sobre cómo adquieren los niños competencia para producir un sistema simbólico estructurado como un sistema lógico y jerárquico, gobernado por reglas (Deacon, 1997, págs. 140–141).

Aquí, como en otras partes, siempre que llega al tema de la lingüística, Deacon se equivoca.

La lingüística generativa se originó con el rechazo a la «ciega perspectiva sobre el aprendizaje», es decir, la idea de que el aprendizaje procede mediante «generalizaciones inductivas» del tipo de las mencionadas por Deacon. A comienzos de la década de 1950, al trabajar sobre las primeras gramáticas generativas, Chomsky se había convencido del «fallo de los procedimientos inductivos de procesamiento de datos» (pág. 30) que se habían desarrollado en la lingüística estructural. La obra de Nelson Goodman le sugirió además «la insuficiencia en principio de los métodos inductivos» (pág. 33). De hecho, la «ciega perspectiva sobre el aprendizaje» solo había influido en la lingüística estructural, en el conductismo y en áreas de la filosofía del lenguaje, etc., pero nunca en la lingüística generativa, donde enseguida se había concluido que solo se podía progresar en la comprensión del lenguaje mediante «el abandono de todos los métodos inductivos, en un sentido estricto» (pág. 32). Como señaló Chomsky, desde puntos de vista taxonómicos y empíricos, «estos datos muestran claramente que las concepciones taxonómicas de la estructura lingüística son inadecuadas y que el conocimiento de la estructura gramatical no puede surgir de la aplicación de operaciones inductivas graduales [...]» (Chomsky, 1965, pág. 55, versión castellana). Aunque la bibliografía referente a este tema es demasiado extensa para revisarla aquí, disponemos de un buen análisis sobre el fracaso de la inducción en Piattelli–Palmarini, 1980. El aparente desconocimiento que Deacon tiene de las suposiciones básicas de las obras sobre gramática generativa quizá ayude a explicar su desconcertante advertencia de que «más que un órgano del lenguaje o un conocimiento gramatical instintivo, lo que diferencia a los seres humanos es una *tendencia* innata al aprendizaje». A estas alturas ya ha quedado claro que Deacon está haciendo juegos de palabras. Ha eliminado los principios innatos del cerebro, les ha puesto el nombre de tendencias innatas, y los ha vuelto a importar al cerebro.

Deacon tiene aquí una oportunidad de rescatarse del delirio. Dado que reconoce que necesita «tendencias innatas» tales como la citada de una «estructura jerárquica de la oración», podría parar aquí y echar un vistazo al inglés, el búlgaro, el japonés, etc., y preguntar qué tipos de principios (tendencias) jerárquicos es necesario detallar. Esto lo conduciría muy rápidamente por la senda empírica de tener que explicar las fortísimas restricciones situadas en esta «tendencia» innata para satisfacer simultáneamente las propiedades universales y aquellas que varían en dichas lenguas. Vería rápidamente que derivar las propiedades «jerárquicas» específicas del lenguaje humano requiere algo más que vagas referencias a «tendencias», y estaría de nuevo en la tarea que ocupa a la ciencia estándar. Pero en lugar de tomar esta, para nosotros, decisión racional, Deacon, con su «atracción por las herejías», sigue casado con la idea preconcebida de que el lenguaje está «fuera» del cerebro, y para hacer realidad esta idea preconcebida, inventa la metáfora literaria de que el lenguaje es un organismo situado fuera del cerebro; bien un virus u otro organismo parasitario, que coevoluciona con el cerebro. Volveremos a este tema en el siguiente apartado.

LA TESIS DEL LENGUAJE COMO PARÁSITOS O VIRUS, POSTULADA POR DEACON

Deacon ha adoptado la tesis de que el lenguaje es una especie de «organismo parasitario» o quizá un «virus» que infecta al cerebro inmaduro de los niños pequeños para reproducirse. Deacon, que está en contra de las «doctrinas bien establecidas», rechaza explícitamente el cuadro estándar sobre la biología del lenguaje, según el cual el desarrollo del lenguaje es similar al de cualquier otro sistema biológico, ya sea el ojo, la extremidad posterior de un pájaro o el corazón. El lenguaje se desarrolla pasando por una serie de estados del desarrollo, el transcurso de los cuales se ve afectado por la experiencia y la maduración. En este cuadro estándar de la adquisición del lenguaje, los acontecimientos cruciales que afectan al desarrollo del lenguaje —la regulación genética, el desarrollo de los circuitos nerviosos, la comunicación sináptica, etc.— tienen lugar *dentro* del cerebro, no fuera.

Por lo que nosotros sabemos, el cambio a los virus del lenguaje no resuelve ningún problema de comprensión en la biología del lenguaje, sino que crea toda una serie de nuevos problemas para Deacon. Según él, el lenguaje no evoluciona en el cerebro, sino que «evoluciona» fuera del cerebro. De ahí el subtítulo de su libro, *The Co–Evolution of Language and the Brain* [La coevolución del lenguaje y el cerebro]. Es importante aquí no olvidar que estamos tratando con una metáfora. Cierto que se habla informalmente de la «evolución del lenguaje», pero esta es solo una forma de decir que la facultad lingüística (mecanismos del lenguaje, circuitos lingüísticos del cerebro, etc.) evoluciona. El término coevolución se utiliza en biología para hacer referencia a organismos vivos. Las lenguas, como el inglés, cambian (históricamente, diacrónicamente), pero no «evolucionan». ¿Mediante qué mecanismos evoluciona el «virus» de Deacon y cómo funciona? Los mecanismos de los virus biológicos ordinarios son bien conocidos. En este punto, es justo que el biólogo pregunte: «bien, ¿cómo "crece" su virus, y cómo "evoluciona"?» Aquí, Deacon evoca la teoría de los «parásitos» de Christiansen: «mi propia tesis está probablemente más cercana a la propuesta en un reciente artículo por Morton Christiansen» (pág. 112)[50]. Veamos, por lo tanto, ese artículo.

Christiansen interpreta el lenguaje como «un organismo»: «Siguiendo a Darwin, propongo considerar el lenguaje natural como un tipo de parásito beneficioso —es decir, un simbionte no obligado— que confiere una cierta ventaja selectiva a su huésped humano, sin el cuál el virus no puede sobrevivir» (Christiansen, de próxima publicación). La referencia a Darwin alude a ciertas observaciones sobre la «lucha por la existencia» entre «las palabras y las formas gramaticales de cada lengua»: «Una lengua, como una especie, una vez extinta, nunca [...] reaparece [...] Entre las palabras y las formas gramaticales de cada lengua se está produciendo siempre una lucha por la existencia. Las formas mejores, más cortas, más fáciles están continuamente ganando la baza [...] La supervivencia y la conservación de ciertas palabras favorecidas en la lucha por la existencia es selección natural» (Christiansen, de próxima aparición, pág. 9).

Pasar a los parásitos a partir de esta descripción metafórica de Darwin es dudoso. No debemos olvidar que Darwin no tenía conocimiento de los genes, el ADN, la neurogenética del comportamiento, etc., que tenemos hoy en día. Para llenar este vacío postuló la existencia de gémulas en su teoría de la pangénesis, y describió el lenguaje como «seres orgánicos». Si Darwin, el científico, supiera lo que sabemos hoy en día, parece razonable pensar que abandonaría la pangénesis y la teoría del lenguaje como «seres orgánicos» e intentaría describir el cuerpo y la mente dentro del marco de la biología del desarrollo que tenemos hoy en día.

Christiansen (y Deacon) se mantienen en la postura que adoptó Darwin en la década de 1800. Se han encerrado en una descripción metafórica del lenguaje[51] sin explicar el «parásito beneficioso» ni el «virus» del lenguaje en función de la biología del desarrollo estándar. Como indica Christiansen, «el hecho de que los niños aprendan tan bien el lenguaje

---

[50] Deacon quiere decir Morten, no Morton, Christiansen.

[51] El avance hacia los parásitos y los virus es puramente voluntario en este caso. Darwin postuló las gémulas porque no tenía a mano una teoría mejor.

se explica, por lo tanto, más adecuadamente como producto de la selección natural de las estructuras lingüísticas, que por una selección natural de las estructuras biológicas, tales como la GU». Es tarea de Christiansen aportar una propuesta racional con consecuencias empíricas comprobables. Tal y como está, al lector se le pide que acepte una metáfora situada fuera de la biología, e incluso, de hecho, fuera de las ciencias naturales, aparentemente en algún cielo platónico.

Permítasenos, entonces, examinar el argumento básico presentado contra «los principios de la GU»: «En este punto, es también esclarecedor recordar que los supuestos principios de la GU *no* son hechos científicos establecidos [...] El marco de rección y ligamiento [...] que subyace a la GU es meramente una entre muchas teorías lingüísticas, si bien quizá la más dominante» (pág. 11). Enumera algunas otras alternativas, incluida la gramática de categorías, la gramática de dependencia, la gramática funcional léxica, y la gramática de la estructura generalizada de la oración[52]. Esto es cierto, pero no ayuda en absoluto a la teoría del «parásito». Christiansen está dando por supuesto que las teorías de la GU que él critica representan una «alternativa» a las «restricciones del aprendizaje y del procesamiento» (o son incompatibles con ellas). Esto es falso. Como ya hemos señalado, están incluidas en la GU desde hace cuarenta años (Miller y Chomsky, 1963); véase Berwick *et al.*, 1992; Lasnik, 1999, para un análisis más reciente.

Todas estas teorías tienen algo de lo que carece la teoría del parásito; a saber, cada una de ellas es una teoría real, no metafórica, del lenguaje. Cada una habla sobre específicas relaciones antecedente–anáfora, dislocación del sintagma, orden de palabras, caso, etc., en diversas lenguas: inglés, turco, mohawk, etc. Además, cada una de ellas se puede interpretar de diversas formas como teorías de la adquisición del lenguaje, con un estado inicial y variación paramétrica. También se pueden utilizar para interpretar datos ordinarios procedentes de trastornos específicos del lenguaje, afasia, etc., en concordancia con los conocimien-

---

[52] Afirma que estas teorías alternativas no incluyen necesariamente transformaciones en el sentido del marco de la rección y el ligamiento. Pero esto es irrelevante, ya que todas las alternativas tienen una forma equivalente de expresar la dependencia entre un sintagma movido y su vacío.

tos actuales. Todas se pueden ejemplificar en teorías de análisis gramatical y procesamiento, utilizando el tipo de argumentos funcionales revisados por Lasnik (Lasnik, 1997). La teoría del «parásito», por su parte, es inmune a dicha verificación empírica, como el propio Christiansen señala: «Esto, por supuesto, no libra a la actual teoría de la carga de proporcionar explicaciones procedentes de los universales lingüísticos, predominantemente expresadas en términos de restricciones del aprendizaje y de procesamiento. De hecho, su éxito futuro como teoría sobre la evolución del lenguaje depende en parte de si dichas explicaciones están o no disponibles» (de próxima aparición, pág. 12). Christiansen cita trabajos recientes sobre «restricciones del procesamiento» que ofrecen esperanza al proyecto del parásito, pero como hemos visto, las restricciones del procesamiento y el diseño del lenguaje en general forman parte integrante de todas las demás teorías alternativas de GU, de forma que la teoría del parásito, cuando salga, seguirá teniendo que ser evaluada, caso por caso, respecto a las otras. Los demás argumentos de Christiansen son simplemente que el aprendizaje lingüístico *podría* no producirse mediante mecanismos específicos del lenguaje, sino por mecanismos generales de «estructura secuencial jerárquicamente organizada» (pág. 35) y que estos mecanismos generales podrían haber sido el producto de la adaptación mediante evolución. Sin embargo, es ocioso hacer más conjeturas, ya que carecemos hasta de predicciones rudimentarias del modelo de parásitos para compararlas con la amplia gama de construcciones lingüísticas en diversas lenguas, que han sido estudiadas, a menudo en gran profundidad, por los modelos biolingüísticos estándar de la GU. Según Christiansen, es «importante señalar que la explicación [para el modelo de parásitos] son los datos de comportamiento, no los modelos cargados de teoría a los que estas observaciones empíricas han dado lugar (si bien la teorías lingüísticas sí proporcionan útiles directrices y marcos descriptivos)» (pág. 12). Al mismo tiempo, también es importante señalar que una vez que los «modelos cargados de teoría», con la plétora de detalles explicativos que proporcionan sobre variadas construcciones de múltiples lenguas, han sido desechados, queda uno, por ahora, solo con una metáfora sobre parásitos situada en una especie de cielo platónico. En la medida en que el programa de Deacon depende del análisis de parásitos, podría parecer que, por el momento al menos, todo el programa de Deacon se viene abajo, por las razones aquí ofrecidas, dado que no tiene caracterización alguna para la noción central de la biolingüística; a saber, el lenguaje. En un punto, Deacon hace esta curiosa observación: «La adaptación del parásito a sus huéspedes, particularmente los niños, proporciona la base para una clarividente teoría del aprendizaje lingüístico. Aunque esta es una caricatura, no es menos interesante que las alternativas nativista y empirista, y capta con mucha más precisión las dinámicas tendencias de vaivén que han dado forma tanto a las lenguas como al cerebro humano» (Deacon, 1997, pág. 113). Parece extraño que Deacon califique el concepto central de su teoría como una «caricatura». O es una propuesta seria, o no. Si lo es, el término «metáfora» parece más apropiado que el de «caricatura» para el parásito del lenguaje. La alternativa «nativista», por otra parte, ha caracterizado plenamente el término técnico «lenguaje (I)» y proporcionado gran cantidad de pruebas a favor de las perspectivas particulares sobre el papel que el concepto desempeña en la biolingüística.

EL «ARGUMENTO DE LA INCREDULIDAD» PLANTEADO POR DEACON

Hemos señalado ya que Deacon interpretó mal las teorías biolingüísticas sobre la adquisición del lenguaje, al considerarlas teorías sobre mecanismos basados en «generalizaciones inductivas». Esta puede ser en parte la razón por la que el autor se lanzó por la senda de los «virus del lenguaje». Una razón adicional quizá derive de que ha tergiversado completamente las posturas adoptadas en la bibliografía lingüística sobre la evolución del lenguaje. En especial, hace referencia a la teoría del «monstruo esperanzado» sobre la evolución del lenguaje humano: «La más influyente teoría del "monstruo esperanzado" sobre la evolución del lenguaje humano la ha ofrecido el lingüista Noam Chomsky, y desde entonces, muchos lingüistas, filósofos, antropólogos y psicólogos se han hecho eco de ella» (Deacon, 1997, pág. 35). Deacon parece identificar todas las teorías basadas en la noción de la GU con la teoría del «monstruo esperanzado». Supuestamente, sus partidarios creen que el lenguaje debe de haber surgido por un «milagroso accidente», o por «intervención divina» o mediante alguna «mutación inusitada» (pág. 35). Deacon

(1992, pág. 50) afirma que la competencia del lenguaje debe de haber aparecido «como resultado de un único accidente evolutivo que produjo un cerebro tan radicalmente cambiado como para contener todas las prefiguraciones innatas de la actual estructura lingüística». El «accidente evolutivo» único debe de haber sido «una mutación neurológica» (pág. 51). Denomina a esto el «argumento de la incredulidad» y un «remedio más drástico que la enfermedad» (pág. 104) y lo compara con la «búsqueda del flogisto» (pág. 38).

La fuente que Deacon utiliza para su análisis de la mutación neurológica única es Bates, Thal y Marchman, 1991. De las tres suposiciones —(1) que hay principios universales compartidos por las diversas lenguas, (2) que no se «aprenden» por información recibida del entorno (la pobreza del estímulo), y (3) que parecen ser específicos del lenguaje— sacan la curiosa deducción de que solo hay dos posibles explicaciones para los principios universales: «O bien la gramática universal nos ha sido concedida por el Creador, o bien nuestra especie ha experimentado una mutación de una magnitud sin precedentes, un equivalente cognitivo del Big Bang» (Bates, Thal y Marchman, 1991, pág. 30). ¿Cómo derivan los autores una mutación de las suposiciones (1)–(3)? ¿Cómo calculan su tasa de mutación? Suena como si el número fuese elegido al azar. ¿Por qué no elegir, en su lugar, 6 o 1.039 mutaciones? Después se encuentran con un «problema». Para salir de la complicación en la que ellos mismos se han metido, dan otro paso discutible. Proponen desechar el modelo de los principios y los parámetros, junto con treinta años de pruebas firmes recogidas de miles de lenguas y dialectos mediante estudios comparativos de sintaxis, semántica, fonología, estudios sobre la adquisición, etc.

Llegados a este punto, sugieren sustituirlo por un modelo conexionista vagamente especificado, cuya principal virtud es imitar el proceso de formación de tiempos pasados (caminar → caminó) con éxito parcial. Bates, Thal y Marchman han actuado con exceso de celo. Por supuesto, como hemos visto en el capítulo 3, la esperanza de Bates y de algunos conexionistas es que el modelo conexionista muestre algún día mayores habilidades, incluyendo quizá muchos otros ámbitos cognitivos. Que los nuevos «sistemas probabilísticos» son «mucho más potentes» que las «sencillas redes antiguas» no se pone en duda. Los sistemas probabilísticos no restringidos son incluso capaces de descubrir predicciones del asesinato del presidente Kennedy en la Torá, como se ha divulgado recientemente. El problema real es, como siempre, restringir la capacidad de un modelo de adquisición para escoger exactamente esas propiedades que se encuentran en el *Bauplan* del lenguaje universal. De hecho, es revelador que un estudio haya descubierto que el rendimiento de algunas redes nerviosas (por ejemplo, las «redes de Elman») mejoraba proporcionando al sistema información procedente de la GU, es decir, información de «marcaje de parte del discurso» y «subcategorización». Además, la red recibía información que normalmente no se le da al niño; a saber, la categoría de gramaticalidad (Lawrence, Giles y Fong, 1997, pág. 4)[53].

Volviendo a Deacon, creo que su expresión «argumento de incredulidad» describe mejor la propuesta de Bates, Thal y Marchman. Dada la elección entre una red conexionista ilimitada y el Creador, Deacon podría haber elegido mejor a este último. Deacon añade un segundo argumento propio contra el *Bauplan* universal del lenguaje. Sostiene que los argumentos que atribuyen las propiedades del lenguaje a «estructuras cerebrales no analizadas» pasa la pelota a los neurólogos. Sin embargo, esto es lo normal en ciencia. La idea de que existe un *Bauplan* universal para animales y plantas está aceptada desde hace siglos, aunque solo en los últimos diez años los biólogos del desarrollo han conseguido resolver los detalles físicos en términos de genes *homeobox* y demás. De manera similar, hicieron falta casi cien años para descubrir la base física de los factores de Mendel. La comprensión de la herencia genética en términos de cálculos con factores se adelantó muchos años a una comprensión comparable en términos de bioquímica y química cuántica (estructura tridimensional y ligamiento). No sería en absoluto sorprendente descubrir que estamos en la misma situación con el *Bauplan* del lenguaje y los cálculos mentales del lenguaje. En cuanto a la acusación presentada por Deacon (1992, pág. 51) de que la (bio)lingüística «ahoga los intentos serios de explicar estos fenómenos en términos funcionales y semióticos», Deacon debería permitirse coger una copia de *Linguistic Inquiry* o cualquier otra revista con propuestas específicas de GU, y hacer el ejer-

---

[53] Aunque los autores afirman que «el objetivo del experimento es adiestrar un modelo a partir de la improvisación» sin la «bifurcación en componentes aprendidos frente a innatos asumida por Chomsky», ha dado en efecto a su red acceso a información de la GU.

cicio de intentar explicarlas en forma de restricciones funcionales y semióticas. Si lo consigue, entonces nosotros podremos juzgar si eso nos ayuda a analizar sus restricciones en términos de «estructuras cerebrales», sin pasar la pelota a otros. Los estudios de Deacon sobre los circuitos nerviosos de los primates con diversas técnicas de rastreo son una valiosa ventana al cerebro, y quizá ayuden algún día a encontrar respuestas sobre los mecanismos del lenguaje humano. Pero es muy probable que estos estudios tengan que complementarse con otros muchos avances en neurología, neurogenética y neurobiología del desarrollo antes de poder plantear y responder a las preguntas sobre el *Bauplan* del lenguaje que más nos interesan. Las absurdas acusaciones sobre la «explicación creacionista» (Bates, Thal y Marchman) y «alguna mutación neurológica» no nos ayudan a avanzar hacia ese objetivo.

Deacon yuxtapone la teoría del «monstruo esperanzado» a la idea de que el lenguaje debe de haber sido seleccionado: «Si la comunicación simbólica no ha sido debida a una mutación "de monstruo esperanzado" en el cerebro, debe de haber sido seleccionada» (Deacon, 1997, pág. 376). ¿Por qué esta extraña dicotomía y no cualquier otra? En la mente de Deacon, las teorías estándar de la GU implican necesariamente mutaciones «de monstruo esperanzado». Por decreto, Deacon declara que «la evolución no puede producir reglas innatas, principios generales innatos, ni categorías simbólicas innatas» (pág. 339). Ni qué decir tiene que las propias tendencias innatas al aprendizaje planteadas por Deacon están dentro del alcance de la selección natural. De nuevo, estamos haciendo más juegos de palabras con el término «innato», de los que podemos prescindir, junto con los virus del lenguaje. Una vez hecho, podemos seguir con el problema científico estándar de determinar las características de diseño del lenguaje y considerar la contribución de la genética, el desarrollo y otros factores físicos y selectivos a la evolución de la facultad lingüística. Como ya hemos señalado, Chomsky ha propuesto que ciertas características de diseño del lenguaje humano pueden haber surgido mediante un «cambio de función»[54] y posteriormente se vieron some-

---

[54] Jeremy Ahouse ha señalado (c. p.) que «cambio de función» es más perspicuo y menos equívoco que términos más tradicionales, como «preadaptación», y yo adopto en general esta terminología.

tidas a una presión selectiva. Por lo tanto, parece que solo Deacon y algunos conexionistas se quedan en el debate absurdo y confuso de los «monstruos esperanzados».

6

Conclusión

En este libro hemos investigado aspectos de los «cinco problema fundamentales de la biolingüística»:

(1) ¿Qué constituye el conocimiento del lenguaje?
(2) ¿Cómo se adquiere este lenguaje?
(3) ¿Cómo se utiliza?
(4) ¿Cuáles son los mecanismos cerebrales pertinentes?
(5) ¿Cómo evoluciona este conocimiento (en la especie)?

Como hemos visto, estas comprenden las preguntas clásicas planteadas sobre cualquier sistema biológico: (1) la estructura del sistema, su función y su uso, (2) su desarrollo y (3) su evolución. El sistema que a nosotros nos interesa es el lenguaje, por lo que las áreas pertinentes para la biolingüística son (1) el lenguaje, (2) el desarrollo del lenguaje y (3) la evolución del lenguaje.

Hemos preguntado cómo se podrían responder estas preguntas al menos parcialmente unificadas entre sí e integradas en las ciencias naturales. Hemos sostenido que las pruebas apuntan hacia un cuadro de unificación en el que hay una variedad de sistemas cognitivos, incluido el lenguaje, cada uno con sus propiedades y mecanismos específicos. Las pruebas disponibles parecen refutar la idea de que exista un sistema cognitivo de un propósito general y homogéneo diseñado para aprender el lenguaje, la historia de Estados Unidos y a tejer cestas o, como algunos sostienen, incluso el comportamiento de las palomas.

Hemos sostenido también que las pruebas en la biolingüística deberían incluir cualquier prueba pertinente. Esto está dictado por la limitación de que las teorías científicas están por lo general radicalmente indeterminadas por las pruebas, por lo que nosotros buscamos todas los disponibles. Así, por ejemplo, para elegir entre las formulaciones particulares de una teoría de la sintaxis del inglés, podemos, y normalmente lo hacemos, considerar pruebas disponibles del japonés, el mohawk, el turco o cualquier de las numerosas lenguas que hemos investigado durante los últimos cuarenta años desde la perspectiva biolingüística. Se han obtenido pruebas derivadas de la gramática universal y comparativa (sintaxis, semántica, morfología, léxico, fonética, fonología), la adquisición en niños, análisis psicolingüísticos, estudios de percepción, fonética articulatoria y acústica, lesiones y enfermedades cerebrales (afasias, prosodias, etc.), cerebros divididos, niños aislados del lenguaje (Genie)[1], trastornos del desarrollo (Laura, etc.), actividad eléctrica (ej., ERP), obtención de imágenes (PET, MRI, etc.)[2], trastornos genéticos (esporádicos y familiares), estudios en gemelos, el lenguaje de los sordos (lenguaje de signos), el lenguaje en los ciegos, sabios lingüísticos, lenguas pidgin y criollas. Nótese que todas estas categorías de pruebas están entrecruzadas. Por ejemplo, incluidos entre los estudios en gemelos hay estudios de habla normal y con trastornos. O, el estudio del lenguaje de signos puede incluir el lenguaje de signos en afásicos, en niños aislados (por ejemplo, el caso de Chelsea) y el lenguaje de signos en los sabios lingüísticos. La lista de fuentes de PRUEBAS es esencialmente abierta, quizá aparezcan nuevas PRUEBAS en el número de esta semana de *Nature, Science, Cell, Evolution, Linguistic Inquiry*, etc.

Obsérvese también que el análisis que hemos presentado aquí no se limita a una aproximación específica al análisis del lenguaje. Se están investigando diversos modelos lingüísticos para diferentes ámbitos de la lengua: sintaxis, semántica, morfología, léxico, fonética, fonología. Por ejemplo, además de las múltiples alternativas que asumen explícitamente un enfoque de principios y parámetros para el estudio de la GU y/o un programa minimalista en el análisis del diseño del lenguaje, hay en investigación una serie de modelos que asumen implícitamente estas ideas; por ejemplo, en el área de la sintaxis, tenemos, entre otros, la gra-

---

[1] Una niña aislada del lenguaje descubierta a los trece años y que no fue capaz de desarrollar más que una sintaxis rudimentaria (Curtiss, 1977).

[2] ERP = potencial relacionado con un acontecimiento, PET = tomografía por emisión de positrones, MRI = obtención de imágenes por resonancia magnética.

mática funcional léxica, la gramática de estructura generalizada del sintagma, y la gramática de categorías. Estos modelos, considerados como teorías biológicas de la facultad lingüística, intentan también explicar (1) la universalidad frente a la diversidad del lenguaje humano y (2) el diseño del lenguaje. Cada una de estas teorías se puede interpretar como una teoría de la adquisición del lenguaje, con un estado inicial y una variación paramétrica. Todas se pueden ejemplificar en las teorías del análisis sintáctico y del procesamiento. Todas ellas se pueden también utilizar para interpretar datos derivados de trastornos específicos del lenguaje, afasia, etc. De hecho, cada uno tiene formas de describir las relaciones específicas antecedente–anáfora, la dislocación del sintagma, el orden de palabras, el caso, etc., en diversas lenguas, desde el inglés al mohawk o el turco. Por supuesto, es justo preguntar en qué medida todos estos enfoques podrían unirse en algún nivel, otro aspecto del problema de la unificación del lenguaje que está en el programa de investigación.

Para responder a la pregunta (1) ¿Qué constituye el conocimiento del lenguaje? ha sido primero necesario explicar qué se entiende por «lenguaje». Consideramos que tenía sentido considerar la mente/cerebro como un conjunto de módulos interactivos, que incluye la facultad lingüística, la facultad numérica, el sistema visual, etc. (*modularidad*). Las pruebas para distinguir una facultad lingüística proceden en parte de los estudios sobre la disociación entre las capacidades lingüísticas y otras capacidades, pero quizá principalmente de la demostración de propiedades intrínsecas a la facultad lingüística (el modelo de los principios y los parámetros). También apartamos el estudio de cuestiones tales como la libre voluntad y la causa del comportamiento (problema de Descartes).

A continuación identificamos un sistema cognitivo en la facultad lingüística, abstrayéndolo de los sistemas de actuación; a saber, C–I, el componente conceptual–intelectual, y A–P, el componente articulador–perceptual. El sistema cognitivo pasa por una serie de estados intermedios ($S_0 \ldots S_i \ldots S_n$). Podemos distinguir un estado inicial, S_0, de un estado final, S_n, mediante el uso de todos los tipos de pruebas antes analizados. Podemos identificar los estados intermedios, S_i, mediante estudios de adquisición en niños, utilizando tipos similares de pruebas. Haciendo abstracción del conjunto de las patologías así como de la variación individual, la teoría del estado inicial está representada por el modelo de los principios y los parámetros de la GU. Durante la adquisición se establecen los parámetros de la GU, dando como resultado un sistema denominado lenguaje I, o simplemente lenguaje, en el estado final del adulto. El lenguaje I no es idéntico al estado final, S_n, sino que se abstrae de factores tales como la heterogeneidad (dialectos múltiples, registros de habla, etc.) así como de factores históricos.

Una vez determinado un componente genético del lenguaje, dado por la teoría de la GU, podemos pasar a preguntar por los mecanismos genéticos. A este respecto señalamos que es necesario tener en cuenta la interrelación de factores genéticos y «epigenéticos». Es decir, debemos considerar no solo qué genes participan en el lenguaje, sino cómo se despliega el programa genético en el mundo físico, algo que puede incluir toda una serie de factores, tales como los antecedentes genéticos, las leyes de la física, el entorno social, etc. Hemos presentado como ejemplos la ruptura de la simetría en la evolución del código genético y la noción de campo morfogenético establecida por Turing.

Hemos sugerido que para estudiar los genes implicados en el lenguaje, se deberían observar (1) los principios de la GU; por ejemplo, el funcionamiento de la concatenación jerárquica (Incrustación), las condiciones de la referencia pronominal (orden c), etc. y (2) las áreas en las que la GU permite una variación paramétrica. Se han presentado pruebas de que la fuente de esta variación está en el léxico, en particular en la parte funcional del léxico, que incluye categorías morfológicas tales como la inflexión. Es posible predecir, por consiguiente, que en esta área sería posible una cierta variación genética inocua, como la encontramos en las variaciones de percepción del color, la percepción gustativa de la PTC, etc. También hemos señalado que la metodología genética ha alcanzado un punto en el que es posible contemplar seriamente el estudio de los genes involucrados en el lenguaje, e indirectamente, la genética del desarrollo del lenguaje.

Por último, se ha considerado la cuestión de la evolución del lenguaje. El primer paso era determinar las características del diseño del lenguaje. Por ejemplo, el modelo computacional tiene una serie de propiedades de diseño tales como la operación de Incrustación, con propiedades asociadas (recursión, ciclicidad). El desarrollo del lenguaje, como hemos visto, muestra también una especie de división del trabajo entre los principios generales responsables de la universalidad del lenguaje y alguna parametrización, quizá en el sistema inflexivo del léxico, responsable de la diversidad lingüística.

La cuestión de cómo han evolucionado dichas características del lenguaje es más difícil de responder. No hay fósiles antiguos de la facultad lingüística, y el curso de la evolución depende de muchos tipos de factores diferentes, incluidos accidentes históricos que no siempre podemos reconstruir. Algunos de estos factores son la mutación genética, la regulación genética, las limitaciones del desarrollo, los factores físicos, la selección natural, las contingencias históricas, etc. Por consiguiente, las respuestas a algunas preguntas siguen siendo hipótesis, y otras áreas de investigación podrían seguir siendo siempre un misterio.

Pero hay una serie de direcciones de investigación. Por ejemplo, hemos sugerido que se podría explorar el papel que la ruptura de la simetría desempeña en el desarrollo y en la evolución del lenguaje. Y, como hemos señalado, Chomsky ha sugerido que el «cambio de función» podría haber influido en la evolución del lenguaje. En años recientes, se han documentado en los sistemas biológicos otros muchos ejemplos de dicho cambio de función. Como una posible hipótesis, Chomsky ha sugerido que el lenguaje humano podría haber resultado de la integración de una «capacidad conceptual» y una «capacidad de cálculo» que puede abordar «las infinitudes discretas mediante reglas recursivas» (Huybregts y Riemsdijk, 1982). La capacidad conceptual que compartimos con otros primates «nos permite percibir, categorizar y simbolizar, quizá incluso razonar de una manera elemental, pero solo cuando se une a la capacidad de cálculo comienza el sistema a ser verdaderamente poderoso» (pág. 20).

En las teorías actuales, la norma recursiva central del sistema de cálculo es la Incrustación. La incrustación toma elementos (sub)léxicos y calcula estructuras más amplias (palabras, sintagmas y oraciones) a partir de ellos. Estas estructuras se proyectan a continuación en sonido y significado. En este sentido, la explicación que Chomsky da de la aparición del lenguaje humano podría tener como elemento central el siguiente:

capacidad conceptual + operaciones de Incrustación/movimiento

→ lenguaje humano

El «cambio de función» en este caso sería hacia la «capacidad de pensamiento, planificación, evaluación, y demás, sobre una gama ilimitada, y entonces uno tiene un organismo completamente nuevo» (Huybregts y Riemsdijk, 1982, pág. 21).

¿Cuándo podríamos esperar resolver en parte problemas tales como lo que Marshall ha denominado la «anatomía del movimiento WH» (Marshall, 1980)? David Hubel, pionero del estudio del sistema visual en el cerebro, ha reflexionado sobre las perspectivas futuras para el estudio de la neurobiología cerebral:

> ¿Cuánto tiempo pasará hasta que alguien sea capaz de decir que el cerebro —o la mente— se conoce en líneas generales […] es algo que nadie sabe […] En biología quizá nunca tenga lugar una revolución de proporciones verdaderamente copernicanas o darwinianas, al menos no de una vez. Si se produce, quizá sea gradual, y muestre sus efectos a lo largo de muchas décadas. Cada fase acercará seguramente a los humanos a un mayor conocimiento de sí mismos (Hubel, 1979, pág. 46).

Para no terminar con una nota demasiado pesimista, permítasenos recordar que la ciencia también da, en ocasiones, impredecibles saltos hacia delante, como nos recuerda la historia referente a la «anatomía» de la sintaxis química del ADN. En una fecha muy reciente, 1968, Chargaff, cuyo importante trabajo sobre la composición química del ADN ayudó a Crick y Watson a deducir su estructura, comentó en una reseña que evaluaba el estado en el que entonces se encontraba la investigación, con cierto pesimismo (citado en Maxam, 1983, pág. 133):

> Una información detallada de la secuencia de nucleótidos de la molécula de ADN está fuera de nuestros medios actuales, y no es probable que se dé en un futuro próximo […] Incluso las variedades más pequeñas de ADN funcional vistas, aquellas que se dan en ciertos fagos, deben de contener unos 5.000 nucleótidos seguidos. Debemos, por lo tanto, dejar la tarea de leer la secuencia completa de nucleótidos de ADN al siglo XXI, que tendrá, sin embargo, otras preocupaciones (Chargaff, 1968, pág. 310).

Sin embargo, no muchos años después, Maxan podía informar de que diez años de esfuerzo por encontrar un método riguroso para establecer la secuencia del ADN culminaron en 1975-1977 con la introducción de tres seguidos [...] hemos descubierto una sintaxis reguladora en un dialecto, procariótico, pero no en el otro, eucariótico [...] fue principalmente este deseo de descubrir la sintaxis del ADN, cómo programa su propia transcripción, multiplicación y recombinación, la que sostuvo la investigación por los caminos sencillos de establecer la secuencia del ADN y del ARN (Maxam, 1980).

En esencia, el problema al que se enfrenta el biolingüista es bastante similar al del biólogo molecular que intenta comprender los dialectos de los procariotas y los eucariotas; a saber, revelar la «sintaxis reguladora» de la GU, las todavía desconocidas vías nerviosas del desarrollo, puestas en movimiento por los parámetros celulares y lingüísticos. Porque la clave de la revelación completa de los mecanismos físicos que subyacen al lenguaje y a otras habilidades cognitivas del sistema nervioso dependerá en parte de nuestra capacidad de utilizar la gramática molecular para aislar, estudiar y caracterizar esos tramos de ADN de nuestro genoma que contienen el programa genético que subyace al lenguaje. Quizá entonces podamos empezar a responder la pregunta —parafraseando a Brenner— de cómo un óvulo fertilizado, con 10^9 pares de nucleótidos de ADN, puede aprender el lenguaje[3].

Hace veinte años, en un libro de artículos en honor de Eric Lenneberg, Chomsky habló de las perspectivas del campo de la biolingüística. Sus palabras han resultado ciertas, como esperamos haber demostrado, pero también siguen siendo válidas para la actual generación de biolingüistas:

El estudio de la base biológica de las capacidades lingüísticas humanas tal vez demuestre ser una de las más emocionantes fronteras de la ciencia en los próximos años (Chomsky, 1976, 1980a, pág. 216).

---

[3] La parte pertinente de la cita original es la siguiente: «cómo un óvulo fertilizado, con 10^9 pares de nucleótidos de ADN, puede dar lugar a un ser humano» (Brenner, 1979, pág. 3).

Bibliografía

Alberts, B., Bray, D., Lewis, J., Raff, M., Roberts, K., y Watson, J. D., *Molecular Biology of the Cell*, Nueva York, Garland, 1994. [Trad. cast.: *Biología molecular de la célula*, Barcelona, Ediciones Omega, 1996.]

Amaducci, L., Sorbi, S., Albanese, A., y Gainotti, G., «Choline Acetyltransferase (CAT) Activity Differs in Right and Left Human Temporal Lobes», *Neurology 31*, 1981, págs. 799–805.

Amundson, R., «Two Concepts of Constraint: Adaptationism and the Challenge from Developmental Biology», *Philosophy of Science*, 61(4), 1994, págs. 556–578.

Anderson, P. W., «More Is Different», *Science*, 177 (4.047), 1972, páginas 393–396.

— «Some General Thoughts About Broken Symmetry», en N. Boccara, (ed.), *Symmetries and Broken Symmetries in Condensed Matter Physics*, París, IDSET, 1981, págs. 11–20.

— «Theoretical Paradigms for the Sciences of Complexity», en *A Career in Theoretical Physics*, Singapur, World Scientific, págs. 584–593.

AP, Reportaje, «Bonobos Use Symbols to Mark Jungle Trails», http://forests.org/gopher/africa/apesmark.txt

Atkins, P. W., *Creation Revisited*, Londres, Penguin, 1994.

Ball, P., *Designing the Molecular World: Chemistry at the Frontier*, Princeton, Princeton University Press, 1994.

Bates, E., y Elman, J., «Learning Rediscovered», *Science* 274 (5.294), 1996, páginas 1.849–1.850.

Bates, E., Thal, D., y Marchman, V., «Symbols and Syntax: a Darwinian Approach to Language Development», en N. A. Krasnegor, D. M. Rumbaugh, R. L. Schiefelbusch, y M. Studdert-Kennedy (eds.), *Biological and Behavioral Determinants of Language Development*, Hillsdale, Nueva Jersey, Lawrence Erlbaum Associates, 1991, págs. 29–65.

Bauman, M., y Kemper, T. L., «Histoanatomic Observations of the Brain in Early Infantile Autism», *Neurology*, 35 (6), 1985, págs. 866–874.

Beadle, G., y Beadle, M. *The Language of Life*, Nueva York, Anchor, 1979.

Beheim–Schwarzbach, D. «Further Studies of the Cytoarchitectonic Division in the Dorsal Surface of the 1st Temporal Gyrus of a Linguistic Genius and 2 Anthropoids», *Zeitschrift für Mikroskopisch–Anatomische Forschung*, 89 (5), 1975, págs. 759–776.

Bellugi, U., Bihrle, A., Jernigan, T., Trauner, D., y Doherty, S., «Neuropsychological Neurological, and Neuroanatomical Profile of Williams Syndrome», *American Journal of Medical Genetics Supplement*, 6, 1990, págs. 115–125.

Bentley, D. R., y Hoy, R. R. «Genetic Control of the Neuronal Network Generating Cricket (*Teleogryllus gryllus*) Song Patterns», *Animal Behavior*, 20, 1972, págs. 478–492.

Berger, B., Shor, P. W., Tucker–Kellog, L., y King, J. «Local Rule–Based Theory of Virus Shell Assembly», *Proceedings of the National Academy of Sciences USA*, 91 (16), 1994, págs. 7.732–7.736.

Berwick, R. C., «Locality Principles and the Acquisition of Syntactic Knowledge», tesis doctoral, Cambridge, Massachusetts, MIT, 1982.

Berwick, R. C., Abney, S. P., y Tenny, C. (eds.), *Principle–Based Parsing: Computation and Psycholinguistics*, Dordrecht, Kluwer Academic, 1992.

Berwick, R. C., y Weinberg, A. S., «The Role of Grammars in Models of Language Use», *Cognition* 13 (1), 1983, págs. 1–61.

— *The Grammatical Basis of Linguistic Performance: Language Use and Acquisition*. Cambridge, Massachusetts, MIT Press, 1984.

Bickerton, D., «The Language Biogram Hypothesis», *Behavioral and Brain Sciences* 7 (2), 1984, págs. 173–221.

— *Language and Species*, Chicago, University of Chicago Press, 1990.

Bisgaard, M. L., Eiberg, H., Moller, N., Niebahr, E., y Mohr, J. «Dyslexia and Chromosome 15 Heteromorphism: Negative Lod Score in a Danish Study», *Clinical Genetics*, 32, 1987, págs. 118–119.

Bishop, D. V. M., (1997) «Listening Out for Subtle Deficits», *Nature* 387 (6.629), 1997, págs. 129–130.

Bitoun, P., Philippe, C., Cherif, M., Mulcahy, M. T., y Gilgenkrantz, S. «*Incontinentia pigmenti* (type 1) and X;5 translocation», *Annales de Génétique*, 35 (1), 1992, págs. 51–54.

Blakeslee, S., «Brain of Chimpanzee Sheds Light on Mystery of Language», *New York Times*, 13 de enero de 1998, pág. C3.

Bloom, P. (ed.), *Language Acquisition: Core Readings*, Cambridge, Massachusetts, MIT Press, 1994.

Bobaljik, J. D., «Morphosyntax: the Syntax of Verbal Inflection», tesis doctoral, Cambridge, Massachusetts, MIT, 1995.

Boller, F., y Green, E. «Comprehension in Severe Aphasics», *Cortex* 8 (4), 1972, págs. 382–394.

Borges–Osório, M. R. L., y Salzano, F. M., «Language Disabilities in Three Twin Pairs and their Relatives», *Acta Geneticae Medicae et Gemellologiae*, 34, 1985, págs. 95–100.

Boxer, S., «Food for Thought: Does the Brain Have a Produce Section?», *Discover*, octubre, 1985, pág. 10.

Bradshaw, J. L., y Rogers, L. J., *The Evolution of Lateral Asymmetries, Language, Tool Use, and Intellect*, San Diego, Academic Press, 1993.

Brenner, S., «Introduction», en R. Porter y M. O'Connor (eds.), *Human Genetics: Possibilities and Realities*, Amsterdam, Excerpta Medica, 1979, págs. 1–3.

Brewer, W. F., Jr., «Specific Language Disability: Review of the Literature and Family Study», tesis *cum laude*, Harvard College, 1963.

Broca, P., «Remarques sur le siège de la faculté du langage articulé; suivies d'une observation d'aphémie (perte de la parole), *Bulletins de la Société Anatomique de Paris, 2ème série*, 6, 1861, págs. 330–357.

Brockman, J., *The Third Culture: Beyond the Scientific Revolution*, Nueva York, Simon and Schuster, 1995. [Trad. cast.: *La tercera cultura*, Barcelona, Tusquets, 1996.]

Butterworth, B., «Biological Twists to Grammar», *New Scientist* 100 (1.380), 1983, pág. 187.

Calvin, W. H., y Ojemann, G. A., *Conversations with Neil's Brain*, Reading, Massachusetts, Addison–Wesley, 1994.

Caplan, D. y Chomsky, N., «Linguistic Perspectives on Language Development, en D. Caplan (ed.), *Biological Studies of Mental Processes*, Cambridge, Massachusetts, MIT Press, 1980, págs. 97–105.

Caramazza, A., «The Brain's Dictionary», *Nature*, 380 (6.574), 1996, páginas 485–486.

Chargaff, E., «What Really is DNA?», en J. N. Davidson y W. E. Cohn (eds.), *Progress in Nucleic Acid Research and Molecular Biology*, Nueva York, Academic Press, 1968, págs. 297–333.

Chi, J. G., Dooling, E. C., y Gilles, F. H. «Gyral Development of the Human Brain», *Annals of Neurology*, 1 (1), 1977, págs. 86–93.

Chomsky, N., *Syntactic Structures*, La Haya, Mouton, 1957. [Trad. cast.: *Estructuras sintácticas*, México, Siglo XXI, 1974.]

— «A Review of B. F. Skinner's *Verbal Behavior*», *Language* 35 (1), 1959, páginas 26–58.

— «A Review of B. F. Skinner's *Verbal Behavior*», en J. A. Fodor y J. J. Katz (eds.), *The Structure of Language: Readings in the Philosophy of Language*, Englewood Cliffs, Nueva Jersey, Prentice–Hall, 1964, págs. 547–578.

— *Aspects of the Theory of Syntax*, Cambridge, Massachusetts, MIT Press, 1965 [Trad. cast.: *Aspectos de la teoría de la sintaxis*, Madrid, Aguilar, 1970.]

— *Cartesian Linguistics*, Nueva York, Harper and Row, 1966. [Trad. cast.: *Lingüística cartesiana*, Madrid, Gredos, 1991.]

— *Language and Mind*. Nueva York, Harcout, Brace y World, 1968. [Trad. cast.: *El lenguaje y el entendimiento*, Barcelona, Seix Barral, 1986.]

— *The Logical Structure of Linguistic Theory*, Chicago, University of Chicago Press, 1975a.

— *Reflections on Language*, Nueva York, Pantheon, 1975b. [Trad. cast.: *Reflexiones sobre el lenguaje*, Barcelona, Planeta–Agostini, 1979.]

— «On the Biological Basis of Language Capacities, en R. W. Rieber (ed.), *The Neuropsychology of Language: Essays in Honor of Eric Lenneberg*, Nueva York, Plenum, 1976, págs. 1–24.

— «An Interview with Noam Chomsky», *Linguistic Analysis* 4 (4), 1978, págs. 301–319.

— *Language and Responsibility: Conversations with Mitsou Ronat*, Nueva York, Pantheon, 1979. [Trad. cast.: *Noam Chomsky: conversaciones con Nitson Ronat*, Barcelona, Gedisa, 1999.]

— «On the Biological Basis of Language Capacitites», en *Rules and Representations*, Nueva York, Columbia University Press, 1980a, págs. 185–216.

— «Rules and Representations», *The Behavioral and Brain Sciences*, 3 (1), 1980b, págs. 1–61.

— *Rules and Representations*, Nueva York, Columbia University Press, 1980c. [Hay traducción al catalán: *Regles y representacions*, Empuries, 1986.]

— *Lectures on Government and Binding*, Dordrecht, Foris, 1981. [Trad. cast.: *La nueva sintaxis, teoría de la rección y el ligamiento*, Barcelona, Paidós, 1988.]

— «Things No Amount of Learning Can Teach», en C. P. Otero (ed.), *Noam Chomsky: Language and Politics*, Montreal, Black Rose, 1983, págs. 407–419.

— *Knowledge of Language: its Nature, Origins, and Use*, Nueva York, Praeger, 1986.

— *Language and Problems of Knowledge: The Managua Lectures*, Cambridge, Massachusetts, MIT Press, 1988a. [*El lenguaje y los problemas del conocimiento*, Madrid, Visor, 1988.]

— «Language and the Human Mind», en C. P. Otero (ed.), *Language and Politics*, Montreal, Black Rose, 1988b, págs. 253–275.

— «On Formalization and Formal Linguistics», *Natural Language and Linguistic Theory* 8 (1), 1990, págs. 143–147.

— «Linguistics and Adjacent Fields: A Personal View, en A. Kasher (ed.), *The Chomskyan Turn*, Cambridge, Massachusetts, Basil Blackwell, 1991a, págs. 3–25.

— «Linguistics and Cognitive Science: Problems and Mysteries», en A. Kasher (ed.), *The Chomskyan Turn*, Cambridge, Massachusetts, Basil Blackwell, 1991b, págs. 26–53.

— «Language and Interpretation: Philosophical Reflections and Empirical Inquiry», en J. Earman (ed.), *Inference, Explanation and Other Frustrations*, Berkeley, University of California Press, 1992, págs. 99–128.

— «A Minimalist Program for Linguistic Theory», en K. Hale y S. J. Keyser (eds.), *The View from Building 20*, Cambridge, Massachusetts, MIT Press, 1993.

— *Language and Thought*, Wakefield, Rhode Island, y Londres, Moyer Bell, 1994a.

— «Naturalism and Dualism in the Study of Language and Mind», *International Journal of Philosophical Studies*, 2 (2), 1994b, págs. 181–209.

— «Language and Nature», *Mind* 104 (413), 1995a, págs. 1–61.

— *The Minimalist Program*, Cambridge, Massachusetts, MIT Press, 1995b. [Trad. cast.: *El programa minimalista*, Madrid, Alianza, 1999.]

— «Language and Thought: some Reflections on Venerable Themes», en *Powers and Prospects: Reflections on Human Nature and the Social Order*, Boston, South End Press, 1996a.

— «Some Observations on Economy in Generative Grammar», en P. Barbosa, D. Fox, P. Hagstrm, M. McGinnis, y D. Pesetsky (eds.), *Is the Best Good Enough?: Optimality and Competition in Syntax*, Cambridge, Massachusetts, MIT Press y MIT Working Papers in Linguistics, 1996b. [Trad. cast.: *El conocimiento del lenguaje: su naturaleza, origen y uso*, Madrid, Alianza, 1989.]

— «Language and Evolution (Reply to Maynard Smith)» *New York Review of Books*, 1 febrero, 1996c, pág. 41.

— «Language and Cognition», en D. M. Johnson y C. E. Erneling (eds.), *The Future of the Cognitive Revolution*, Nueva York, Oxford University Press, págs. 15–31.

— «Language and Mind: Current Thoughts on Ancient Problems», *Pesquisa Lingüística* 3 (4), 1997b.

— «Language from an Internalist Perspective, en D. M. Johnson y C. E. Erneling (eds.), *The Future of the Cognitive Revolution*, Nueva York, Oxford University Press, 1997c, págs. 118–135.

Chomsky, N., y Halle, M., *The Sound Pattern of English*, Cambridge, Massachusetts, MIT Press, 1964.

Chomsky, N., y Lasnik, H., «Filters and Control», *Linguistic Inquiry* 8 (3), 1977, págs. 425–504.

— «The Theory of Principles and Parameters», en J. Jacobs, A. von Stechow, W. Sternefeld, y T. Vennemann (eds.), *Syntax: an International Handbook of Contemporary Research*, Berlín, de Gruyter, 1993. (Reimpreso en Chomsky, 1995b.)

Chomsky, N., y Miller, G. A., «Introduction to the Formal Analysis of Natural Languages», en R. D. Luce, R. Bush, y E. Galanter (eds.), *Handbook of Mathematical Psychology*, Nueva York, John Wiley, 1963, págs. 269–322.

Christiansen, M. H., *Language, as an Organism: Implications for the Evolution and Acquisition of Language*, http://www- rcf.usc.edu/~mortenc/lang- org.html.

Cohen, J., y Stewart, I., *The Collapse of Chaos*, Nueva York, Viking, 1994.

Collado–Vides, J., Magasanik, B., and Smith, T. F. (eds.), *Integrative Approaches to Molecular Biology*, Cambridge, MA, MIT Press, 1996.

Collins, C. *Local Economy*, Cambridge, Massachusetts, MIT Press, 1997.

Comery, T. A., Harris, J. B., Willems, P. J., Oostra, B. A., Irwin, S. A., Weiler, I. J., y Greenough, W. T., «Abnormal Dendritic Spines in Fragile X Knockout Mice: Maturation and Pruning Deficits», *Proceedings of the National Academy of Sciences USA*, 94 (10), 1997, págs. 5.401–5.404.

Coopmans, P., «Surface Word–Order Typology and Universal Grammar», *Language* 60 (1), 1984, págs. 55–69.

Corballis, M. C., *The Lopsided Ape, Evolution of the Generative Mind*, Nueva York, Oxford University Press, 1991.

Coveney, P., y Highfield, R., *Frontiers of Complexity*, Nueva York, Random House, 1995.

Crease, R. P., y Mann, C. C., *The Second Creation*, Nueva York, MacMillan, 1987.

Crick, F., *The Astonishing Hypothesis: the Scientific Search for the Soul*, Nueva York, Simon and Schuster, 1995. [Trad. cast.: *La búsqueda científica del alma*, Madrid, Debate, 2000.]

Cunningham, D. J., *Contribution to the Surface Anatomy of the Cerebral Hemispheres, Cunningham Memoirs*, Dublín, Royal Irish Academy of Science, 1892.

Curtiss, S., *Genie: a Psycholinguistic Study of a Modern Day "Wild Child"*, Nueva York, Academic Press, 1977.

— «Dissociations between Language and Cognition», *Journal of Autism and Developmental Disorders*, 11, 1981, págs. 15–30.

Cziko, G., *Without Miracles: Universal Selection Theory and the Second Darwinian Revolution*, Cambridge, Massachusetts, MIT Press, 1995.

Damasio, A., y Damasio, H., «Brain and Language», *Scientific American*, 267 (3), 1992, págs. 89–95.

Damasio, H., Grabowski, T. J., Tranel, D., Hichwa, R. D., y Damasio, A. R., «A Neural Basis for Lexical Retrieval», *Nature*, 380 (6.574), 1996, 499–505.

Däniken, E. v., *Chariots of the Gods?: Unsolved Mysteries of the Past*, Nueva York, G. P. Putnam's Sons, 1970.

Davidoff, J., *Cognition and Color*, Cambridge, Massachusetts, MIT Press, 1991.

Davis, P. J., y Hersh, R., *The Mathematical Experience*, Boston, Houghton, Mifflin, 1981. [Trad. cast.: *La experiencia matemática*, Cerdanyola, Labor, 1989.]

Deacon, T. W., «Brain–Language Coevolution», en J. A. Hawkins y M. Gell–Mann (eds.), *The Evolution of Human Languages*, Redwood City, California, Addison–Wesley, 1992.

— *The Symbolic Species: the Co–Evolution of Language and the Brain*, Nueva York, W. W. Norton, 1997.

DeFries, J. C., Fulker, D. W., y LaBuda, M. C., «Evidence for a Genetic Aetiology in Reading Disability of Twins», *Nature* 329 (6.139), 1987, págs. 537–539.

Dennett, D. C., *Darwin's Dangerous Idea*, Nueva York, Simon y Schuster, 1995. [Trad. cast.: *La peligrosa idea de Darwin: evolución y significados de la vida*, Barcelona, Galaxia, 2000.]

— «The Scope of Natural Selection», *Boston Review*, octubre/noviembre, 1996, págs. 34–36.

Dennis, M., y Whitaker, H., «Language Acquisition Following Hemidecortication: Linguistic Superiority of the Left Over the Right Hemisphere, *Brain and Language*, 3, 1976, págs. 404–433.

Devlin, K. «Are Mathematicians Turning Soft», *Focus*, 1 abril, 1996a, http://www.maa.org/devlin.devlinangle.april.html.

— «Soft Mathematics: the Mathematics of People. Resources for Math and Decision Making: Original Articles, Mathematics Awareness Week», 1996b, http://forum.swarthmore.edu/social/articles/softmath.short.html.

— *Goodby, Descartes*, Nueva York, John Wiley, 1997.

Dobzhansky, T., *Origins of the Modern Mind*, New Haven, Yale University Press, 1962.

Donald, M., *Origins of the Modern Mind*, Cambridge, Massachusetts, Harvard University Press, 1991.

Doudady, S., y Couder, Y., «Phyllotaxis as a Physical Self–Organized Growth Process», *Physical Review Letters*, 68, 1992, págs. 2.098–2.101.

— «La Physique des Spirales Végétales», *La Recherche* 24 (250) 1993a, págs. 26–35.

— «Phyllotaxis as a Physical Self–Organized Growth Process», en J. M. Garcia–Ruiz (ed.), *Growth Patterns in Physical Sciences and Biology*, Nueva York, Plenum, 1993b, págs. 341–352.

Dreifus, C., «She Talks to Apes and, According to Her, They Talk Back», *New York Times*, 14 abril 1998, pág. C4.

Duboule, D., «How to Make a Limb?», *Science*, 266 (5.182), 1994, págs. 575–576.

Dunne, P. W., Doody, R., Gopnik, M., y Ashizawa, T., «Simulation Analysis of a Large British Pedigree Segregating a Newly Characterized Autosomal Dominant Language Disorder: Familial Developmental Dysphasia», *American Journal of Human Genetics*, 53 (3), 1993, pág. 1.692.

Dyson, F. J., «Mathematics in the Physical Sciences», *Scientific American*, 211 (3), 1964, págs. 128–146.

Eddington, A. *New Pathways in Science*. Cambridge, Cambridge University Press, 1935.

Eibl–Eibesfeldt, I., *Ethology: the Biology of Behavior*, Nueva York, Holt, Rinehart y Winston, 1970. [Trad. cast.: *Biología del comportamiento humano: manual de etología humana*, Madrid, Alianza, 1993.]

Eidelberg, D., y Galaburda, A. M. «Symmetry and Asymmetry in the Human Posterior Thalamus, I. Cytoarchitectonic Analysis in Normal Persons, *Archives of Neurology*, 39, 1982, págs. 325–332.

Eigen, M., y Winkler, R., *Laws of the Game: how the Principles of Nature Govern Change*, Nueva York, Harper and Row, 1983.

Einstein, A., «The Fundamentals of Theoretical Physics», en *The Theory of Relativity and Other Esssays*, Nueva York, Citadel, 1996, págs. 53–65.

Eldredge, N., *Reinventing Darwin: the Great Debate at the High Table of Evolutionary Theory*, Nueva York, John Wiley and Sons, 1995.

Elman, J. L., Bates, E. A., Johnson, M. H., Karmiloff–Smith, A., Parisi, D., y Plunkett, K., *Rethinking Innateness*, Cambridge Massachusetts, MIT Press, 1996.

Eustis, R. S., «The Primary Etiology of the Specific Language Disabilities», *The Journal of Pediatrics*, 31 (4), 1947, págs. 448–455.

Ewart, A. K., Morris, C. A., Atkinson, D., Jin, W., Sternes, K., Spallone, P., Stock, A. D., Leppert, M., y Keating, M. T., «Hemizygosity at the Elastin Locus in a Developmental Disorder, Williams Syndrome», *Nature Genetics*, 5 (1), 1993, págs. 11–16.

Finucci, J. M., y Childs, B., «Dyslexia: Family Studies», en C. Ludlow y J. A. Cooper (eds.), *Genetic Aspects of Speech and Language Disorders*, Nueva York, Academic Press, 1983, págs. 157–167.

Fischer, S. E., Vargha–Khadem, F., Watkins, K. E., Monaco, A. P., y Pembrey, M. E., «Localisation of a Gene Implicated in a Severe Speech and Language Disorder», *Nature Genetics* 18, 1998, págs. 168–170.

Frangiskakis, J. M., Ewart, A. K., Morris, C. A., Mervis, C. B., Bertrand, J., Robinson, B. F., Klein, B. P., Ensing, G. J., Everett, L. A., Green, E. D., Pröschel, C., Gutowski, N. J., Noble, M., Atkinson, D. L., Odelberg, S. J., y Keating, M. T., «LIM–kinase1 Hemizygosity Implicated in Impaired Visuospatial Constructive Cognition», *Cell*, 86 (1), págs. 59–69.

Fritzsch, H., *Quarks: the Stuff of Matter*, Nueva York, Basic, 1983. [Trad. cast.: *Los quarks, la materia prima del nuestro universo*, Madrid, Alianza, 1994.]

Froster, U., Schulte–Körne, G., Hebebrand, J., y Remschmidt, H., «Cosegregation of Balanced Translocation (1;2) with Retarded Speech Development and Dyslexia» *Lancet* 342 (8.864), 1993, págs. 178–179.

Fukui, N., «On the Nature of Economy in Language», *Cognitive Studies*, 3 (1), 1996, págs. 51–71.

Gajdusek, D. C., McKhann, G. M., y Bolis, L. C. (eds.), *Evolution and Neurology of Language*, Amsterdam, Elsevier, 1994.

Galaburda, A. M. (ed.), *Dyslexia and Development, Neurobiological Aspects of Extra–Ordinary Brains*, Cambridge, Massachusetts, Harvard University Press, 1993.

Galaburda, A. M., y Eidelberg, D., «Symmetry and Asymmetry in the Human Posterior Thalamus, II. Thalamic Lesions in a Case of Developmental Dyslexia. *Archives of Neurology*, 39, 1982, pág. 333–336.

Galaburda, A. M., y Geschwind, N., «The Human Language Areas and Cerebral Asymmetries», *Revue Médicale de la Suisse Romande*, 100 (2), 1980, 119–128.

— «Anatomical Asymmetries in the Adult and Developing Brain and their Implications for Function», en L. A. Barness (ed.), *Advances in Pediatrics*, Chicago, Year Book Medical, 1981, págs. 271–292.

Galaburda, A. M., y Kemper, T. L., «Cytoarchitectonic Abnormalities in Developmental Dyslexia: a Case Study», *Annals of Neurology*, 6 (2), 1979, páginas 94–100.

Galaburda, A. M., Sanides, F., y Geschwind, N., «Human Brain: Cytoarchitectonic Left–Right Asymmetries in the Temporal Speech Region», *Archives of Neurology*, 35 (12), 1978, págs. 812–817.

Galaburda, A. M., Wang, P. P., Bellugi, U., y Rossen, M., «Cytoarchitectonic Anomalies in a Genetically Based Disorder: Williams Syndrome», *Neuroreport* 5 (7), págs. 753–757, 1994.

Gallistel, C. R., *The Organization of Learning*, Cambridge, Massachusetts, MIT Press, 1993.

— «Neurons and Memory», en M. S. Gazzaniga (ed.), *Conversations in the Cognitive Neurosciences*, Cambridge, Massachusetts, MIT Press, 1997, págs. 71–89.

Gannon, P. J., Holloway, R. L., Broadfield, D. C., y Braun, A. R., «Asymmetry of Chimpanzee Planum Temporale: Humanlike Brain Pattern of Wernicke's Language Area Homolog», *Science* 279 (5.348), 1998, págs. 220–222.

Gazzaniga, M. S., «Language and the Cerebral Hemispheres», en D. C. Gajdusek, G. M. McKhann, y L. C. Bolis (eds.), *Evolution and Neurology of Language*, Amsterdam, Elsevier, 1994, págs. 106–109.

— *The Mind's Past*, Berkeley, University of California Press, 1998. [Trad. cast.: *El pasado de la mente*, Barcelona, Andrés Bello, 1999.]

Gedeon, A. K., Keinänen, M., Adès, L. C., Kääriäinen, H., Gécz, J., Baker, E., Sutherland, G. R., y Mulley, J. C., «Overlapping Submicroscopic Deletions in Xq28 in Two Unrelated Boys with Developmental Disorders: Identification of a Gene Near FRAXE», *American Journal of Human Genetics*, 56 (4), 1995, págs. 907–914.

Gell–Mann, M., *The Quark and the Jaguar*, Nueva York, W. H. Freeman, 1994. [Trad. cast., *El quark y el jaguar*, Barcelona, Tusquets, 1995.]

Geschwind, N., «Language and the Brain», *Scientific American*, 226 (4), 1972, págs. 76–83.

— *Selected Papers on Language and the Brain*, Dordrecht, D. Reidel, 1974.

— «The apraxias: Neural Mechanisms of Disorders of Learned Movement», *American Scientist*, 63, 1975, págs. 188–195.

— «Anatomical and Functional Specialization of the Cerebral Hemispheres in the Human, *Bulletin et Mémoires de l'Académie Royale de Médecine de Belgique*, 134 (6), 1979a, págs. 286–297.

— «Asymmetries of the Brain – New Developments», *Bulletin of the Orton Society*, 29, 1979b, págs. 67–73.

— «Specializations of the Human Brain», *Scientific American* 241 (3), 1979c, 180–199.

— «Biological Foundations of Cerebral Dominance», *Trends in Neurosciences* 6 (9), 1983a, págs. 354–356.

— «The Organisation of the Living Brain», en J. Miller (ed.), *States of Mind*, Nueva York, Pantheon, 1983b, págs. 116–134.

Geschwind, N., y Behan, P. O., «Left–handedness: Association with Immune Disease, Migraine, and Developmental Learning Disorder», *Proceedings of the National Academy of Sciences USA*, 79 (16), 1982, págs. 5.097–5.100.

— «Laterality, Hormones, and Immunity», en N. Geschwind y A. M. Galaburda (eds.), *Cerebral Dominance: the Biological Foundations*, Cambridge, Massachusetts, Harvard University Press, 1984.

Geschwind, N., y Galaburda, A. M. (eds.), *Cerebral Dominance: the Biological Foundations*. Cambridge, Massachusetts, Harvard University Press, 1984.

— *Cerebral Lateralization*, Cambridge, Massachusetts, MIT Press, 1987.

Geschwind, N., y Levitsky, W., «Human Brain: Left–Right Asymmetries in Temporal Speech Region», *Science* 161 (3.837), 1968, págs. 186–187.

Gilbert, S. F., *Developmental Biology*, (5ª edición), Sunderland, Massachusetts, Sinauer Associates, 1997.

Gilbert, S. F., Opitz, J. M., y Raff, R. A., «Resynthesizing Evolutionary and Developmental Biology», *Developmental Biology*, 173 (2), 1996, págs. 357–372.

Glashow, S. L., *From Alchemy to Quarks*, Pacific Grove, California, Brooks/Cole, 1994.

Glashow, S. L., con B. Bova, *Interactions*, Nueva York, Warner, 1988. [Trad. cast.: *Interacciones: una visión del mundo desde el encanto de los átomos*, Barcelona, Tusquets, 1994.]

Gliedman, J., «Interview with Noam Chomsky», *Omni*, noviembre 1983, págs. 113–114, 116, 118 y 171–174.

Goldsmith, J. A. (ed.), *The Handbook of Phonological Theory*, Cambridge, Massachusetts, Blackwell, 1995.

Goodenough, U., *Genetics* (2ª edición), Nueva York, Holt, Rinehart y Winston, 1978. [Trad. cast.: *Genética*, Barcelona, Ediciones Omega, 1981.]

Goodman, D., «Similarities Found in Human, Chimp Brains», manuscrito no publicado, 1998, *http://www.columbia.edu/cu.pr.*

Goodwin, B., *How the Leopard Changed its Spots*, Nueva York, Charles Scribner's Sons, 1994. [Trad. cast.: *Las manchas del leopardo, la evolución de la complejidad*, Barcelona, Tusquets, 1998.]

Gopnik, M. «Feature Blindness: a Case Study. *Language Acquisition* 1 (2), 1990, págs. 139–164.

Gopnik, M., y Crago, M. B., «Familial Aggregation of a Developmental Language Disorder», *Cognition* 39 (1), 1991, págs. 1–50.

Gould, J. L., y Marler, P., «Learning by Instinct», *Scientific American*, 256 (1), 1987, págs. 74–85.

Gould, S. J., «Natural Selection and the Human Brain: Darwin vs. Wallace», en *The Panda's Thumb*, Nueva York, W. W. Norton, 1980.

— «Common Pathways of Illumination», *Natural History*, 103 (12), 1994, págs. 10–20.

— «The Pattern of Life's History», en J. Brockman (ed.), *The Third Culture*, Nueva York, Simon and Schuster, 1995.

— «Darwinian Fundamentalism», *The New York Review of Books*, 12 junio, 1997a, págs. 34–37.

— «Evolution: the Pleasures of Pluralism», *The New York Review of Books*, 26 junio, 1997b, págs. 47–52.

— «As the Worm Turns», *Natural History*, 106 (1), 1997c, págs. 24–27, 68–73.

Gould, S. J., y Lewontin, R. C., «The Spandrels of San Marco and the Panglossian Paradigm: a Critique of the Adaptationist Programme», *Proceedings of the Royal Society*, B205, 1979, págs. 581–598.

Green, E., y Boller, F., «Features of Auditory Comprehension in Severely Impaired Aphasics», *Cortex* 10 (2), 1974, págs. 133–145.

Greenfield, P. M., «Language, Tools and Brain: the Ontogeny and Phylogeny of Hierachically Organized Sequential Behavior», *Behavioral and Brain Sciences*, 14 (4), 1991, págs. 531–595.

Greenspan, R. J., «Understanding the Genetic Construction of Behavior», *Scientific American*, 272 (4), 1995, págs. 72–78.

Griffiths, A. J. F., Miller, J. H., Suzuki, D. T., Lewontin, R. C., y Gelbart, W. M., *An Introduction to Genetic Analysis* (5ª edic.), Nueva York, W. H. Freeman, 1993. [Trad. cast.: *Genética moderna*, Aravaca, McGraw Hill, 1995.]

Guillen, M., *Five Equations that Changed the World*, Nueva York, Hyperion, 1995.

Hackl, M., «Verb–Zweit bei Agrammatismus – Zwei Fallstudien», tesis doctoral, Universidad de Viena, 1995.

Haider, H. «The case of German», en J. Toman (ed.), *Studies in German Grammar*, Dordrecht, Foris, 1985a, págs. 65–101.

— «A Unified Account of Case– and q–Marking: the Case of German», *Papiere zur Linguistik*, 321, 1985b, págs. 3–36.

— «Chance and Necessity in Diachronic Syntax – Word Order Typologies and the Position of Modern Persian Relative Clauses», en J. Fisiak (ed.), *Papers from the 6th International Conference on Historical Linguistics*, Amsterdam, Benjamins, 1985c.

Håkansson, G., «The Acquisition of Negative Placement in Swedish», *Studia Linguistica*, 43 (1), 1989, págs. 47–58.

Hallgren, B., «Specific Dyslexia ("Congenital Word–Blindness"): a Clinical and Genetic Study», *Acta Psychiatrica et Neurologica (Scandinavica)*, suplemento 65, 1950.

Hansen, S., Perry, T. L., y Wada, J. A., «Amino Acid Analysis of Speech Areas in Human Brain: Absence of Left–Right Asymmetry», *Brain Research*, 45, 1972, págs. 318–320.

Harnad, S. R., Steklis, H. S., y Lancaster, J. (eds.), *Origin and Evolution of Language and Speech*, Nueva York, Annals of the New York Academy of Sciences, 1976.

Harris, Z. S., «From Phoneme to Morpheme», *Language* 32 (2), 1955, páginas 190–222.

Hart, J., Jr., Berndt, R. S., y Caramazza, A., «Category–Specific Naming Deficit Following Cerebral Infarction», *Nature* 316 (6.027), 1985, páginas. 439–440.

Hauser, M. D., *The Evolution of Communication*, Cambridge, Massachusetts, MIT Press, 1996.

Hayes, J. R., y Clark, H. H., «Experiments on the Segmentation of an Artificial Speech Analogue». En J. R. Hayes (ed.), *Cognition and the Development of Language*, Nueva York, John Wiley and Sons, 1970, págs. 221–233.

Heilman, K., Scholes, R., y Watson, R., «Auditory Affective Agnosia. Disturbed Comprehension of Affective Speech», *Journal of Neurology, Neurosurgery and Psychiatry*, 38 (1), 1975, págs. 69–72.

Heilman, K. M., y Satz, P. (eds.), *Neuropsychology of Human Emotion*, Nueva York, Guilford Press, 1983.

Henley, E. M., «Symmetries throughout the Sciences», (Artículos de coloquio), USA 93, págs. 14.215–14.301.

Herbert, W., «Scientists Find Hereditary Form of Dyslexia», *Science News* 123 (12), 1983, pág. 180.

Herman, K., *Reading Disability: a Medical Study of Word–blindness and Related Handicaps*, Springfield, Illinois, Charles C. Thomas, 1959.

Hildebrandt, S., y Tromba, A., *The Parsimonious Universe*, Nueva York, Springer–Verlag, 1996.

Hinds, H. L., Ashley, C. T., Stucliffe, J. S., Nelson, D. L., Warren, S. T., Housman, D. E., y Schalling, M., «Tissue Specific Expression of FMR–1 Provides Evidence for a Functional Role in Fragile X Syndrome», *Nature Genetics* 3 (1), 1993, págs. 36–43.

Ho–Kim, Q., Kumar, N., y Lam, C. S., *Invitation to Contemporary Physics*, Singapur, World Scientific, 1991.

Horgan, J., «Gruff Guru of Condensed–Matter Physics», *Scientific American*, 271 (5), 1994, págs. 34–35.

— «The New Social Darwinists», *Scientific American*, 273 (4), 1995, págs. 174–181.

Hornos, J. E. M., y Hornos, Y. M. M., «Algebraic Model for the Evolution of the Genetic Code», *Physical Review Letters*, 71 (26), 1993, págs. 4.401–4.404.

Housman, D., Kidd, K., y Gusella, J. F., «Recombinant DNA Approach to Neurogenetic Disorders», *Trends in Neurosciences* 5 (9), 1982, págs. 320–323.

Hubel, D., «A Big Step Along the Visual Pathway», *Nature*, 380 (6.571), 1996, págs. 197–198.

— «The Brain», *Scientific American*, 241 (3), 1979, págs. 38–46.

— *Eye, Brain, and Vision*, Nueva York, W. H. Freeman, 1988. [Trad. cast.: *Ojo, cerebro y visión*, Murcia, Servicio de Publicaciones de la Universidad, 2000.]

Huber, W., «A Neurolinguistic Look at Language Universals», en H. Seiler (ed.), *Language Universals*, Tübinger, Gunter Narr Verlag, 1978, págs. 185–206.

Hughes, C. P., Chan, J. L., y Su, M. S., «Aprosodia in Chinese Patients With Right Cerebral Hemisphere Lesions», *Archives of Neurology*, 40 (12), 1983, págs. 732–736.

Hurford, J. R., «Evolutionary Modelling of Language» (Apéndice) en D. C. Gajdusek, G. M. McKhann, y L. C. Bolis (eds.), *Evolution and Neurology of Language*, Amsterdam, Elsevier, 1994a, págs. 149–157.

— «Linguistics and Evolution: a Background Briefing for Non–Linguists», en D. C. Gajdusek, G. M. McKhann, y L. C. Bolis (eds.), *Evolution and Neurology of Language*, Amsterdam, Elsevier, 1994b, págs. 158–168.

Hurst, J. A., Baraitser, M., Auger, E., Graham, F., y Norell, S., «An Extended Family with a Dominantly Inherited Speech Disorder», *Developmental Medicine and Child Neurology*, 32 (1), 1990, págs. 352–355.

Huybregts, R., y Riemsdijk, H. C. van (eds.), *Noam Chomsky on the Generative Enterprise: a Discussion with Riny Huybregts and Henk van Riemsdijk*, Dordrecht, Foris, 1982.

Ingram, T. T. S., «Paediatric Aspects of Specific Developmental Dysphasia, Dyslexia and Dysgraphia», *Cerebral Palsy Bulletin*, 2 (4), 1960, págs. 254–277.

Jackendorff, R., *Patterns in the Mind*, Nueva York, Basic HarperCollins, 1994.

Jacob, F., *The Logic of Life: a History of Heredity*, Nueva York, Vintage, 1976. [Trad. cast.: *La lógica de lo viviente: una historia de la herencia*, Barcelona, Tusquets, 1999.]

— «Evolution and Tinkering», *Science*, 196 (4.295), 1977, págs. 1.161–1.166.

— «Darwinism Reconsidered», *Atlas*, enero 1978 (traducido de *Le Monde*, 6–8 septiembre, 1977).

— *The Possible and the Actual*, Seattle, University of Washington Press, 1982.

Jenkins, J. B., *Genetics*, Boston, Houghton, Mifflin, 1975. [Trad. cast., *Genética*, Barcelona, Editorial Reverté, 1985.]

Jenkins, L., «Modality in English Syntax», tesis doctoral, Cambridge, Massachusetts, MIT, 1972.

— «The Genetics of Language», *Linguistics and Philosophy*, 3, 1979, págs. 105–119.

— «Biolinguistics – Structure, Development and Evolution of Language», en V. Solovyev (ed.), *The 40th Anniversary of Generativism*, revista en Internet de lingüística formal, computacional y cognitiva 1.2, Departamento de Ciencias Informáticas, Universidad del Estado de Kazan, 1997.

Jenkins, L., y Maxam, A., «Acquiring Language» (Carta), *Science*, 276 (5.316), 1997, págs. 1.178–1.179.

Jerne, N. K., «Antibodies and Learning: Selection versus Instruction», en G. C. Quarton, T. Melnechuk, y F. O. Schmitt (eds.), *The Neurosciences: a Study Program*, Nueva York, Rockefeller University Press, 1967.

— «The Generative Grammar of the Immune System», *Science*, 229 (4.718), 1985, 1.057–1.059.

Joos, M. (ed.), *Readings in Linguistics*, Washington, American Council of Learned Societies, 1957.

Jordan, D. R., *Dyslexia in the Classroom*, Columbus, Ohio, Charles E. Merrill, 1977.

Jusczyk, P. W., *The Discovery of Spoken Language*, Cambridge, Massachusetts, MIT Press, 1997.

Kaku, M., *Hyperspace*, Nueva York, Doubleday, 1995. [Trad. cast., *Hiperespacio*, Barcelona, Crítica, 1996.]

Kaku, M., y Thompson, J. *Beyond Einstein*, Nueva York, Doubleday, 1995.

Kauffman, S. A., *The Origins of Order*, Oxford, Oxford University Press, 1993.

Kayne, R. S., *Connectedness and Binary Branching*, Dordrecht, Foris, 1984.

— *The Antisymmetry of Syntax*, Cambridge, Massachusetts, MIT Press, 1994.

Kean, M. –L., «The Theory of Markedness in Generative Grammar», tesis doctoral, Cambridge, Massachusetts, MIT, 1974.

Kilgsolver, J. G., y Koehl, M. A. R., «Aerodinamics, Thermoregulation, and the Evolution of the Insect Wings: Differential Scaling and Evolutionary Change», *Evolution*, 39, 1985, págs. 488–504.

Kitahara, H., *Elementary Operations and Optimal Derivations*, Cambridge, Massachusetts, MIT Press, 1997.

Kolb, B., y Whishaw, I. Q., *Fundamentals of Human Neuropsychology*, San Francisco, W. H. Freeman, 1980. [Trad. cast.: *Fundamentos de neuropsicología*, Cerdanyola, Labor, 1986.]

Kondo, S., y Asai, R., «A Reaction–Diffusion Wave on the Skin of the Marine Angelfish *Pomacanthus*», *Nature* 376 (6.543), 1995, 765–768.

Konigsmark, B. W., y Gorlin, R. J., *Genetic and Metabolic Deafness*, Filadelfia, W. B. Saunders, 1976.

Kornberg, A., *For the Love of Enzymes*, Cambridge, Massachusetts, Harvard University Press, 1989. [Trad. cast., *Pasión por las enzimas*, Madrid, Pirámide, 1992.]

Lamy, M., Launay, C., y Soulé, M., «Dyslexie spécifique chez deux jumeaux identiques», *La Semaine Des Hôpitaux de Paris* 28 (35), 1952, págs. 1.475–1.477.

Langer, R. E., «Fourier's Series: the Genesis and Evolution of a Theory», *American Mathematical Monthly*, suplemento, 54 (7), 1947, págs. 1–86.

Langone, J., «Deciphering Dyslexia», *Discover*, 1983, págs. 34–42.

Larsen, B., Skinhøj, E., y Lassen, N. A., «Variations in Regional Cortical Blood Flow in the Right and Left Hemispheres During Automatic Speech», *Brain*, 101 (Parte II), 1978, págs. 193–209.

Lasnik, H., «On the Locality of Movement: Formalist Syntax Position Paper», en M. Darnell, E. Moravscik, M. Noonan, F. Newmeyer, y K. Wheatly (eds.), *Functionalism and Formalism in Linguistics*, vol. I, Amsterdam, Benjamins, 1999, págs. 33–54.

Lavenda, B. H., «Brownian Motion», *Scientific American*, 252 (2), 1985, págs. 70–85.

Lawrence, P. A., *The Making of a Fly*, Oxford, Blackwell Scientific, 1992.

Lawrence, S., Giles, C. L., y Fong, S., *On the Applicability of Neural Network and Machine Learning Methodologies to Natural Language Processing*, informe técnico UMIACS- TR- 95–64 y CS- TR- 3479. NEC Research Institute, Princeton, e Institute for Advanced Computer Studies, Universidad de Maryland, 1997.

LeMay, M., «Asymmetries of the Brains and Skulls of Nonhuman Primates», en S. D. Glick (ed.), *Cerebral Lateralization in Nonhuman Species*, Orlando, Florida, Academic Press, 1985.

LeMay, M., y Geschwind, N., «Hemispheric Differences in the Brains of Great Apes», *Brain, Behavior and Evolution*, 11, 1975, págs. 48–52.

Lenneberg, E. H., *Biological Foundations of Language*, Nueva York, John Wiley and Sons, 1967. [*Fundamentos biológicos del lenguaje*, Madrid, Alianza, 1985.]

Levitov, L. S., «Phyllotaxis of Flux Lattices in Layered Superconductors», *Physical Review Letters*, 66 (2), 1991, págs. 224–227.

Lieberman, P. *The Biology and Evolution of Language*, Cambridge, Massachusetts, Harvard University Press, 1984.

Lightfoot, D., *The Language Lottery: Toward a Biology of Grammars*, Cambridge, Massachusetts, MIT Press, 1982.

— *How to Set Parameters: Arguments from Language Change*, Cambridge, Massachusetts, MIT Press, 1991.

Lines, M. E., *On the Shoulders of Giants*, Bristol y Filadelfia, Institute of Physics, 1994.

Livingstone, M. S., Rosen, G. D., Drislane, F. W., y Galaburda, A. M., «Physiological and Anatomical Evidence for a Magnocellular Defect in Developmental Dyslexia», *Proceedings of the National Academy of Sciences USA*, 88 (18), 1991, págs. 7.943–7.947.

Locke, J. L., *The Chil's Path to Spoken Language*, Cambridge, Massachusetts, Harvard University Press, 1993.

Lorenz, K. Z. *The Foundations of Ethology*, Nueva York, Simon and Schuster, 1981. [Trad. cast.: *Fundamentos de la etología*, Barcelona, Ediciones de Nuevo Arte Thor, 1989.]

Luchsinger, R., «Agrammatismus und syntaktische Redestörungen», *Schweizerische Lehrerzeitung (Pro Infirmis)*, 90 (17), 1945, págs. 273–275.

— «Agrammatismus und Dyslalie bei eineiigen Zwillingen», *Acta Geneticae Medicae et Gemellologiae*, 6 (2), 1957, 247–254.

Luchsinger, R., y Arnold, G. E., *Voice–Speech–Language, Clinical Communicology: its Physiology and Pathology*, Belmont, California, Wadsworth, 1965.

Luria, A. R., *The Man with a Shattered World*, Nueva York, Basic, 1972.

Luria, S. E., *Life, the Unfinished Experiment*, Nueva York, Charles Scribner's Sons, 1973. [Trad. cast.: *La vida, un experimento inacabado*, Madrid, Alianza, 1975.]

— «Colicins and the Energetics of Cell Membranes», *Scientific American*, 233 (6), 1975a, págs. 30–37.

— «What Can Biologists Solve?», en A. Montagu (ed.), *Race and IQ*, Nueva York, Oxford University Press, 1975b, págs. 42–51.

Magnus, R., *Goethe als Naturforscher*, Leipzig, Barth, 1906.

Mange, E. J., y Mange, A. P., *Basic Human Genetics*, Sunderland, Massachusetts, Sinauer, 1994.

Marshall, J. C., «The New Organology», *The Behavioral and Brain Sciences*, 3 (1), 1980, págs. 23–25.

— «A Fruit By Any Other Name», *Nature*, 316 (6.027), 1985, pág. 388.

Marslen–Wilson, W. D., y Tyler, L. K., «Dissociating Types of Mental Computation», *Nature*, 387 (6.633), 1997, págs. 592–594.

Maxam, A. M., «Nucleotide Sequencing of DNA», tesis doctoral, Universidad de Harvard, 1980.

— «Nucleotide Sequence of DNA», en S. M. Weissman (ed.), *Methods of DNA and RNA Sequencing*, 1983, Nueva York, Praeger, págs. 113–167.

Maxam, A. M., y Gilbert, W., «A New Method for Sequencing DNA», *Proceedings of the National Academy of Sciences USA*, 74 (2), 1977, págs. 560–564.

Maynard Smith, J., «Genes, Memes, and Minds: Review of Daniel Dennett's *Darwin's Dangeorus Idea*», *New York Review of Books*, 30 noviembre 1995, págs. 46–48.

— «Language and Evolution (Reply to Noam Chomsky).» *New York Review of Books*, 1 febrero, 1996, pág. 41.

Maynard Smith, J., Burian, R., Kauffman, S., Alberch, P., Campbell, J., Goodwin, B., Lande, R., Raup, D., y Wolpert, L., «Developmental Constraints and Evolution», *The Quarterly Review of Biology*, 60 (3), 1985, págs. 265–287.

Maynard Smith, J., y Szathmáry, E., «Language and Life», en M. P. Murphy y L. A. J. O'Neill (eds.), *What is Life? The Next Fifty Years*, Cambridge, Cambridge University Press, 1995a, págs. 67–77.

— *The Major Transitions in Evolution*, W. H. Freeman, 1995b.

McCarthy, R. A., y Warrington, E. K., *Cognitive Neuropsychology: a Clinical Introduction*, Nueva York, Academic, 1990.

McCormack, M. A., Rosen, K. M., Villa–Komaroff, L., y Mower, G. D. (1992), «Changes in Immediate Early Gene Expression During Postnatal Development of Cat Cortex and Cerebellum», *Molecular Brain Research*, 12, 1992, págs. 215–223.

McGinn, C., «Review of Noam Chomsky, *Rules and Representations*», *Journal of Philosophy*, 78 (5), 1981, págs. 288–298.

McKusick, V. A., *Mendelian Inheritance in Man: Catalogs of Autosomal Dominant, Autosomal Recessive, and X–Linked Phenotypes* (5ª ed.), Baltimore, Johns Hopkins University Press, 1978.

Medawar, P. B., y Medawar, J. S., *The Life Science*, Londres, Paladin Granada, 1978.

Mehler, J., y Dupoux, E., *What Infants Know*, Cambridge, Massachusetts, Blackwell, 1994. [Trad. cast.: *Nacer sabiendo*, Madrid, Alianza, 1994.]

Meinhardt, H., «Dynamics of Stripe Formation», *Nature* 376 (6.543), 1995, págs. 722–723.

Mermin, N. D., *Boojums All the Way Through*, Cambridge, Cambridge University Press, 1990.

Miller, G. A., *The Science of Words*, W. H. Freeman, 1991.

Miller, G. A., y Chomsky, N., «Finitary Models of Language Users», en R. D. Luce, R. Bush, y E. Galanter (eds.), *Handbook of Mathematical Psychology*, Nueva York, John Wiley, 1963, págs. 419–492.

Monod, J., *Chance and Necessity: an Essay on the Natural Philosophy of Modern Biology*, Nueva York, Collins/Fontana, 1974. [Trad. cast.: *El azar y la necesidad*, Barcelona, Tusquets, 1989.]

Moorhead, P. S., y Kaplan, M. M. (eds.), *Mathematical Challenges to the Neo–Darwinian Interpretation of Evolution*, Filadelfia, Wistar Institute Press, 1967.

Morgan, T. H., «The Relation of Genetics to Physiology and Medicine», *Scientific Monthly*, 41, 1935, págs. 5–18.

Motz, L., y Weaver, J. H., *The Story of Physics*, Nueva York, Avon, 1989.

Mukerjee, M., «Explaining Everything», *Scientific American*, 274 (1), 1996, páginas 88–94.

Muller, H. J., «The Production of Mutations», en *Nobel Lectures in Molecular Biology 1933–1975*, Nueva York, Elsevier, (1977[1946]), págs. 25–42.

Newman, S. A., «Genetical Physical Mechanisms of Morphogenesis and Pattern Formation as Determinants in the Evolution of Multicellular Organization», en J. Mittenthal y A. Baskin (eds.), *Principles of Organization in Organisms*, Reading, Massachusetts, Addison–Wesley, 1992, págs. 241–267.

Newman, S. A., Frisch, H. L., y Percus, J. K., «On the Stationary State Analysis of Reaction–Diffusion Mechanisms for Biological Pattern Formation», *Journal of Theoretical Biology*, 134, 1988, págs. 183–197.

Newport, E. L., «Maturational Constrains on Language Learning», *Cognitive Science*, 14 (1), 1990, págs. 11–28.

— «Contrasting Conceptions of the Critical Period for Language», en S. Carey y R. Gelman (eds.), *The Epigenesis of Mind: Essays on Biology and Cognition*, Hillsdale, Nueva Jersey, Lawrence Erlbaum, 1991, págs. 111–130.

O'Grady, W., *Syntactic Development*, Chicago, University of Chicago Press, 1997.

Oberlé, I., Rousseau, F., Heitz, D., Kretz, C., Devys, D., Hanauer, A., Boué, J., Bertheas, M. F., y Mandel, J. L., «Instability of a 550–Base Pair DNA Segment and Abnormal Methylation in Fragile X Syndrome», *Science*, 252 (5.010), 1991, págs. 1.097–1.102.

Ojemann, G. A., «Brain Organization for Language from the Perspective of Electrical Stimulation Mapping», *Behavioral and Brain Sciences*, 6 (2), 1983, págs. 189–230.

Oke, A., Keller, R., Mefford, I., y Adams, R. N., «Lateralization of Norepinephrine in Human Thalamus», *Science*, 200 (4.348), 1978, págs. 1.411–1.413.

Orton, S. T., *Reading, Writing and Speech Problems in Children*, Nueva York, W. W. Norton, 1937.

Oster, G. F., Shubin, N., Murray, J. D., y Alberch, P., «Evolution and Morphogenetic Rules: the Shape of the Vertebrate Limb in Ontogeny and Phylogeny», *Evolution* 42 (5), 1988, págs. 862–884.

Otero, C. P., *Noam Chomsky: Language and Politics*, Montreal, Black Rose, 1988.

— «The Emergence of *Homo Loquens* and the Laws of Physics» (respuesta a Pinker y Bloom), *Behavioral and Brain Sciences* 13 (4), 1988, páginas 747–750.

Ott, J., *Analysis of Human Genetic Linkage*, Baltimore, Johns Hopkins University Press, 1991.

Pais, A., *Inward Bound: of Matter and Forces in the Physical World*, Oxford, Clarendon, 1986.

Pembrey, M., «Genetics and Language Disorder», en P. Fletcher and D. Hall (eds.), *Specific Speech and Language Disorders in Children: Correlates, Characteristics, and Outcomes*, San Diego, Singular, 1992, págs. 51–62.

Pennington, B. F., Gilger, J. W., Pauls, D., Smith, S. A., Smith, S. D., y DeFries, J. C., «Evidence for Major Gene Transmission of Developmental Dyslexia», *Journal of the American Medical Association*, 266 (11), 1991, págs. 1.527–1.534.

Peterson, I., *The Mathematical Tourist*, Nueva York, W. H. Freeman, 1988. [Trad. cast.: *El turista matemático*, Madrid, Alianza, 1997.]

Piatelli–Palmarini, M., *Program Activities in 1974*, París, Centre Royaumont Pur une Science de l'Homme, 1974.

— (ed.), *Language and Learning: the Debate Between Jean Piaget and Noam Chomsky*, Cambridge, Massachusetts, Harvard University Press, 1980.

— «Evolution, Selection and Cognition: from "Learning" to Parameter Setting in Biology and in the Study of Language», *Cognition*, 31 (1), 1989, págs. 1–44.

— «Ever Since Language and Learning: Afterthoughts on the Piaget–Chomsky Debate», *Cognition*, 50, 1994, págs. 315–346.

— Pinker, S., *The Language Instinct*, Nueva York, William Morrow, 1994a. [Trad. cast.: *El instinto del lenguaje: cómo crea el lenguaje la mente*, Madrid, Alianza, 1996.]

— «On Language» (entrevista), *Journal of Cognitive Neuroscience*, 6(1), 1994, págs. 92–97.

— «Language is a Human Instinct», en J. Brockman (ed.), *The Third Culture*, Nueva York, Simon and Schuster, 1995, págs. 223–238.

— «Evolutionary Perspectives», en M. S. Gazzaniga (ed.), *Conversations in the Cognitive Neurosciences*, Cambridge, Massachusetts, MIT Press, 1997a, págs. 111–129.

— *How the Mind Works*, Nueva York, W. W. Norton, 1997b. [Trad. cast.: *Cómo funciona la mente*, Barcelona, Destino, 2001.]

Pinker, S., y Bloom, P., «Natural Language and Natural Selection», *Behavioral and Brain Sciences* 13 (4), 1990, págs. 707–784.

Planck, M., «The Unity of the Physical Universe», en *A Survey of Physical Theory*, Nueva York, Dover, 1993, págs. 1–26.

Plante, E., «MRI Findings in the Parents and Siblings of Specifically Language–Impaired Boys», *Brain and Language*, 41 (1), 1991, págs. 67–80.

Plotkin, H., *Evolution in Mind*, Cambridge, Massachusetts, Harvard University Press, 1998.

Poizner, H., Klima, E. S., y Bellugi, U., *What the Hands Reveal about the Brain*, Cambridge, Massachusetts, MIT Press, 1987.

Pollack, R., *Signs of Life*, Boston, Houghton Mifflin, 1994.

Prigogine, I., y Nicolis, G., «Symmetry–Breaking Instabilities in Dissipative Systems», *J. Chem. Phys.*, 46, 1967, págs. 3.542–3.550.

Pullum, G. K., «Formal Linguistics Meets the Boojum», *Natural Language and Linguistic Theory*, 7 (1), 1989, págs. 137–143.

— *The Great Eskimo Vocabulary Hoax*, Chicago, University of Chicago Press, 1991.

— «Language that Dare not Speak its Name», *Nature*, 386 (6.623), 1997, páginas 321–322.

Rabin, M., Wen, X. L., Hepburn, M., Lubs, H. A., Feldman, E., y Duara, R., «Suggestive Linkage of Developmental Dyslexia to Chromosome 1p34–p36», *Lancet* 342 (8.864), 1993, pág. 178.

Radford, A., *Syntactic Theory and the Acquisition of English Syntax: the Nature of Early Child Grammars of English*, Oxford, Blackwell, 1990.

Raff, R. A., *The Shape of Life*, Chicago, University of Chicago Press, 1996.

Riemsdijk, H. C. van, *A Case Study in Syntactic Markedness: the Binding Nature of Prepositional Phrases*, Lisse, Peter de Ridder, 1978.

Rizzi, L., *Issues in Italian Syntax*, Dordrecht, Foris, 1982.

Roberts, I., *Comparative Syntax*, Oxford, Oxford University Press, 1996.

Roberts, L., «Are Neural Nets Like the Human Brain?», *Science*, 243 (4.890), 1989, págs. 481–482.

Roeper, T., y Williams, E., *Parameter Setting*, Drodrecht, D. Reidel, 1987.

Rosen, K. M., McCormack, M. A., Villa–Komaroff, L., y Mower, G. D., «Brief Visual Experience Induces Immediate Early Gene Expression in the Cat Visual Cortex», *Proceedings of the National Academy of Sciences USA*, 89 (12), 1992, págs. 5.437–5.441.

Ross, E. D., «The Aprosodias: Functional–Anatomic Organization of the Affective Components of Language in the Right Hemisphere», *Archives of Neurology*, 38 (9), 1981, 561–569.

— «Nonverbal Aspects of Language», *Neurologic Clinics*, 11 (1), 1993, págs. 9–23.

Ross, E. D., y Mesulam, M. –M., «Dominant Language Functions of the Right Hemisphere? Prosody and Emotional Gesturing», *Archives of Neurology*, 36 (3), 1979, págs. 144–148.

Rothi, L. J., McFarling, D., y Heilman, K. M., «Conduction Aphasia, Syntactic Alexia, and the Anatomy of Syntactic Comprehension», *Archives of Neurology*, 39 (5), págs. 272–275.

Roush, W., «Fly Sex Drive Traced to *fru* Gene», *Science*, 274 (5.294), 1996, página 1.836.

Ruelle, D., *Chance and Chaos*, Princeton, Nueva Jersey, Princeton University Press, 1991. [Trad. cast.: *Azar y caos*, Madrid, Alianza Editorial, 1995.]

Saffran, J. R., Aslin, R. N., y Newport, E. L., «Statistical Learning by 8–Month–Old Infants», *Science*, 274 (5.294), 1996, págs. 1.926–1.928.

Sanger, F., Nicklen, S., y Coulson, A. R., «DNA Sequencing with Chain–Terminanting Inhibitors», *Proceedings of the National Academy of Sciences USA*, 74, 1977, págs. 5.463–5.467.

Savage–Rumbaugh, E. S., y Lewin, R., *Kanzi: the Ape at the Brink of the Human Mind*, Nueva York, John Wiley and Sons, 1994.

Seidenberg, M. S., «Language Acquisition and Use: Learning and Applying Probabilistic Constraints», *Science*, 275 (5.306), 1997, págs. 1.599–1.603.

Shaywitz, S. E., Shaywitz, B. A., Pugh, K. R., Fulbright, R. K., Constable, R. T., Mencl, W. E., Shankweiler, D. P., Liberman, A. M., Skudlarski, P., Fletcher, J. M., Katz, L., Marchione, K. E., Lacadie, C., Gatenby, C., y Gore, J. C., «Functional disruption in the organization of the brain for reading in dyslexia», *Proceedings of the National Academy of Sciences USA*, 95 (5), 1998, págs. 2.636–2.641.

Short, N., «Rolling Back the Frontiers in the Brain», *Nature*, 368 (6.472), 1994, pág. 583.

Simpson, E. B., *Reversals: a Personal Account of Victory over Dyslexia*, Boston, Houghton Mifflin, 1979.

Sklar, R., «Chomsky's Revolution in Linguistics», *The Nation*, 9 septiembre, 1968, págs. 213–217.

Smith, N., y Tsimpli, I. –M., *The Mind of a Savant: Language Learning and Modularity*, Oxford, Blackwell, 1995.

Smith, S. D., Kimberling, W. J., Pennington, B. F., y Lubs, H. A., «Specific Reading Disability: Identification of an Inherited Form through Linkage Analysis», *Science*, 219 (4.590), 1983, págs. 1.345–1.347.

Sorbi, S., Amaducci, L., Albanese, A., y Gainotti, G., «Biochemical Differences Between the Left and Right Hemispheres? Preliminary Observations on

Choline Acetyltransferase (CAT) Activity», *Bollettino Società Italiana Biologia Sperimentale*, 56 (21), 1.980, págs. 2.266–2.270.

Sorensen, R., «Thought Experiments», *American Scientist*, mayo–junio 1991, págs. 250–263.

Stachowiak, F. –J., Huber, W., Kerschensteiner, M., Poeck, K., y Weniger, D., «Die globale Aphasie: Klinisches Bild und Überlegungen zur neurolinguistischen Struktur», *Journal of Neurology*, 214 (2), 1977, págs. 75–87.

Stent, G. S., «Strength and Weakness of the Genetic Approach to the Developmet of the Nervous System», en W. M. Cowan (ed.), *Studies in Developmental Neurobiology: Essays in Honor of Viktor Hamburger*, Nueva York, Oxford University Press, 1981, págs. 288–321.

Stewart, I., «Broken Symmetry in the Genetic Code», *New Scientist*, 141 (1.915), 1994, pág. 16.

— «Daisy, Daisy, Give Me your Answer, Do», *Scientific American*, 272 (1), 1995a, págs. 96–99.

— «Mathematical Recreations, Feedback», *Scientific American*, 273 (4), 1995b, págs. 182–183.

— *Nature's Numbers*, Nueva York, Basic, 1995c.

— *Life's Other Secret*, Nueva York, John Wiley and Sons, 1998.

Stewart, I., y Golubitsky, M., *Fearful Symmetry*, Londres, Penguin, 1993. [Trad. cast.: *¿Es Dios un geómetra?*, Barcelona, Crítica, l995.]

Stromswold, K., «The Genetic Basis of Language Acquisition», en A. Stringfellow, D. Cahana–Amitay, E. Hughes, y A. Zukowski (eds.), *Proceedings of the 20th Annual Boston University Conference on Language Development*, Somerville, Massachusetts, Cascadilla, 1996, vol. II, págs. 736–757.

Suggs, S. V., Wallace, R. B., Hirose, T., Kawashima, E. H., e Itakura, K, «Use of Synthetic Oligonucleotides as Hybridization Probes: Isolation of Cloned cDNA Sequences for Human $ß_2$–microglobulin», *Proceedings of the National Academy of Sciences USA*, 78 (11), 1981, págs. 6.613–6.617.

Sutherland, S., «Evolution Between the Ears. Review of Michael Gazzaniga *Nature's Mind*», *New York Times*, 7 marzo 1993.

Szathmáry, E., y Maynard Smith, J., «The Major Evolutionary Transitions», *Nature* 374 (6.519), 1995, págs. 227–232,

Tasset, D. M., Hartz, J. A., y Kao, F. –T., «Isolation and Analysis of DNA Markers Specific to Human Chromosome 15», *American Journal of Human Genetics*, 42, 1988, págs. 854–866.

Taylor, J. E., y Kahn, J. W., «Catalog of Saddle Shaped Surfaces in Crystals», *Acta Metallurgica*, 34 (1), 1986, págs. 1–12.

Teuber, H. –L., «Lacunae and Research Approaches to Them, 1», en C. H. Millikan y F. L. Darley (eds.), *Brain Mechanisms Underlying Speech and Language*, Nueva York, Grune y Stratton, 1967, págs. 204–216.

Thompson, D. A. W., *On Growth and Form*, Nueva York, Dover, 1992a.

— *On Growth and Form, an Abridged Edition*, editado por J. T. Bonner (Canto ed.), Nueva York, Cambridge University Press, 1992b.

Thompson, E., «Deaf Victim of Old South is Freed After 68 Years, *Boston Globe*, 6 febrero 1994, pág. 2.

Tomarev, S. I., Callaerts, P., Kos, L., Zinovieva, R., Halder, G., Gehring, W., y Piatigorsky, J., «Squid pax–6 and Eye Development», *Proceedings of the National Academy of Sciences USA*, 94 (6), 1997, págs. 2.421–2.426.

Tucker, D. M., Watson, R. T., y Heilman, K. M., «Discrimination and Evocation of Affectively Intoned Speech in Patients with Right Parietal Disease», *Neurology*, 27 (10), 1977, págs. 947–950.

Tully, T., «Gene Disruption of Learning and Memory: a Structure–Function Conundrum», *Seminars in the Neurosciences*, 6 (1), 1994, págs. 59–66.

Turing, A. M., «The Chemical Basis of Morphogenesis», *Philosophical Transactions of the Royal Society of London B*, vol. 237, 1952, págs. 37–72.

Van der Lely, H. K. J., «Narrative Discourse in Grammatical Specific Language Impaired Children: a Modular Language Deficit», *Journal of Child Language*, 24, 1997, págs. 1–36.

Van der Lely, H. K. J., y Stollwerck, L. «A Grammatical Specific Language Impairment in Children: an Autosomal Dominant Inheritance?», *Brain and Language*, 52, 1996, págs. 484–504.

Van Essen, D. C., «A Tension–Based Theory of Morphogenesis and Compact Wiring in the Central Nervous System», *Nature*, 385 (6.614), 1997, páginas 313–318.

Vargha–Khadem, F., y Passingham, R. E., «Speech and Language Defects, Scientific Correspondence», *Nature*, 346 (6.281), 1990, pág. 226.

Vargha–Khadem, F., Watkins, K., Alcock, K., Fletcher, P., y Passingham, R., «Praxic and Nonverbal Cognitive Deficits in a Large Family with a Genetically Transmitted Speech and Language Disorder», *Proceedings of the National Academy of Sciences USA*, 92 (3), 1995, Págs. 930–933.

Wada, J. A., «Interhemispheric Sharing and Shift of Cerebral Speech Function», *Excerpta Medica*, Int. Congress Series, 193, 1969, págs. 296–297.

Wada, J. a., Clarke, R., y Hamm, A., «Cerebral Hemispheric Asymmetry in Humans: Cortical Speech zones in 100 Adult and 100 Infant Brains», *Archives of Neurology*, 32 (4), 1975, págs. 239–246.

Waldrop, M. M., *Complexity*, Nueva York, Simon and Schuster, 1992.

Walker, E. (ed.), *Explorations in the Biology of Language*, Montgomery, Vermont, Bradford, 1978.

Watson, J. D., *The Double Helix*, Nueva York, New American Library, 1969. [Trad. cast.: *La doble hélice*, Barcelona, Salvat, 2000.]

Watson, J. D., Gilman, M., Witkowski, J., y Zoller, M., *Recombinant DNA*, (2ª edic.), Nueva York, W. H. Freeman, 1992. [Trad. cast.: *ADN recombinante*, Cerdanyola, Labor, 1988.]

Watson, J. D., Hopkins, N. H., Roberts, J. W., Steitz, J. A., y Weiner, A. M., *Molecular Biology of the Gene*, Menlo Park, California, Benjamin/Cummings, 1987.

Watt, W. C., «Against Evolution (an Addendum to Sampson and Jenkins)», *Linguistics and Philosophy*, 3, 1979, págs. 121–137.

Webster, G., y Goodwin, B., *Form and Transformation: Generative and Relational Principles in Biology*, Cambridge, Cambridge University Press, 1996.

Weiler, I. J., Irwin, S. A., Klintsova, A. Y., Spencer, C. M., Brazelton, A. D., Miyashiro, K., Comery, T. A., Patel, B., Eberwine, J., y Greenough, W. T., «Fragile X Mental Retardation Protein is Translated Near Synapses in Response to Neurotransmitter Activation», *Proceedings of the National Academy of Sciences USA*, 94 (10), 1997, págs. 5.395–5.400.

Weinberg, S., «Unified Theories of Elementary–Particle Interaction», *Scientific American*, 231 (1), 1974, págs. 50–59.

— *Dreams of a Final Theory*, Nueva York, Vintage, 1992. [Trad. cast.: *El sueño de una teoría final*, Barcelona, Crítica, 1994.].

Weingarten, S., «Encounter: Species of Intelligence», *The Sciences*, noviembre 1979, págs. 6–11, 23.

Wernicke, C., *Der aphasische Symptomencomplex. Eine psychologische Sutide auf anatomischer Basis*, Breslau, Cohn and Weigert, 1874.

West, G. B., Brown, J. H., y Enquist, B. J., «A General Model for the Origin of Allometric Scaling Laws in Biology», *Science* 276 (5.309), 1997, páginas 122–126.

Wexler, K., y Manzini, M. R., «Parameters and Learnability in Binding Theory», en T. Roeper y E. Williams (eds.), *Parameter Setting*, Dordrecht, D. Reidel, 1987, págs. 41–76.

Wigner, E. P., «The Unreasonable Effectiveness of Mathematics in the Natural Sciences», en W. J. Moore y M. Scriven (eds.), *Symmetries and Reflections*, Woodbridge, Connecticut, Ox Bow Press, 1979, págs. 211–237.

— «Physics and the Explanation of Life», en J. H. Weaver (ed.), *The World of Physics*, Nueva York, Simon and Schuster, 1987, págs. 679–688.

Wilkins, W. K., y Wakefield, J., «Brain Evolution and Neurolinguistic Precon-
ditions», *Behavioral and Brain Sciences*, 18 (1), 1995, págs. 161–226.

Witelson, S. F., y Pallie, W., «Left Hemisphere Specialization for Language in
the Newborn: Neuroanatomical Evidence of Asymmetry», *Brain*, 96, 1973,
págs. 641–646.

Witten, E., «Reflections on the Fate of Spacetime», *Physics Today*, 49 (4), 1996,
págs. 24–30.

Wright, B. A., Lombardino, L. J., King, W. M., Puranik, C. S., Leonard, C. M.,
y Merzenich, M. M., «Deficits in Auditory Temporal and Spectral Reso-
lution in Language–impaired Children», *Nature*, 387 (6.629), 1997,
págs. 176–178.

Yamada, J. E., *Laura, a Case for the Modularity of Language*, Cambridge, Massachusetts, MIT Press, 1990.

Yeni–Komshian, G. H., y Benson, D. A., «Anatomical Study of Cerebral Asymmetry in the Temporal Lobe of Humans, Chimpanzees, and Rhesus Mon-
keys», *Science* 192, 1976, págs. 387–389.

Yu, S., Pritchard, M., Kremer, E., Lynch, M., Nancarrow, J., Baker, E., Holman,
K., Mulley, J. C., Warren, S. T., Schlessinger, D., Sutherland, G. R., y Ri-
chards, R. I., «Fragile X Genotype Characterized by an Unstable Region
of DNA», *Science*, 252 (5.010), 1991, págs. 1.179–1.181.

Zaidel, E., «Clues from Hemispheric Specialization», en U. Bellugi y M. Stud-
dert–Kennedy (eds.), *Signed and Spoken Language: Biological Constraints on
Linguistic Form*, Deerfield Beach, Florida, Verlag Chemie, 1980, páginas 291–340.

Zee, A., *Fearful Symmetry*, Nueva York, MacMillan, 1986.

Zweig, G. (ed.), *Proceedings of the Fourth International Conference on Baryon Reso-
nances*, Toronto, University of Toronto Press, 1980.

Índice

Índice